헬싱키 프로세스와 동북아 안보협력

이 책의 발간에 한국학술진흥재단과 한국연구재단의 지원이 있었음을 밝혀두며 감사를 표합니다.(KRF-2007-321-B00025, NRF-2010-361-A00017)

헬싱키 프로세스와 동북아 안보협력

박경서 · 서보혁 외 지음

한국학술정보(주)

감사의 말씀

사제지간인 이 책의 두 편집자가 1970년대 중반부터 시작해 지금까지 계속되고 있는 유럽에서의 안보협력 경험을 분석해 동북아와 한반도의 평화정착에 줄 교훈을 찾아낼 필요성에 공감한 것은 2007년 초봄이었다. 그 후 두 사람은 한편으로 구체적인 연구계획을 만들어가고, 다른 한편으로 공동 연구진을 짜기 시작하였다. 다행히 이 연구는 한국학술진흥재단으로부터 '헬싱키 프로세스의 역사적 복원과 동북아 적용가능성에 관한 연구'라는 제목의 기초연구과제로 선정되어 2년간 연구지원을 받게 되었다. 그 덕으로 이화여대 대학원관 2층에 연구실을 얻어 평화학연구센터(현 평화학연구소의 전신)를 개설해 2007년 8월부터 2009년 7월까지 연구를 해나갔다. 이 연구에는 연구책임자 외에 6명의 박사급 연구진이 참여하였고 10여 명의 전문가들로부터 수차례 자문이 있었다.

이 책이 만들어지기까지 본 연구자들 외에도 많은 분들의 도움이 있었기에 이 자리를 빌려 감사의 뜻을 표하고자 한다. 먼저 본서에 실린 글들의 완성도를 높일 수 있도록 두 차례 학술회의를 통해 귀한 논평을 해주신 고상두, 이상현, 홍기준, 이수형, 구갑우, 윤용선, 김용

현, 김갑식 선생님들께 감사드린다. 이 선생님들의 날카로운 비평과 유익한 제언이 없었다면 이 책은 나오기 힘들었을 것이다. 물론 이 책에서 발견될지도 모를 오류는 전적으로 필자들의 책임이다.

일부 연구진은 연구 기간에 헬싱키, 비엔나, 오슬로, 제네바, 슈투트가르트 등지에서 유럽안보협력의 전개과정(소위 헬싱키 프로세스)에 관해 유럽안보협력기구(OSCE, 구 유럽안보협력회의CSCE의 후신)를 비롯해 유럽의 관련 기관들을 방문하며 두 차례 현지조사도 수행하였다. 당시 인터뷰와 자문에 응해주신 OSCE의 Martin Nesirky 대변인, 비엔나대학의 Rudiger Frank 교수, 헬싱키대학의 Katalin Miklossy 교수, 오슬로대학의 박노자, Paal Kolsto, Anne J. Semb 교수, 세계를 위한 빵기구 본부(Brot fuer die Welt, 슈투트가르트)의 전현직 임원들인 Helmut Gundert 박사, Hannelore Moll 박사, Hannelore Hensle 박사에게도 감사의 마음을 전한다. 그리고 유엔(UN)과 세계교회협의회(WCC) 도서관 관계자들의 친절도 잊을 수 없다. 이 책을 마무리하는데 성원해주신 서울대 통일평화연구원 박명규 원장께도 깊은 감사를 드린다.

2년간 본 연구 기간에 연구원으로 수고해준 이화여대자대학교의 이은주, 오승희, 윤미영, 심경민, 신은경 학생, 그리고 브리티시컬럼비아대학교(UBC)의 황현유 인턴에게도 고마움을 전한다. 이 책의 발간까지 행정 지원을 해준 홍연기 연구원에게도 특별한 고마움을 전한다. 끝으로 이 책을 훌륭하게 출간할 수 있도록 편집 작업을 잘 마무리해 준 한국학술정보(주) 관계자들께도 감사드린다.

2012년 2월 10일
필자들을 대표하여 박경서

서문

박경서 · 서보혁

우리는 한반도를 포함한 동북아시아의 안보와 안정을 논의할 때 종종 유럽의 그것과 비교하곤 한다. 그 가운데 동북아시아의 안보 환경이 보이는 커다란 특징 중 하나로 양자 간 동맹관계를 위주로 하고 있는 대신 역내 다자안보협력기구가 없다는 점을 꼽는다. 동북아시아는 양자관계를 중심으로 냉전시대나 그 후나 크게 대륙세력과 해양세력이 대립하고 있는 형국이라고 보는 시각이 일반적이다. 냉전시대에도 그러했지만 오늘날에도 동북아시아는 전 세계에서 군비경쟁이 가장 치열한 지역이고 안보 불안 역시 줄어들지 않고 있다. 그런 상황에서 냉전시대부터 시작해 오늘날까지 발전해 오고 있는 유럽에서의 안보협력 경험이 동북아시아에 적지 않은 시사점을 줄 수 있다.

그동안 관련 학계와 정부 기관에서는 한반도와 동북아의 안보와 안정을 가져오기 위해 유럽에서 전개되어 온 안보대화, 군비통제, 정치군사적·경제적 협력 사례를 연구해 왔다. 그러나 우리나라에서 냉전기 유럽에서의 안보협력 경험에 대해 관심이 높아진 것은 2004년 미국에서 북한인권법이 제정된 것이 큰 계기가 되었다. 이 법 제106

조 (a)항에서는 인권문제는 유럽안보협력기구(OSCE)와 같은 다자 틀에서 다른 문제들과 함께 다룰 수 있다는 점을 밝히고 나서, (b)항에서는 미국은 북한과 지역인권대화의 가능성을 모색해야 한다는 '의회의 입장'을 나타냈다. 그래서 일부 시민단체와 연구자들은 미국의 북한인권정책과 비슷한 맥락에서 북한인권 문제 해결의 일환으로 유럽의 다자안보협력 논의를 차용할 필요성을 제기하였다. 그러나 그런 목적론적 태도는 역사적 사실로서 유럽안보협력의 일부만을 가져옴으로써 결국 특정 연구목적마저 온전히 달성하지 못할 우려가 있다. 냉전의 열기가 다소 주춤해 보이던 1970년대 유럽에서 두 적대진영으로 대립하고 있던 35개 국가들이 한자리에 모인 이후 꾸준히 머리를 맞대었다. 그런 다자안보협력 과정은 각자의 상호 이해관계를 우선순위나 우열 없이 다함께 논의한 포괄주의 접근에 바탕을 두고 있었다.

이 책은 시간과 공간이 서로 다른 역사적 경험을 다각도로 더듬어 보고 이를 '살아 있는 역사'로 다시 불러오려 한 작업의 결과이다. 냉전기 유럽의 안보협력 경험이 오늘날 동북아시아의 평화 정착에 어떤 교훈과 시사점을 주는지를 밝혀 보려고 하였다. 본 연구는 구체적으로 다음 세 가지 연구목표를 설정하였다.

첫째, 헬싱키 프로세스의 성립 및 이행 과정을 지역안보협력 증진 및 동서독 관계 변화의 관점에서 종합적이고 체계적으로 서술한다.

둘째, 헬싱키 프로세스의 성립 및 지속 요인을 동서 양 진영, 참여 국가군, 각 행위자 간 전략적 이해관계의 공유와 국제규범의 확산을 중심으로 설명한다.

셋째, 헬싱키 프로세스의 경험이 동북아 안보협력체제 구상과 한반도 평화정착에 주는 시사점을 살펴본다.

본서의 연구진이 이상의 연구목표를 완전하게 달성했다고 말할 수는 없겠지만 주어진 여건 속에서 최선을 다해 만들어낸 연구 결과를 독자들과 나누고자 한다. 2년간의 연구는 1975년 8월 1일 유럽안보협력회의 협정(일명 헬싱키 협정)의 채택을 기준으로 헬싱키 틀의 형성(1부)과 이행(2부), 이 둘로 나누어 진행되었다. 그럼에도 앞에서 밝힌 세 번째 연구목표를 부각시킬 필요를 느껴서 그와 관련된 논의를 3부로 묶었다.

1부는 헬싱키 틀(Helsinki Framework)의 형성을 다루고 있는데 CSCE가 형성된 배경과 과정, 그리고 헬싱키 협정 채택 과정과 그 결과를 다루고 있다. 그래서 이 장에서는 헬싱키 협정 채택으로 구체화된 CSCE 형성 요인 및 참여국들의 입장, 그리고 헬싱키 협정의 의의를 중점 분석하고 있다. 서보혁은 미국, 소련, 유럽 사이의 상호작용을 전략적 삼각관계론을 적용하여 분석하고 있는데 미국의 입장이 세 단계에 걸쳐 변화했다고 평가하고 있다. 소련의 입장과 협상전략을 분석한 우평균은 소련이 미국에 비해 일관된 태도를 보였다고 평가하고 있다. 이 두 논문을 합해 헬싱키 틀의 형성과정에서 미국과 소련의 협상전략을 비교 평가해볼 수 있을 것이다. 헬싱키 협정 채택 과정에서 가장 쟁점이 되었던 인권문제에 대한 협상도 비중 있게 다루었다. 김수암은 헬싱키 협정이 도덕적, 정치적 구속력이 있는 문서라고 보고 그것이 동유럽에 인권 의식을 심어줌으로써 동유럽에는 트로이의 목마와 같은 역할을 하였다고 평가하고 있다. 이 장은 또 한국에 직접적인 관련이 있는 헬싱키 틀의 형성과 동서독 관계의 변화 사이에 어떤 상관관계가 있는지에 대해서도 다루고 있다. 신인아는 서독의 동방정책이 진화해갔다고 진단하고, 과거 양독관계와 현 남북관계의 차이에도 불구하고 서독의 동방정책을 통해 지역안보협력의 제도화와 대립적 양자관계의 전환을 병행 추진한 것이 남한의 대북정책에 시사하는 바가 적지 않다고 지적하고 있다.

2부는 헬싱키 협정 채택 이후 협정의 이행 및 협정 내용의 구체화 과정, 소위 헬싱키 프로세스를 다루고 있다. 이를 위해 헬싱키 협정의 주요 의제인 안보와 인권에 관한 합의사항을 어떻게 구체화시켜 나갔는지, 특히 인권 조항이 동유럽에 어떤 영향을 미쳤는지를 분석한다. 또 헬싱키 프로세스가 유럽안보협력에 미친 영향을 동서독관계의 변화와 함께 분석하고 있다. 서보혁은 1975년 8월 이후 CSCE에서 다룬 '신뢰안보구축'을 위한 주요 회담 과정 및 결과를 분석하고 이를 군비통제의 기원으로 평가하면서 그것이 동북아와 한반도의 군비통제에 주는 시사점을 제시하고 있다. 김수암은 인권 및 인도주의 분야(바스켓 Ⅲ)에서의 헬싱키 프로세스를 논의 환경, 과정, 결과로 나누어 주요 관련 회의를 평가하고, 논의 진전이 이루어진 요인과 그 시사점을 논하고 있다. 고가영은 인권 분야에서의 헬싱키 프로세스를 '모스크바 헬싱키 그룹'의 형성 및 활동에 대한 사례연구를 통해 분석하고 있다. 분석에 따르면 헬싱키 협정 채택이 소련과 동유럽 공산권 국가들의 인권운동을 활성화시킨 기폭제가 된 것은 사실이지만, 그 이전에 이미 반체제 인권운동이 전개되었다는 점에 유의할 필요가 있다고 지적한다. 우평균은 헬싱키 프로세스가 유럽의 안보 질서를 전환시킬 만큼 결정적인 역할을 하지는 못했으나, 포괄적 안보협력과 국제협력의 준거를 제시함으로써 OSCE의 결성을 통해 1990년대 유럽 안보협력의 제도화를 예비하는 교량 역할을 수행했다고 평가하고 있다.

　3부에서는 유럽에서의 안보협력 경험이 동북아와 한반도의 평화에 주는 교훈을 구체적으로 다루고 있다. 박인휘는 이론으로서의 '국제안보'와 실천단위로서의 '지역' 개념을 설정하고 이를 '안보공동체' 개념으로 묶은 후, 동북아 안보공동체의 가능성을 논의하고 한국에 주는 시사점을 제시하고 있다. 그중 다자안보협력 논의가 포괄안보로 나아가야 하고, 힘, 이익과 함께 인식의 문제도 다룰 필요를 제기한 점은 주목할 만한 대목이다. 조성렬은 냉전기 CSCE와 오늘날 동북아 안보레짐을 비교하며 동북아 안보레짐 구축을 전망하고 있다. 이를 위해 세력균형, 이익균형, 국제규범 등 세 가지 조건을 제시하고 있다. 그의 분석에 따르면 참가국 간 행동원칙을 먼저 만든 유럽의 경우와 달리, 동북아 안보레짐이 성공적으로 구축되기 위해서는 안보포럼과 6자회담의 분리, 기존 동맹관계의 협의 배제, 한반도 비핵화의 명기 등 산적한 과제들이 먼저 해결되어야 한다. 서보혁은 C/OSCE 사례를 다자안보협력체제의 형성 및 제도화의 측면에서 분석하고 동북아 안보협력 구축에 줄 수 있는 교훈을 도출하고 있다. 분석결과에 따르면 C/OSCE에서 보인 운영원칙으로서 점진주의, 주요 과제로서 역내 신뢰조성과 양자 간 적대관계 청산은 동북아에서도 적용할 수 있는 교훈이다. 반면에 의제의 포괄성과 연계 운영은 신중하게 평가할 필요가 있다고 한다. 결론을 대신하여 박경서는 CSCE와 동서독관계의 전개과정을 적절히 예시하면서 남북 화해, 인도주의, 당국 간 대화, 군축, 도덕적 성찰 등에 관한 7가지 이야기를 풀면서 한반도 평화 정착을 위한 비전과 과제를 제시하고 있다. 이를 위해 평화를 폭력 부재라는 좁은 인식에서 탈피하여 화해, 인권, 지속가능한 개발, 관용

등과 연결지어 이해할 것을 주문하고, 정부의 대북정책 변화를 통해 평화협정을 체결할 것을 주장하고 있다.

한반도의 평화정착과 동북아 안보협력을 실현하는 데 있어서 다자적 접근이 얼마나 유용한지, 그 속에서 헬싱키 프로세스로 시작된 유럽의 안보협력의 제도화 방식이 얼마나 적실성이 있는지는 더 많은 논의가 필요한 것이 사실이다. 그럼에도 오늘날 동북아시아는 시대 변화에도 불구하고 동맹관계 중심의 양자주의 구도를 지속하면서 치열한 군비경쟁과 여러 안보 불안요인을 안고 있다는 점에서 다자안보협력의 필요성이 높고 그 가능성 또한 열려 있다고 하겠다. 그런 점에서 본 연구진이 국내 최초로 헬싱키 프로세스에 대해 종합적으로 논의한 결과는 값진 의의가 있다고 생각한다. 이 책이 향후 이 분야에 대한 본격적인 연구의 촉매가 되길 기대한다. 이 책에 실린 글들은 사전에 전문 학술지 등에 게재된 것을 약간 수정하였다. 책 끝에 각각의 논문이 실린 출처를 밝혀두었다.

모쪼록 이 책의 발간이 비교지역연구의 발전, 그리고 외교사와 국제정치이론의 만남에 기여하길 바란다. 나아가 이 연구 결과가 동북아와 한반도의 평화 정착에 적은 밑거름이 될 수 있다면 필자들은 더할 나위 없이 기쁠 것이다.

목 차

감사의 말씀
서문

PART Ⅰ.
헬싱키 틀의 형성

제1장 헬싱키 틀의 성립 과정과 전략적 삼각관계 ··· 서보혁 / 17

제2장 CSCE 참여국의 전략적 이익과 협상 경과 ··· 우평균 / 45

제3장 헬싱키 협정과 인권 의제 협상과정 ··· 김수암 / 73

제4장 서독 신동방정책의 의의와 남북관계에 주는 교훈 ··· 신인아 / 106

PART Ⅱ.
헬싱키 프로세스의 전개

제5장 군비통제의 기원과 진화 ··· 서보혁 / 147

제6장 헬싱키 협정 이행과정에서 인권과 바스켓 Ⅲ ··· 김수암 / 181

제7장 헬싱키 협정의 이행과 소련의 인권운동 ··· 고가영 / 215

제8장 헬싱키 프로세스와 동서독관계 변화 ··· 우평균 / 252

PART III.
유럽 안보협력의 교훈과 동북아 안보협력의 미래

제9장 안보 개념의 정립과 동북아 안보공동체의 가능성 … 박인휘 / 285

제10장 동북아 안보레짐 구축에 관한 비교연구 … 조성렬 / 316

제11장 CSCE의 제도화 경로와 동북아 적용 가능성 … 서보혁 / 350

제12장 한반도 평화정착과 평화통일의 길 … 박경서 / 387

부록

C/OSCE 연보 · 407

출처 · 411

저자약력 · 412

찾아보기 · 413

PART I.

헬싱키 틀의 형성

제1장

헬싱키 틀의 성립 과정과 전략적 삼각관계

서보혁

Ⅰ. 들어가는 말

냉전은 유럽과 아시아에서 군사적·경제적 경쟁, 심지어는 전쟁을 통해 미소를 중심으로 한 양극체제를 확립하였다. 그러나 1960년대 중소분쟁, 서유럽의 부흥, 제3세계 국가군의 국제무대 진출 등을 거치면서 양극체제하의 냉전 질서가 이완되는 현상을 보이기 시작하였다. 그런 가운데 미국과 서유럽의 관계, 즉 대서양 관계에서도 균열현상이 일어났다. 이때 소련을 비롯한 동구 사회주의진영의 범유럽안보회의 구상과 그에 대한 서유럽 국가들의 신중하면서도 긍정적인 반응이 나타나기 시작하였다. 따라서 이 시기 유럽의 안보질서에 대한 동태적인 분석은 양극체제를 고정시켜 주기보다는 미국, 소련, 서유럽이라는 삼각관계의 구도에서 파악하는 것이 보다 유용할 것이다. 1960년대 중반 이후 유럽에서 동서 양 진영이 냉전적 대결 상태하에 있으면서도 냉전의 틀을 초월하여 범 유럽 안보의 비전을 갖고 대화

에 나선 것은 양측의 동상이몽이 있었기 때문이다. 유럽에서 데탕트
는 미국의 배제 혹은 영향력 축소(반대로 소련의 영향력 확대)가 예
상되는 범유럽안보회의 구상에서부터 움트기 시작하였다. 이에 따라
유럽의 안보질서 변화를 둘러싼 미국, 소련, 서유럽의 삼각관계는 처
음 소련과 서유럽의 접근과 그에 대해 미국이 반작용하는 양상으로
나타난다.

본 연구는 소위 헬싱키 틀(Helsinki Framework)[1]이 성립되는 과정
을 몇 개의 단계 구분을 통해 분석, 평가하는 데 목적이 있다. 구체적
으로 헬싱키 틀이 성립되는 일련의 동태적 과정을 일정한 분석틀에
의해 설명하고, 그 주요 요인을 도출해 보고자 한다. 본 연구주제에
관한 선행연구는 ① 헬싱키 틀의 성립 및 이행 과정 전반이나 헬싱키
틀이 특정 문제(대표적으로 사회주의권의 인권 문제)에 미친 영향에
대한 통시적 서술, ② 회담에서 도출된 수많은 관련 문서에 대한 해
제, ③ 행위자별 입장 혹은 세부 영역별 논의사항을 정리한 것 등으
로 분류할 수 있다. 그에 비해 본 연구주제를 일정한 분석틀과 특정
변수를 중심으로 설명하는 논의는 크게 부족한 상태이다. 본 연구는
이 점에 주목하여 전략적 삼각관계론에 의거하여 헬싱키 틀의 성립
과정을 설명하되, 1960년대 후반 들어 소련과 서유럽이 유럽안보협력
회의(CSCE) 구상에 원칙적으로 공감한 점을 감안하여 미국 변수를
중심으로 살펴보고자 한다.

다음 Ⅱ에서는 전략적 삼각관계론을 분석 도구로 소개할 것이다.

---

1) '헬싱키 틀'이란 1975년 8월 1일 헬싱키에서 동서 유럽의 33개국과 미국, 캐나다의 정상들이 참여하여 유
럽안보협력회의(CSCE) 협정(일명 헬싱키 협정)을 채택하고, 그것이 이후 소위 헬싱키 이행 프로세스의 준
거로 작용하였다는 점을 지칭하는 말이다.

그리고 III~V에 걸쳐서 CSCE가 틀지어지는 과정을 그 복잡한 논의 내용과 국면 변화를 고려하여 세 단계로 나눠 살펴보고자 한다. 헬싱키 틀의 성립과정은 태동기 → 협의기 → 합의기로 시기 구분하여 논의할 수 있을 것이다. 태동기(1966~72년)는 서독의 '동방정책'을 비롯한 서방진영의 동구권 접근을 주로 다루고 1차 미소 정상회담을 계기로 동서 양 진영이 CSCE 논의 착수에 합의한 때까지를 다룬다. 협의기(1973~74년)는 CSCE 다자준비회담을 시작으로 두 진영이 CSCE 회담을 전개한 시기로서 미국의 CSCE 정책에 변화가 모색되는 1974년 말까지이다. 합의기는 CSCE 논의 구도의 변화에 따라 최종 타협이 시도되고 헬싱키 협정이 공식 채택되는 1975년 8월까지를 다루고 있다. VI에서는 헬싱키 틀의 성립 의의와 전략적 삼각관계의 변화를 평가하고, 결론에서는 본 연구 결과의 시사점을 살펴볼 것이다.

II. 이론적 고찰: 전략적 삼각관계론

전략적 삼각관계는 지역수준에서 상호이해가 맞물려 있는 세 행위자 혹은 세계적 차원의 세 강대국 간 전략적 상호작용을 서술, 분석하는 데 유용한 분석틀이다.2) 유럽에서 CSCE의 성립 과정도 크게 보

---

2) 대표적으로 유럽, 아태지역, 서남아, 한반도 등지의 국제관계에 이 이론을 적용하는 사례연구가 계속되고 있다. 서보혁, "탈냉전기 한반도 안보질서 변화에 관한 연구: 남·북·미 전략적 삼각관계를 중심으로", 『국가전략』 제14권 제2호 (2008), pp. 63-85; 오세정, "인도, 중국, 미국의 로맨틱 삼각관계: 9.11 이후 인도와 중국의 외교적 갈등과 협력관계를 중심으로", 『인도연구』 제12권 제1호 (2007), pp. 102-129; Mohan Malik, "The Australia–U.S.–China Triangular Relationship", *The Korean Journal of Defense Analysis*, Vol. 18, No. 4 (2006), pp. 151-170; Thomas Ambbrosio, "The Third Side? The Multipolar Strategic Triangle and the Sino–Indian Rapprochement", *Comparative Strategy*, Vol. 24, No. 5 (2005), pp. 397-414; David Shambaugh, "The New Strategic Triangle: U.S. and European Relations to China's Rise", *The Washington Quarterly*, Vol. 28, No. 3 (2005), pp. 7-25; Helga Haftendorn and

아 소련, 서유럽 국가군, 미국 등 3자 간 상호작용 속에서 분석할 수 있을 것이다. 헬싱키 틀의 성립 과정을 이들 3자 간 상호작용으로 살펴보는 것은 그 과정을 동태적으로 살펴보되 간명하게 이해하는 데 도움을 줄 것으로 보기 때문이다. 물론 서유럽 국가군을 하나의 행위자로 묶고 동구 사회주의국가들을 별도의 행위자로 다루지 않은 데 대하여 의문을 제기할 수도 있을 것이다. 서유럽 국가들이 다원주의 국가라는 점과 국가 간 이해관계를 고려할 때 입장이 통일되어 있다고 말하기 어려울 것이기 때문이다. 그렇지만 서유럽 국가들이 CSCE 형성에는 전반적으로 입장을 같이 했고, 반면 미국과는 이해관계상 입장 차이를 보였다. 또한 동구진영은 (현상적으로는 서구진영에서 프랑스의 대미 독자노선과 같이) 비록 루마니아의 대소 독자노선이 있었지만, 전체적으로 소련의 영향력이 지배적이었다는 점에서 소련과 동구 사회주의국가군을 분리하여 파악할 수준은 아니라고 하겠다. 유럽의 안보는 이들 삼자 간 사활적 이해관계에 속할 뿐만 아니라 삼자 사이에는 각각 상대방에 대한 인식과 정책 방향이 있었다는 점에서 미국, 소련, 서유럽 국가군 사이에는 전략적 삼각관계가 성립한다고 말할 수 있다.

이론적으로 볼 때 삼각관계는 어떻게 성립하는가? 행위자 A가 다른 두 행위자 B와 C의 관계에 영향을 미칠 때, 또는 역으로 B와 C의 관계가 A에게 영향을 미칠 때, 그리고 이러한 관계가 세 나라 사이의 서로 다른 조합에서 이루어질 때 삼각관계가 존재한다고 할 수 있

<hr>

Michael Kolkmann, "German Policy in a Strategic Triangle: Berlin, Paris, Washington ... and What about London?", *Cambridge Review of International Affairs*, Vol. 17, No. 3 (2004), pp. 467–480; Harsh V. Pant, "The Moscow–Beijing–Delhi 'Strategic Triangle': An Idea Whose Time May Never Come", *Security Dialogue*, Vol. 35, No. 3 (2004), pp. 311–328.

다.3) 소련이 유럽안보구상을 제의하였을 때 서유럽과 미국은 처음 같은 반응을 나타냈다가 이후 다르게 반응하였다가, 다시 같은 반응을 보였다.

삼각관계는 세 행위자 간 인지적 안정 여부를 주요 변수로 하면 각각 별도의 설명이 가능하지만, 하나의 변수로만 설명할 경우 설명의 한계를 보일 수 있어 구조와 관계의 상호작용에 주목할 필요가 있다.4) 물론 그렇다고 하더라도 구체적인 삼각관계의 형태는 양자관계 혹은 국내정치와 같은 매개변수에 의해 영향을 받을 수 있다.

전략적 삼각관계의 유형은 크게 두 가지로 분류 가능하다. 첫 번째 분류는 삼각관계의 유형을 세 행위자간 호불호(好不好)의 측면에서 파악하고 있다. 그럴 경우 전략적 삼각관계는 ① 세 행위자들 사이의 균형적 호감으로 구성되는 '부부와 그 한쪽 애인과의 관계(ménage à trois)', ② 주요 행위자와 다른 두 행위자 사이의 호감과 그 다른 두 행위자 사이의 적대관계로 구성되는 '로맨틱 삼각관계', ③ 두 행위자 사이의 호감과 그 두 행위자 각각이 제3의 행위자에게 갖는 적대감으로 구성되는 '안정적 결혼' 상태의 삼각관계 등 세 가지 유형이 있을 수 있다.5) 냉전체제가 확립된 유럽의 안보질서는 미국과 서유럽의 협력과 이 둘의 대소 적대관계로 이루어진 '안정적 결혼' 상태의 삼각관계 유형에 해당하지만, 1960년대 후반부터는 대서양 관계에서의 갈등과 동서 유럽의 접근으로 '로맨틱 삼각관계' 유형으로 바뀌어 갔

---

3) 최운도, "미중일 삼각관계와 그 역학에 관한 시론", 『한국정치학회보』 제37집 제3호 (2003), p. 179.

4) Seongji Woo, "Triangle Research and Understanding Northeast Asian Politics", *Asian Perspective*, Vol. 27, No. 2 (2003), pp. 36–37.

5) Lowell Dittmer, "The Strategic Triangle: An Elementary Game-Theoretical Analysis", *World Politics*, Vol. 33, No. 4 (1981), pp. 510–511.

다고 볼 수 있다. '로맨틱 삼각관계'는 일종의 인지적 불안정 상태이기 때문에 높은 역동성을 보이면서 균형적 호감 상태 등 인지적 안정 상태를 추구하는 경향이 있다.

둘째로는 삼각관계 내 인지적 안정 여부로 삼각관계를 유형화하는 것인데 이 경우 8개 형태를 생각해볼 수 있다. 관계와 상호작용의 유형은 삼각관계에 있어서 양자관계의 다양한 조합이라 할 수 있다. 이들 8개의 삼각관계 유형은 삼각형에 있어서의 우호관계(+)와 적대관계(-)로 구성된 모든 가능한 조합들이다. 이들 가운데는 인지적 안정과 불안정을 보이는 경우가 각각 네 유형씩 있을 수 있다. 일단 삼각관계가 존재한다면 이들은 인지적 불안정을 극복하고 인지적 안정을 추구하는 방향으로 관계 변화를 모색할 것이다. 본 연구에서도 미국, 소련, 서유럽 국가군은 CSCE 형성 과정에서 인지 불안정을 겪다가 인지 안정을 추구해나간다고 가정하고, 본론에서 그 구체적인 추이를 분석해 보고자 한다.

Ⅲ. CSCE 태동기(1966~72년)

1. 유럽에서의 데탕트와 미국의 반응

베를린 위기(1946, 1961년), 쿠바 미사일 위기(1962년), 계속된 핵무기 개발 경쟁은 2차 세계대전 후 유럽에서 냉전 질서를 확립시켰지만, 동시에 그에 따라 긴장완화의 필요성도 높아져 갔다. 그런 가운데 소련은 전후 영향권이 확대된 유럽의 안보질서를 확고히 하고자 하였다. 그로미코(Andrei A. Gromyko) 소련 외상은 "안정된 평화는 전쟁의 결과로 유럽대륙에서 생겨난 정치적·영토적 현실을 존중하는 것을 바탕으로 해서만 확보될 수 있다"고 역설하였다.6) 이것이 소련이 1950년대 중반부터 범유럽안보기구 설립을 적극적으로 제안한 배경이다.

미국과 서유럽 국가들의 관계, 곧 대서양관계는 이들 국가들이 소련의 군사적 위협을 공통으로 인식하면서도, 지정학적 특성 및 전쟁경험에 대한 인식 차이에 따라 위협에 대응하는 방법상의 차이를 보였다. 이러한 북대서양조약기구(NATO)의 안보딜레마는 미국과 서유럽 국가들 사이의 정치적 관계를 경색시키는 원인으로 작용하였다.7) 미국은 서유럽 우방국가들, 특히 전략적 비중이 높은 서독이 소련과 동구 국가들과 관계개선에 나서는 것을 깊이 우려하였다. 키신저(Henry A. Kissinger) 미 대통령 국가안보보좌관은 서독, 프랑스의 동구권과의 관계개선 노력이 유럽의 긴장완화를 추구한다는 점을 인정하면서도 이들 국가가 미국의 유럽안보정책에서 이탈할 가능성을 우려하였다.8)

미소 간에는 쿠바 미사일 위기 이후 케네디-흐루쇼프 간에 핵실험금지조약 협상이 시작되었고, 존슨 대통령은 전략무기제한조약(SALT)을 제안하였다. 미국은 데탕트 과정을 주도할 수 있고 유럽이 "소련을 향해 경쟁적으로 달려가는 것"을 제한하는 것이 중요하다고 보았다.9) 케네디(John F. Kennedy) 대통령은 특히 프랑스와 서독이 그럴

---

6) 그로미코(Gromyko, Andrei) 저, 박형규 역, 『그로미코 회고록』 (서울: 문학사상사, 1990), p. 214.

7) 이수형, "냉전시대 NATO의 안보 딜레마: 포기-연루 모델을 중심으로", 『국제정치논총』 제38집 제1호 (1998), pp. 93-95.

8) Henry Kissinger, *Years of Upheaval* (Boston: Little, Brown & Co., 1982), p. 148.

가능성이 있다고 보았는데,[10] 실제 그러하였다.

1966년은 유럽에서 데탕트가 시작된 해로 간주할 수 있다. 대서양 관계가 악화되는 반면 서유럽과 소련의 관계개선이 추진되기 시작하였다. 1966년 서독에서는 유럽안보정책의 변화를 촉발한 대연정이 시작되었고, 프랑스가 NATO를 탈퇴하였으며, 바르샤바조약기구는 범유럽안보회의를 공식 제안하였다. 그러나 유럽에서 데탕트가 구체화되려면 2차 대전의 유산, 즉 과거 적대국 간 평화관계 형성과 특히 '독일문제'의 해결이 요구되었다.[11] 1966년 12월, 브란트(Willy Brandt)가 '동방정책(Ostpolitik)'을 표방하면서 독일문제는 점차 해결의 실마리를 찾기 시작하였고, 서독은 이때부터 1970년대 초반까지 소련 및 동구사회주의국가들과 일련의 관계정상화, 불가침조약 체결, 교류협력을 전개해나갔다. 그런 가운데 1971년 9월에는 베를린 협정이 체결되었고, 1972년 12월 동서독이 기본조약을 체결하면서 전후 유럽에서 '소극적 평화'가 자리를 잡아가기 시작하였다.[12] 브란트보다 앞서 집권한 드골(Charles De Gaulle)의 프랑스는 "유럽인에 의한 유럽안보" 구상을 갖고 NATO 통합군에서의 탈퇴 등 대미독자노선과 정상회담 등을 통한 대소 관계개선을 전개해나간다.[13] 특히 "대서양에서 우랄까지"라는 프랑스의 유럽단일화 구상과 소련이 제안한 유럽안보회의

---

9) Kissinger (1982), p. 136.

10) Dana H. Allin, *Cold War Illusions: America, Europe and Soviet Power, 1969–1989* (New York: St. Martin's Press, 1998), pp. 30–31.

11) 독일문제란 독일의 분단으로 비롯된 세 가지 문제, 즉 동서독 관계, 서독과 소련 및 폴란드의 국교정상화, 서베를린의 지위에 관한 규정을 말한다.

12) 홍기준, "헬싱키 프로세스와 독일문제: 동북아 다자안보협력에 주는 함의", 한국국제정치학회 학술회의 발표문 (서울, 2007.12.7), p. 3.

13) Allin (1998), pp. 33–34.

개최 지지는 대서양관계의 갈등을 예고하였다.[14)

　대서양관계의 악화와 서유럽-소련의 관계개선이 나타나는 상황에
서 미국은 유럽에서 자국의 위상이 약화될 우려가 있는 범유럽안보
구상보다는 양자적 접근에 주력하면서 점진적이고 통제 가능한 데탕
트를 모색하였다. 미국의 데탕트 정책은 동서 유럽의 데탕트에 자극
받아 추진되었지만 그 주 관심사와 대상은 국제안보에 관한 소련과
의 양자 대화였다. 1969년 11월 시작하여 1972년 5월 미소 정상회담
에서 타결한 SALT I 협상이 그 대표적인 예이다. 또 미국이 CSCE
개최를 수용한 것은 소련이 중동부유럽에서 재래식 무기의 상호균형
감축(MBFR) 회담을 수용하였기 때문이다.[15)

2. CSCE 구상과 미국의 소극적 태도

　범유럽안보기구 구상은 1950년대 소련이 처음 제안하였으나 진영
간 대립, 미국을 배제한 소련의 제안과 인권문제 논의에 대한 소련의
소극적 태도 등의 이유로 진전되지 못하였다.[16) 이후 CSCE 준비회의
가 개최될 수 있었던 것은 CSCE 안팎의 요인들이 작용하였다. CSCE
밖에서는 미국이 강력히 요구해온 베를린 및 독일문제 해결, MBFR
개최 합의가 있었기 때문이고, CSCE와 관련해서는 소련이 미국과 캐
나다의 참여와 인권문제 논의를 수용하였기 때문이다.[17) 1972년

---

14) Raymond L. Garthoff, *Detente and Confrontation: American-Soviet Relations from Nixon to Reagan* (Washington, D.C.: The Brookings Institution, 1994), pp. 124-125.

15) 제임스 E 도거티·로버트 L 팔츠그라프 (Dougherty, James E. and Robert L. Pfaltzgraff, Jr.) 저, 이수형 역, 『미국외교정책사: 루스벨트에서 레이건까지』 (서울: 한울아카데미, 1997), p. 370.

16) Alexis Heraclides, *Security and Co-operation in Europe: The Human Dimension 1972-1992* (London: Frank Cass & Co. LTD, 1993), pp. 3-4.

9~11월 대사급의 비공식모임을 헬싱키에서 열어 조율을 거친 끝에 1972년 11월 22일 헬싱키 외곽의 디폴리에서 CSCE 다자준비회담이 열렸다.[18]

CSCE 관련국들의 입장은 다양하게 나타났다. CSCE 회담에서 참여국의 입장은 기본적으로 개별국 차원에서 표명되었으나, 각국의 위상과 이해관계 등에 따라 바르샤바조약기구 회원국, EC 회원국, 베를린문제 관련 4개국, 비동맹중립국, 노르딕국가군, 지중해국가군 등으로 나눠 생각할 수 있다. 여기서는 논의의 초점을 고려하여 주요 국가들의 입장을 중심으로 개괄해 보고자 한다.

소련은 앞에서 언급하였듯이 중동부유럽에서 자국의 세력권을 국제적으로 정당화하고 궁극적으로는 자국 주도의 유럽안보질서를 수립하는 것을 추구하였다. 동유럽 국가들은 경제난 해결과 이를 위한 대외정책 추진을 위해서는 우선적으로 서방의 경제·기술 지원이 필요했다. 그런 입장은 소련의 입장과 배치되는 것이 아니었고, 나아가 동구 국가들은 소련이 CSCE에 대해 취한 기본 입장(내정불간섭, 영토적 통합성, 인권 논의 반대 등)을 공유하였다.[19]

서독을 비롯한 서유럽 국가들은 공통적으로 동유럽 국가들과의 관계 개선을 원하고 있었는데, 다만 각국이 개별적으로 추진하는 동유럽 국가들과의 관계 개선이 다른 국가들에게 안보 불안을 초래할 우

---

17) Robin Edmonds, *Soviet Foreign Policy: The Brezhnev Years* (Oxford: Oxford University Press, 1983), p. 78.

18) 홍기준, "안보레짐의 형성: CSCE/OSCE의 사례연구", 『국제정치논총』 제38집 제1호 (1998), p. 70.

19) 이런 이유로 본 논의에서 소련과 동유럽의 이해관계를 구분하지 않고 있다. 다만, 루마니아는 소련의 입장과 달리 군사동맹 해체, 군사적 신뢰구축, CSCE 이행 회담 개최를 지지하였고, CSCE 참가국간 기본 원칙으로 독립, 자유, 주권, 자결권, 내정불간섭 등을 주장하였다. John J. Maresca, *To Helsinki: The Conference on Security and Cooperation in Europe, 1973-1975* (London: Duke University Press, 1987), p. 19.

려를 해소할 필요가 있었다. 따라서 이를 위해서도 CSCE와 같은 다자 간 논의 틀을 추진하는 것이 바람직해 보였다.[20]

미국은 1969년 소련이 CSCE 구상에 미국의 참여를 지지한다는 입장을 전달받은 후에도 CSCE에 큰 관심을 두지 않았다. 닉슨 행정부는 CSCE에 무관심하거나 CSCE를 소련의 MBFR 개최 수용, 중동사태에서의 협력을 유도하는 수단으로 간주하였다. 키신저는 CSCE 준비회담에 참여한 미국 대표단에게 협상 권한을 부여하지 않았다.[21] 미국의 그런 태도는 당연히 CSCE에 적극적인 태도를 가진 대다수 유럽 국가들의 반발을 샀다.[22]

Ⅳ. CSCE 협의기(1973~74년)

1. 데탕트의 발전과 미국의 관여

1973~4년 미소관계는 최고조에 이르렀다. 양국은 군사적으로는 SALT Ⅰ과 MBFR 회담의 동시 개최, 정치적으로는 잇단 정상회담 개최로 관계가 개선되어 갔다. 1972년 5월 22~30일 모스크바에서 열린 닉슨(Richard Nixon)-브레즈네프(Leonid I. Brezhnev) 간 정상회담에 이

---

20) CSCE를 둘러싸고 서유럽 국가들 내 다양한 입장에 대해서는 이인배, "제도와 행위자간의 상호작용에 관한 연구: '다자간 협력안보' 사례로서 CSCE를 중심으로", 『국제정치논총』 제41집 제1호 (2001), pp. 102-103.

21) Robert Dallek, *Nixon and Kissinger* (New York: Harper Collins, 2007), p. 272.

22) Jussi M. Hanhimaki, "They can write it in Swahili: Kissinger, The Soviets, and the Helsinki Accords, 1973-75", *Journal of Transatlantic Studies*, Vol. 1, No. 1 (2003), pp. 40-42. CSCE를 둘러싸고 미국과 서유럽 국가들 사이의 입장 차이에 대해서는 Maresca 참조. Maresca (1987), pp. 64-67.

어, 1973년 6월 18~25일 워싱턴 정상회담에서 양국 정상은 "항구적인 평화 증진" 노력에 합의하였다. 3차 미소 정상회담(1974. 6. 27~7. 3 모스크바) 공동성명에서 양국 정상은 "미소 관계개선 과정을 불가역적으로 만드는 확고한 정책을 … 추구할 것"을 다짐하였고, 4차 정상회담(1974. 11. 23~24 블라디보스토크)에서는 전략무기 감축 범위의 확대와 CSCE 개최 시기에 합의하였다.[23]

이상과 같은 미소관계 개선은 분명 유럽의 긴장완화에 긍정적으로 작용하였지만, 그것이 대서양관계를 자동적으로 회복시켜 주지는 못하였다. 미국은 1973년을 '유럽의 해(Year of Europe)'로 정하고 서유럽과의 관계 회복에 나섰다. 그러나 키신저의 서유럽정책은 미국의 세계적 이익과 유럽의 지역적 이익 간의 차이를 부각시켰고, 서유럽 국가들에게 미국의 세계적 이익 추구 노력을 따라야 한다는 인상을 심어주었다. 결국 '유럽의 해'는 존재하지 않았다. 거기에 1973~4년 중동전쟁과 아랍 국가들의 석유 금수조치에 대한 대응 방법의 차이로 미국과 서유럽의 관계는 경색되었고, 특히 미국과 프랑스의 갈등은 상호 비난하는 지경으로 치닫기도 하였다.[24] 미국과 서유럽 사이의 갈등은 미국의 대소 데탕트 정책에 의해서 촉발되기도 했다. 2차 미소 정상회담에서의 핵전쟁방지협정 체결에 대해 서유럽 동맹국들이 사전 협의 없이 체결되었다는 점을 들어 반발한 것은 그 단적인 예이다.[25]

미소관계 개선과 미국-서유럽의 갈등은 서유럽과 소련의 관계개선

---

23) Edmonds (1983), pp. 124-125, 141.
24) Kissinger (1982), pp. 165, 897-898.
25) Edmonds (1983), p. 143.

을 촉진하였다. 소련과 서유럽은 유럽 국가들에 의한 범유럽안보 구상에 대한 공감대를 바탕으로 CSCE 논의에 적극적인 태도를 보였다. 1973년 5월 18~22일 브레즈네프의 서독 방문은 그 이전 프랑스 방문과 함께 유럽인들에게 유럽의 평화 비전을, 반면 미국에게는 우려를 던져주었다.26) 브레즈네프는 공산당 중앙위원회에서 평화공존원칙을 대외(특히 대미)정책의 기조로 승인받고 그에 대해 비판적인 인사를 중앙위원회에서 축출하는 등 대내 정치적 기반을 공고히 한 상태에서 적극적인 대서방외교에 나섰다.27) 소련의 '서방정책'은 서유럽의 '동방정책'과 맞물려 유럽안보협력 구상을 구체화하는 동시에 경제적 실리를 획득하는 성과를 가져왔다.

1973~4년 미국, 소련, 서유럽 간의 삼각관계는 미소관계 개선이 동력이 되어 소련과 서유럽의 접근 강화, 미국과 서유럽의 갈등 양상을 보여주었다. 이들의 삼각관계는 유럽의 동서 양 진영이 각각 상대적으로 높은 관심을 두고 있었던 CSCE와 MBFR이 동시에 진행되면서 전개되었다. 그때 미국의 입장 변화로 CSCE와 MBFR의 병행 추진의 길이 열리게 되었다. 미국은 유럽안보문제에 대한 소련의 영향력 증대 및 자국의 영향력 약화를 차단하는 한편, 소련과의 정치적·군사적 관계개선을 추구하였다. 미국은 CSCE에 대한 기존의 무관심에서 참여하는 쪽으로 태도 변화를 보였지만, CSCE에서의 적극적인 역할보다는 여전히 대소관계를 중심으로 한 국제안보문제에 일차적 관심을 두고 있었다.

---

26) 이 시기는 닉슨이 워터게이트 사건의 존재를 시인(4.30)한 직후였고 브레즈네프의 미국 방문(6.18~25) 한 달 전이었다.

27) Edmonds (1983), pp. 118-119.

2. CSCE 논의 진전과 미국의 딜레마

CSCE 다자준비회담에서는 참가국 간 관계를 규정하는 원칙을 둘러싸고 깊은 토의가 있었다. 다자준비회의에서 각국이 제출한 원칙을 개괄해 보면 동구 진영이 국경불가침을 강조한 반면, 서구진영은 인권과 자결권에 우선순위를 두었다. 서독은 독일이 분단국임을 고려하여 자유로운 이동과 국경의 평화적 변경에 큰 관심을 두었다. 이에 대한 논의를 거쳐 서독은 소련이 주장한 국경불가침과 영토보전원칙에 양보하고, 소련은 자결권과 인권 원칙을 수용하기로 하였다. 이와 같은 주고받기식 협상(tit-for-tat)은 CSCE의 초기 단계의 협상을 진전시키는 데 기여하였다.[28] 회담에서는 또 참가국들이 제기한 다양한 의제들은 안보, 경제협력, 인권 등의 범주로 나눠 세 개의 바스켓에 담아 논의하기로 하였다.

1973년 7월 3~7일 헬싱키에서 가진 CSCE 1단계 회담에서는 다자준비회담의 합의사항을 승인하였을 뿐 다른 협의는 없었다. 제네바에서 열린 2단계회담(1973. 9. 18~1975. 7. 21)은 CSCE 과정에서 가장 복잡하고 어려웠다.[29] 2단계회담에서 첨예하게 쟁점이 된 분야는 인권, 인도주의 문제를 다룬 바스켓 III 협상이었다. 처음 회담이 시작될 때 소련은 바스켓 III에 대해 논의를 회피하려 하다가 나중에는 바스켓 III를 하나의 문서로 작성하되 합의가 아닌 권고의 성격을 띠고, 주권평등과 내정 간섭 금지, 국내 법률 존중 등을 포함한 서문이 있어야

한다고 요구하였다. 이에 대한 동서 양 진영은 논의 끝에 타협에 이른다.[30]

CSCE 협상 초기 미국은 소극적이고 방관자 같은 입장을 취하였다. 미국 측 회담 대표단은 소련과 갈등하지 않는 범위 내에서 서방 측의 입장, 특히 인권관련 문제에 지지 의사를 표명하였다. 그러나 미국 대표단은 본국으로부터 구체적인 훈령을 받지 못할 정도로 회담에 소극적이었기 때문에 서방진영에서 지도적 역할을 행사하지 못하였다.[31] 미국은 CSCE 회담 진행과정 동안 군사적 신뢰구축 문제에도 냉담한 반응을 보인다. 닉슨 행정부는 안보문제를 CSCE보다는 MBFR 회담에서 다루기를 원하였다(이승근 1998, 167).[32] 한편, 소련은 CSCE의 성공적 타결이 줄 막대한 이익을 기대하면서 2단계 회담 초기에 이미 자결권과 인권을 '원칙사항(catalogue of principles)'에 포함하는 것을 인정하고 군사적 신뢰 구축 논의와 상호접촉 문제를 논의할 자세를 보였다.[33]

CSCE 다자준비회담과 1단계 회담에서의 일련의 합의에도 불구하고 CSCE는 2차 미소 정상회담에서 주변적인 관심사에 머무른다. 닉슨은 여전히 미소 양국 간 군사회담과 달리 CSCE를 진전시키는 데 소극적이었다. 그 배경에는 미소 정상회담, MBFR을 중시한 닉슨 행정부의 전략적 판단 외에도 중동사태와 오일 쇼크, 그리고 베트남전쟁이 주는 경제적·외교적 부담이 크게 작용하였다. CSCE 2단계 회

---

30) Heraclides (1993), pp. 32-34.

31) Maresca (1987), pp. 44-45.

32) 이승근, "유럽안보협력회의(CSCE) 발전과정에서의 양대정책: 헬싱키회담에서 파리협정까지 미국과 프랑스의 유럽전략을 중심으로", 『세계지역연구논총』 제12집 (1998), p. 167.

33) Wolfgang Berner et al., *The Soviet Union 1973: Domestic Policy, Economics, Foreign Policy* (New York: Holmes & Meier Publishers, 1975), p. 142.

담 1개월 후 중동전쟁이 발발하자 CSCE 회담의 논의 속도를 늦추라는 키신저의 지시가 미 대표단에 전달되었다. 국내정치적으로도 닉슨 행정부는 워터게이트 사건에 대한 의혹과 2~3차 미소 정상회담 결과에 대한 비판 여론에 직면해 있었다.[34]

미국은 CSCE 회담이 본격화되는 이 시기에 두 가지 딜레마에 직면하였다. CSCE 회담이 진행되면서 소련과의 관계를 중시하면서도 동구권의 인권문제에 무관심하지 않을 수 없는 도덕적 딜레마가 그 하나이다. 다른 하나는 1973년 10월 4차 중동전쟁이 발발하면서 소련과의 군사적 긴장과 서유럽 국가들과의 외교적 마찰에서 빚어진 전략적 딜레마이다.[35] 물론 미국은 유럽안보를 포함한 전반적인 국제관계를 대소관계를 중심으로 다루었지만, 그런 딜레마를 무시할 수 없었다. 1974년 CSCE와 서유럽에 대한 미국의 태도 변화는 그런 맥락에서 파악할 수 있다.

1974년 들어서 미국은 이전 해에 비해 서유럽 국가들과의 관계를 강조하며 서유럽과 소련 사이에서 중재자 역할을 하는 제스처를 보였다. 워터게이트 사건이 심각해져 가는 가운데 닉슨은 모스크바 정상회담 직전인 6월 브뤼셀과 오타와에서 열린 두 차례의 NATO 회의에 참여하여 대서양관계를 강조하고 CSCE의 역할을 지지한다고 밝혔다.[36] 그렇다고 미국이 소련과의 관계 악화를 의도하지는 않았다. 1974년 3차 미소 정상회담 후 닉슨과 키신저는 서유럽 국가들과의 동맹관계를 유지하면서도 브레즈네프가 제안한 CSCE 3단계 회담을 정

---

34) Hanhimaki (2003), pp. 45-47.

35) Maresca (1987), p. 36.

36) Maresca (1987), p. 74.

상회담으로 열어 최종 타결을 짓는다는 미소 간 합의를 고수하였다. SALTⅡ, 중동문제 등에 있어 소련의 양보를 노린 미국의 이 같은 입장은 서유럽 국가들의 반발을 초래하였다.[37] 그런 가운데 1974년 후반기에 들어서 미국의 국내정치와 미소관계에 문제가 발생하면서 데탕트의 동력은 약해져갔다. 미국은 두 가지 딜레마에 대해 어떤 선택을 해야 할 상황을 맞이하고 있었다.

V. CSCE 합의기(1975년)

1. 미소관계의 냉각과 대서양관계 회복

1975년 1월 대내외적 난관에 직면한 상태에서 등장한 미국 신 행정부의 등장은 대외정책 변화를 모색하였고 그것은 유럽안보를 둘러싼 미-소-서유럽 간의 삼각구도에도 영향을 미쳤다. 포드(Gerald Ford) 행정부는 베트남전 패배, 무역 및 재정 적자 확대 등 군사적·경제적 악재에 직면하여 기존의 데탕트 정책을 재검토하기 시작하였다. 그 결과 미국의 대외정책 우선순위는 안보에서 경제로, 대소관계에서 대서양관계로 이동하였다.[38] 그 당시 미국에서는 데탕트라는 용어를 사용하는 것이 터부시 되었고 의회와 언론에서 소련에 대한 압력을 주장하는 목소리가 높아졌다. 그런 상황에서 소련에 최혜국 대우를

---

37) Hanhimaki (2003), pp. 50–52.

38) 포드 대통령은 1975년 1월 연두기자회견에서 "미국 경제의 회복"을 최우선적인 대외정책 목표로 제시했고, 같은 해 8월 19일 연설에서는 "평화가 중요하기는 하지만 자유가 우선이어야 한다"라고 말했다. Maresca (1987), pp. 119–122.

부여하는 것과 소련 거주 유대인의 이민을 연계하는 것을 골자로 한 교역개혁수정법안(소위 잭슨-바닉 수정법안)이 의회를 통과하였다.[39] 다른 한편 미국은 루마니아, 헝가리, 폴란드에 최혜국 대우 자격을 부여하였다.[40]

1974년 11월 블라디보스토크 정상회담 이후 미소관계는 서서히 경색되어 갔다. 정상회담에서 합의한 SALT II 협정은 체결되지 않았고 브레즈네프의 워싱턴 답방도 이루어지지 않았다. 1975년 들어서도 상황은 마찬가지였다. 키신저는 한 기자회견에서 SALT 협상이 교착상태에 빠졌다고 우려를 표명하였고, 실제 소련의 백파이어 전략폭격기와 미국의 크루즈 미사일은 SALT 협상을 힘들게 만들었다. 여기에 대선 국면에 들어선 미국의 정치적 여건도 데탕트 유지를 어렵게 하였다. 또 1975년 들어 미국은 앙골라와 모잠비크 내전에서 소련과 군사적으로 대립하기까지 하였다.[41]

미소관계 경색으로 세계적 차원의 데탕트가 후퇴한 것과 달리, CSCE라는 다자 틀을 통해 유럽의 데탕트는 앞으로 나아갔다. 미소 데탕트는 신뢰구축에 실패함에 따라 차후 몰려올 새로운 대치상황에 취약해질 수밖에 없었지만, 유럽에서는 양 진영 간 정치적 관계개선과 경제협력이 진행됨으로써 미소관계의 부정적 영향을 완충할 수 있었다. 1970년대 전반에 걸쳐 동구권과 서유럽의 경제교류는 그 이전 소련과 서독의 교류를 비롯한 양 진영 간 활발한 양자외교의 성과에 기반

---

39) Maresca (1987), p. 78.

40) 물론 이 시기 미국이 대소관계를 의도적으로 악화시켰다고 말하기는 어렵다. 가령, 포드 행정부는 소련이 추방한 반체제 문학가 솔제니친(Alexander Solzhenitsyn)을 백악관에 초청하지 않았다. Maresca (1987), p. 123.

41) Edmonds (1983), p. 154.

하고 있었다. 이때 계속된 CSCE 회담은 유럽에서의 데탕트 지속을 촉진하였다.

한편, 미소관계가 냉각된 것과 대조적으로 대서양관계가 회복되기 시작하였다. 1975년 5월 29~30일 브뤼셀에서 열린 NATO 정상회담은 헬싱키 CSCE 정상회담 이전에 미국과 서유럽 동맹국 간 연대를 과시하기 위한 것이었다. 포드는 CSCE에서 합의된 사항들이 이행되어야 한다는 점을 강조하며 CSCE 협상에서 서유럽과의 협력 의사를 분명히 하였다. 그는 "(데탕트에 관한 일치된) 한 가지는 CSCE에서 만들어진 약속들이 모든 유럽인들의 자유와 인간의 존엄을 발전시키는 행동으로 나아가야 한다는 점"이라고 말했다. 또 미국과 서방국가들은 처음으로 서방경제정상회담을 열어 경제문제에 대한 공동 대응의 기반을 마련하였다.42)

2. CSCE 협상 타결과 대서양관계의 복원

미소관계의 침체와 대서양관계의 복원은 CSCE 협상 구도에도 변화를 가져왔다. 미국이 중재자 역할에서 서유럽 국가들 편에 기울어 소련을 압박하는 적극적인 이해당사자로 나선 것이다. 결국 미국의 역할 변화, 특히 키신저의 태도 변화는 CSCE 협상 타결을 이끌어낸 촉매제가 되었다. 1975년 8월 1일 헬싱키 협정 채택 현장에서 포드 대통령은 미국이 인권문제와 평화공존을 균형 있게 다루면서 유럽의 안보협력에 관여할 것을 공약하였다.43)

---

42) Maresca (1987), pp. 122-123.

43) Gerald R. Ford, "President Gerald R. Ford's Address in Helsinki Before the Conference on Security

CSCE 협상이 막바지에 이르러 미국과 서유럽 국가들이 공동 행동에 나서자 소련이 양보하기 시작하였다. 1975년 2월 그로미코 소련 외상은 바스켓 I의 수정안에 '국경선의 평화적 변경'을 포함시키는 것을 허용하였다. 뿐만 아니라 소련은 1975년 5월에는 바스켓 III에 유럽경제공동체(EC) 9개국이 통일된 입장으로 일관되게 요구한 인적 교류 및 정보의 자유와 관련된 대부분의 제안을 받아들이기로 한다. 소련은 양보를 통해 자신이 원한 헬싱키 정상회담의 여름 개최를 못 박으려고 했고 다른 실질적 성과도 거두려 하였다. 서방의 주 관심사는 인권과 군사적 신뢰구축이었다.44) 소련의 양보에는 미국과 서방 측의 입장 통일에 의한 대소 압력이 가장 크게 작용하였다. 그리고 브레즈네프의 건강 악화와 CSCE 협상의 타결 자체를 승리로 간주한 소련의 과도한 성취감도 작용하였다.45) 또 비동맹중립국들이 CSCE 의 협상 틀을 유지하고 그 속에서 안보문제를 다루도록 강한 결속력을 보인 것도 협상 타결에 적지 않은 기여를 하였다.

그러나 CSCE에서 많은 논의가 결실을 맺어가는 가운데서도 군사 안보문제만큼은 미국과 소련이 양자 채널을 더 선호하였기 때문에 많이 다뤄지지 않았다. 미국은 여전히 소련과의 SALT 회담에 집중하였고, 유럽안보는 회담 참석국이 제한된 MBFR 회의에서 논의하는 것을 선호하였다. 미국은 군사안보문제에 관한 한 CSCE를 MBFR 회담의 진행 과정을 알리는 장소 정도로 인식하였다.46) 헬싱키 협정 채

택과정에서 군사안보 분야는 제한적 범위에서 군사적 신뢰구축 문제를 다룬 것이 전부였다. 그 문제에서도 미국은 주도력을 발휘하지 못하였고 심지어는 NATO 회원국들이 미국의 제안에 반대하기도 하였다. 결국 군사적 신뢰구축은 소련안과 영국안이 거의 일치함으로써 (25,000명, 250~75km, 21일 전 통보) 합의에 이른다.47)

VI. 헬싱키 틀의 성립과 삼각관계의 변화

1. 헬싱키 틀의 성립 의의

1975년 8월 1일 동서 35개국의 정부 대표들이 참여한 가운데 헬싱키에서 열린 CSCE 3단계 회담에서 CSCE 협정이 나왔다. 협정은 원칙 선언과 안보 문제, 경제·과학기술·환경 분야에 관한 협력, 인적 교류분야에 관한 협력 등을 3개의 바스켓에 담았다. 이 중 바스켓 I 에서 제시된 '참가국 간 상호관계를 규정하는 10대 원칙'48)은 양 진영의 이해관계를 포괄하고 있다. 물론 일부 원칙들 사이에 잠재적인 충돌 가능성이 있었지만, "모든 원칙들은 매우 중요하다"고 합의해 다른 원칙을 희생하여 어떤 원칙을 강조할 수 없음을 분명히 하였다.

헬싱키 협정은 정치군사적으로 2차 대전 이후 폴란드·독일의 국경선 유지 및 독일문제 해결을 전제로 한 것이고, 도덕적으로는 인권

---

47) Maresca (1987), pp. 164-166.

48) 10대 원칙은 ① 주권 평등, ② 무력 사용 및 사용위협 금지, ③ 국경불가침, ④ 영토적 통합, ⑤ 분쟁의 평화적 해결, ⑥ 내정불간섭, ⑦ 인권 존중, ⑧ 자결권, ⑨ 국가 간 협력, ⑩ 국제법 준수 등이다.

개선과 평화 정착을 조화롭게 추진해야 한다는 점을 밝히고 있다. 물론 CSCE의 다양한 구성과 복잡한 이해관계, 그에 따라 조정 및 타협에 필요한 기회비용 등은 헬싱키 최종 협정의 합의 수준, 구속력, 이행과정에 한계를 가져다주었다. 그러나 역설적으로 헬싱키 협정이 법적 구속력이 없다는 점이 CSCE의 효과적 운영에 기여하였다는 점을 무시할 수 없다. CSCE 운영의 유연성은 규칙 형성 과정이 참가국들의 국내법상 제약을 받지 않으면서 이후 참여국 간 정치적·군사적 신뢰 구축과 인권 개선에 기여하였다. 헬싱키 협정 채택이 주는 또 다른 의의는 적대세력이 상대방의 관심사를 인정하고 공동 해결을 모색한 포괄 접근을 꼽을 수 있다.

1960~70년대 유럽의 안보 상황은 냉전 질서의 확립과 그 속에서의 데탕트라는 '안정 속의 변화'로 요약할 수 있다. 이때 유럽에서는 미소 냉전질서가 구축된 가운데 동서 양 진영이 대립구조를 넘어 대화와 접촉을 전개하였다. 소련을 중심으로 하는 동구 진영과 유럽의 서방진영은 서로 다른 정치적·경제적·군사적 이유로 범유럽안보회의 구상을 검토하게 된다. 소련의 제안으로 부상한 이 구상에는 소련의 세계 및 유럽 안보전략이 용해되어 있었다고 할 수 있다. 그러나 미국은 지정학적·외교적 이유로 그 구상에 적극적이지 못했는데, 바로 그 점이 범유럽안보회의를 둘러싸고 미국이 주요 서유럽 국가들과 갈등을 벌인 배경이다.

2. 삼각관계의 변화와 미국

미국, 소련, 서유럽 국가 사이의 삼각관계는 기본적으로 냉전 질서를 반영하여 적대적 미소관계가 서유럽의 대외정책을 규정하는 '안정적 결혼' 상태를 보였다. 그러나 유럽이 CSCE 태동기에 들어서면서 그런 인지적 안정 구도에는 서독의 '동방정책'이 촉발시킨 유럽 내의 데탕트로 균열이 발생하게 된다. 달리 말하면 유럽에서의 데탕트는 냉전 대립을 넘어 범유럽안보회의 구상을 논의할 수 있는 기회의 창을 열어놓았는데, 이때 서유럽과 미국 사이에는 포기의 위험을 띤 안보동맹 딜레마가 발생한 것이다.[49] 이때 미국은 서유럽과 소련의 접촉이 강력하고 소련 견제를 위한 연계전략이 필요하다는 판단 하에 대소관계 개선에 착수한다. 1970년대 초 일련의 미소 정상회담과 군축회담이 그런 사례들이다. 이와 같이 이 시기 미국·소련·서유럽 국가들 사이의 삼각관계는 냉전 형성기 이들 사이의 기본구도와 정반대의 양상을 띠면서 '로맨틱 삼각관계' 형태의 인지적 불안정 구도로 바뀌어버린다. 유럽 내 데탕트에 뒤따른 미소 간 데탕트는 미국의 입장에서는 닉슨 행정부에 의한 외교안보정책 전환에 따른 것으로서 SALT, MBFR 회담 등에서 보듯이 소련의 팽창 저지를 겨냥한 것이었다. 미국이 처음 CSCE 논의를 수용한 것은 CSCE를 그런 목표 달성을 위한 하나의 도구로 보았기 때문이다.

CSCE 협의기 미국, 소련, 서유럽 국가들 간의 삼각관계는 기본적으로 앞 시기와 같은 인지 불안정 구도가 지속되었다. 유럽 내 데탕

---

49) Glenn Snyder, "Alliance Theory: A Neorealist First Cut", *Journal of International Affairs*, Vol. 44, No. 1 (1990), pp. 112–113.

트가 지속되는 가운데 미소관계가 개선되고 악화된 대서양관계는 회복되지 못하였다. 다만, 이 시기는 CSCE 회담이 계속되는 동시에 미소 간 관계개선이 활발히 전개된 특징을 보이고 있다. 세 차례의 정상회담과 키신저가 주도한 대소 셔틀외교, 비밀외교, SALT I 타결과 SALT II 협상 개시 등은 미소관계의 개선을 수놓은 결과들이다. 물론 중동사태에 대한 이해관계의 차이와 근본적인 상호 불신, 그리고 대내정치적 제약이 양국관계의 진전을 제약하고 있었다. 그러나 중동사태는 대서양관계에도 부정적으로 작용하였고, 유럽에서의 전쟁 경험과 지정학적 차이는 유럽안보에 대한 미국과 서유럽 국가들 간의 인식 및 정책상 입장 차이를 좁히지 못하였다. 소련을 주 대상으로 하는 미국의 양자주의적 외교안보정책과 CSCE에 대한 도구적 접근이 변하지 않아, 닉슨 행정부가 모색한 대서양관계의 회복은 이루어지지 못하였다. 전체적으로 CSCE 협의기 대서양관계는 그 수준이 배신으로 치닫지는 않았지만 포기의 안보동맹딜레마에서 벗어나지 못하였다. 물론 당시 미국의 동맹 회복 노력과 서유럽 국가들의 대소 위협 인식으로 양측은 대소관계를 대서양관계의 대체재로 삼지는 않았다.

CSCE 합의기에 들어선 1975년 포드 행정부는 미국의 대외정책 전환을 공식 천명하면서 유럽안보정책에도 변화가 일어났다. 미 행정부는 대서양관계의 개선에 적극 나서는 한편, 동구 사회주의국가들에 대한 방문과 지원 외교를 전개하면서 소련 견제에 나섰다. 이때 미소관계는 1970년대 전반기와 같은 정점에서 내려왔지만 양국이 의도적으로 데탕트를 중단시키지 않았다는 점에서, 이 시기 삼각관계는 비록 일시적이지만 삼자 간에 모두 양호한 인지적 안정 상태를 띠었다고 말할 수 있다. 미국은 1974년 말에 접어들면서 소련에 인권문제를 제기하면서 CSCE 회담을 지연시켜 왔지만, 1975년에 들어서서는 서유럽과 연대하여 CSCE 회담을 서방진영에 유리하게 타결 짓도록 나섰다. 미국과 서유럽의 합작으로 소련은 CSCE 협상 타결을 위해 논의 쟁점에 양보하지 않을 수 없었다.[50] 그 결과 1975년 여름 CSCE 협상은 타결에 이른다. 결국 CSCE 논의가 최종 타결된 것은 미국의 입장 변화가 촉매 역할을 하였기 때문이었다고 말할 수 있다. 이상 헬싱키 틀의 성립 과정에서 나타난 미국, 소련, 서유럽 사이의 삼각관계 양상과 그 변화 추이를 단순화해 보면 다음 〈그림 1-1〉과 같다.[51]

〈그림 1-1〉 CSCE 성립과정에서 삼각관계 변화

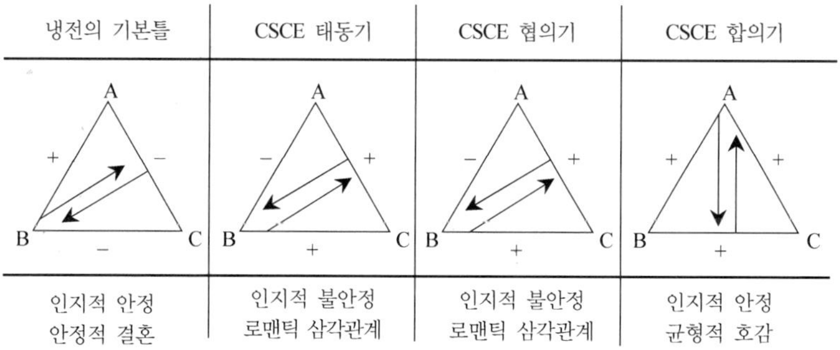

<hr>

50) 독일 통일의 가능성을 열어놓은 국경선의 평화적 변경과 서방의 동구진영 인권문제에 대한 개입의 근거가 된 인권존중의 원칙 수용이 그 대표적인 내용이다.

51) 〈그림 1-1〉에서 미국과 서유럽의 관계(A-B)는 우호·동맹관계라는 점에서 다른 두 관계보다 그 수준이 높은 점을 전제하고 있다.

Ⅶ. 현실적·이론적 시사점

지금까지 전략적 삼각관계론을 적용하여 1960년대 후반부터 1975년 8월 1일 헬싱키 협정 채택까지 헬싱키 틀의 성립 과정을 통해 살펴보았다. 헬싱키 틀의 성립 과정을 미국, 소련, 유럽 서방국가들 사이의 삼각관계 구도를 갖고 설명하면, 냉전 구조 속에서도 역동적으로 전개된 일련의 역사적 사건들을 비교적 간명하게 파악할 수 있다. 삼각구도 속에서도 미국의 역할 변수에 주목한 것은 소련과 유럽 서방진영의 역할을 무시하는 것이 아니라, CSCE 구상에 대한 양측의 공감을 고려할 때 CSCE의 개최 및 논의 진전을 촉진시킨 변수에 주목할 필요가 있다고 보았기 때문이다.

냉전기 유럽에 존재했던 CSCE와 같은 다자안보협력 경험을 탈냉전기 동아시아에 기계적으로 적용하기에는 많은 난점이 존재한다. 둘 사이에는 다자안보협력에 관한 필요성, 경제협력의 증대 등 유사점도 있지만, 역사적·문화적 환경과 역내다자협력의 경험 그리고 군사적 긴장에 바탕을 둔 다양한 양자관계 등 많은 차이가 존재한다. 동북아와 한반도가 다자안보협력 측면에서 CSCE의 경험으로부터 배울 점이 있다면, 그것은 두 지역 사이의 차이점이 줄어들고 공통점이 늘어가는 양상을 보일 것이다. 이미 6자회담의 일부 참여국들과 미국 신행정부의 동아태정책 구상에서 역내 안보질서 인정, 주요 경제 및 안보 문제에 관한 다자적 협의, 상호 관심사에 대한 포괄 접근이 선호되거나 검토되고 있다. CSCE 경험으로부터 동북아 및 한반도의 평화와 공영에 참고가 될 점을 생각해 본다면, 먼저 지역적 혹은 세계적 차원에서 상호 견제하며 협력할 수 있는 파트너십(partnership)이 필요하다는 점이다. 그런 점에서 미국과 중국의 활발한 커뮤니케이션이 중요하다. 둘째는 냉전기 유럽과 비슷하게 오늘날 동북아에서도 대륙세력과 해양세력이 일종의 두 진영처럼 존재하고 있고 이들 간 상호 관심사에 일정한 차이가 있다. 이는 헬싱키 협정 채택과 같이 상이한 이해관계를 포괄하여 병행 접근할 가능성과 필요성을 보여주고 있다. 다만 아직 그 구상을 주도하거나 촉진할 국가(들)은 보이지 않고 있다. 셋째, CSCE처럼 역내 다자협의가 만들어지더라도 협의 틀을 유지하고 합의의 범위를 확대해나가는 협상과 조정의 기술이 요구된다는 점이다. 본 연구사례에서는 비동맹중립국들이 그런 역할을 하였는데, 동북아의 경우 아직 이 점은 시기상조라 할 수 있다.

동북아에서도 대립 상황에 놓여 있는 각 양자관계의 질적 변화와 역내 경제협력이 확대되면 다자안보협력이 구체화될 수 있을 것이다. 이때 특정 이슈를 둘러싼 삼각관계가 역내 다자안보협력의 미래를 예고할 수도 있을 것이다. 가령, 한반도를 남-북-미 삼각관계로 파악할 경우 남북관계의 변화와 미국의 반응이 한반도 및 동북아시아에서 다자안보협력 논의의 촉매 역할을 할 수 있을 것이다. 가령, 오바마 정부 들어 북미관계 정상화 논의가 전개된다면 그것은 한미, 남북관계에 직접적인 영향을 미칠 수 있다. 이 경우 한국의 대북정책과 대미정책은 외교적 수완을 넘어 동북아 평화와 한반도 통일에 중대한 역할을 할 수 있을 것이다. 여기서 헬싱키 틀의 성립 과정에서 서독이 대서양관계와 대소관계에 보인 유연하고 능숙한 현실주의적 접근은 평화와 통일을 병행 추구하는 한국에 교훈이 될 수 있다.

헬싱키 틀이 성립되는 과정에서 나타난 전략적 삼각구도는 동북아에서도 발견할 수 있다. 거시적으로는 미국-중국-일본의 삼각관계를 상정할 수 있고, 그 아래에 중국-대만-미국, 한국-중국-일본, 남한-북한-미국, 남한-북한-중국 등 다층적 삼각관계를 생각해볼 수 있다. 미국은 국제정치에서 차지하는 위상과 외교정책 전통을 감안할 때 다자 접근을 선택적으로 취해 왔는데 동아시아의 경우는 더욱 그렇다. 그럼에도 북한인권법과 2006년 하반기 이후 미국의 대북정책 전환과정에서는 헬싱키 틀의 적용을 시도하고 있다. 그리고 오바마 행정부 등장으로 동북아에 CSCE의 경험이 되살아날 가능성도 배제할 수 없을 것이다.

본 연구 결과는 이론적 측면에서도 한반도를 둘러싼 안보협력 연구에 시사점을 줄 수 있다. 기존 사례연구들이 보여주고 있듯이 한반도 및 동아시아 국제관계에서 전략적 삼각구도는 다양하게 나타날 수 있다. 그러나 현실은 특정 삼각관계에 한정된 분석의 한계를 넘어 다층적 삼각관계에 기초한 분석을 요구하고 있다. 본 연구사례도 이런 지적을 받을 수 있다. 실제 연구범위를 헬싱키 이행 프로세스까지 포함하거나 거기에 집중하였다면 소련, 동유럽 국가, 서방진영(미국 포함) 사이의 삼각관계를 중심으로 논의를 전개할 수도 있을 것이다. 또 전략적 삼각구도 속에서 동맹관계가 개입된 협력과 갈등이 상호 작용할 경우 논의는 더욱 복잡해진다. 전략적 삼각관계이론을 세련화하고 전략적 삼각관계와 안보동맹딜레마를 결합한 논의가 보다 높은 설명력을 가질 수 있을 것이다. 이것은 본 연구의 한계이자 향후 연구과제이다.

제2장

CSCE 참여국의 전략적 이익과 협상 경과

우평균

I. 연구목적

1975년 8월 헬싱키 선언으로 시작되어 전후 유럽에서의 해빙의 기운을 가져온 유럽안보협력회의(CSCE)의 결성은 냉전 시대뿐 아니라 냉전종식 이후 유럽 내의 신뢰 구축과 안보질서 형성에도 구조적으로 영향을 미치는 요소로 계승되었다. 최초에 동서 양 진영의 35개국이 참여하는 다자간안보협력회의로 출발한 CSCE는 1989년 이래 동구 사회주의체제가 붕괴하면서 새로운 안보상황에 대처하기 위해 그 기능이 점차 강화되었고, 1995년 1월 이후에는 유럽안보협력기구(OSCE)로 개칭되어 전체 55개국을 포괄하는 다자간안보협력기구로서 유럽안보에서 그 역할이 증대되었다.

1970년대에 이루어진 CSCE의 결성이 현 시점에서도 의미를 갖는 것은 당대 유럽의 질서뿐 아니라 냉전적 요소가 잔존하고 있는 동아시아와 한반도에도 시금석이 된다는 사실을 역사적 경험을 통해 예증하고 있기 때문이다. 1975년 당시 CSCE가 정치·경제 및 이념이 상이한 동서 양 진영의 국가들이 모여서 유럽안보협력을 위한 공통의 규범을 창출하였다는 사실은 동북아 안보질서에 대한 대안을 모색하는 데 있어 여러모로 통찰력을 제공한다. 무엇보다도 CSCE가 상이한 가치체계를 가진 국가들 간에도 협력안보레짐을 형성할 수 있다는 실례를 보여줌으로써, 상이한 가치체계 자체가 안보레짐 형성에 절대적인 요건이 될 수 없으며, 이는 다양한 협상 기술에 의해 극복될 수 있다는 점을 시사한다.[1]

CSCE 결성이 갖는 이와 같은 일반적인 의미에 주목하면서, 이와 동등하게 부각시킬 수 있는 점이 CSCE가 소련에 의해 제의되었다는 사실이다.[2] 하나의 안보 레짐을 형성하는 데 있어서 양극체제하에서 초강대국의 역할은 결정적이며, 다극체제하에서도 강대국의 역할은 매우 중요하다. CSCE의 경험은 성공적인 국제 안보레짐의 형성에 있어 약소국보다 강대국이 발의하고 협상을 주도하는 역할의 중요성을 제기해 준다. 이를 통해 CSCE의 사례는 정책결정자의 결단이 필수적임을 보여 준다. 본 장에서는 이와 같은 가정에 입각하여 CSCE를 제안했고, 협상 과정에서 주요 축인 미국 및 NATO 측과 더불어 협상의 전 과정을 주도했던 소련의 CSCE 형성과정에서의 전략적 이익과 소련이 참여한 협상 경과의 의의를 제시하려 한다. 이를 위해 II에서

---

1) 홍기준, "안보레짐의 형성: CSCE/OSCE의 사례연구", 『국제정치논총』 제38집 1호 (1998), p. 87.

2) 1954년 몰로토프 소련 외상이 제시한 유럽 집단안보조약 제안의 시점에서 1975년 헬싱키 회의의 성립에 이르기까지의 긴 세월 동안 소련이 일관되게 추구한 CSCE 결성을 위한 노력을 소련 외교의 특성인 목적일관성에 기인하는 것으로 보는 관점이 구소련의 외교적 행태를 설명하는 데 있어서 폭넓게 받아들여졌다. 즉, 구소련 외교는 한 번 정한 목표는 정세가 변화하여 실현에 시간이 걸려도 계속 추구한다는 원칙이 있다는 것이다. Vernon V. Aspaturian, *Process and Power in Soviet Foreign Policy* (Boston: Little, Brown and Co, 1971), pp. 40-46.

CSCE 형성의 전사(前史)를 개관하고, Ⅲ에서 동서 간 데탕트에 대한 소련의 인식과 미국과의 협력추구 요인을 파악하고, Ⅳ에서는 소련이 주도하고 참여한 전체 협상경과 및 결과에 대한 평가를 시도할 것이다. 이를 통해 소련이 자신의 의도를 관철시키려는 의도에서 면밀하게 협상을 이끌려고 했으며, 협상의 진행과정에서 부분적인 문제점이 파생되기도 했지만 전반적으로 협상과정에서 각론적인 문제점보다는 헬싱키 협정 체결의 의미가 더욱 부각되는 결과를 낳았다는 점을 강조하려 한다.

Ⅱ. CSCE 형성의 전사(前史): 소련의 제안과정

CSCE의 성립과정에서 나타난 소련 측의 구체적인 움직임을 소련이 미국과 서구진영에 제기했던 제안을 중심으로 살펴보면 다음과 같다.

CSCE 성립을 위한 최초의 단초는 서독의 NATO 가입 가능성에 경각심을 갖게 된 몰로토프(V. Molotov) 당시 소련 외상이 1954년 2월 베를린에서 개최된 미·영·불·소 4개국 외무장관회담에서 구주의 전반적인 안보를 논의하기 위한 국제회의의 개최 및 '유럽집단안보조약(European Treaty on Collective Security in Europe)'의 체결을 최초로 서방 측에 제의한 데에서 비롯되었다. 소련은 50년 단위로 유럽국가들만의 집단안보조약을 요구했으며, 미국은 옵서버(observer) 지위를 유지할 것을 제안하였다. 이에 대해 미국 등 서방 측은 소련의 제안이 구주지역에서의 미국 배제 및 NATO 해체를 의도하고 있다고

판단하여 동 제의를 거부하였다.[3]

당시 몰로토프가 제안을 했던 것은 제2차 세계대전 이후 서방 측의 새로운 움직임으로부터 촉발된 것이었다. 1949년 5월 서독의 탄생과 함께 서독을 재무장시키고자 했던 미국의 '애치슨' 제안이 프랑스 국민회의의 거부로 무산되면서, 프랑스 수상 프레방이 '유럽방위공동체(EDC)'라는 새로운 형태의 안을 제안하였다. 이에 따라 서독군은 독립연방군의 창설이라는 최초의 안에서 '유럽통합군' 속에 전위급 단위부대로 분할·참가하는 형태로 구체화되었다. 결국 서독이 서방 측에 편입되는 것이 확실해지자 소련 외상 몰로토프는 베를린 외상회의에서 NATO의 해체와 미국의 지위를 저하시킬 목적으로 전 유럽 국가들의 협상을 강조하는 '유럽안보협력회의'의 개최를 주장하였다. 그 후 '파리협정'을 통해 서유럽동맹(WEU)의 결성과 함께 서독에 무장연합군의 창설이 승인되면서 서독의 NATO 가맹이 결정되자, 동유럽 측도 바르샤바조약기구(WTO)를 결성하여 마침내 유럽의 동서 진영은 군사적 대립의 틀을 구축하였다.[4]

1955년 재차 열린 4개국 외무장관 회담에서 소련의 몰로토프는 기존의 모든 군사동맹을 대체하고 미국의 참여를 보장하는 수정된 형태의 조약안을 제안하였다. 소련 측은 재군비를 지향하는 서독연합군의 규모 제한, NATO와 WTO의 상호 해체와 이를 대체하기 위한 유럽 안전보장체제의 창립을 주장하였지만 이미 양대 진영으로 대립의 구도가 확정된 대결국면에서 '안보협력체'의 구상이란 이념적으로

---

3) John Fry, *The Helsinki Process: Negotiating Security and Cooperation In Europe* (Washington D.C.: National Defense University Press, 1993), pp. 3-4.

4) 김성의 · 황우웅, 『유럽안보협력회의(CSCE)』, 한국전략문제연구소 연구보고서 (1993), pp. 9-10.

납득할 수 없는 제안으로 치부되었다.[5]

1964년 유엔총회에서 소련은 중부유럽에서의 핵무장동결과 미국의 참여를 포함하는 '유럽안보회의'의 개최를 다시 제기하였으며, 그해 WTO회의의 '부카레스트선언'을 통해서도 평화공존의 우호적인 관계유지, NATO와 WTO의 상호해체, 외국군 기지 및 부대 철수, 비핵지대 설치, 현 국경선 인정 및 독일문제의 평화적인 해결 등 제반 협력원칙을 다룰 '유럽안보회의'의 개최를 다시 주장하였다.[6]

1950~60년대에 걸쳐 NATO와 WTO간의 대결 및 긴장관계가 지속됨에 따라 전 유럽을 포괄하는 안보협력회의를 개최하자는 소련의 제의와 이에 대한 미국의 거부라는 양상이 1960년대 중반까지 지속되었다. 1967년 7월에는 체코에서 개최된 '유럽공산당대회'에서 '전 유럽국가회의'의 소집을 주장하였으나, 서방 측은 이러한 제의들을 단순히 '소련이 동유럽 국가들에 대한 헤게모니를 인정받기 위한 것으로 보면서, 동시에 분단된 독일의 중립화와 NATO가 추진하려는 다각적 핵전력(MLF)의 무력화 및 미국의 유럽 개입을 배제시키기 위한 책동'으로 받아들였을 뿐이다.

미소 양 진영의 이와 같은 의견불일치와 대립은 1960년대 말부터 일련의 상황 전개와 함께 변화의 조짐이 나타나게 되었다. 즉, 1960년대 말과 1970년대 초반에 걸쳐 프랑스의 NATO 탈퇴 및 핵독자노선 채택(Gaulism), 서독의 동방정책(Ostpotik) 추진, 미·중 관계개선(Nixon Doctrine) 등 일련의 사태로 인해 유럽에서 긴장이 완화되고 협력의

---

5) Ronald E. Powaski, *Cold War: The United States and the Soviet Union, 1917-1991* (Oxford: Oxford University Press, 1998), pp. 103-105.

6) A. A. Gromyko and B. N. Ponomarev (ed.), *Soviet Foreign Policy, 1945-1980*, Volume II (Moscow: Progress Publishers, 1980), pp. 193-195.

분위기가 조성되었다. 그 최초의 계기는 1966년 8월 미국의 맨스필드(Mansfield) 상원의원이 유럽을 시찰한 후 유럽주둔 미군에 대한 일방적인 '감군결의안'을 제출하면서부터였다. 당시 미국은 월남전에서의 전비의 급증과 고인플레, 유럽동맹국들의 방위비분담(burden sharing)의 기피 등으로 새로운 정책변화가 요구되었다. 특히 이러한 상황을 촉진시킨 것은 1969년 10월 빌리 브란트(B. Brandt) 서독수상이 '동방정책'을 발표한 사건이었다. 독일의 콘라드 아데나워(Konrad Adenauer) 수상이 서구식의 자유선거와 폴란드, 체코슬로바키아와 국경선 변경을 독일 통일의 전제조건으로 고수함으로써 해결의 실마리를 찾지 못하다가, 1966년 12월 빌리 브란트가 동방정책을 시작함으로써 1972년 12월 21일 동·서독은 '관계기초조약(Treaty on the Basis of Relations)'을 맺고 1973년 9월 유엔에 동시 가입하였다.

독일의 동방정책의 결과로 소련과 폴란드와의 불가침조약이 체결되고, '핵확산금지조약(Non-Proliferation Treaty: NPT)'이 조인되었다. 이를 통해 결국 서구가 소련과 동유럽 측으로부터의 핵공포의 위협을 어느 정도 해소할 수 있는 계기가 마련되면서 동서 양진영이 상호 접근할 수 있는 여건이 조성되었다.[7]

CSCE는 이와 같은 배경하에서 바르샤바조약기구(the Warsaw Pact)가 최초로 제안하였다. 1966년 7월 바르샤바조약국들은 '유럽에서 평화와 안보를 강화하기 위한 부카레스트선언(The Bucharest Declaration on Strengthening Peace and Security)'을 공표했는데, 이것은 범 유럽 집단안전보장체제의 출범과 경제, 과학, 기술, 문화협력을 총괄하는

---

7) Gromyko and Ponomarev (1980) p. 11.

종합적인 성격을 띠고 있었다. 이에 대해 NATO 측은 1969년 4월 북대서양조약기구 결성 20주년을 기념하여 워싱턴에 모인 NATO 국방장관들이 동구 측의 제안을 긍정적으로 검토하기로 결정하였다.

1969년 10월 프라하에서 바르샤바조약국들은 CSCE에서 논의되어야 할 구체적인 의제를 ① 유럽안보의 보장과 유럽 국가 상호 간에 무력의 사용 혹은 무력사용위협 포기, ② 유럽 국가 간에 정치적 협력을 발전시키기 위한 무역·경제·과학·기술협력의 확대를 결정하였다. 나토 측에서는 1969년 12월 NATO 가입국 장관들이 브뤼셀에서 모여 동서 국가들 간에 사람, 아이디어, 정보의 자유로운 이동을 의제에 포함하기로 결정하였다.[8]

1970년 5월 '로마 NATO이사회'는 소련 측의 '유럽안보협력회의' 제안에 대해 무력의 불사용, 문화·경제·기술 및 과학·인간·환경 분야의 협력 등 원칙을 의제로 채택할 것을 주장하면서 이것이 가능하면 바르샤바조약기구 측의 안을 수용할 수 있다는 적극적인 태도를 표명하였다. 이에 소련 측도 1970년 6월 '부카레스트 외무장관회의'를 통해 서방 측이 제시했던 '상호균형군비감축(Mutual and Balanced Forces Reduction: MBFR) 협상'에 반대하지 않는다는 의사와 함께 유럽안보회의에 미국과 캐나다의 참석을 찬성하였다.

1971년 8월에는 유럽안보회의 개최에 장애요인으로 작용하고 있던 '베를린 문제'가 17개월간의 협상 끝에 '4강대국 베를린조약(The Four Power Agreement on Berlin)'이 체결되었다. 소련 측이 양보의 자세를 보이면서 베를린문제가 타결되자 협상의 성공 가능성이 증대되었고,

---

8) Jan Sizoo and Rudolf Th. Jurrjens, *CSCE Decision-Making: the Madrid Experience* (The Hague: Martinus Nijhoff Publishers, 1984), p. 27.

1972년 3월에는 SALT Ⅰ 협상의 서명을 위해 모스크바를 방문한 미국의 닉슨 대통령과 소련의 브레즈네프 공산당 서기장 간에 '소련을 포함한 동유럽 측이 MBFR협상에 참가하는 대신, 미국과 캐나다를 포함한 NATO 회원국들이 CSCE에 참가한다'는 데에 합의했다.

1972년 5월 'NATO각료이사회'에서 헬싱키의 'CSCE 다자간준비회담(Multilateral Preparatory Talks)'에 참가한다는 공식발표를 하였다. 1972년 11월에는 헬싱키에서 유럽안보협력회의(CSCE) 준비를 위한 35개국 대사급회의가 개최되었고, 1973년 10월에는 MBFR 예비회의가 시작됨으로써 전 유럽을 포괄하는 안보협력 외의 개최에 대한 양 진영 간의 타협이 성립되었다.[9] '헬싱키준비회담'은 알바니아를 제외한 전 유럽 33개국과 미국과 캐나다 등 총 35개국이 참가한 가운데 1972년 11월부터 1973년 6월까지 개최되었고, 그 결과 1973년 7월 헬싱키에서 CSCE의 본회담이 공식적으로 시작되었다.

Ⅲ. 동서 간 데탕트에 대한 소련의 인식과 미국과의 협력 추구 요인

소련이 제기한 CSCE는 그 참여국의 수가 많았기 때문에 참가 국가들이 처한 전략적 상황과 이에 기초한 전략적 이익도 다양했다. 소련은 실리적 입장에서 중·동유럽 지역에서 소련의 세력권을 공식적으로 정당화시키고자 하였다. 초기 소련의 태도 표명은 전후 국경

---

9) 외무부 외교정책실 안보정책과, 『유럽안보협력기구(OSCE)』 (1998. 3), pp. 9-10.

선을 확정짓고, 동독의 지위를 정당화하고, 동유럽에 대한 소련의 헤게모니를 인정받고자 하는 의도에서 비롯되었다.[10] 그리고 1968년 소련의 체코슬로바키아 침공 이후 야기된 동유럽 국가들의 불만과 독자적 움직임을 차단하고 동서 양 진영 간의 접촉을 통제하기 위한 틀을 구축하고자 하였다.[11] 이를 통해 추론 가능한 소련의 내면적인 의도는 유럽에서의 미국의 영향력 축소와, 소련의 유럽에서의 영향력 확대라는 데에 두고 있음은 필지의 사실이었다.

소련의 의도에 대한 이와 같은 추론은 상식적이고 일반론적인 차원에서도 능히 제시할 수 있는 것이지만, 이는 근본적으로 1970년대 초반 동서 진영 사이에 데탕트(detente)가 출현했던 상황에서 소련 지도자들의 인식과 태도에 대해서 파악할 필요성을 제기해준다. 그것은 왜 소련은 데탕트 과정에 돌입했으며, 데탕트가 자신들이 직면하고 있는 유럽적 맥락에서의 특별하고 지속적인 문제들을 어떻게 담아내고 있는지의 문제와 직결된다. 아담 울람(Adam Ulam)은 이에 대해 동유럽에서의 소련의 지위를 보존하려는 크렘린의 욕망이 소련이 데탕트로 기울어지게 만든 주요한 동기라고 보았다.[12]

데탕트와 관련하여 브레즈네프(Brezhnev) 지도부가 1970년대 초반 미국에 대해 접근했던 방식은 소련 입장에서 볼 때, 몇 가지 요소들이 반영된 산물이었다. 겔만(Harry Gelman)은 소련 공산당 정치국이 수긍하도록 만든 특별히 중요한 4가지 요인들을 들고 있다.[13]

---

10) Stephen J. Flanagen, "The CSCE and the Development of Detente", Derek Leebaert (eds.), *European Security: Prospects for the 1980s* (Lexington, Mass.: Lexington Books, 1979), pp. 190-194.

11) John Fry (1993), p. 7: 이인배, "제도와 행위자간의 상호작용에 관한 연구: '다자간 협력안보' 사례로서 CSCE를 중심으로", 『국제정치논총』 제41집 2호 (2001), p. 102.

12) Adam B. Ulam, "The USSR and Europe", *Problems of Communism*, Vol. 23, No. 1 (Jan-Feb, 1974), pp. 1-12.

- 1960년대 말과 1970년대 초반에 팽배했던 중국에 대한 소련 지도부의 특별히 우려할 만한 근심
- 소련 경제의 고질적인 문제들로 인해 1960대 말의 소련경제의 성과에 대해 실망하게 된 상황과 더불어 서구 특히 미국에서 기술과 자본의 중요성을 확대하려는 가속화된 노력
- 1969~70년에 출현하여 소련의 2차 대전에서의 획득을 정당화할 수 있는 유럽안보회의를 소집하려는 장기적인 소련의 목표를 심화하는 데 목표를 두었던 모스크바의 이른바 새로운 '서방정치(Westpolitik)'가 미국과의 특정한 새 협상이 없이는 이루어지기 어려웠다.
- 미국이 기술적인 이점을 갖고 있으면서 미국의 발전의 제약할 수 있고, 반면에 소련이 우선권을 가질 수 있는 전략 프로그램들을 적절하게 보호할 수 있는 미국과의 전략 무기 협정에 대한 관심을 소련이 갖게 된 점

미국 측에 있어서, 소련과의 관계를 확대하려는 충동 역시 특정한 상황의 산물이었다고 볼 수 있다. 미국을 규정지은 당대의 요건들 중에서 가장 중요한 것은 미국사회를 분열시키고, 외교정책의 합의 기반을 파괴한 베트남 전쟁이 점차 대통령의 선택권을 제약하고, 미국의 군사적 프로그램에 대한 정치적 제약을 증대시켰을 뿐 아니라, 세계적 수준에서 미국영향력에 대한 부정적 반응을 확산시키고 소련의 영향력 증대를 꾀할 수 있는 더없는 기회로 작용했다.[14] 더구나 소련

13) Harry Gelman, "Rise and fall of Détente", *Problems of Communism*, Vol. 34, No. 2 (March–April 1985), p. 52.

과의 관계 확대로 인해 미국이 '예견된' 베트남전에서의 전면적인 패배를 예방할 수 있다는 논리도 미국 내에서 나타났다.[15]

1970년대 초반에 미국이 소련과 협상에 나서도록 자극한 요인들 중에는 국제적인 환경의 변화와 미국 국내 요인이 동시에 개입되어 있다. 지정학적인 상황변수의 변화는 중소분쟁이 양국 간의 군사적 대치상황으로까지 발전한 것과 동반하였으며, 동시에 미국과 중국 간의 외교적 협상 개시는 미국이 소련에 대한 지렛대로 삼을 수 있는 중요한 요소였다. 미국이 소련과 기존에 맺은 핵실험부분금지조약(test ban treaty) 같은 소련과의 무기통제체제의 확대 요구는 미국 내 베트남전 반대 운동이 가져오는 국내정치적 효과를 상쇄하는 기회로 작용한 바 있다. 이 같은 미국의 대소 접근의 효과는 미국의 공화, 민주 양당이 공히 동서 간 긴장을 완화하려는 노력을 지지한다는 잠재적인 전통에도 호소할 수 있는 의미를 갖고 있었다.[16]

소련의 데탕트에 대한 접근, 유럽에서의 안보협력체 결성 시도 및 좁게는 미국과의 협력을 추구하려는 요인에 대해서는 동유럽, 중소관계, 소련경제 등 몇 가지를 들 수 있다.[17]

---

14) 아이로니컬하게도 존슨(Johnson) 행정부 시기에 미국이 깊숙이 개입한 베트남 전쟁이 확대될수록 소련과의 갈등의 폭은 감소된다는 논지가 성립된다. 존슨 대통령은 북 베트남에 가장 많은 군사적 지원을 하는 소련이 베트남에서의 평화진전을 위해 호치민(Ho Chi Minh)에게 압력을 가할 것으로 기대하였으나, 소련은 미국이 기대하는 바와 달리 북베트남에 대해 아무런 역할도 하지 못했다. Walter Lafeber, *America, Russia, and the Cold War 1945-2006* (Boston: Cornell University, 2008), pp. 267-268.

15) 이 같은 논지는 미국의 외교안보 수석 키신저(H. Kissinger) 박사가 주미소련대사 도브리닌(A. Dobrynin)을 만난 자리에서도 베트남전 해결을 위해 소련의 협력이 필요하다는 언급을 한 데서 드러난다. Henry Kissinger, *White House Years* (Boston: Little Brown & Co, 1979), p. 266.

16) Harry Gelman (1985), p. 53.

17) 소련 국내에서도 주로 방위와 직결되는 데탕트의 의미에 대해서도 언론을 통해 논쟁이 지속되었다. 논쟁은 군 대 민간의 형식으로 진행되었으며, 군사 이론, 가능한 전쟁 위협, 핵전쟁의 결과, 군수비 지출의 민간으로의 전용 문제 같은 이슈들에 집중되었다. Сиделиников, "Мирное Сосуществование и Безопасность Наций ", *Красная Звезда,* August 14, 1973: Н. Шумикин, "Социализм и Международные отношения", *Красная Звезда,* October 13, 1973: Уевгений Рыбкин, "Лени

첫째는 동유럽(Eastern Europe) 요인이다. 애초에 소련의 동유럽에 대한 지대한 관심은 상당 부분 향후에 있을지도 모르는 상황전개에 대한 염려, 즉 주관적인 이해에서 비롯되었다. 서구는 소련 입장에서 볼 때, 자신의 지배 영역에 대한 상실을 두려워하는 소련에 대해서 정당하게 이해를 한 적이 없었다. 이를테면, 마셜플랜(Marshall plan) 이 시행되던 초기에 크렘린은 서유럽의 경제재건이 소련이 2차 대전 의 전리품으로 얻은 것들을 앗아가 버리기 위해 고안된 미국의 대전 략에 비추어보면 끝이 아니라, 서막에 불과하다는 의심에 사로잡혔 다. 소련은 일련의 해방 전쟁(war of liberation)에 직면할 것이고, 모스 크바는 미국에 비해 열등한 핵전력 속에서 직접적인 개입의 부담을 져야 될지 말아야 될지를 결정해야 하는 고통스러운 딜레마에 처할 것이라고 우려하였다.[18]

1956년 헝가리 봉기에 대해 서구가 아무런 조치를 취하지 않은 점 은 이와 같은 소련의 걱정을 덜어주었지만, 서유럽의 번영과 유럽 공 동시장(Common Market)의 성공 및 동유럽의 상대적인 경제적 침체는 공산주의 국가 공동체에 분열적인 영향을 미칠 것으로 소련 지도자 들은 전망했다. 실제로 이러한 두려움이 어느 정도까지는 나타난 것 으로 보인다. 즉, 1960년대 초에 루마니아가 경제적 진로에 있어 소련 노선에서 벗어나려는 움직임을 보였고, 노보트니(Novotny) 정권하의 체코슬로바키아 경제의 침체 상황은 1968년 두브체크(Dubcek)의 실

нистическая Концепция Ядерной вой ны и существующего Дня", *Комунист воорузен ник сил,* No. 20 (Otober 1973); В. Шеляг, "Две Мировых Перспективы Два Представл ения относительно вой ны", *Красная Звезда,* February 7, 1974.

18) Adam B. Ulam, *Expansion and Coexistence: The History of Soviet Foreign Policy,* 1917-1967 (New York: Praeger, 1968), pp. 436-440.

험을 촉발하였다.

소련의 입장에서 1950년대가 시작되기 전에 이미 시작된 공산주의의 '롤백(rollback)'에 관한 미국의 언급은 동유럽에서의 현상유지가 서구의 행동에 의해서 변화될 수 있다는 것을 인식하게 만들었다. 소련이 상당한 위험부담을 감수하면서 진행한 '베를린 위기(Berlin crises)'[19]는 주권적인 서독이 새로운 군대로 무장하고, 핵무기까지도 결정적으로 갖추게 되는 것은 동독에서뿐만 아니라 동유럽에서의 전반적인 소련의 지위에 대한-군사적일 뿐 아니라 심리적인-위협을 가할 수 있다는 근거에서 정당화되었다. 결국 바르샤바조약기구는 독일이 나토에 가입한 연후에 결성되었으며, 그것은 독일의 재 군사화를 불가능하게 하거나 억제하려는 어떠한 협상에서도 협상력을 가지려는 의도를 가지고 솔직하게 이루어졌다.[20]

둘째로, 중소관계(Sino-Soviet relations) 요인을 들 수 있다. 소련의 동유럽에서의 지배에 대한 실질적인 위협은 유럽에서의 상황뿐 아니라 전혀 다른 지역인 아시아에서도 촉발되었는데, 그것은 1960년대에 돌입하자마자 더욱 신랄해지고 공개적으로 비화된 중국과의 갈등이었다. 중소분쟁(Sino-Soviet Rift)으로 인해 동유럽에서는 루마니아가 외교정책에 있어 소련에 대해 일말의 독립적인 자세를 취했다. 루마니아의 차우세스크는 비록 국내에서는 가혹한 스탈린주의적인 체제를 유지하였지만, 대외적으로는 자율적인 정책을 추구하였다. 1963년에 루마니아는 소련과 중국 간의 갈등에서 중립을 선언하여 소련을 곤란하

---

19) 서구에서 받아들여지는 일반적인 시각과 달리, 도시를 봉쇄했던 소련의 진정한 목적은 서베를린을 봉쇄하려는 것이 아니라 동유럽에서의 현상유지를 정당화시키고 동독의 재군사화를 제약하게 될 독일의 평화조약을 압박하려는 것이었다고 볼 수 있다.

20) Adam B. Ulam (1968), p. 4.

게 만들었다. 알바니아도 소련의 영향권에서 조금 벗어날 수 있었다. 알바니아는 흐루쇼프(N. Khrushchev) 집권 이후 관계를 개선하고자 하는 소련의 노력에도 불구하고 소련의 후원을 거부하고 두 사회주의 강대국 사이에서 격화되어 가던 분쟁에서 중국 편에 섰다.

결국 많은 요인들이 격화되어 가던 중소분쟁의 전개에 기여하였다. 중소분쟁이 고조된 데에는 중소 간의 이념적인 노선 투쟁이라는 표면적인 원인 이외에도 여러 가지 요소가 함께 작용하였다. 우선 많은 사람들이 지적한 것처럼, 중국의 마오쩌둥(毛澤東)이 개인적 차원에서 소련에 대해 가졌던 반감이 크게 영향을 미쳤다. 마오쩌둥은 이미 중국 혁명 과정에서, 특히 중요한 시기였던 1944년부터 1945년까지 중국 공산주의자들에게 스탈린이 인색하게 지원했던 사실로 인해 소련에 대해 최초의 불만을 품는 계기가 되었으며, 중국 공산정부 수립 이후 스탈린이 1950년에 중국 정부에 제한된 지원을 제공하면서도 원금은 물론 이자와 함께 상환할 것을 요구했기에 마오쩌둥의 불신이 더욱 증폭되었으리라고 추론 가능하다. 또한 마오는 자신이 국제 문제에서 너무 유연한 노선이라고 믿었던 탈스탈린화와 평화공존노선을 시행함에 있어서 흐루쇼프가 자문을 구하지 않은 것은 물론이고, 중국의 지도자에 대한 소련 측의 무례하고 격식을 차리지 않는 행동에 대해서도 분노했다.[21]

마오쩌둥의 소련에 대한 개인적인 감정 외에도 중소 간의 근본적인 영토 및 정치 이데올로기적인 문제들은 중소 간의 간극을 메우는 데 기여하지 못했다. 소련과 중국은 아시아와 아프리카의 제3국에 대

---

21) 존 M. 톰슨 저, 김남섭 역, 『20세기 러시아 현대사』 (서울: 사회평론, 2004), pp. 516-517.

한 사회주의 블록의 업무를 처리하는 문제를 놓고서도 대립하고 경쟁하였다. 흐루쇼프는 중·소관계의 악화를 막을 수 없었고, 중국은 흐루쇼프의 대서방 정책에 대한 공격을 점차 강화하였다.

중소분쟁이 본격화해 표면에 부상하자 동유럽에서의 중국의 목표는 소련과 최대한의 불화를 촉발시키고, 동유럽 지역의 공산당 정부와 정당들이 소련과 단절하거나 적어도 모스크바와 그들 간의 연계가 약화되는 쪽으로 초점이 맞추어졌다. 이와 같은 목적을 달성하는 데 이데올로기적인 윤리관에 구애받음이 없이 공개적으로 밝힌 소련의 정책에 대한 '수정주의적(revisionist)' 성격 규정을 반대한다는 논리에 근거하여 추구되었다. 중국과의 관계 악화는 시간이 갈수록 소련에 급박감을 심어 주었으며, 이로 인해 서구와의 안보 및 협력을 추구하려는 소련의 노력을 고무시켰다.22)

셋째로, 소련 경제(Soviet economy) 요인을 들 수 있다. 1966~70년의 5개년 계획은 목표달성을 이룩하지 못한 채 실패로 끝났다. 소련의 농업 노동자의 생산성은 강압적인 통제에도 불구하고 미국 노동자의 1/6에 불과했으며, 농업뿐 아니라 경제의 전 부문에서 발전 없는 정체기에 빠져들기 시작했다. 이와 같은 사실은 소련의 반체제 인사들뿐 아니라, 고등 교육을 받은 지식인층에는 일반화된 사실로 인식되었다. 브레즈네프는 미국의 기술과 농업 생산물을 원했다.23)

결국 이와 같은 요인들과 더불어, 스탈린 사후 흐루쇼프가 기존에 소련이 동유럽 국가들에 대해 가했던 국내 정치에 대한 규제 강제와, 이로 인한 부담에서 벗어나려는 소련의 입장은 낙관적으로 상황이 진행되

---

22) John Fry (1993), p. 5.
23) Walter Lafeber (2006), pp. 283-284.

지 못했기 때문에 소련의 입장에서는 불안한 상황이 1950년대 말과 1960년에 걸쳐 노정되었다. 그 대표적인 사례가 1956년 헝가리 봉기라고 할 수 있으며, 이와 같은 상황에 대한 염려가 소련으로 하여금 서구와의 데탕트를 추구하는 쪽으로 소련 외교정책의 정향을 선회하게끔 만든 요인이 되었다. 이런 점에서 데탕트에 대한 소련의 관념은 유럽에서의 현상유지를 수용하는 것이었다. 소련이 추구하는 유럽에서의 현상유지는 이미 소련이 미국에 비해 핵전력이 열세한 데다가 중국과의 불화가 극도에 달했기 때문에 소련이 취약한 상황에서 택할 수 있는 데탕트 방안을 통해 가능했으며, 이것은 소련이 자신의 불리한 상황을 개선하는 방책이기도 했다.

Ⅳ. 협상경과 및 결과: 소련에 대한 평가

1975년 7월 30일부터 8월 1일 양일에 걸쳐 CSCE가 타결되는 최종회의가 핀란드의 헬싱키에서 열렸다. 미국은 애초부터 얻을 것이 없는 회의로 치부하고 무관심했지만, 소련은 서베를린(Wes Berlin)의 지위에 관한 동서 간의 협정이 체결된 연후부터 유럽에서의 상호 병력 감축에 관한 협의를 할 준비가 되어있음을 표명했었다. 이와 같은 토대하에서 1973년 7월 3일 헬싱키에서 CSCE 공식개막이 선언된 이후, 실질적인 협상은 1973년 9월 18일부터 1975년 7월 21일까지 제네바에서 진행되었다. 이 회담에서 소련은 CSCE가 다루어야 할 안건에 대해 전후 유럽 국경선에 대한 불가침원칙과 동서 국가들 간의 관계를 명문화하고, 산업·과학·기술 분야에서의 협력을 증진시킬 수 있는 방안을 논의하자고 제안하였다.24) 반면 서방측은 인권문제와 인간과 정보의 자유로운 이동에 관한 문제 및 군사적인 측면의 보완을 주장했다. 회담은 이처럼 상충되는 양측의 주장을 모두 포함할 수 있도록 안건을 3개의 바스켓(Basket)으로 분류하여 특정사항이 제외되지 않도록 하자는 데 합의를 이루게 되었다. 합의된 사항은 바스켓 I에 유럽의 안보와 관련된 문제, 바스켓 II에 경제·과학·환경 분야에 관한 협력문제, 바스켓 III에 인권과 기타 분야에서의 협력문제가 포함되었다.

바스켓 I은 "유럽의 안보"에 관한 문제로 유럽 군축에 관한 문제나 신뢰구축조치(Confidence building measure: CBM)를 다루는, 가장 어려우면서도 중요한 의제로서 설정되어 난항이 예상되는 분야였다. 바스켓 I의 내용을 놓고 동·서간의 대립은 물론이고 서방진영 내부에서도 의견이 불일치하였다. 서방진영 국가들은 구체적인 군축문제는 MBFR협상에서 다루어져야 한다는 데 의견이 일치하였으나, 신뢰구축조치에 관심을 갖고 있던 서유럽 국가들은 CSCE 협상에서 군사훈련의 사전통고나 참관조치 등 CBM에 관련된 내용들이 포함되기를 희망하였다. 그러나 미국은 유럽주둔미군에 대한 어떠한 구속의미도 포함되기를 원하지 않았기 때문에 서유럽 국가들이 희망하고 있던 CBM에 대해 "군사적 제한의 의미만 지닐 뿐 위기 시에 방어능력을 저해할 가능성이 있다"는 이유로 반대하였다. 미국의 주 관심사는 인권문제였기에 CSCE가 군사적 성격에 의해 지배되는 것을 결코 수락할 수 없었던 것으로 추정된다.25) 소련은 CSCE의 군사적인 측면을

---

24) Arie Bloed, *The Conference On Security And Co-operation in Europe* (Dordrecht: Kluwer Academic Publishers, 1993), pp. 45-46.

"군비 철폐에 대한 일반적인 선언으로 국한시켜야 한다"는 입장을 갖고 있었으며, 중립국 및 비동맹국(NNA)들은 장기적으로 동서 진영이라는 블록(bloc)의 해소와 외국군의 철수를 희망하고 있었기 때문에 군사적인 측면은 "CBM을 넘어선 구체적인 군사력 감축문제까지도 포함시켜야 한다"고 주장하였다. 특히 비동맹국가들이 이러한 주장을 하게 된 까닭은 동맹체들 간의 군사적 대결구조가 종국적으로 비동맹국가들마저도 전쟁에 휘말려들게 할지도 모른다는 우려에서 '동맹체제'를 '전 유럽집단 안보체제'로 전환할 것으로 원했기 때문이다. 결국은 유럽안보문제에 관련된 안건에서 서유럽 국가들의 의견이 수용되어 신뢰구축조치를 군사문제에서 다루는 데 합의하였다.26)

CBM 문제를 구체적으로 다루는 협상은 약 2년 동안 진행된 협상의 전 과정에서 가장 초점이 집중된 핵심 부분이었다. 특히 군사작전 및 군사이동의 통지, 참관조치를 놓고 미국과 일부 NATO 동맹국들 간에 의견 대립의 차가 컸는데, 이것은 유럽주둔 미군의 행동범위를 제약하는 것으로 미국이 인식하여, '군사이동'을 '작전'의 경우와 동일시하여 사전통보를 하자는 노르웨이, 덴마크, 네덜란드 등의 국가의 의견에 반대했기 때문이다.

군사작전의 경우, 사전 통지조치를 취하는 데 대한 논의 역시 쟁점사항이었다. 군사작전의 통지조치에 있어서 NATO 측은 1만 명 이상이 참가하는 경우에 60일 전에 통고할 것과 적용지역을 전 유럽 지역으로 하자는 주장을 하였으며, 비동맹국가들은 전 유럽 영토에서 1만

---

25) J. Borawski, *From the Atlantic to the Urals: Negotiating Arms Control at Stockholm Conference* (Washington: Pergamon-Brassey's International Defence Publishers, 1988), pp. 11-15.

26) 김성의, 황우웅 (1993). pp. 13-14.

8천 명 이상의 군사작전에 대해 30일 전에 통고할 것을 제안하였다. 소련은 국경으로부터 50km 이내에서 실시되는 군사작전에 한해 3만 내지 5만 명 이상이 참가할 경우에 5일 전에 통고하자고 제안하여, CSCE 참가국 전체가 아닌 '인접국가'에만 통고할 것을 주장하였다. 또한 통지조치도 의무가 아닌 '제안'적 차원에서 실시되어야 한다고 주장하였다.27)

군사작전에 대한 통지사항을 둘러싼 문제는 복잡한 협상과정을 거쳐서 헬싱키최종합의문에서는 정상적인 외교채널을 통해 모든 국가에 통고하고 병력이 2만 5천 명 이상 참가하는 작전의 경우에 모두 적용할 것을 규정하였다. 또한 병종은 상륙부대와 공수부대를 포함한 지상군에 국한시켰는데, 이는 독자적인 해군과 공군만으로는 영토점령을 위한 목적을 충분히 달성할 수 없다는데 근거를 둔 것이었다. 통지기한에 대해서는 각 제안을 조정한 결과 작전개시 21일 전으로 합의하였다.

통지대상이 되는 내용은 군작전의 목적, 참가병력의 수와 유형, 작전지역과 기간 등에 관한 정보를 포함시키는 것으로 결정되었다. 지리적 범주는 NATO와 비동맹국가들이 주장한 '전 유럽'으로의 확대는 수용되지 않았으며, 유럽영토와 소련 및 터키 영토의 250km까지만을 대상으로 한다는 데 합의하였다.

이외에도 CSCE 협상의 장래에 대해 현 헬싱키 회의 이후에 회담이 어떻게 진행되느냐에 따라 CSCE가 유럽안보문제에 지니는 비중이나 유럽 내의 세력분배문제와 밀접한 관련이 있다는 점에서 많은 논의가

---

27) J. Borawski (1988), pp. 14-15.

있었다. 소련은 CSCE를 유럽안보문제를 다루는 체제로 제도화하려고 하였으나, 서유럽 측은 만약 소련의 제안이 받아들여진다면 이 체제가 헬싱키 회의의 결과를 이행하는 데 중점을 두기보다는 유럽의 정치적·영토적 현상유지를 감시하는 기관으로 작동될 가능성이 크다는 이유에서 반대하였다. 뿐만 아니라 회담의 진행형식에 있어서도 NATO 측은 CSCE 협상의 후속과정을 소련이 주장하는 것처럼 '정기적인 회합'의 형태보다는 참가국 대표회의 형식으로 '부정기적인 현 유형(現類型)'을 그대로 유지시켜 헬싱키협약이 전 유럽 차원에서 적절히 시행되고 있다는 사실확인의 정치적 기능과 현 국제관계의 긍정적 변화를 모색하는 방향으로 추진시키자는 주장을 하였다.28)

결국은 소련과 동유럽 측이 그들의 초기제안을 양보함으로써 정기적인 회합방식 대신에 참가국 대표회의 형식으로 합의되었다. 다음 회의의 장소와 시기, 안건 등에 관한 구체적인 내용은 그 전(前) 회의에서 결정하기로 하였으며, 5년마다 집행검토회의(Review Conference)를 통해 헬싱키협약의 수행성과를 검토하면서 CSCE의 과정을 지속시켜 나가기로 합의하였다. 그 결과 1977년 베오그라드에서 제1회 집행검토회의가 개최될 수 있었다.

CSCE 출현은 결과적으로 소련의 이니셔티브가 실현된 것이지만, 협상경과 속에서 결정적인 역할을 한 것은 미국과 소련의 리더십이라고 할 수 있다. 미국과 소련은 각기 나토와 바르샤바조약기구라는 블록을 대표하였고, 헬싱키 최종협약은 양 블록 간 협상의 산물이다. 따라서 CSCE는 동서 진영 내 35개국의 전략적 이익이 다양하게 접합

---

28) V. Mastny (ed.), *Hesinki, Human Rights and European Security: Analysis and Documentation* (Durham: Duke University Press, 1986), pp. 68–72.

되는 장이기도 했지만, 이를 보다 단순화한다면 동서 양 진영의 맹주이면서 양 군사동맹체의 대표였던 미국과 소련의 리더십은 동맹체 내의 결속력을 강화시켰고 다자 간 협상의 과정을 단순화시켰다. 소련은 협상과정에서 바르샤바조약기구 내에서 확고한 리더십을 유지하였고 협상에서 일사분란한 입장을 견지하였다. 따라서 동맹체는 강한 결속력을 유지할 수 있었다.29) 반면에 서방진영은 이슈에 따라 분열적인 경향을 드러냈으며, 이는 미국 입장의 약화를 초래할 소지도 충분히 있는 것 이었으나, 대체로 입장을 절충하는 방식으로 유연하게 처리하였음을 알 수 있다. 이와 관련하여 소련이 CSCE 타결을 서둘러 끝냈던 사실에 대해 1976년 제25차 전당대회 이전에 CSCE를 타결함으로써 소비에트 정부가 당의 "평화 프로그램(peace program)"30)을 올바르게 수행했다는 점을 과시할 필요가 있었다는 설과 더불어, CSCE는 오랫동안 브레즈네프의 개인적 관심사와 의도 관철의 주요 목표였기 때문에 타결을 서둘렀다는 설이 유력하다.31)

소련의 초기 CSCE 협상과정은 일반적인 공산주의 협상관과 여러 모로 다른 측면을 보여준다. 구소련 공산당이 지닌 협상의 특징으로 다음과 같은 점이 거론된다. ① 부르주아지 협상과는 달리 소련의 협상은 원칙에 깊이 젖어 있으면서도(deeply principled) 다만 순간적인

---

29) 홍기준, "CSCE 레짐동학(1972-1994) 분석: 권력, 이익, 지식을 중심으로", 『국제정치논총』 제46집 3호 (2006), pp. 61-62.

30) 소련 공산당 24차 당대회에서 천명한 것으로 소련은 정통성을 갖고 있으며, 평화를 사랑하는 유럽의 이웃 국가라는 인상을 주려고 했으며, 이와 같은 소련의 수사를 서구가 받아들여 방위 노력을 이완시키는 사이에 소련은 군사적인 증강을 계속하려는 의도를 갖고 있다고 평가된다. 이를 위해 CSCE는 유럽을 움직이고 서유럽에 대한 추가적인 영향력을 행사하는데 적합한 주요 단계(key step)로 소련은 일관되게 인식하였다.

31) John J. Maresca, *To Helsinki: The Conference on Security and Cooperation in Europe 1973-1975* (Durham and London: Duke University Press, 1987), pp. 54-55.

정치적 이득을 위해 이전에 주장한 외교정책 원칙을 쉽게 져버리기도 한다. ② 소련협상자들은 협상에서 쉽게 타협하지 않는다. 자기주장을 포기한다는 것은 볼셰비키 훈련을 받은 이들에겐 자기의 의지가 꺾인 것으로 생각되어 다른 사람의 의지에 순응한 것으로 간주하기 때문에 위협, 욕설 등으로 끝까지 버티다가 포기하는 식이다. ③ 협상이 아무리 불쾌해도 소련협상자들은 끝까지 인내력을 보여준다. ④ 소련협상자들은 원칙에 융통성을 가미한다. 그러나 그러한 융통성은 그들의 외교정책의 한계를 넘지는 않는다는 것이다.[32]

이 같은 입장은 공산주의자의 협상 행태를 통상적인 협상 행태와 다른 것으로 파악하면서, 공산주의자들은 "싸워서 이길 수 없는 것을 협상을 통해서 얻으려하고, 싸워서 피할 수 없는 것도 협상을 통해서 피하려 한다"[33]는 관점에 입각하고 있다. 소련의 CSCE 협상은 소련이 오래전부터 제안한 것이고, 이념보다는 유럽지역안보를 우선 과제로 내세우면서 추진되었고,[34] 1973년 협상 개시 자체가 소련 측의 제안이 수용된 상태에서 출발했기에 공산주의 협상 행태 내지는 소련의 전형적인 협상 행태가 집요하게 구사될 여지가 적었다. 또한 35개국의 다자 간 협상 형식도 소련만의 배타적인 요구를 관철하기에는 어려운 구조로 작용했다. 따라서 협상자체가 양보/수렴협상 이론(concession/convergence theory)에 가깝다. 양보/수렴협상이론은 협상

---

32) Jong-Hwan Song, "How the North Korean Communists Negotiate: A Case Study of the South-North Korean Dialogue of the Early 1970s", *Korea and World Affairs*, Vol. 8, No. 3 (Fall 1984), pp. 622-623.

33) C. Turner Joy, *How Communists Negotiate* (New York: The Macmillan Company, 1955), p. 85.

34) 이념적 요소가 전혀 개입되지 않은 것은 아니지만, 전체 협상과정에 결정적인 영향을 끼쳤다는 것을 의미하는 것은 아니라는 점을 지적할 수 있다. 특히 인권개념에 대한 해석을 둘러싸고 동·서 양 진영 간에 상반된 가치관이 충돌하였는데, 서구측은 인권존중이 선행되어야 동·서 간 데탕트가 가능하다는 입장을 견지한 반면, 동구 측은 동·서 간의 데탕트가 이루어져야 인권분야의 진보가 이루어진다고 보았다. 홍기준 (2006), p. 62.

당사자들이 교착상태에서 서로가 양보행위 비율에 대응-맞대응하면서 합의(outcome)를 이끌어낸다는 이론이다.[35] 이 이론은 협상자의 권력보다는 왜 양보를 하는가, 또 한편의 양보비율에 대응해서 다른 편의 양보비율은 어떻게 대응하게 되는가 등에 초점을 맞추며 이에 따른 당사자 간의 양보비율과 그 양보비율이 어떻게 합의도출 과정에 영향을 미치는가가 관심의 대상이 된다.

소련은 자신이 원하던 CSCE 결성을 이루었지만, 유럽지역에서의 소련군의 작전 및 동향을 서방진영에 알려야 하는 의무를 새로이 부담하게 되었다. 그러나 미국도 마찬가지의 의무를 갖게 되는 상황이기에, 이 부문에 있어 소련이 특별히 손해라고 할 수는 없다. 마찬가지로 소련은 서유럽의 관심사항이었던 인권문제를 헬싱키협약에 포함시키는 등 예기치 못한 부담을 안게 됐지만,[36] 미국 역시 소련진영과의 경제·과학·기술협력을 약속하는 소기의 성과를 거둠으로써 미국과 동등하게 주고받는 효과를 누렸다.

쟁점사항인 인권익제이 경우, 소련은 서유럽 국가들이 강력히 요구한 인권원칙의 범위를 축소시키기 위해 노력하였으나,[37] 영국, 스

---

35) John G. Cross, *The Economics of Bargaining*(New York: Basic Books, 1968): John G Cross, "Negotiation is a Learning Process", *Journal of Conflict Resolution*, Vol. 21, No. 4(December 1977), pp. 581–606: Otoman J. Bartos, *Process and Outcome of Negotiations* (New York: Columbia University Press, 1974): Otoman J. Bartos, "Simple Model of Negotiation: A Sociological Point of View", *Journal of Conflict Resolution*, Vol. 21, No. 4 (December 1977), pp. 565–579.

36) 인권문제는 헬싱키 협정 타결 이후에 사실상 소련을 난관에 빠뜨리는 요소가 되지만, 이 사실이 적어도 협상과정에서는 소련에 특히 불리하게 협상이 타결되었다는 것을 의미하는 것은 아니다. 즉, 협정 타결 이후의 상황은 협상과정과 별개로 볼 필요가 있다. 1977년 6월 15일 시작된 베오그라드 재검토회의 이후 서방측은 인권 및 인적 교류 등에 관한 소련 및 동유럽 국가들의 기록과 움직임을 관찰한 연후에 헬싱키 최종문서에 명시된 내용을 소련 측이 지키고 있지 않다고 비난하였다.

37) 소련 대표는 인권과 자결권은 유럽 국가 간 관계와 무관하므로 국제행동의 기본원칙 리스트에 포함시켜서는 안 된다고 주장하였다. 인권과 주권의 원칙 및 법과 관습 사이의 관계에 대한 소련과 동구의 인식은 CSCE 회원국 외무장관들이 모인 1단계 회담에 이은 헬싱키 협상의 2단계 회의(1973.9.18~1975.7.21)에서 지속적으로 핵심적인 협상의 장애 요인으로 작용하였다. Daniel C. Thomas, *The Helsinki Effect:*

위스 등 유럽 국가들의 강력한 반대로 인권 범위축소가 불가능하다는 것을 깨닫고 최종의종서의 인권조항들을 약화시키기 위해 규약의 회피조항(escape clauses)을 활용하고자 하였다. 뿐만 아니라 소련은 내정불간섭 원칙을 내세워 참가국들이 자신들의 입법·규정시스템을 결정할 권리를 갖는다는 원칙을 적용하려고 노력하였는데, 이는 중립국들이 소련의 이 같은 입장을 반영한 중재안을 제안한 근거가 되었다.38) 결정적으로 인권조항에 대한 소련 측의 반발과 회피 노력이 분명하게 문제가 되어 왔음에도 불구하고, 1974년 6월 이후 소련이 인권문제를 포함하여 헬싱키 협정의 가장 중요한 협상카드인 "바스켓 Ⅲ"를 수용한 것은 서방 측의 서명불응태도에 대한 반응이라고 평가할 수 있다. 즉, 소련이 서방이 더 이상 양보하지 않을 것으로 판단하여 1974년 7월 26일 중립적 일관타결안이 수용되기에 이르렀다는 것이다. 결국 인권과 인도적 교류 의제에 관한 서방 측의 통일된 입장과 결속이 소련의 양보를 얻어낼 수 있었지만, 소련의 이와 같은 양보는 이데올로기에 기초한 소련의 국제 협상에서의 전통적인 행태에 비할 때 전례없는 것이었다.

CSCE는 소련의 협상 기술에 있어서 몇 가지 흥미로운 사례들을 제공하였다. 이는 특히 다자적(multilateral) 상황과 연관되며, 강도 높은 일정(schedule), 협상 접촉의 회수와 비공식성, 출석한 많은 참석자들의 다양한 인식, 회의에서 회자되는 정보의 가용성(availability) 등은 소련 협상단의 협상 방식에서 확연하게 드러났다. 소련이 구사한 협상

International Norms, Human Rights, and The Demise of Communism (Princeton: Princeton University Press, 2001), pp. 56-58.

38) Maresca (1987), pp. 18-22.

기술은 정보수집, 긴 탐색(probing), 원고(demandeur) 역할의 회피, 자신의 문제를 먼저 처리하는 경향, 서구 제안에 대한 반박, 공세적 역제안, 양보의 타이밍 포착, 침묵, 위협 등을 통해 구체화되었으며, 소련이 대단히 신중한 협상자임을 보여주었다. 소련은 자신들이 불리하다고 여겨지는 세부사항에 대한 논의를 회피하면서 회의의 역사적 중요성을 강조한 한편, 세부사항들을 부수적인 것으로 돌리려 하였으며, 이를 위해 합의 도출이 어려운 (가능한 한 많은 참여자들이 참여하는) 다자 회의를 고집하였다. 전체회의를 통해 신속하게 몰고 가는 소련의 전술은 다른 많은 참여국들의 공감을 불러일으킨 측면도 컸는데, 그것은 협상이 수렁에 빠지고 있다는 인식을 대변하였다.[39]

협상의 세부적인 측면에서 소련 측의 협상기술이 신중하고 정교한 측면을 드러내면서 협상에 임하는 서구진영을 곤혹스럽게 만든 측면도 많았지만 그럼에도 불구하고, 소련이 참여한 CSCE 협상은 전반적으로 통합적인 협상(integrative bargaining)의 장점을 발휘한 것으로 평가된다. 이는 협상자가 여러 가지 이슈를 다루는 경우에 1개 요소 문제(a single-factor problem)를 다수 요소 문제(a multi-factor problem)로 전환시킴으로써 이루어진다. 한편이 더 많이 얻는다고 항상 다른 편이 더 적게 가지게 되는 것은 아니다. 오히려 두 편이 모두 더 갖게 될 수도 있다. 쌍방이 파이 그 자체를 더 협력해서 크게 하면 서로 나누는 것도 커질 수 있다. 헬싱키 최종 협정 채택을 위한 협상과정과 그 결과물은 쌍방이 제기한 문제들을 고루 수용함으로써 통합과 분산의 효력을 발휘했으며, 협정이 사실상 다룰 수 있는 모든 문제들을

---

39) Maresca (1987), pp. 56-63.

담아내는 용기 역할을 할 수 있도록 한 셈이다. 물론 여러 가지 제약과 한계가 명백한 조항들도 많이 있지만, 소련을 위시한 협상 참가국들이 유럽안보문제의 해결을 위한 출발점으로 삼을 수 있다는 성과에 만족할 만한 결과였다.

V. 맺음말: 소련의 협상방식

소련이 제기한 CSCE는 35개국에 이르는 참여국가 만큼이나 다양한 이익을 관철하려는 협상의 과정이면서, 동시에 공동의 합의를 도출하는 장이었다. 소련은 실리적 입장에서 중·동 유럽 지역에서 소련의 세력권을 공식적으로 정당화시키고자 오랫동안 노력해왔으며, 이와 같은 노력은 1960년대 말과 1970년대 초에 소련이 처한 국내외적인 상황변수에 의해 유럽에서의 현상유지와 소련 세력권을 공고하게 하려는 의지를 더욱 강화시켰다. 소련은 동유럽 자체의 문제를 해결하고 아시아지역에서 갈등을 빚고 있는 중국과의 긴장 고조가 공산권 전체에 미치는 파급효과를 차단하는 수단으로 유럽에서의 안보협력체 결성을 택했으며, 1970년대 초반의 국제적인 긴장완화의 분위기 조성과 더불어 소련의 노력이 결실을 맺을 수 있었다.

소련은 CSCE 협상이 타결될 때까지 대체로 일관된 태도를 표명했으며, 미국과 나토진영의 유럽 국가 및 비동맹 국가들의 요구사항을 반영하는 사안들을 수용함으로써 참여자인 35개국 전체의 합의를 도출하기에 이르렀다. 유럽의 군축협상에서 MBFR 협상이 제한된 일부 국가만의 참여로 실패했던 데 반해, CSCE 협상은 알바니아를 제외한 전 유럽 국가와 유럽과 이해관계가 있는 미국, 캐나다까지 참가함으로써 전 국가가 자신의 입장을 피력하고 문제점을 논의하는 과정이었다. 이 과정에서 상대방의 입장에 대한 이해와 인식의 폭이 확대됨으로써 상호 주장과 이해관계가 조정되고, 종국에는 협정타결이라는 결실을 맺었음을 인정할 수 있다. 더불어 헬싱키 협정 최종안은 참여국가들의 주장을 포괄하여 수렴한 문서로서 포괄적 호혜성을 전제로 하고 있다는 점도 협정의 의미로 삼을 수 있다. CSCE라는 회의체에서는 안보 문제를 단지 군사적 문제로 인식하지 않고 포괄적 안보(comprehensive security)에 입각하여 경제, 인권, 문화 등을 포함하는 안보개념으로 다루고 있다. 이는 포괄적 호혜성(diffuse reciprocity)의 차원에서 상호협상의 가능성을 확대하는 기능을 담당한다.

초기 CSCE 협상과정을 통해 드러나는 소련의 협상방식은 이념 위주로 원칙을 고수한다거나, 쉽게 타협하지 않는다거나 하는 등의 일반적인 공산주의 협상관과 여러모로 다른 측면을 보여준다. 소련의 CSCE 협상은 소련이 오래전부터 제안한 것이기에 이미 CSCE 수립이 전제가 된 상태에서의 소련의 일차적 목표가 충족된 상황에서 특유의 이익만을 강요하지 않았다. 협상과정에서 전반적으로 이념보다는 유럽지역안보를 우선 과제로 내세우면서 추진되었고, 또한 35개국의 다자간 협상 형식도 소련만의 배타적인 요구를 관철하기에는 어려운 구조로 작용했다. 따라서 협상자체가 양보와 수렴 현상을 보이는 형태에 가까우며 이는 협상을 타결시키는 데 공헌한 요인이 되었으면서, 동시에 헬싱키 협정의 협정 채택이 단순히 데탕트라는 시대적 조류의 부산물로만 볼 수 없는 현상으로 인식하는 데 공헌한다. 즉, 소련의 CSCE 추구 노력은 그 전 과정을 통해서 볼 때, 세력권 유지와 현상유지라는 실리를 확보하기 위한 전략적인 집중과 국가이익 개념의 우선의 견지에서 소련이 택할 수밖에 없었던 당연한 선택지였음을 거듭 확인할 수 있다.

제3장

헬싱키 협정과 인권 의제 협상과정

김수암

I. 연구목적

1973년 7월 3일 헬싱키에서 개막된 유럽안보협력회의(CSCE)는 1973년 9월 18일부터 1975년 7월 21일까지 계속되었다. 35개 참가국들은 협상 결과 1975년 8월 1일 협정(Final Act)을 채택하였다. 이 협정은 국제법적 구속력을 갖지는 않지만, 참가국 및 참가국 간 이해관계를 포괄적 범위에서 합의한 정치적 문서이다. 헬싱키 협정에 대한 분석은 후속회의에서의 협상 과정을 이해하고 헬싱키 프로세스를 종합적이고 체계적으로 평가하는 데 선결되어야 할 과제라고 할 수 있다.

유럽안보협력회의는 제2차 세계대전 이후 동구에서의 현상 유지라는 안보적 이해와 서방으로부터의 경제협력이라는 경제적 이해를 확보하기 위해 소련에 의해 제기되었다. 그런데 서방이 유럽안보협력회의를 수용하면서 인권과 인도적 문제가 포함되어야 한다고 요구하였고 사실상 안보, 경제, 인권을 포괄하는 안보레짐의 성격을 갖게 되었다. 협정은 유럽의 안보에 관련한 문제, 경제·과학기술·환경 분야의 협력, 인도적 차원 및 기타분야 협력의 세 분야로 구성되어 있다.

북한인권 상황을 개선하기 위한 방안의 하나로 동북아판 헬싱키 프로세스를 수립하자는 논의들이 전개되면서 헬싱키 프로세스의 인권과 바스켓 Ⅲ에 대한 관심이 늘어나고 있다. 그동안 국내 학계도 유럽안보협력회의를 주목하여 왔지만 기존의 연구는 동북아 안보 레짐 구축을 위한 시사점 도출 관점에서 접근하고 있기 때문에 유럽안보협력회의의 인권적 측면에 대한 분석은 거의 없는 실정이다.[1] 따라서 헬싱키 프로세스에 대한 동북아 적용가능성을 평가하기 위해서는 헬싱키 프로세스의 인권적 측면을 전문적으로 분석할 필요가 있다. 유럽안보협력회의는 협정 채택과 협정의 3개 분야를 이행하기 위한 일련의 협상과정이라는 점에서 헬싱키 프로세스라고 지칭되고 있다. 본 논문에서는 전체 과정 중에서 인권 및 인도적 문제를 중심으로 다자준비회담, 3단계로 진행되었던 협정 채택 과정에 국한하여 유럽안보협력회의를 살펴보고자 한다. 특히 인권과 기본적 자유 존중이라는 바스켓 Ⅰ의 제7원칙과 바스켓 Ⅲ가 소련에 의해 수용되는 과정, 특히 주요 쟁점과 타협과정을 분석보고자 한다. 또한 다자준비회담에서 채택되는 회담 구조와 의사결정과정, 참가국간 인권의제에 대한 입장과 조율, 소련의 수용 요인 등을 분석하고자 한다. 이를 통해 참가국들의 다양하고 상이한 이해가 어떻게 조율되고 있는지 살펴보고자 한다.

---

1) 인권적 관점에서 헬싱키 프로세스를 분석한 연구로는 서보혁, "북한인권 관련 헬싱키 구도의 적용가능성 연구", 『국제문제연구』 제7권 2호 (2007년 봄호); 김수암, "헬싱키 프로세스와 동구사회주의 인권", 『통일논총』 제26호 (숙명여자대학교 통일문제연구소, 2007) 등을 들 수 있다.

다음으로 헬싱키 협정 체결 자체가 갖는 특징과 의의를 규명하고
자 한다. 헬싱키 협정에 대한 각 이해당사자의 입장 분석을 통하여
헬싱키 협정 자체가 갖는 의의를 도출할 수 있을 것이다. 그리고 협
정이 인권 분야에서 갖는 의의와 특징, 인권의제 협상과정상의 특성
을 분석하고자 한다. 끝으로 협정이 채택된 이후 후속회의가 시작되
기 이전 협정의 인권 부문이 소련과 동구사회에 어떠한 영향을 미치
는지를 살펴보고자 한다. 소련 및 동구 사회주의 당국은 헬싱키 협정
의 의의를 어떻게 규정하고 전략적 이해를 극대화하기 위해 활용하
였는가? 그리고 미국 등 서방국가들은 헬싱키 협정을 어떻게 규정하
고 활용하려 하였는가? 양 진영의 시민사회, 특히 소련 및 동구 사회
주의 시민사회는 헬싱키 협정의 의의에 대해 어떻게 평가하고 있는
가라는 문제들을 살펴보고자 한다.

Ⅱ. 유럽안보협력회의 성립과 의제

1. 회의 성립과정과 의제 구상

유럽안보협력회의는 소련의 필요에 의해 제안되었으므로 소련이
우선적으로 자신의 입장을 의제에 반영하고자 하였으며, 서방이 회의
를 수용하는 대가로 서방의 이해가 반영되는 방식으로 의제가 형성
되고 있다. 1954년 2월 10일 소련의 몰로토프 외상은 베를린 4개국
외상회의에서 최초로 유럽안보회의를 제안하였다. 서방 측이 이 제안
을 거절하자 소련은 1955년 5월 바르샤바조약기구(WTO)를 조직하여

서방의 군사동맹에 대응하였다. 그리고 1955년 4개국 외무장관이 다시 만났을 때 미국을 참여시키고 양 진영의 군사 블록을 대체하는 유럽집단안보기구를 설립하자고 다시 제안하였지만 역시 서방 측은 이를 거부하였다. 그런데 서방 측은 소련의 제안을 단순히 반대하는 데 그치지 않고 인적 부문(human dimension)에 관한 제안을 내놓았다. 1955년 8월과 11월 두 차례의 4개국 회담에서 서유럽 3개 국가는 정보의 자유로운 흐름, 정보센터의 설립, 그리고 과학·문화적 부문에서의 인적 교류 등을 소련에 제안하였다. 이에 대해 소련은 내정간섭과 주권존중을 이유로 거부하였다.[2] 이와 같이 소련이 안보에 대한 관심을 바탕으로 50년대 안보기구의 설립을 제안하지만 서유럽 국가는 거절하면서도 정보와 인적 교류 중심으로 인권 관련 의제에 관심을 표명하고 있다. 이 과정에서 인권 대 주권원칙이 대립되는 양상을 보이기 시작하고 있다.

1960년대 들어 안보회의 개최 문제가 본격적으로 논의되기 시작한다. 1966년 3월 제23차 소련 공산당 당대회 연설에서 브레즈네프 총서기는 안보협력 문제를 논의하는 전 유럽회의를 개최하자고 제안하였다. 1966년 7월 바르샤바조약기구는 정상회담에서 '평화와 안보를 강화하기 위한 부카레스트 선언(The Bucharest Declaration on Strengthening Peace and Security)'을 채택하였다. 여기에서 정치·경제·문화적 연계를 강화하기 위한 유럽안보회의를 공식적으로 제안하였는데, 이를 계기로 유럽에서의 지역안보체제 형성을 위한 논의는 전환점을 맞게 되었다. 1969년 3월 바르샤바 조약기구는 '전 유럽 국가에 대한 호소

---

2) 서보혁, 『북한인권: 이론·실제·정책』 (서울: 한울아카데미, 2007), p. 344.

(Appeal to All Europeans, Budapest Appeal)'를 발표하였다. 부다페스트 호소에서 유럽안보와 평화로운 협력문제를 검토하기 위한 유럽회의 소집 문제를 다시 제안하고 있다. 여기에서 유럽안보를 위한 세 가지 기본 조건으로 첫째, 현존하는 국경 불가침, 둘째, 2개 독일 존재의 인정, 셋째, 어떤 형태의 핵무기 보유에 대한 서독의 포기를 제시하고 있다.[3)

1969년 4월 북대서양조약기구 창설 20주년을 기념하여 워싱턴에 모인 국방장관들은 동구 측의 제안을 긍정적으로 검토하기로 결정하였다. 그리고 1969년 10월 프라하에서 바르샤바 조약국들은 유럽안보협력회의에서 논의되어야 할 구체적인 의제를 첫째, 유럽안보의 보장과 유럽 국가 상호 간에 무력의 사용 혹은 무력사용 위협 포기, 둘째, 유럽 국가 간에 정치적 협력을 발전시키기 위한 무역, 경제, 과학, 기술협력의 확대로 결정하였다. 1969년 12월 북대서양조약기구 외무장관 회담에서 원칙적으로 동유럽과의 회의에서 유럽안보문제를 논의한다는 데 공식 합의하였다. 동시에 다음과 같이 동서협상을 위한 의제를 제안하였다. 첫째, 군사훈련의 사전 통지, 그러한 훈련에서의 참관단 교환과 같은 조치가 수반되는 중유럽에서의 상호균형감축(MBFR), 둘째, 베를린 시 실제상황의 완화, 셋째, 독일 상황의 잠정협정(modus vivendi) 방식 해결, 넷째, 경제·기술·문화적 교환, 특히 사람, 아이디어, 정보의 자유로운 이동, 다섯째, 환경이다. 이와 같이 처음으로 동서 국가 간 사람, 아이디어, 정보의 자유로운 이동을 회의 성립 조건으로 제시함으로써 향후 회의에서 '인적 부문'에 관한 논의의 씨앗이 되었다. 이러한 제안을 통해 유럽안보협력회의에 대한 서방의 구

---

3) John J. Maresca, *To Helsinki: The Conference on Security and Cooperation in Europe*, 1973-1975 (London: Duke University Press, 1985), p. 5.

상이 구체화되기 시작하였다.4) 유럽안보협력회의가 성립되는 과정에서 인권문제를 의제화하는 데 유럽공동체(EC)가 핵심적인 역할을 수행하였다. 그렇지만 1972년 11월 유럽안보협력회의 협상이 공식적으로 시작되었을 당시 유럽의 상황을 살펴보면 인권 존중은 아직 초유럽적 규범으로 정착되었다고 평가하기는 어렵다.

1970년 5월 북대서양조약기구에서는 국가 간의 관계를 규정하는 '원칙'을 의제에 포함하기로 결정하였고, 바르샤바조약기구에서는 한 달 뒤 이러한 제안에 최종 동의하였다. 이에 따라 1972년 1월 프라하에서 국경불가침, 무력불사용, 평화공존, 평화를 위한 선린·협력관계 구축, 국가 간 상호접촉, 군축, 유엔 지지 7개의 기본원칙이 정립될 수 있었다.5) 1971년 미국·소련·영국·프랑스는 베를린에 관한 4당사자협약(Quadripartie Agreement on Berlin)에 조인하였다. 이 협약에서 베를린의 서쪽 구역과 서독 사이 사람과 상품의 이동의 자유를 허용함으로써 유럽안보협력회의를 이행하기 위한 북대서양조약기구의 선결조건 중 하나가 성취되었다.6)

2. 다자준비회담과 헬싱키 권고의 도출

1972년 5월 모스크바에서 개최된 닉슨-브레즈네프의 미소 정상회담에서 미국은 소련 측의 유럽안보협력회의 제의를 수락하는 대신, 소련 측으로부터 소련의 상호 균형 감축 협상 참여, 북대서양조약기

---

4) Maresca (1985), p. 6; John Fry, *The Helsinki Process: Negotiating Security and Cooperation in Europe* (Honolulu: University Press of Pacific, 1993), pp. 5-6.

5) 홍기준, "안보레짐의 형성: CSCE/OSCE의 사례연구", 『국제정치논총』 제38집 1호 (1998), pp. 70-71.

6) Fry (1993), p. 6.

구 회원국 중 비유럽 국가인 미국과 캐나다의 유럽안보협력회의 참여에 대한 양보를 받아냈다. 1972년 9월부터 11월까지 헬싱키에서 대사급의 비공식 모임을 열어 회의 개최를 조율하였다. 그 결과 1972년 5월 31일 북대서양조약기구 외무장관들은 헬싱키에서 다자준비회담을 개최한다는 데 공식 합의하였다. 이러한 합의 아래 핀란드 정부는 35개국에 공식 초청장을 발송하였다.

1972년 11월 22일부터 1973년 6월 8일까지 핀란드 헬싱키 외곽에 있는 디폴리에서 유럽의 33개국(알바니아 제외)과 미국, 캐나다 등 35개국 대표가 참가한 '다자준비회담(Multilateral Preparatory Talks: MPT)'이 개최되었다. 유럽안보협력회의의 출현에 중요한 역할을 한 것은 미국과 소련의 리더십이라고 할 수 있지만 유럽안보협력회의에는 다양한 유형의 국가집단이 참여하고 있었다. 당시 협상에 참가했던 국가들은 북대서양조약기구, 바르샤바조약기구, 유럽공동체 9개국, 베를린 그룹(Berlin Groups), 비동맹·중립국(Neutral and Non-alliance), 북유럽 코커스(Nordic Caucus), 지중해 그룹(Mediterrian Group) 등과 같은 몇 개의 주요 그룹으로 분류될 수 있다.[7]

유럽안보협력회의 참가국들은 안보협력을 위한 범 유럽적 메커니즘을 형성하는 데 동의하였지만 협상이 개시된 후 사안에 따라 참여 국가들 사이에 이해관계가 엇갈리기 시작하였다. 동구권 국가들은 무엇보다 제2차 세계대전으로 인해 야기되었던 지정학적 변화를 집단적으로 인정받기를 원하였고 동서 간 경제협력을 우선적으로 추구하였다. 반면, 서방 측은 동구로 하여금 서구의 가치, 특히 보편적 인권

---

7) Maresca (1985), pp. 18-22.

을 수용하는 데 주력하였다. 한편 중립국들은 동서관계에서 고유의 위상을 확보하기를 원하였다. 이러한 상이한 이해의 차이로 인해 최종 합의는 장기간에 걸친 복잡한 협상과정을 통하여 도출될 수밖에 없었다.[8]

유럽공동체는 다자준비회담의 의제 혹은 회의의 위임권한을 형성하는 과정에서 자유로운 인적 교류를 제안하였다. 유럽공동체가 인권과 접촉에 관한 합의를 추구하자 동구 지도자와 정치평론가들은 수용할 수 없는 내정간섭이라고 비판하였다. 브레즈네프는 닉슨과 합의한 원칙을 내세워 내정불간섭이 동서관계를 지배하는 규범이 되어야 한다고 강조하였다. 즉, "그러한 분야에서의 협력이 주권과 각 국가의 법과 관습의 존중에 따라 수행된다면 우리도 또한 이를 지지할 것"이라고 주장하였다. 이와 같이 다자준비회담 개최 첫 한 달 동안 모든 당사자들이 수용할 수 있는 의제가 정립되지 못하였다. 1973년 1월 회담이 재개되었을 때 유럽공동체는 '인권존중'을 '유럽 국가 간 관계의 기본원칙'으로 설정해야 한다고 제안하였다. 바르샤바 조약기구를 대표하여 폴란드 대표는 정보, 문화, 인간 사이의 접촉 분야에서의 모든 활동은 주권, 내정불간섭의 원칙, 개별국가의 법과 관습의 존중원칙 아래 논의되어야 한다고 주장하였다. 또한 소련 대표는 인권과 자결권은 유럽 국가 간 관계와 무관하므로 국제행동의 기본원칙에 포함시켜서는 안 된다고 주장하였다.[9] 이러한 인권과 주권의 원

---

8) 홍기준 (1998), p. 79.

9) Daniel C. Thomas, *The Helsinki Effect: International Norms, Human Rights, and The Demise of Communism* (Princeton: Princeton University Press, 2001), p. 58. 소련의 공식 비평가 유리 추코프(Yuri Zhukov)도 1973년 1월 12일 프라우다지에서 유럽에서 이념, 정보, 인적 접촉의 폭넓은 교환을 수용하는 것은 주권, 각 국가의 법과 관습에 의해 제한되어야 한다고 주장하였다. Vojtech Mastny, *Helsinki, Human Rights, and European Security: Analysis and Documentation* (Durham: Duke University Press, 1986), p. 57.

칙 및 법과 관습 사이의 관계에 대한 소련과 동구의 인식은 향후 2단계 회의에서 지속적으로 핵심 장애를 형성하게 된다.

이와 같이 다자준비회담에서 국가 간 관계를 규율하는 원칙이 중요한 쟁점으로 부각되었다. 그런데 동구 측은 회의 의제를 논의하는 과정에서 방어적 입장에서 벗어나 1973년 3월 1일 국경 불가침, 영토 통합, 무력사용 금지, 주권적 평등, 독립, 불개입, 분쟁의 평화로운 해결 등 국가 간 관계를 규율하는 기본원칙에 대한 대안을 제시하였다. 서방 측은 인권과 자결권이 포함되어 있지 않은 어떤 구상도 수용할 수 없다고 동구 측의 제안을 거절하였다. 특히 유럽공동체 회원국들은 인권과 인적 접촉이 의제로 설정되지 않는다면 유럽안보협력회의에 참가할 수 없다는 확고한 입장을 견지하였다. 북대서양조약기구와 오스트리아, 핀란드, 스웨덴, 스위스 등 4개 중립국이 유럽공동체의 입장을 지지하였다. 결국 동구 측은 유럽안보협력회의에서 자신들이 추구하는 정치·안보 및 경제적 목적을 달성하기 위해 서방과 중립국들의 핵심 요구사항에 대해 일정 부분 양보해야 했다.[10]

1973년 3월 28일부터 6월 8일까지 제3위원회에서 논의될 주제와 관련된 협상이 진행되었는데, 전문과 4개의 실무 문서가 도출되었다. 4개의 실무문서에는 인적 접촉의 개선, 정보의 확산, 문화와 교육 분야에서의 교류·협력 활성화 문제를 다룰 4개의 소위원회 구성문제가 포함되어 있다. 그런데 인적 접촉이 제3위원회에서 다룰 의제인지를 둘러싸고 논쟁이 전개되었다. 소련대표는 인적 접촉은 문화 협력에 포함하여 논의될 문제로 제3위원회가 별도로 다루어야 할 의제가

---

10) Thomas (2001), p. 59.

될 수 없다는 견해를 표명하였다. 또한 가족 재결합과 같은 인적 접촉 문제는 유럽안보협력회의와 같은 다자회담이 아니라 관련 당사국만이 참가하는 양자회담에서 다루어져야 한다고 주장하였다.[11]

이러한 논란에도 불구하고 유럽안보협력회의를 성사시키려는 소련의 입장에 따라 다자준비회담의 결과 유럽안보협력회의의 의제와 절차를 확정한 '헬싱키 협의에 대한 최종 권고(Final Recommendations of the Helsinki Consultations, 일명 Helsinki Recommendations 혹은 Blue Book: 이하 헬싱키 권고)'가 도출될 수 있었다. 다자준비회담에 따라 참가국들은 제1단계(1973.7.3~7, 헬싱키), 제2단계(1973.9.18~1975.7.21, 제네바), 제3단계(1975.7.30~8.1, 헬싱키) 등 3단계에 걸쳐 유럽안보협력회의를 진행하기로 합의하였다. 1973년 7월 3~7일 헬싱키에서 유럽안보협력회의 참가국 외무장관들이 모인 1단계 회담에서 '헬싱키 권고'를 공식 채택하고 다자준비회담의 결과인 회의절차, 의제 등을 승인하였다. '헬싱키 권고'는 2단계 회담에서의 조직, 세부 의제, 참가 규정, 일정, 절차 규칙, 재정적 조치 등을 포함하고 있다.

그리고 '헬싱키 권고' 2장(13~53항)은 '의제 및 관련 지침(Agenda and the Related Instructions)'이다. 동 항목은 유럽안보 문제, 경제·과학·기술·환경 분야에서의 협력, 인도적·기타 분야에서의 협력, 후속회담 등 4개 부문으로 구성되어 있다. 첫 번째 안보협력 부문에서는 참가국가 상호관계의 주요 지도원칙으로 ① 주권 평등, 주권의 고유한 제 권리 존중, ② 무력 위협 혹은 사용 금지, ③ 국경불가침, ④ 국가의 영토통합, ⑤ 분쟁의 평화적 해결, ⑥ 내정불간섭, ⑦ 사상, 양

---

11) Mastny (1986), pp. 6, 61-62.

심, 종교 혹은 신념의 자유를 포함하여 인권과 기본적 자유 존중, ⑧ 평등권과 자결권, ⑨ 국가 간 협력, ⑩ 국제법상 의무의 성실 수행으로 명시하고 있다. 그리고 세 번째 인도적·기타 분야 협력부문은 인적 접촉, 정보, 문화 분야 협력과 교환, 교육 분야 협력과 교환으로 구성되어 있다.[12]

Ⅲ. 2단계 회담: 인권의제 주요 쟁점과 합의과정

1. 회의 구성과 정책결정 절차

1단계 외무장관 회담에서 채택된 '헬싱키 권고'에 따르면 2단계 회담은 위원회와 소위원회의 작업으로 구성된다. 위원회와 소위원회는 선언, 권고, 결의안 혹은 다른 최종문서의 초안을 준비한다. 그리고 2단계 회담은 3개의 바스켓위원회, 11개 소위원회로 구성된다. 3개 위원회는 바스켓으로 불리는 3가지 실질적인 이슈들을 포괄적으로 다루게 된다. '헬싱키 권고'에 따르면 인적 접촉을 관장하는 위원회/소위원회는 참가국의 개인, 제도, 조직 사이의 자유로운 이동과 접촉을 촉진하기 위한 문서를 준비하는 역할을 수행한다. 이를 위해 구체적으로 가족 유대에 기초한 접촉과 정기적 상봉, 가족의 재결합, 상이한 국가 국민들 간의 결혼, 개인적 혹은 직업적 사유를 위한 여행, 여행 조건의 개선, 청년 사이의 만남, 접촉과 경쟁의 확대 등을 다룬다. 다

---

12) Blue Book 전문은 Maresca (1985), pp. 233-248.

음으로 정보를 관장하는 위원회/소위원회는 다양한 정보의 자유롭고 폭넓은 확산을 촉진하기 위한 문서를 준비하는 역할을 수행한다. 이를 위해 구두·인쇄·방송정보의 순환과 접근의 개선, 장단기 합의에 기초한 정보 분야에서의 협력 촉진, 기자활동 조건의 개선 등의 이슈를 다룬다.

그리고 회원국 외무장관에 의해 임명되는 대표로 구성되는 조정위원회(Co-ordinating Committee)는 각종 위원회의 활동을 조정하고 이들의 작업결과를 취합하는 역할을 수행하였다. 또한 개별국가들이 요청할 경우 임시기구의 형태로 '특별실무기구(special working body)'가 설치될 수 있다. 구체적으로 특별실무기구는 스위스와 루마니아 대표의 요청에 의해 설립되었다. 스위스는 '유럽에서 분쟁의 평화적 해결을 위한 체계에 관한 기구', 루마니아는 '무력 위협이나 사용을 금지하는 원칙의 효력에 관한 기구'를 설치하자고 제안하였다. 이러한 특별실무기구는 소위원회와 동일한 지위를 갖고 있었다.[13] 다음으로 3단계 회담에서 최종문서를 채택하도록 규정되어 있다. 그런데 3단계 회담은 정상회담의 형태로 진행하자고 소련이 주장하였지만 3단계 회담에 참가하는 대표의 지위는 2단계 회담에서 결정하기로 합의하였다.

유럽안보협력회의 의사결정 절차는 '평등의 원칙(principle of equality)'에 기반을 두고 있다. 이러한 원칙에 입각하여 '헬싱키 권고' 6장의 절차규칙(69항)에서는 의사결정 절차에 대해 "회의의 결정은 합의에 의해 채택될 것이다. 합의는 하나의 대표에 의해서라도 표현되거나

---

13) Maresca (1985), p. 16.

제출되는 어떤 장애도 없어야 한다는 것을 의미한다"고 규정하고 있다. 즉, 다수결 원칙을 부정하고 어떤 한 대표의 반대표시도 없는 전원 합의에 의한 의사결정(Consensus Decision-making) 방식이 채택되었다. 서방은 본질적인 문제에 대해서는 합의, 절차문제에서는 다수결을 선호하였지만 동구는 15개 북대서양조약기구 집단과 우호적인 중립국들에 의해 절차문제가 좌우되는 것을 우려하였다. 그리고 비동맹·중립국들은 합의의사결정 방식에 대해 대국과 동등한 자격으로 참여하게 되면 자신들의 역할이 확대할 수 있다고 판단하였다. 이러한 입장이 반영되어 의사결정 절차하는 합의방식으로 결정되었다.14)

'합의'라는 의사결정 방식은 2가지 관점에서 참가국들의 참여를 활성화하는 데 기여하였다. 첫째, 참가국들은 비록 자신들의 이해에 비추어볼 때 비우호적이라고 판단되는 이슈에 대해서도 합의로 최종결정이 내려지므로 의사결정 방식을 통해 결정을 봉쇄할 수 있다는 믿음에 따라 민감한 주제의 논의에도 참여하게 되었다. 둘째, 소국들의 경우에도 자신들의 동의가 최종 결정에서 필요하다는 것을 알고 있으므로 회의 진행과정에서 자신들의 견해를 보다 적극적으로 개진할 수 있었다. 이러한 정책결정방식으로 공통분모를 도출해야 하였기 때문에 낮은 수준에서 합의가 이루어지는 사례가 많았다. 그렇지만 참가국 간 합의에 의해 결정이 도출되었기 때문에 다수결에 의해 채택된 결정과 비교할 때보다 커다란 정치적 구속력을 갖게 되었다. 그리고 이러한 의사결정 구조는 비동맹·중립국들에 교섭의 결과에 영향을 줄 수 있는 결정적 힘을 부여함으로써 이들은 의미 있는 중재역

---

14) Maresca (1985), p. 14.

할을 수행할 수 있었다. 또한 동구 국가들도 합의 의사결정 절차를 활용하여 제7원칙과 바스켓 Ⅲ가 몰고 올 국내적 파장을 최소화하려 하였다. 평등의 원칙은 합의의사결정뿐만 아니라, 순환의장 제도에도 반영되었다.[15]

2. 바스켓 Ⅲ 주요 쟁점과 합의 과정

1) 인권의제에 대한 참여 국가군별 입장

인권 의제 협상과정에서 유럽공동체 9개국이 가장 중요한 역할을 수행하였다. 미국을 제외한 서유럽 진영, 특히 유럽공동체 9개국은 정보·인적 교류를 통해 동유럽 국가들을 점진적으로 변화시킬 수 있다고 인식하였기 때문에 바스켓 Ⅲ를 회담에서 가장 중요한 이슈이자 협상카드로, 또는 회담에 찬성하는 결정적인 조건으로 간주하였다. 유럽공동체 9개국은 인권과 인적 접촉에 관해 회원국 사이에 입장을 조율하여 통일된 입장을 견지하려 하였지만 이슈 간 우선순위를 둘러싸고 이견이 노출되기도 하였다. 프랑스는 문화적 접촉과 교육의 교류, 영국은 정보의 자유로운 유통과 기자 활동조건에 우선순위를 두고 접근하고자 하였다. 인권문제에 가장 강경한 입장을 견지한 네덜란드는 인적 접촉, 특히 가족 재결합에 관심이 있는 서독과 부딪치기도 하였다.[16] 그렇지만 이러한 미묘한 견해 차이가 회담과정에서 장애요인으로 작용하지는 않았다.

유럽안보협력회의는 단순히 동서 블록 간 협상은 아니었다. 비동

---

15) Thomas (2001), pp. 19–20.
16) Thomas (2001), pp. 68–69.

맹·중립국들 역시 회의에서 자신들이 추구할 목표를 공유하고 있었다. 유럽의 중립국들은 일반적으로 서유럽 국가들과 원칙과 개념을 공유하고 있어 추구하는 목적은 서방과 유사하였다. 그렇지만 중립국들은 자신들만의 고유한 목표도 갖고 있었다. 첫째, 데탕트는 동서 양 진영만의 문제로 이해될 수 있기 때문에 데탕트 과정에 참여하고자 하였다. 둘째, 동서 문제에 관해 자신들의 입장을 반영하고자 하였다. 셋째, 회의가 성공적으로 진행될 수 있도록 적극적 역할을 수행함으로써 범 유럽 문제에 대해 자신들의 목소리가 지속적으로 개진될 수 있는 기반을 마련하고자 하였다. 특히 비동맹·중립국들은 인권이나 인적 접촉에 관하여 양 진영 사이의 이견을 조율하여 타협에 이르는 조정 역할을 수행함으로써 자신들의 발언권을 높이고자 하였다.17) 이와 관련하여 비동맹·중립국들은 바르샤바조약기구와 북대서양조약기구/유럽공동체 사이의 입장을 조율할 수 있는 다양한 제안들을 도입하였다. 스위스는 다양한 의제들을 묶는 방식인 바스켓을 고안해냈는데, 회담에서 제기된 다양한 테마는 세 개의 바스켓으로 분류되었다. 이 과정에서 정보와 인적 접촉 등 소련과 동구국가들이 꺼리는 의제들은 바스켓 Ⅲ로 분류되어 논의될 수 있었다.

먼저 인권의제에 대한 미국의 입장이다. 2단계 회의 기간에 인권에 대한 미국의 입장은 변화하고 있지만 상대적으로 인권 문제에 관심이 적은 편이었다. 1972년 5월 29일 닉슨이 브레즈네프와 서명한 '미소 간 기본원칙(Basic Principles of Relations between the United States of America and the Union of Soviet Socialist Republic)'에는 인권에 대

---

17) Maresca (1985), p. 25: 이인배, "제도와 행위자간의 상호작용에 관한 연구: '다자간 협력안보' 사례로서 CSCE를 중심으로", 『국제정치논총』, 제41집 2호 (2001), p. 103.

한 언급이 없었다. 미국은 유럽안보협력회의에 참가하고 있었지만 여전히 소련과의 양자관계를 중시하고 있었다. 협상 초기 미국대표는 인권 관련 문제에 대해 상당히 신중한 입장을 견지하였다. 여전히 닉슨과 키신저는 다자회담보다는 소련과의 양자협상을 통해 다양한 이슈들이 해결되기를 바라는 입장이었다. 이러한 입장에 따라 미국은 유럽안보협력회의에서 인권을 적극적으로 다루려는 서방의 입장에 대해 소극적 지지 의사만을 표명하였다. 1974년 6월 중순 키신저는 유럽안보협력회의에서 서방의 가치가 확산되어야 점에 대해 동의하였다. 그럼에도 불구하고 키신저는 서방신문이 모스크바에서 판매되어도 소련은 변하지 않을 것이라고 언급하면서 정보 유통 문제에 대한 보다 유연한 대응을 주문하는 이중적 태도를 보였다. 그런데 1974년 말, 1975년 초 미소 관계가 악화되자 소련에 대한 키신저의 입장은 강경하게 변화하였다. 월스트리트저널이 헬싱키 협정을 채택하는 정상회의에 포드 대통령이 참석하려 하자 '제리(Jerry) 가지 마'라는 사설에서 비판적 견해를 표명한 사실에서 보듯이 인권의제에 대한 미국의 태도는 전반적으로 소극적이었다. 이와 같이 유럽안보협력회의가 진행되면서 인권문제에 대한 미국의 태도가 적극적으로 변화하지만 인권의제 협상을 주도한 것은 서유럽, 특히 영국이었다.[18]

다음으로 인권의제에 대한 소련의 입장이다. 소련은 유럽안보협력회의를 통하여 제2차 세계대전의 결과 생겨난 지정학적 변화와 국경, 동유럽에서의 공산정권의 존재를 인정받고자 하였다. 그리고 동구에

---

18) L. Larry Pullen, *Christian Ethics and U.S. Foreign Policy: The Helsinki Accords and Human Rights* (Lanham: Lexington Books, 2000), pp. 20–21; William Korey, *The Promises We Keep: Human Rights, the Helsink Process and American Foreign Policy* (New York: St. Martin's Press, 1993), pp. 1–2.

대한 서유럽의 태도가 전반적으로 완화되기를 희망하였다. 소련은 인권을 포괄하는 바스켓 Ⅲ에 반대하였지만 자신의 안보 및 경제적 목표를 달성하기 위해 타합을 고려하지 않을 수 없었다. 즉, 바스켓 Ⅰ, Ⅱ를 얻기 위한 고육책으로 바스켓 Ⅲ를 수용하지 않을 수밖에 없었다. 헝가리와 폴란드, 불가리아 등이 바스켓 Ⅲ의 일부 사안에 대해 상대적으로 유연한 입장을 갖고 있었지만 소련이 바르샤바조약기구에 대한 강력한 통제력을 유지하고 있었기 때문에 이견이 노출되지는 못하였다.

이상에서 보듯이 유럽공동체는 미국의 소극적 태도와 소련의 부정적 태도를 극복하고 인권이 유럽안보협력회의의 공식 의제로 채택되는 데 결정적 역할을 수행하였다.[19)]

인권이 공식의제로 채택되었지만 인권 가치 자체에 대한 블록 사이의 인식의 차이가 협상에 영향을 미치는 핵심 장애요인으로 작용하였다. 첫째 인권과 데탕트의 상관관계에 대한 인식의 차이이다. 소련과 동구에서는 데탕트가 진전되어야 인권이 개선될 수 있다고 주장하였다. 반면 서구에서는 현존하는 국경을 수용하는 것만으로 안보가 성취될 수 있는 것이 아니라 사람과 정보의 자유로운 이동 인권문제가 동시에 진전되어야 안보가 공고해질 수 있다고 반박하였다. 자유와 안보를 동일한 관점에서 바라보아야 하며 '현상유지'를 넘어 자유의 가치가 수용될 때 진정한 의미의 안보가 성취될 수 있다는 입장이다.[20)]

둘째, 민족자결권에 대한 해석의 차이이다. 서방에서는 민족자결권

---

19) Thomas (2001), p. 87.

20) Maresca (1985), p. 129.

은 다원적 선거제도를 통해 대다수 유권자의 투표행위로 표시된 국민의 의지를 의미한다고 주장하였다. 반면, 동구에서는 다수결원칙이 아닌 프롤레타리아 독재에 의해 표시된 프롤레타리아 계급의 의지가 민족자결권이라고 반박하였다.[21] 이와 같이 인권 자체에 대한 상반된 인식으로 인하여 인권의제 협상 과정은 더욱 복잡한 타협을 요하게 되었다.

2) 국가관계 규율 지도원칙 협상과 인권

2단계 회담에서 국가 간 관계를 규율하는 지도원칙에 대한 입장 차이가 가장 첨예하게 대립되었다. 참가국들은 개별원칙들이 무엇을 의미하는가, 이들 원칙 간 상호관계, 그리고 이미 존재하는 국제규범과 어떻게 관련이 되는지에 대해 상이한 인식을 갖고 있었다.

첫째, 소련은 자신들의 목적을 달성하는 데 필요한 원칙들에 대해 기존 유엔 규범과 무관한 독자 원칙으로 설정하고자 하였다. 유엔우호관계선언(UN Friendly Relations Declaration)에서는 무력 위협 혹은 사용을 금지한다는 원칙에 불가침 원칙이 포함되어 있지만 소련은 협상과정에서 불가침원칙을 독자 원칙으로 설정하는 데 성공하였다.

둘째, 국경불가침과 자결권 원칙의 인정 문제였다. 서독은 국경불가침 원칙과 관련하여 국경의 평화로운 변경을 가져올 수 있다는 문구를 넣자고 주장하였다. 반면, 소련은 이러한 문구가 국경불가침 원칙 안에 삽입되는 것을 반대했다. 이 과정에서 미국이 중요한 역할을 수행하였다. 미국은 서독이 선호하는 평화로운 변화 문구에 대해 서

독을 대신하여 직접 제안하였다. 미국은 서독과의 합의 아래 1975년 2월 17일 평화로운 변화에 대한 새로운 버전을 소련에 제시하였다. 소련은 미국의 제안에 냉담하였지만 불가침 원칙을 인정받아야 하고, 서독이 3단계 정상회담에 불참하는 것을 원하지 않았으므로 국경의 평화로운 변경 문제를 무시할 수 없었다. 초안 작업이 진행되는 과정에서 소련은 불가침 원칙이 별도로 구분된다면 국경의 평화로운 변화문제를 수용할 수 있다는 입장을 피력하였다. 수차례에 걸친 세밀한 문안 조정 후 서독은 '합의, 평화적 수단, 국제법'이라는 세 가지 조건을 수용하는 대신 협정 제1원칙인 주권평등 원칙 내에 '평화적 국경변경' 문안을 포함시키는 데 성공하였다.[22]

셋째, 국가 간 관계를 규율하는 원칙 간의 우선순위와 비중의 문제이다. 참가국 간 상호관계를 규율하는 10대원칙은 양 진영의 입장을 모두 담고 있는데, 각 원칙 사이에는 입장 차이로 인해 잠재적인 충돌 가능성이 있었다. 1단계 회담에서 소련 외상 그로미코는 10개 기본원칙이 모두 중요하다는 다자준비회담 합의에도 불구하고 바스켓 III 이슈보다 국가의 영토통합성, 내정불간섭이 선행되어야 한다고 주장하였다. 이러한 소련의 주장에도 불구하고 협정에서는 10대원칙에 대해 "모든 원칙들은 매우 중요하다"라고 명시되었다. 이는 10대 원칙이 각각 똑같이 중요하고 서로 분리할 수 없으며, 다른 원칙을 희생하여 어떤 원칙을 강조할 수 없고 반대로 어떤 분야도 낮은 지위로 무시할 수 없다는 것을 명시적으로 의미한다.[23]

---

22) 평화로운 변화에 대한 문안 조정 과정에 대해서는 Maresca (1985), pp. 78-79. "The participating States consider that their frontiers can be changed, in accordance with international law, by peaceful means and by agreement."

23) Thomas (2001), p. 64.

넷째, 제6원칙 내정불간섭과 제7원칙 인권존중과의 관계 문제이다. 2단계 회담에서 금지되어야 할 내정간섭의 종류와 내정금지 방식에 대해 치열하게 논쟁이 전개되었다.

다섯째, 제7원칙과 제10원칙과의 관계 문제이다. 소련은 제10원칙 상 국제적 의무를 유엔헌장에 따라 양자, 다자적으로 부과된 의무로 제한하고자 제안하였다. 소련은 이를 통해 제7원칙을 활용하여 바스켓 III의 의미나 이행에 대한 분쟁을 해결하려는 서양의 시도에 대응하고자 하였다.[24]

여섯째, 어떤 원칙들이 포함되어야 하고 어떤 순서로 원칙들을 배열할 것인가, 원칙들 간 상대적 분량을 어떻게 정할 것인지가 또 다른 논쟁요소였다. 소련은 현상유지를 정당화하기 위해 국경불가침이 독립 원칙으로 설정되기를 희망하였다. 반면, 서독, 아일랜드, 스페인은 원래 무력의 불사용과 불가침을 연계하기를 희망하였다. 이러한 입장 차이는 국경불가침이라는 별도의 원칙 앞에 무력불사용을 두자는 서독의 제안으로 해소될 수 있었다. 이러한 타협 과정에서 인권과 기본자유의 존중이 10개 원칙 중에서 가장 길고 잘 정의되었다. 여기에는 표현의 자유를 증진하려는 서방의 관심과 신자들의 권리를 보호하려는 바티칸의 노력이 반영되고 있다. 또한 협상 과정에서 소련은 제7원칙 인권존중보다 자신이 선호하는 제6원칙 내정불간섭을 앞쪽에 배열시키는 데 성공하였다.[25]

---

24) Thomas (2001), p. 72.

25) Thomas (2001), pp. 60-61.

3) 소련의 바스켓 Ⅲ 권위 약화 전략

2단계 회담에서 소련은 바스켓 Ⅲ에 대한 논의를 수용하되, 바스켓 Ⅲ의 권위를 약화시키려는 전략을 구사하였다. 첫째, 바스켓 Ⅲ에 서문을 두고 바스켓 Ⅲ의 권위를 제약하는 내용을 포함시킨다는 전략을 구사하였다. 소련은 바스켓 Ⅲ에서 합의하였더라도 참가국의 '법과 관습'에 종속된다는 서문을 두자고 제안하였다. 바스켓 Ⅲ에 대해 소련은 '문화교류와 정보교류의 강화는 주권존중과 불간섭의 원칙에 따라 행하되, 각국의 법률과 관습, 전통을 엄중히 지키는 것으로부터 출발하지 않으면 안 된다'는 입장을 강하게 견지하였다. 바스켓 Ⅲ의 규정이 법과 관습에 종속되는 내부 문제라고 규정하려는 의도였다. 소련과 동맹국들은 국가법과 관습을 포함하는 바스켓 Ⅲ 서문이 있어야 한다고 주장하면서 그러한 서문이 합의될 때까지 구체적인 조문에 대한 의미 있는 논의를 거부하였다. 그렇지만 서방국가들은 국가법과 관습이 바스켓 Ⅲ 규정보다 우선적으로 적용되어야 한다는 주장을 받아들일 수 없었다. 서방과 중립국들은 바스켓 Ⅲ 서문은 필요 없으며 바스켓 Ⅲ상의 구체적 조항들이 먼저 논의되어야 한다고 주장하였다. 이렇게 입장이 대립되는 가운데 1974년 2월 서문 문안 구성과 바스켓 Ⅲ의 구체적 규정의 문안 구성을 동시에 진행하기로 타협이 이루어졌다.[26]

둘째, 소련은 인권원칙의 범위를 축소하고자 노력하였다. 제네바에서 소련 대표는 헬싱키에서 합의한 '사상, 양심, 종교, 신념의 자유' 부문에 대해 '종교적 신념의 자유'로 범위를 축소하자고 제안하였다.

---

26) Maresca (1985), pp. 52-53, 125.

특히 제7원칙 항목과 관련하여 소련은 다른 언어로 작성되는 텍스트 상의 '신념(belief)'이라는 개념을 직접적으로 번역하기보다는 '신조 (faith)'를 의미하는 러시아어 단어를 고집하였다. 그렇지만 영국은 정보의 자유, 인권 증진 부문에서 비정부기구와 개인의 참여를 강조하는 새로운 제7원칙 초안을 제안하였다. 또한 스위스는 인권원칙의 범위에 인권을 위배하는 보복 금지, 자의적 체포 금지를 포함하자고 제안하였다.[27] 이와 같이 인권범주를 확대하려는 서방의 입장에 맞서 소련의 인권범주를 축소하려고 시도하였다.

셋째, 소련은 인권 범위축소가 불가능하다는 것을 깨닫자 유엔 국제인권규약에 따라 인권원칙이 해석되어야 한다고 제안함으로써 제7원칙의 권위성을 약화시키려는 전략으로 변경하였다. 소련은 시민적·정치적 권리에 관한 국제규약(이하 B규약) 18조를 원용하려 했다. B규약 18조 3항은 "자신의 종교나 신념을 표명하는 자유는 법률에 규정되고 공공안전, 질서, 공중보건, 도덕 또는 타인의 기본적 권리 및 자유를 보호하기 위하여 필요한 경우에만 제한받을 수 있다"고 규정하고 있다. 소련은 협정의 인권조항들을 약화시키기 위해 이러한 규약의 회피조항을 활용하고자 하였다. 서방은 국제인권규약이 아닌 자유주의적인 세계인권선언을 삽입하자고 제안하였다. 결국 소련은 인권과 기본적 자유 분야에서 참가국들은 유엔헌장과 세계인권선언에 따라 행동한다는 문구를 넣는다는 타협안을 수용하였다.[28]

___

27) Thomas (2001), pp. 71-74, 82.

28) Korey (1993), pp. 9-10; Thomas (2001), pp. 71-74.

4) 일괄협상을 통한 해결

핀란드 대표는 바스켓 Ⅲ를 국가법과 관습에 종속시키려는 소련으로부터 타협을 도출해낼 수 있는 방안을 모색하게 되었다. 1974년 6월 중순 핀란드는 제1, 제3위원회에서의 현안문제에 대한 타협안을 제시하였다. 먼저 바스켓 Ⅲ 서문에서 바스켓의 규정들은 유럽안보협력회의 10개 원칙에 대한 완전한 존중 아래 실행되어야 한다는 문안을 제안하였다. 동시에 내정불간섭의 원칙에는 참가국들이 자신들의 입법·규정시스템을 결정할 권리뿐만 아니라 다른 참가국들의 정치·경제·문화적 기반을 존중한다는 내용이 포함되어야 한다고 주장하였다. 오스트리아, 핀란드, 스웨덴, 스위스 등 4개 중립국들은 타협을 위한 여지가 있다는 것을 인지하고 핀란드의 일괄타결을 성사시키기 위해 노력하였다.[29]

또한 중립국들은 소련을 만족시키기 위해 개별국가는 자신의 법과 규정을 선택할 권리를 보유한다는 것을 인정하는 원칙들을 포함하자는 핀란드 아이디어를 적극 지지하였다. 1974년 7월 26일 중립적 일괄타결안이 수용되었다. 소련은 개별국가가 자신의 '법과 규정'을 선택할 권리를 갖는다는 것을 승인하는 문구를 획득하였지만 자신들이 원한 바스켓 Ⅲ 서문이 아닌 주권평등원칙 아래 두기로 동의하였다. 소련은 자신의 법과 규정에 대한 권위를 행사할 때 협정을 포함하여 국제의무를 수행하는 원칙10을 고려해야 한다는 공약도 수용하였다.[30]

---

29) Maresca (1985), pp. 126-127.

30) Maresca (1985), pp. 128-129, 132; Thomas (2001), p. 81.

5) 소련의 인권의제 수용 요인

1974년 여름 이후 바스켓 III에 대해 우려하면서도 소련이 결국 이를 수용하게 되는 데는 다양한 요인들이 작용하고 있다. 첫째, 서방측이 협정에 대한 서명불응태도를 보인 것이 제7원칙과 인도적 교류의 바스켓 III를 수용하게 만드는 요인으로 작용하고 있다. 또한 서방은 텍스트가 합의될 때까지 협정 서명을 위한 회담방식으로 국가수반 정상회의에 동의할 수 없다는 입장을 확고하게 견지하였다. 소련은 서방이 더 이상 양보하지 않을 것으로 판단하였다. 참여국의 수, 다양성, 광범위한 이익 등에도 불구하고 소련의 양보를 얻어낼 수 있었던 것은 이러한 서방입장의 통일과 결속력이다.

둘째, 1974년 말 미국의 태도 변화가 또 다른 요인으로 작용하고 있다. 앙골라가 포르투갈로부터 해방되는 과정에서 소련이 좌파정권의 수립을 시도하였는데, 미국은 데탕트에 대한 현실주의적 재해석을 하게 되었다. 평화 못지않게 인간존엄, 개인 자유도 중요하다는 사실을 깨닫게 되었다. 이러한 미국의 인식은 다음과 같은 언급에서 잘 나타나고 있다. 1975년 5월 29~30일 개최된 북대서양조약기구 정상회의에서 포드 대통령은 유럽안보협력회의에서 만들어진 약속은 전 유럽인을 위한 자유와 인간존엄을 진전시킬 수 있도록 행동으로 전환되어야 한다고 강조하였다.[31]

셋째, 3단계 회담은 참가국 수반들이 참석하는 '정상'회담으로 진행하고 회담을 조속히 종결하려는 소련 지도부의 희망이 또 하나의 요소로 작용하고 있다. 브레즈네프는 1976년 2월로 계획된 제25차 당

---

31) Maresca (1985), pp. 121-123.

대회에서 소련이 유럽안보협력회의의 승리자라는 점을 과시할 수 있기를 희망하였다. 1974년 3월 말 키신저가 모스크바를 방문하였을 때 브레즈네프와 그로미코는 그해 여름 국가수반 정상회의를 논의하는 제네바 회담이 종결될 수 있기를 희망한다고 피력하였다. 이러한 소련의 조바심을 간파한 서방에서는 아직 해결되지 않은 의제에 대해 소련으로부터 양보를 얻어내는 방안으로 정상회담 형식에 대한 소련의 희망을 활용하려는 전략을 구사하였다. 1975년 2월과 3월 서방과 중립국 사이의 접촉에서 브레즈네프는 다시 유럽안보협력회의의 조속한 종결에 대한 관심을 표명하였다. 브레즈네프는 서방 5대국가에 보낸 서신에서 정상회의를 종결하는 날짜로서 1975년 6월 30일을 제안하였다.

넷째, 비동맹·중립국들은 동서 양 진영 모두 달가워하지 않지만 수용하지 않을 수 없는 방식으로 논쟁요소들을 다루는 일괄타결안을 제안함으로써 소련의 양보를 얻어낼 수 있었다.

다섯째, 상대적으로 미국 내에서 유럽안보협력회의에 대한 관심이 낮았기 때문에 소련이 인권과 같은 민감한 주제에 관해 합의하는 것이 가능할 수 있었다. 미국 내에서 유럽안보협력회의에 대한 관심이 높았다면 인권문제에 대한 미국의 공개 압박도 강해질 수밖에 없기 때문에 인권 관련 주제에 관한 의미 있는 협상에 참가하려는 소련의 의지는 정비례하여 감소할 수밖에 없었을 것이다. 소련의 입장에서는 미국의 낮은 관심 속에서 낮은 수준에서 인권에 대해 합의가 이루어지더라도 미국이 강하게 인권압력을 행사하지 않을 것으로 판단하였기 때문에 인권문제에 양보하였던 것이다.

Ⅳ. 협정의 특징과 의의 및 영향

1. 특징 및 의의

제네바 2단계 회담 기간 합의된 내용들을 담은 협정은 3단계 국가수반 회담에서 서명되었다.[32] 협정은 법적 구속력 대신 도덕적 · 정치적 구속력을 갖는 문서이다. 이와 같은 성격의 문서로 결말을 맺게된 것은 첫째, 소련의 입장이 반영되고 있다. 소련은 국가 간 안보의 기본원칙들에 관한 매우 단순한 협상을 선호하였다. 그런데 소련은 회의를 진행하는 과정에서 점차 인권, 사람과 아이디어의 자유로운 이동에 관한 많은 사항이 포함되면서 이러한 합의가 국제법상 법적 지위를 갖는 조약이나 문서의 지위를 갖는 것이 바람직하지 않다고 인식하게 되었다. 둘째, 많은 서방국가들은 개인, 집단, 회사의 활동에 관한 사항들에 대해 조약형식으로 협상하는 것이 어렵다고 인식하고 있었다. 셋째, 미국은 조약과 같은 성격을 갖는 최종문서를 채택할 경우 비준절차에서 의회와 겪게 될 어려움을 회피하고자 하였다. 이러한 입장을 반영하여 영국 대표는 법적으로 구속력 있는 성격을 갖지는 않지만 국제회의 결과를 기록하는 '협정(Act)' 형태로 최종문서를 채택하자고 제안함으로써 문서 형태 문제가 해결될 수 있었다.[33] 그리고 협정에는 협정을 이행하는 후속회담을 개최하도록 규정하고 있다. 이러한 후속회담은 협정의 법적 구속력을 보완하고 실

---

32) 협정 원문 전문은 Fry (1993), pp. 179–378. 전문 번역은 국가인권위원회, 『유럽안보협력회의 최종 협정』 (서울: 국가인권위원회, 2006) 참조.

33) Maresca (1985), p. 26.

천력을 갖게 하는 중요한 성취 중의 하나이다. 후속회담이 없었다면 협정은 단순히 선언에 불과하였을 것이다. 이러한 후속회담이 있었기 때문에 협정은 추후 준사법적이고 정치적으로 구속력 있는 성격을 가질 수 있게 되었다.[34]

유럽안보협력회의는 포괄적 안보레짐의 성격을 갖고 있다. 유럽안 보협력회의는 참여국가 간의 관계를 규정한 10개의 기본원칙을 포함 하고 있으며, 군사안보분야에서 신뢰구축 조치(바스켓 I), 경제·과 학·기술·환경 분야에서의 협력(바스켓 II), 인도주의적 문제에 관 한 협력(바스켓 III) 등 유럽안보와 관련된 모든 사안을 포괄하고 있 다.[35] 협정은 진영 간 상호관심사의 협의 과정에서 이루어진 정치적 타협의 산물이다. 특히 협정은 유럽에서의 지정학적 현상유지를 원하 는 소련과 인권이 동서관계의 정당한 요소라는 서방의 입장을 교환 한 결과이다. 즉, 협정은 안보와 인권 사이의 교환의 결과물 그 자체 였다. 또한 협정은 불가침성을 주장하는 소련과 평화로운 변화에 대 한 서방의 소방 보부를 만속시키는 타협의 결과였다. 이것이 바스켓 I과 바스켓 III 사이의 핵심 거래를 가능하게 만든 요인이었다.[36]

이슈 간의 연계가 안보레짐의 협상을 성공적으로 타결하는데 매우 중요한 역할을 하였다. 서방측은 유럽의 국경상황과 관련하여 '영토 의 불가침원칙'의 수용을 주장하는 동구에 대응하여 '국경의 평화적 변경'과 연계하고자 하였다. 이러한 연계는 동일한 이슈 내에서의 본 질적인 연계라고 할 수 있다. 더욱 복잡한 이슈연계는 서방 측의 요

---

34) Pullen (2000), p. 7.

35) 홍기준, "CSCE 레짐동학(1972~1994) 분석: 권력, 이익, 지식을 중심으로", 『국제정치논총』 제46집 3호 (2006), p. 61.

36) Maresca (1985), p. 154; Mastny (1986), pp. 8-9.

구인 '인권'과 동구 측의 요구인 '내정불간섭 원칙' 사이에서 이루어
졌다. 이와 같은 연계전략을 통해 타협이 성공적으로 타결되었다.37)

구체적으로 인권과 관련하여 협정은 2가지 의미를 갖고 있다. 첫
째, 사상, 양심, 종교, 신념의 자유를 포함하여 인권과 기본적 자유의
존중이라는 제7원칙은 이론적 측면의 의의를 갖고 있다. 둘째, 인적
접촉과 정보의 유통이라는 바스켓 III는 실천적 측면의 의의를 갖고
있다. 협정 채택의 결과 개인의 권리 존중이 국가 간 관계의 정당한
측면으로서 국가 간 안보의 중요한 이슈라는 인식이 정립되었으며,
인권 관련 이슈에 대한 논의는 내정불간섭이 아니라는 역동적 개념
이 도출될 수 있었다.38)

인권존중이라는 제7원칙의 채택은 소련과 동구에 대해 다음과 같
은 의미를 갖고 있다. 첫째, 제7원칙의 명시는 인권이 인간으로서의
고유한 권리이지 국가에 의해 부여되는 특권이 아니라는 서구개념을
동구가 수용하였다는 것을 의미한다. 둘째, 인권이 "평화와 공의를
이루는 기본요소"라고 기술하고 있는데, 어느 정도 간접적이기는 하
지만 데탕트가 인권에 의존한다는 개념이 부각되었다. 셋째, 국가가
미디어에 명령하고 어떤 정보가 적절한지 결정하는 전체주의적이고
권위주의적인 정권 아래 사는 사람들에게 자신의 권리에 대해 알고
행동할 권리를 갖고 있다는 혁명적 인식을 제공하였다. 넷째, 협정상
인권의무는 다른 분야에서 의무와 연계되어 있다. 10개의 원칙이 모
두 중요하며 따라서 모든 원칙들이 동등하게 유보되지 않고 적용되
어야 한다. 따라서 인권은 공식적으로 협정 아래 안보와 동등한 지위

---

37) 홍기준 (1998), p. 83.
38) Maresca (1985), pp. 132-133.

를 갖게 되었다. 이에 따라 안보에 관한 바스켓 Ⅰ, 무역에 관한 바스켓 Ⅱ의 진전은 인권에 관한 바스켓 Ⅲ에서의 상응하는 진전을 필요로 하게 되었다.[39]

2. 영향

협정은 장기적으로 동서관계를 손상시킬 위험을 감수할 정도로 동유럽에 인권존중의 개념을 심어줌으로써 동유럽에는 토로이의 목마와 같은 역할을 하였다. 여기서는 베오그라드 검토회의 시까지 초기 단계에서 영향을 살펴보기로 한다.

협정이 소련과 동구사회에 미친 영향은 국가와 사회관계라는 차원에서 평가될 수 있다. 일반적으로 바스켓 Ⅰ, Ⅱ는 국가관계, 바스켓 Ⅲ는 사회관계와 관련이 있다. 최종협정에 합의하였지만 소련과 동구 지도자들은 인간과 정보, 이념의 자유로운 흐름이라는 인적 접촉을 수용해야 한다는 서방의 주장에 준비가 되어 있지 않았다. 뿐만 아니라 소련 지도부들은 바스켓 Ⅲ의 위험을 뚫고 나갈 수 있을 정도로 동구의 상황이 충분히 안정된 것으로 판단하였다. 그런데 동구는 안정의 시기에서 불안정의 시기로 넘어가고 있었고 지도자에 대한 자신감이 손상되고 있는 상태였다. 이로 인해 소련과 동구 시민사회는 협정의 바스켓 Ⅲ 부문에 훨씬 더 커다란 반응을 보이게 되었다.[40]

협정이 소련 및 동구 사회주의의 인권에 미친 영향은 헬싱키 협정의 의의를 어떻게 규정할 것인지를 둘러싸고 출발하고 있다. 동구 사

---

39) Korey (2000), pp. 7-9.
40) Mastny (1986), pp. 106-107.

회주의 국가의 당국과 시민사회는 자신의 이해에 부합하는 측면을 다른 방향에서 부각하고자 하였다. 먼저 소련 및 동구 사회주의 당국은 영토 보전, 불가침 경계 인정, 내정불간섭 등 현상 유지를 위한 기틀로서 헬싱키 협정의 의미를 규정하고 그러한 인식을 확산시키고자 하였다. 즉, '현상유지'를 위한 기틀로서 의의를 설정함으로써 정치적·군사적 이익을 극대화하고자 하였다. 반면 반체제 인사들을 중심으로 시민사회의 영역에서는 당국이 현상유지를 지탱하는 토대로 협정의 의미를 규정하려는 전략을 비판하고 인권에 초점을 두고 의의를 재설정하는 데 역량을 집중하였다. 즉, 이러한 재규정을 통해 동구권 내 시민단체들이 인권개선을 위한 자신들의 활동 근거로 헬싱키 협정의 제7원칙과 바스켓 Ⅲ를 원용하는 전략을 구사하였다.[41]

제7원칙과 바스켓 Ⅲ는 헬싱키 인권 이행 프로세스에서 상호보완적인 역할을 했는데, 제7원칙은 공산국가의 인권침해 현상을 비판하고 개선을 요구할 수 있는 근거가 되었고 바스켓Ⅲ는 서방의 인권 개입과 동유럽 시민들의 외부접촉을 가능하게 한 기회로 작용하였다. 일부 동구국가에서 가장 심각한 문제는 이민과 가족 재결합에 관한 협정의 규정에 의해 드리워졌다. 가장 영향을 받은 국가는 동독, 폴란드, 루마니아였다. 의심할 여지없이 대규모 이민이 이러한 국가의 경제에 손상을 줄 수 있다. 서독은 인도적 분야의 제3부와 제1부의 인권과 기본적 자유존중 원칙을 원용하여 동서독 간 인적 교류를 강조하고 동독 내 주민의 인권보장을 강조했다.[42]

---

41) 이금순·김수암, 『개혁·개방과정에서 인권의제: 이론과 실제』 (서울: 통일연구원, 2006), pp. 76-80.
42) Maresca (1985), pp. 110-112; 서보혁 (2007), pp. 350-351; 이장희, "Helsinki '인권'규정이 분단국가에 주는 의미", 『통일문제연구』 제1권 3호 (1989), p. 42.

다음으로 소련과 동구 시민사회 내에서 제7원칙과 바스켓 Ⅲ를 활용하여 인권활동 조직들이 결성되기 시작하였다. 1976년 5월 12일 유리 오를로프와 10명은 모스크바 헬싱키 감시그룹(Moscow Helsinki Watch Group)을 설립하였다. 이 그룹은 시민으로부터 협정의 인도적 조항의 위반에 관한 정보를 수집하고 문서화하고 문서의 내용을 대중과 서명국가에게 알리는 것을 목적으로 하고 있다. 다른 유사한 그룹들이 우크라이나, 리투아니아, 조지아에서 설립되었다. 1977년 1월 1일 체코에서 헌장77(Charter77)이 결성되었다. 헌장77은 상이한 확신, 상이한 신념을 가진 사람들의 자유로운 비공식적 공개적 공동체이다. 헌장77은 규칙, 상설 기구, 공식 회원을 가진 기구는 아니었다. 그리고 폴란드에서는 노동자권익옹호위원회라는 조직이 결성되었다.[43]

V. 맺음말: 헬싱키 협정이 공산권 인권에 미친 영향

제2차 세계대전 이후 동유럽에서 획득한 지정학적 기득권에 대해 현상을 유지하고 서방으로부터 경제협력을 얻기 위한 소련의 필요에 의해 출발한 유럽안보협력회의는 소련의 의도가 그대로 수용되지는 않았다. 소련은 안보와 경제적 측면에서 자신이 목표로 하였던 바를 성취하였다. 그렇지만 서방이 유럽안보협력회의에 참여하고 소련의 요구를 수용하는 대가로 인권과 인도적 문제를 의제에 포함시킴으로써 협상과정은 복잡한 양상을 띠게 되었고 회담 결과 채택된 협정은

---

43) 이금순 · 김수암 (2006), pp. 80-92.

서방의 목표도 관철되는 타협의 산물의 성격을 갖게 되었다.

협정 채택과정을 통하여 헬싱키 프로세스의 동북아 적용 시 고려
되어야 할 사항을 살펴보면 다음과 같다. 주지하듯이 소련과 동구의
필요에 의해 먼저 유럽안보협력회의가 제안되었다는 점에서 북한인
권 상황을 개선하는 방안으로 한·미·일이 주도적으로 동북아판 헬
싱키 프로세스를 제안할 경우 북한은 안보, 경제협력 문제를 성취하
는 데 집중할 것이라는 점이다. 또한 법적 구속력을 갖는 조약의 형
태가 아니라 정치적 문서를 채택하였듯이 동북아에서 참가국들의 의
사가 결집된 정치적 성격의 합의를 도출해야 할 것이다. 이를 위해
동북아판 헬싱키 프로세스를 모색하는 과정에서 다수결이 아닌 모든
참가국들의 참여를 유도하는 기능을 수행한 합의에 의한 결정방식을
도입할 필요가 있을 것이다.

다음으로 유럽안보협력회의는 양 블록만이 아니라 비동맹·중립
국 등 다양한 집단으로 구성되어 있다는 점을 주목할 필요가 있다.
중립국들은 자신들의 발언권을 확대하기 위해 양 블록 사이에서 다
양한 타협안을 제안함으로써 협상이 타결되는 데 중요한 역할을 수
행하였다. 특히 제7원칙과 바스켓 III 문제를 둘러싸고 소련과 서방이
첨예하게 대립할 때 일괄타결안을 제시함으로써 타협이 이루어지는
데 크게 기여하였다. 그런데 동북아의 경우 한·미·일과 중국, 러시
아, 북한이 대립하면서 타결을 모색하기가 쉽지 않을 것이다. 동북아
판 헬싱키를 모색하는 과정에서 중재 역할로서 유럽연합의 참가를
고려하는 것도 방안이 될 수 있을 것이다.

헬싱키 프로세스가 협정 채택 이후 후속회의를 통하여 이행 문제
를 검토하고 구체적 실천 조치를 모색하였듯이 동북아에서도 과정으

로서의 시스템을 도입할 필요가 있다. 끝으로 인적 접촉과 정보 등 바스켓 Ⅲ를 중심으로 접근하되, 소련이 바스켓 Ⅲ를 약화시키려는 전략을 구사한 사례에서 보듯이 중국과 북한이 안보, 경제 이익만 극대화하고 바스켓 Ⅲ를 약화시키려는 전략을 구사하는 것을 경계해야 할 것이다. 특히 이 과정에서 내정불간섭 원칙을 내세워 인권과 바스켓 Ⅲ를 약화시키는 전략에 대비해야 할 것이다.

제4장

서독 신동방정책의 의의와 남북관계에 주는 교훈

신인아

I. 연구목적

동독은 1975년 6월 1일 헬싱키 회담에서 처음으로 국제사회로부터 서독과 동등한 주권국가로 인정을 받게 되었음을 자축했다.[1] 그러나 동독은 1990년에 역사의 장에서 사라지는 운명을 맞게 된다. 한편 서독은 일찍이 헬싱키 프로세스에 참여하면서 독일 통일은 상당히 늦어질 것으로 예상했다. 1990년 서독은 평화적인 방법으로 동독을 흡수통일 하는 "의도하지 않은 역사적인 선물"을 받는다.

'헬싱키 프로세스'는 1972년부터 당시 중립국이었던 핀란드의 주최로 유럽의 동서 진영 33개국과 미국, 캐나다의 참여로 시작된 유럽 안보회의(CSCE)의 "독특함"을 말해주는 명칭이다. 이 회의가 '헬싱키 프로세스'라고 불리는 까닭은 두 가지 이유에서이다. 첫 번째 이유는 1975년 8월 1일 35개국 수반이 3년간의 준비과정을 거쳐 만장일치로

---

1) Peter Steglich & Günter Lüschner, *KSZE–Fossil oder Hoffnung?* (Berlin: edition Ost, 1996), p. 50.

합의를 본 "최종 선언문"에 동시에 서명을 한 장소가 바로 헬싱키였기 때문이다. 두 번째 이유는 이 회의가 문서화된 결과물을 선포하는 것으로 끝나는 일회적인 성격의 국제회의가 아니라 선언문에서 명시된 내용들을 "효과적으로 수행하기 위한" 세 차례의 후속회의(벨그라드, 마드리드, 비엔나)가 계속되었기 때문이다. 그러므로 헬싱키 프로세스의 역사는 1975년을 기점으로 2단계로 나누어 볼 수 있다. 첫 번째 단계는 "CSCE"라는 국제정치사에 유래가 없는 "제도화되지 않은 협상시스템"(헬싱키 I)이 만들어지는 과정이라면 두 번째 단계는 이 시스템이 참가국들 간의 상호관계를 조절하는 "규범 또는 규율로 적용되는 과정"(헬싱키 II)이라고 할 수 있다.2)

동서독과 헬싱키 프로세스의 상호작용은 두 가지 방법으로 접근할 수 있다. 첫째는 "제도"로서의 헬싱키 프로세스가 동서독 관계에 미친 영향을 분석하는 것이다. 둘째는 "행위자"로서의 동서독이 헬싱키 프로세스의 형성과 발전에 미치는 영향을 분석하는 것이다. 이 두 방법은 서로 대립적인 것이 아니라 보완적인 성격을 띠고 있다. 첫 번째 방법론은 국가 간 갈등 또는 분쟁을 해결하는 데 있어서 제도의 역할과 기능을 이해하고 설명하는 데 도움이 된다. 두 번째 방법론은 제도의 형성과 발달 과정 이면에 숨겨진 상호작용의 원리 또는 보이지 않는 국제협력의 메커니즘을 이해하고 설명하는 데 유용하다. 이 두 가지 방법론 중에서 무엇을 선택하느냐는 연구자의 학문적인 관심과 문제의식에 따라 달라진다.

---

2) Wilfried von Bredow, "Der KSZE-Prozess und die beiden deutschen Staaten", Deutscher Bundestag (Hrsg.), *Das geteilte Deutschland im geteilten Europa*, Band VIII/1 (Baden-Baden: Nomos, 1999), p. 945.

독일이 통일된 이후 한국에서는 이를 한반도에 적용하기 위한 많은 연구들이 나왔다. 그러나 기존의 선행연구들을 살펴보면 독일식의 통일을 1:1로 한국에 적용시킬 수 없다는 지적이 지배적이다. 이러한 인식의 배경에는 동서독과 남북이 냉전시기의 분단국가라는 공통점을 제외하고는 차이점이 더 많이 발견되기 때문이다. 따라서 이처럼 상이한 동서독과 남북한의 비교연구가 무슨 의미가 있느냐는 질문이 제기될 수 있다. 그러나 본 논문이 이러한 지적에도 불구하고 두 대상을 비교해보고자 함은 다음과 같은 인식 때문이다.

원래 헬싱키 프로세스라고 하면 위의 두 단계를 모두 포함한다. 그러나 본 연구에서는 1954년 소련의 제안으로 시작해서 1975년 최종 합의문이 나오게 된 시점까지의 과정만 분석대상으로 하고자 한다. 왜냐하면 현재 한반도 문제를 해결하기 위한 벤치마킹의 대상으로서의 행위자인 서독과 헬싱키 프로세스의 상호작용에서 나타나는 특징은 바로 전반부 과정에서 형성되기 때문이다. 그런데 한국에서 헬싱키 프로세스를 성공적으로 벤치마킹하려면 먼저 설명되어야 할 부분이 있다. 그것은 구체적으로 무엇이 벤치마킹의 대상이 될 수 있느냐는 것이다. 이는 본 연구자의 방법론적인 관점이 어디에 서 있느냐는 질문과도 연결된다. 예를 들면 본 연구자는 '헬싱키 프로세스'를 참가국의 행위를 규제하는 "규범적인 체계"로 이해하는 것인지 아니면 행위자의 관심이나 이해관계에 따라서 상이하게 서술되어질 수 있는 "상호작용"의 결과로서의 체계로서 이해하느냐는 것이다. 물론 여기서 말하는 행위자는 개인이 아니라 개별 국가를 의미한다.

앞의 입장은 헬싱키 프로세스를 다자 간 협상방식의 한 사례로서 보며 이 시스템이 갖는 내재적 성공요인을 부각시키기 위해서 무엇보다도 "최종선언문"의 규범적인 내용 분석에 치중하게 될 것이다. 예를 들면 최종선언문 중에서 세 번째 바구니에서 다루어진 인권을 주제로 한 규범적인 특성이 냉전해체에 어떤 기여를 했는가를 중점적으로 분석하는 방법이다. 그러나 본 연구는 헬싱키 프로세스를 동북아 6자 회담과 1대 1의 대응관계로서 보고 단순히 체제 모방을 추구하는 것은 지양하고자 한다. 그래서 후자의 연구 방법론에서 출발하고자 한다. 즉, 헬싱키 프로세스를 "행위자의 관점"에서 본 상호작용의 산물로서 서술하고자 한다.

만일 헬싱키 프로세스가 동서독 통일에 긍정적인 영향을 미쳤다면, 이 과정에서 보여준 서독의 행위자로서의 어떤 특징이 통일을 가능하게 했을까? 또한 서독의 행위자로서의 특징을 지금까지 남북관계에서 한국정부의 행위자로서의 인식과 태도와 비교해본다면 어떤 점에서 새롭게 배울 점이 있을까?

본 연구는 위의 질문에 대한 대답을 위해서 Ⅱ에서는 독일 분단의 역사적 특수성을 다루고자 한다. 연구자가 여기서 주목하는 역사적 특수성은 독일이 유럽에서 두 차례의 세계대전을 일으킨 원인 제공을 했던 가해자라는 사실이다. 이는 서독과 당시 피해자의 입장에 서 있던 프랑스, 영국, 러시아, 폴란드와 그 외 유럽 중소 국가들과의 "보이지 않는 불신관계"를 이해하는 데 매우 중요한 단서가 된다. 특히 베를린 위기는 경제적인 위상에 맞지 않게 역사적 특수성으로 인해 국제정치 역학상 운신의 폭이 좁을 수밖에 없었던 서독 정부의 고충을 심층적으로 이해하는 데 도움이 된다.

Ⅲ에서는 쿠바사태 이후 시작된 데탕트를 어떻게 인식했는가를 살펴볼 것이다. 데탕트는 서독의 헬싱키 프로세스 참여를 결정하는데

매우 중요한 계기가 되는 신동방 정책의 출현 배경을 이해하는 데 많은 도움을 준다.

Ⅳ에서는 서독의 신동방정책 이후 변화된 협력방식에 관해 다룰 것이다. 이 과정에서 서독은 헬싱키 프로세스의 최종 합의문이 나오게 되기까지 매우 중요한 역할을 한다. 그러나 서독의 이러한 기여는 사민당/자유당 연정내각의 협력방식이 기존의 기민/기사당이 생각하는 협력방식의 연속선상에 있지 않았기에 가능했다. 따라서 Ⅳ에서는 서독 사민당/자유당 연정의 국제협력방식이 이전의 아데나워 정권하의 협력에 대한 이해와 어떻게 다른지, 창의적이고 혁신적인 점은 무엇인지를 밝히고자 한다.

Ⅴ에서는 냉전시기의 동서독관계 분석에서 사용되었던 틀로 현재까지의 남북관계를 분석하고자 한다. 즉, 남북한 분단의 역사적 특수성과 국제적인 역학관계 그리고 문화적 차이에 기인하는 협력방식의 차이점을 집중적으로 비교분석하고자 한다.

마지막으로 Ⅵ에서는 동서독의 헬싱키 프로세스 준비과정에서 보여 준 경험을 한국의 남북문제 해결에 적용할 때 어떤 통찰을 줄 수 있는가를 고찰해 보고자 한다.

Ⅱ. 베를린 위기와 독일문제(1945~1962)

역사학자들은 1947/48년부터 1990년까지의 국제정치관계를 "냉전"이라는 개념으로 정의한다. 그러나 냉전은 정지된 상태가 아니었기 때문에 다음의 세 단계로 구분해서 보는 것이 필요하다.

〈표 4-1〉 냉전의 시기 구분3)

시기	특징	주요사건
1947~1962년	냉전	양극화된 블록 형성 군비경쟁 최소한의 협력관계
1963~1975년	긴장완화 (데탕트)	블록의 가벼운 침식(와해) 군비경쟁과 군비통제 경제적 협력의 필요성 제기
1975~1990년	적대적 협력 제동 걸린 체제 간 논쟁	접근을 통한 변화 점점 불균형적인 동서관계

이 장에서 다루고자 하는 시기는 냉전의 제1단계이다. 이 시기에 동서독의 분단은 베를린 문제로 인해 이미 장기화될 조짐을 보인다. 독일의 분단은 1945년 5월에 독일군이 연합군에 무조건 항복함으로써 현실화된다. 그러나 독일 분단 논의는 전쟁 중에도 공식적·비공식적으로 거론되었다. 1941년 당시 소련 수상이었던 스탈린이 영국의 이든 외무부 장관에게 그의 독일 분단 구상을 처음 전달한다. 두 번이나 독일로부터 침공을 당한 소련은 독일이 패망하면 다시는 전쟁을 재발할 수 없도록 분할해야만 한다고 보았다. 미국도 1942년부터 독일 분단에 관한 연구를 시작했고, 프랑스 역시 소련과 같은 입장에서 독일의 재기를 막기 위해서는 독일을 중립화하고 프랑스와 소련이 유럽에서 주도적인 역할을 해야 한다고 믿었다. 전쟁이 종료되면서 반히틀러 연합군이었던 미국·소련·영국·프랑스는 독일의 영토를 네 개의 통치지역으로 분할한다. 베를린은 예외적으로 4개국 공동의 통제를 받았고, 동베를린은 소련의 통제를 받았으며, 서베를린은 미국·영국·프랑스의 통치하에 들어간다.

---

3) Wilfried von Bredow (1999), p. 952.

전 동독 외교관이었던 요하임 미트당크는 자신의 회고록 "베를린: 동서 사이에서(Berlin: zwischen Ost und West)"에서 "만일 베를린이 연합국이 공동으로 관리하는 지역이 아니고, 전적으로 소련군의 점령 지역이었더라도 동독이 역사에서 이렇게 쉽게 사라졌을까"라는 질문을 던진다.[4] 그리고 동독의 마지막 수상이었던 로타 데메지어는 2004년 강연에서 "독일 통일은 바로 1961년 8월 13일 베를린이 소련의 지시로 장벽이 설치되는 그날에서야 비로소 시작되었다"라고 말한다.[5] 역사에 있어서 가정적인 질문이 무슨 의미가 있느냐고 반문할 수도 있겠지만, 전후 독일 현대사에 있어서 베를린 위기는 동서독과 헬싱키 프로세스의 상호작용을 이해하는 데 매우 중요한 역사적인 단서가 된다.

독일이 분단되기 전 수도는 베를린이었다. 1944년 연합군들은 영국의 제안으로 "독일 점령지역 및 대베를린 행정에 관한 협정"에서 베를린을 "하나의 통일적인 특수지위로 유지"하는 데 합의하였다.[6] 각 군사정부 사령관은 연합국 통제협의회에서 얄타회담에 의해 조정이 불가능한 반대에 부딪히는 경우 자국 정부의 지시에 따라 해당 구역 내에서 독자적인 결정을 할 수 있는 권리를 가지고 있었다. 베를린을 가장 먼저 점령한 연합군은 소련이었다. 서방 연합군은 소련으로부터 서베를린을 자유롭게 왕래할 수 있는 보장을 구두로 받고, 그 결과 서베를린은 서방진영에 속하면서도 동독 지역에 섬처럼 고립되는 지정학적인 특수성을 갖게 된다.

---

4) 빌리 브란트, 『빌리 브란트』, 정경섭 역 (서울: 하늘땅, 1990), p. 26.

5) Lothar de Maiziere,, "Demokratieforum im Winterthur", http://www.dem-ok-ratie.ch/html/ material/demf _maiziere.pdf (검색일: 2007.11.4).

6) 안드레아스 힐그루버, 『독일 현대사』, 손상하 역 (서울: 까치, 1991), p. 13.

역사학자들이 동서 냉전의 시작을 1945년이 아닌 1948년으로 설정하는 이유는 독일문제와 베를린문제가 밀접하게 연계된 베를린의 봉쇄사건이 동년에 발생되었기 때문이다.7) 1948년 서방 연합국은 베를린에 소련 측의 동의 없이 먼저 화폐개혁을 시행한다. 이에 격노한 소련은 독자적인 화폐개혁을 시행할 뿐만 아니라 서독에서 서베를린으로 통하는 육로와 수로를 봉쇄한다. 서베를린 지역은 연료 및 생필품 공급이 끊어지면서 어려움에 처하게 된다. 소련의 베를린 봉쇄는 서방 연합국이 서베를린을 포기하도록 하기 위한 조치였지만, 이에 위기의식을 느낀 서방진영은 무력으로 대응하지 않고 항공기를 이용하여 식량, 석탄, 의약품 등을 공급한다. 결국 소련이 1949년 5월 베를린 봉쇄를 해제함으로써 1차 베를린 위기는 일단락을 짓게 된다. 비록 이 사건이 미국과 소련의 전쟁을 유발하지는 않았지만, 서독 주민들에게 미국이 자신들을 소련 공산주의로부터 보호해줄 수 있는 대안세력이라는 확신을 준다. 이 사건을 계기로 동서독 관계는 체제 간 경쟁의 성격을 띠기 시작한다.

서독의 초대수상 아데나워는 독일 패망 이후 축소된 주권을 회복할 수 있는 유일한 방법은 서방진영에 통합되는 것이라고 보았다. 이는 당시 미국의 '해방(Rollback)' 정책과 일치한다. 그러나 아데나워의 서방통합 정책은 당시 좌파 정치인들로부터 동서독 분단을 고착시킨다는 비판을 받는다. 그러나 서독 국민들은 동독과 소련의 베를린 봉쇄를 기억하면서 아데나워의 "서방통합" 정책을 적극 지지한다.

동독에는 1948년 공산당 정권 수립 후 서독과의 체제 간 경쟁에서

---

7) 손선홍, 『독일 현대사』, (서울: 소나무, 2005), pp. 48-52.

열세를 면치 못했다. 무엇보다도 소련의 배상을 이유로 한 무분별한 약탈은 동독 지역경제를 매우 열악하게 만들었다. 서독은 동독체제를 전체주의적이라고 규정하면서 주권국가로 인정하지 않았다. 이에 반해 동독은 서독의 미진했던 나치 과거청산에 대하여 강력하게 문제제기를 하고, 이를 근거로 동독이 정통성을 가진 국가라고 주장하면서 서독과 단호하게 차별화한다.8) 1948년 소련은 배상문제가 연합국에 의해서 원만하게 해결되지 않자, 영국과 프랑스와 미국이 점령국 통치에서 혼선을 보이는 틈을 타서 독일과 폴란드의 국경을 오데르-나이세 강으로 영토를 분할할 것을 임의적으로 결정한다. 그리고 1949년 동독 헌법이 발효되고 이 국경을 인정하는 괴르리츠 협정이 체결된다. 서독은 소련의 일방적인 지시로 이루어진 동독의 국경 변경을 불법적인 것으로 간주한다. 서독의 이러한 태도는 헬싱키 프로세스 참여 결정 이전까지 지속된다.

이 시기 서독은 미국의 마셜플랜의 도움으로 급속한 경제성장을 달성하고 있었다. 당시 서독 수상 아데나워는 서방 동맹국 내에서 서독의 군사적·경제적 비중이 높아지자, 빠른 시일 내에 중부 유럽으로부터 소련의 퇴각을 강요할 수 있으며 독일 통일이 가능할 것이라고 믿었다. 이러한 자신감이 표현된 것이 바로 1955년 발표된 할스타인 원칙이었다.

봉쇄 사건 이후 소련은 서방 연합국들에게 통일된 독일이 '중립화'되고 오데르-나이세 강으로 한 국경변경을 승인한다면, 동독을 포기하고 독일 통일에 협조하겠다는 의사를 밝힌다. 이는 헬싱키 프로세

---

8) 크리스토프 클레스만, 『통일과 역사 새로 쓰기』, 최승완 역 (서울: 역사비평사, 2004), p. 134.

스 관련 최초의 제안이라고 할 수 있는 1954년 소련 외상 몰로토프의 "유럽집단안보조약" 제안을 통해서였다. 그러나 당시 서독 정부와 서방진영은 소련의 의사를 독일 국민들의 "민족통일"에 대한 열망을 미끼로 "서방통합"을 저해하기 위한 정치적인 선전공세로 일축한다. 서방진영은 서방의 통합이 독일 통일보다 중요한 급선무라고 보았다.9) 따라서 독일 문제를 해결하기 위한 동서 양 진영의 제안들은 평행선을 달릴 수밖에 없었다. 그런데 소련과 동독은 경제적으로 서독보다 열세에 있었지만, 서베를린의 통행권이라는 무기를 갖고 서독과 서방진영을 압박할 수 있었다. 1959년 소련은 거의 최후통첩처럼 서방진영이 자신들의 "베를린의 작은 통일" 제안에 동의하지 않으면 서베를린 통행권에 관한 협상을 동독에 넘길 것이라고 협박한다. 동독으로부터 대탈출운동이 확산될 것을 우려한 동독 울브리히트 정권은 그동안 소련으로부터 이 문제의 해결권한을 양도받지 못하다가 갑자기 그 권한을 위임받자 1961년 8월 13일 베를린 장벽을 설치하게 된다. 베를린 장벽의 설치 직전까지도 매일 약 500,000명의 사람들이 동서 베를린을 왕래하고 있었는데 장벽 설치로 사람들은 갑자기 이산가족 운명이 되었다.

이 사건은 서독에게 "동서독 분단"이 단시일 내에 해결될 수 없는 성격임을 분명하게 보여주었다. 당시 베를린 시장이었던 브란트의 회고록을 보면 그가 가장 경악했던 부분은, 미국이 동독의 이러한 조치에도 불구하고 일체의 군사적 행동을 개시하지 않았다는 것이다.10) 이 사건을 계기로 제1차 베를린 위기 때 가졌던 서독의 미국에 대한

---

9) 안드레아스 힐그루버 (1991), p. 66.
10) 빌리 브란트 (1990), p. 16.

신뢰는 흔들리기 시작한다. 그동안 일방적인 "서방통합"만이 유일한 "독일 통일"의 해결방법이라고 믿고 있던 아데나워는 이 사건 이후 선거에서 절대 다수를 획득하는 데 실패한다.[11] 역설적으로 브란트와 자신의 외교 참모 에곤 바는 이 사건을 계기로 함께 훗날 자신의 신동방정책과 헬싱키 프로세스를 연계시킬 수 있게 된다.[12]

이 시기의 동서독 관계는 "냉전"이라는 개념에 맞게 체제 간 대립과 경쟁만 있을 뿐 "협력"은 미미했다. 서방진영의 북대서양조약기구(나토)는 미국을 중심으로 결집되었고, 동방진영의 바르샤바조약기구는 소련을 중심으로 결성되었다. 냉전시기 동서 진영의 협력방식은 강대국 중심의 종속적인 관계에서 이루어졌다. 그러나 서독과 미국의 종속적인 관계는 동독과 소련의 관계와는 현격한 차이를 보였다. 미국이 서독의 지정학적인 중요성을 인식하기 시작하면서 서독은 1954년에 제2차 세계대전 때 가지고 있던 독일 군대의 "신화적 능력"을 적극 활용하자는 논리에 의해 나토에 포함된다. 그러므로 제2차 세계대전 이후 냉전이 없었더라면, 패전국이었던 서독의 경제성장과 "서방통합"이 이렇게 급속도로 진행되지는 못했을 것이다. 그러나 동전에 양면이 있는 것처럼, 냉전시기의 동서독 관계는 서독 국민들이 통일보다는 경제적인 번영과 대외적인 안전보장을 선택토록 작용한다. 그들은 분단의 일차적 책임은 소련에 있다고 믿었으며, 소련에 대해 강한 위협감을 느꼈고, 반공주의적 태도를 갖게 된다.[13] 그 결과 서독은 두 차례의 세계대전을 통해서 독일의 비인간적인 만행을 훨씬

---

11) 안드레아스 힐그루버 (1991), p. 93.

12) 빌리 브란트 (1990), pp. 16-23.

13) 한운석, 『하나의 민족, 두 개의 과거』 (서울: 신서원, 2003), p. 24.

심각하게 경험한 소련, 폴란드, 체코 등의 동구권 국가들과 화해할 겨를도 없이 적대적인 대립관계로 들어가게 된다. 냉전시기의 서독은 경제적으로는 강대국으로 진입하고 있었지만, 외교적으로는 미국이라는 강대국에 의존적인 절름발이 신세에서 벗어날 수 없게 되었다. 서독의 이러한 고민을 확인시켜준 것이 바로 베를린 통행권을 둘러싼 문제였다. 하지만 서독이 불균형적인 동서 진영과의 관계변화의 필요성을 인식하기 시작한 것은 냉전관계가 데탕트라는 새로운 패러다임으로 이행되면서부터이다.

Ⅲ. 데탕트와 신동방 정책(1963~1969)

1961/2년에 발생한 쿠바사태는 냉전의 동서 관계에 역사적인 변화를 초래한다. 이 사건을 통해서 동서 양 진영은 군비 경쟁만 계속하다가는 핵 비김수로 인해 양 진영의 안보가 모두 위험하다는 통찰을 하게 된다. 특히 양쪽 동맹에 속하지 않았던 중소국가들 역시 냉전체제가 계속된다면 자신들의 안보가 더 이상 안전하지 않다는 것을 깨닫게 된다. 즉, 쿠바사태를 계기로 미소 강대국뿐만 아니라 중소 회원국들도 강대국 중심의 안보 패러다임이 얼마나 비합리적인가를 인식하게 된 것이다.

미국의 안보 패러다임의 전환은 케네디에 의해서 완성되었다.[14] 1961~2년 중국과 소련이 공개적으로 결별하자, 미국은 "봉쇄"와 "해

---

14) 안드레아스 힐구르버 (1991), p. 95.

방” 대신에 “긴장완화”와 “평화정책”이라는 새로운 안보 패러다임을 제시한다. 그러므로 데탕트는 두 강대국이 서로 화합할 수 없는 관계임에도 불구하고, 어떤 식으로든 전쟁은 막아야만 한다는 절박한 인식에서 출발한다. 따라서 동서 양 진영은 서로의 상이한 체제 차이를 더 이상 부정하지 말고 “있는 그대로” 인정하고, 더 이상 군비경쟁이 아닌 다른 차원의 체제 간 경쟁을 시작할 수밖에 없는 현실에 직면하게 된 것이다. 미국은 1961년 베를린 장벽 사건 때 개입하지 않았던 것도 데탕트라는 패러다임 때문이었다.

그러나 서독이 가장 두려워했던 바는 미국이 데탕트라는 명목하에 소련의 “현상유지(status quo)”에 대한 요구를 들어주는 것이었다. 이는 아데나워가 “서방통합”이라는 노선과는 정반대의 길로서, 서독은 미국에 대한 복종과 민족통일 중 양자택일을 해야 하는 고민에 직면하게 된다. 표면적으로는 미국과의 관계를 고려하여 미소 간의 데탕트 분위기에 방해가 되어서는 안 되어야 했지만, 속으로는 독일이 강대국의 이해관계에서 타협대상이 되면서 독일 분단이 영구화되지 않을까 하는 염려를 할 수밖에 없는 게 서독의 상황이었다. 이러한 우려는 서독뿐만 아니라 동독 역시 마찬가지였다.

당시 동독의 입장은 서독과 미국의 관계보다 훨씬 종속적인 위치에 있었기 때문에 이러한 불안이 제대로 표출될 기회가 없었다.[15) 동독 수상이었던 울브리히트는 베를린 장벽 이후 경제성장을 통해서 공산진영 내에서 성공적인 모델로 부각되자 자신들이 더 이상 소련의 위성국가가 아니라는 점을 강조하게 된다. 그러나 지나친 자신감

---

15) Heinrich Pothoff, *Bonn und Ost-Berlin 1969-1982* (Bonn: Dietz, 1997), p. 11.

으로 그는 곧 소련에 의해서 실각되는 운명에 처한다.16)

데탕트가 서독에게는 "서방통합이냐 통일이냐" 하는 딜레마를 형성했지만, 이에 대한 정치가들의 반응은 다양했다. 아데나워를 중심으로 한 기독민주당(CDU)/기독사회당(CSU)은 미국과 서방 동맹국들의 새로운 안보노선인 "현상유지"를 적극 수용하지 못하고 주저하면서 점차적으로 그 관계가 소원해진다. 한편 당시 야당이었던 사회민주당(SPD)의 반응은 이와는 달랐다. 아데나워의 독일정책과 구별되는 대안을 찾고 있던 사회민주당 당수였던 브란트는 당시 베를린 시 공보처장 에곤 바에게 미국 케네디 정부의 데탕트 정책에 대한 분석을 의뢰한다. 그 결과 1963년 7월 15일 투징에서 처음으로 "접촉을 통한 변화"라는 화두를 통하여 서독의 당시 국제정치의 최대 관심이었던 데탕트에 대한 서독식 해법으로 동방정책이 제시된다.

에곤 바의 구상에 의해 제시된 동방정책은 서독이 기존 동맹 중심의 외교노선에서 이탈할 것을 의미하지는 않았다. 동방정책은 미국과 소련의 변화된 안보 패러다임에 대한 서독식의 재해석이다. 동방정책의 핵심은 서독이 현실을 변화시키기 위해서는 먼저 현실을 수용해야 한다는 것이다. 그는 "역설적으로 들리겠지만 지금까지 내리누르고 또 이에 대항해서 내리누르는 정책이 결국 현상유지(Status quo)를 고착화하는 결과를 초래하였기 때문에" 오히려 "미국이 추구하려는 동서관계의 변화는(데탕트: 필자) 현상유지 극복에 도움이 된다"라고 해석한다.17) 그리고 동서독 관계에서도 상대방의 생존에 대한 욕구와 불안을 감소시켜 줌으로써 스스로 점차적으로 문을 열수 있도록

---

16) Benno-Eide Siebs, *Die Aussenpolitik der DDR 1976-1989* (Munchen: Shlonigh, 1999), p. 37.

17) 안드레아스 힐그루버 (1991), p. 98.

만든다는 것이 "접근을 통한 변화"의 핵심내용이다.[18]

사회민주당의 동방정책 제안이 현실화되기 시작한 것은 1966년 사민당과 기민당의 대 연정 형성과 함께 브란트가 외무부장관으로 취임하면서부터이다. 브란트의 동방정책은 서독과 소련을 비롯한 바르샤바진영 국가들뿐만 아니라 동독과의 관계도 변화시키는 것을 의미한다. 전자와 관련해서 서독은 할스타인 원칙을 실질적으로 포기하고, 서독의 무역사무소를 이 지역 국가들에 설치하는 것을 제안한다. 동독과의 관계에서는 "양 지역의 실질적이고, 규율화되고, 시간적으로 제한된 공존"을 제안한다.[19] 브란트는 1966년부터 1969년까지의 대연정 기간을 동방정책의 효과를 시험해보는 기회로 활용한다.[20]

그러나 이 기간 대연정의 동방정책은 소련과 동독의 불신으로 제대로 진척되질 못했다.[21] 우선 서독이 바르샤바조약 진영 국가였던 루마니아와 동독의 동의도 없이 외교관계를 체결한 것은 동구권의 불신을 자아내기에 충분했다.[22] 또한 동독은 서독의 동방정책이 통일을 잠깐 유보할 뿐 영구적인 포기가 아니라고 보았다. 오히려 서독이 경제력을 바탕으로 바르샤바 진영의 중소국가들과 외교관계를 수립함으로써 동독을 고립시키는 전략이라고 해석했다. 서독의 동방정책에 대한 불신은 서방진영에서조차 관찰되었다. 특히 1967년 아데나워와 스트라우스는 미소 강대국 간의 핵확산금지조약 협정을 "저주

---

18) 안드레아스 힐그루버 (1991), p. 99.

19) 미하엘 렘케, "규율화된 공존으로의 길", 한운석 역, 『독일연구』, Vol. 9 (2005), p. 103.

20) Peter Becker, Die fruehe KSZE-Politik der Bundesrepublik Deutschland, (Muunster/Hamburg: Lit, 1992), p. 52.

21) 안드레아스 힐그루버 (1991), pp. 116-7.

22) 미하엘 렘케 (2005), p. 104.

받은 모르겐소 계획의 신판"이라고 노골적으로 비판한다. 이러한 서독 보수정치 진영의 분위기는 미국과 서방진영으로 하여금 유럽 평화의 발목을 잡는 장애로 인식하게 만들었다.23)

대연정 하의 서독정부는 데탕트라는 시대적 요구에 부응하기 위한 노력의 일환으로 동방정책을 제시했음에도 불구하고, 실제상황은 서독이 동서 진영으로부터 고립될 수 있는 위기의 상황이 전개되었던 것이다. 이러한 위기를 타파하기 위한 대안으로 브란트가 1969년 사민당/자유당 연정을 실시하면서 내세운 것이 바로 "신동방정책"이다. 그는 신동방정책을 "연속과 개혁(Kontinuitat und Erneuerung)"이라는 용어로 표현하면서, 에곤 바의 "접근을 통한 변화"를 기초로 한 동방정책에서 "악센트의 본질적인 이동"을 한다.24)

신동방정책은 다음의 두 가지 특성을 갖고 있었다. 첫째, 신동방정책의 궁극적인 목표는 한민족으로서의 독일 통일이 아니라, 유럽의 안보와 평화라는 것이다. 둘째, 그동안 소련이 1966/1969년 두 차례에 걸쳐 제안했던 다자간 유럽안보회의를 더 이상 반대하지 않고 오히려 이를 신동방정책의 실현을 위해 적극 활용한다는 것이다. 이는 1954년 이후 지속적으로 제창해 온 소련의 "현상유지"에 대한 요구를 서독이 적극 수용할 뿐만 아니라, 독일 문제의 해결에 "비효율적"이라고 보았던 다자간 유럽안보 협력방식에 대해 동의한다는 것을 의미한다.

과거에 서독은 소련이 제안한 다자간 유럽안보 협력방식을 부정적으로 평가했다. 왜냐하면 다자간 유럽안보 협력방식을 소련이 독일

---

23) Heinrich Potthoff (1997), p. 18.
24) 안드레아스 힐그루버 (1991), p. 127.

통일을 미끼로 하여 궁극적으로 서독, 미국, 서방동맹국들과의 협력 관계를 약화시키기 위한 시도로 이해했기 때문이다. 서독의 부정적인 평가가 긍정적으로 변화된 까닭은 두 가지로 설명할 수 있다. 첫째, 소련이 초기에 제안했던 것과 다르게 지역적으로 미국과 캐나다 그리고 중립국까지 포함시켰고 협력 분야를 군사, 경제뿐만 아니라 인권을 주제로 한 내용으로 확장하는 데 동의했기 때문이다. 그리고 서독은 소련의 이러한 요구를 모두 수용하는 대가로 소련이 서베를린의 안전을 보장하는 4자 회담을 성사시킬 수 있었다.[25] 둘째, 당시에 소련의 수정된 다자간 안보협력 시스템에 대해 영국, 프랑스, 스칸디나비아 국가와 중립국들이 긍정적으로 평가하고 있었다는 점이다. 이런 상황에서 서독이 계속 반대만 하고 있다면, 유럽 안보와 평화에 방해만 한다는 인상을 줄 것이 역력했기 때문이다.

서독 국내에서는 신동방정책이 민족 통일을 포기하고 소련에 대한 양보로 비춰졌지만, 그 이면을 살펴보면 신동방정책은 서독이 역사적인 특수성에서 기인하는 불신을 해소해 주면서 오히려 서독의 외교적 행동반경을 넓혀 주는 효과를 갖다 준다. 이는 국가관계도 인간관계와 마찬가지로 "계산된 행동"을 했을 때보다 "계산되지 않은, 진정성이 보이는 행동"을 했을 때 상대방이 보이지 않는 불신을 거두면서 신뢰관계로 바뀌는 원리가 국제관계에서도 적용될 수 있기 때문이다. 여기서 "계산된 행동"의 전형적인 예는 냉전시대 상황에서 상대방을 힘의 논리로서 강제적으로 어떤 행동을 하게끔 유도함으로써 문제를 해결하려는 태도를 말한다. 그러나 "계산되지 않은 행동"은 상대방을

---

25) Peter Becker (1992), pp. 138-9.

강요나 강제에 의한 것이 아닌 자신의 진정성을 통해서 상대방의 마음을 움직이는 것을 말한다. 여기서 말하는 서독의 "진정성"은 과거 독일의 역사적인 과오를 피하거나 미화시키지 않고, 가해자로서의 책임을 적극 수용하는 의미에서 소련의 현상유지에 대한 요구를 수용하고 동독을 인정하고 존중해주는 태도를 말한다. 그리고 이러한 태도를 통해서 행동반경이 확대되었다는 것은 상대국이 자국의 진정성에 신뢰를 보여주면서 자국이 원하는 바를 효율적으로 전달할 수 있게 되는 상황을 말한다.

그러므로 서독의 동방정책과 소련이 제안한 "다자간 유럽안보협력방식"은 서로의 상이한 이해관계 때문에 상치되는 바가 없지는 않았지만, 서독의 신동방정책을 통해서 소련의 제안으로 시작된 다자간 유럽안보회의는 원래의 소련의 의도와는 다른 방향으로, 즉 오늘날의 헬싱키 프로세스로 발전하게 된다. 서독은 숙명처럼 따라 다니던 역사적 불신을 신뢰로 변화시키기 위해 오히려 그동안 방관자 또는 방해자의 입장에서 헬싱키 프로세스의 준비과정에 적극적으로 개입하면서 주도권을 갖게 된다. 이는 서독이 두 번에 걸친 세계대전의 원인제공자 또는 가해자의 입장에서 새로운 유럽평화에 적극 기여하는 "Peace Maker"로 변신하는 것을 가능케 한다.[26]

---

26) Peter Becker (1992), p. 140.

Ⅳ. 서독의 진화하는 협력방식(1970~1975)

1. "포용적이면서 호혜적"인 협력방식

서독은 1969년 브란트 정부의 신동방정책 발표 이후부터 1973년 헬싱키 프로세스 준비회담이 시작되기 전까지 바르샤바조약 국가들과의 관계에서 몇 가지 큰 변화를 일으킨다.27) 첫째, 서독 정부가 1955년부터 시행해 오던 할스타인 원칙을 공식적으로 철폐한다. 둘째, 모스크바조약을 통해서 소련과의 불가침 협정을 체결한다. 셋째, 베를린 4자 회담을 통하여 서독과 서베를린의 자유로운 통행권을 보장받는다. 넷째, 1민족 2국가론에 기초해 동서독 기본조약을 맺으며 동독을 동등한 국가로 인정한다. 다섯째, 동독과 폴란드와 1950년에 합의했던 오데르-나이세 강 국경선을 인정하고, 프라하 조약과 바르샤바조약을 통해서 이 두 국가와의 어떤 영토적 청구권도 제기하지 않는다고 선언한 것이다. 이러한 변화는 서독 정부의 협력방식이 "배제"에서 "포용"으로 전환되었음을 말해준다.

서독의 협력방식이 "배제"에서 "포용"으로 바뀌었다는 것은 서독이 문제를 보는 시각이 변화되었음을 말한다. "배제"는 "차이" 때문에 상대방의 존재 자체를 인정하지 않는 태도를 뜻한다. 그러나 엄밀한 의미에서 본다면 "배제"도 문제해결방법 중 하나이다. 그 대표적인 사례가 전후 미국을 비롯한 서방진영 동맹국들의 소련을 비롯한 동구권 국가들에 대한 "해방" 정치이다. 엄밀한 의미에서 본다면 서

---

27) 손선홍 (2005), pp. 163-202.

독 아데나워 정부의 "서방통합" 정책도 바로 이러한 "배제의 원칙"에서 벗어나지 않는다. 그러나 서독의 신동방정책에서 관찰되는 협력방식은 다르다. 그 이면에는 상대방을 배제시키는 것이 아니라 상대방의 다름을 오히려 인정하고 존중해 주자는 "포용의 원칙"이 작용하고 있다. 특히 1969년 브란트 수상은 취임연설을 통해서 1민족 2국가의 공존이 가능하다고 말한다. 즉, 과거 서독 정부와 달리 "체제가 다르다"는 이유로 동독을 국제사회에서 배제시키는 외교노선을 포기하고, 오히려 다름을 포용하는 협력방식이 바로 신동방정책의 핵심이다. 서독이 동독에 대한 배타적인 태도를 포기하게 된 것은 지난 20년간 베를린 사건을 통해서 이 방법이 문제 해결의 실제에는 도움이 되지 않았다는 통찰이 있었기 때문에 가능했다.

물론 서독이 소련, 폴란드, 체코와의 관계에서 보여준 "포용적"인 태도가 일방적인 포기 또는 양보를 의미하는 것은 아니다. 왜냐하면 서독은 소련과의 모스크바 조약의 국내 승인을 서독 베를린 4자 회담과 연계시킴으로써 서독과 서베를린의 자유통행권을 확보한다. 이 호혜성의 원리가 반드시 쉽게 눈으로 확인되는 것은 아니다. 예컨대 서독이 오데르-나이세 강의 국경선과 체코의 수데텐 지역에 대한 영토권을 포기함으로써 얻게 되는 것은 서독 정부가 자국의 통일이라는 민족적인 이익을 초월해서 초국가적인 목표인 유럽평화에 책임을 다하려는 태도로 비치게 했다. 이는 과거 두 번의 세계대전을 일으킨 가해자였던 부정적인 국가의 이미지를 대체시켜 주는 효과를 가져왔다. 즉, 서독이 강한 경제력을 바탕으로 기꺼이 강대국의 위치에 있음에도 불구하고 스스로 강자가 되기를 포기하는 겸손한 인상을 보여줌으로써, 그로 인해 기대할 수 있는 파급효과가 있었다. 서독의 정치학자 루츠는 서독 정치인들이 신동방정책을 성공적으로 이끌면서 인접 국가들에 대해서 "거만하지 않은 자신감"을 내비칠 수가 있었다고 평가한다.28)

　서독 정부의 유럽적 의미의 "포용적이면서 호혜적"인 협력방식은 이후 헬싱키 최종합의문에서도 그대로 반영된다. 예컨대 합의문 제1 원칙인 주권평등과 관련해서 프랑스는 "참가국은 그들의 주권평등을 상호 간 '인정'한다"라고 정의한다. 그러나 서독은 이에 대해서 "인정"한다는 표현이 동독의 국제법적인 인정을 의미할 수 있으므로 "인정" 대신 "존중"으로 바꿀 것을 요구하였다.29) 그리고 국경 불가침의 원칙과 관련해서는 서독이 현재의 국경선을 존중하고 모든 영토권의 제기를 포기하며 유엔의 원칙에 따라 국경선 불가침의 원칙은 준수하지만, 독일 국민들이 자주적으로 평화적으로 국경을 변경하는 가능성은 배제하지 않는 방향으로 정의할 것을 요구하였다.30) 이 두 가지 사례는 서독의 포용정책이 결코 강자가 약자에게 베푸는 일방적인 관용과는 다름을 말해준다. 만일 당시 서독정부가 관용에 가까운 포용정책만 고집했더라면 국내에서의 헬싱키 프로세스 반대세력의 비난을 피하기 어려웠을 것이다. 이런 점에서 본다면 서독의 신동방정책은 표면적으로는 서독의 일방적인 포기와 양보로 이루어진 관용에 가까운 포용적인 협력태도로 보일 수도 있겠지만, 그 관계의 속성을 면밀히 살펴보면 동등성을 바탕으로 한 유럽적인 의미의 "포용적이면서 호혜적인 협력방식"이 작용하고 있음을 알 수 있다.

---

28) P. 루츠, 윤근식 역, "동서독 관계의 미래", 『북한』, 통권 제60호 (1976), p. 199.

29) 홍기준, "헬싱키 프로세스와 독일문제", 한국국제정치학회 연례학술회의 발표문 (2007년 12월 7일 서강대학교), p. 8.

30) 홍기준 (2007), p. 9.

2. "시스템"적인 협력방식

브란트 정부의 신동방정책과 헬싱키 프로세스 참가 결정은 기민당/기사당으로부터 격렬한 반대에 직면한다. 당시 비판자들은 이 두 정책을 통해서 서독이 정부수립 후 20여 년간 지속해온 "서방통합"이 해체될 것이라고 주장했다. 왜냐하면 비판적인 입장에서는 신동방정책이 장기적으로 소련의 유럽 내 영향력만 확대시키는 데 기여할 뿐, 정작 서독과 나토 회원국과의 결속력은 약화시킨다고 이해했기 때문이다. 나아가서는 데탕트 이후 점점 축소되고 있는 미국의 유럽에 대한 관심도 유럽다자간회담이 성립되면 점점 더 약화될 것이라고 보았다.31) 만일 그렇게 된다면 독일문제의 해결은 더욱 더 복잡해지고 어려워질 것이라고 생각했기 때문에 기민/기사당은 정부 차원에서의 헬싱키 프로세스 참여 결정 이후에도 국회에서 반대안을 제출한다.

서독 야당의 이러한 우려는 근거가 없음이 곧 판명되었다. 서독은 신동방정책과 연계된 헬싱키 프로세스 준비회담을 거치면서 그동안 반대세력의 예측과는 달리, 오히려 데탕트로 인해 좁아진 서독정부의 운신의 폭을 역전시킬 기회를 갖게 된다. 뿐만 아니라 서독은 이 두 프로젝트의 연계를 통해서 유럽 국가와 미국과의 결속관계를 강화시키는 데 기여를 한다. 서독이 신동방정책을 통해서 서방통합을 소홀하게 만든다는 것이 단지 기우에 지나지 않았다는 점은 브란트의 1973년 사민당 당대회 발표문에서도 잘 나타난다. 그는 "대서양동맹(NATO)-유럽공동체(EC)와 함께-은 대외에 대한 우리의 기본이며 그

---

31) 정용길, "서독의 동방정책과 한국의 북방정책", 『국제정치논총』, 제29집 2호 (1989), p. 62.

것은 계속 유지되고, 미군의 주둔하는 유럽의 안전은 현실적으로 어려우며 누가 서독을 서방의 동맹체계로부터 분리하고자 한다면 우리들의 대동방 긴장완화정책이나 강력한 평화정착 정책은 실제로 몰락하게 된다"라고 말한다.[32]

1973년부터 1975년까지 헬싱키 프로세스 준비회담에서 보여준 서독의 협력방식은 "시스템"적인 특성을 띠고 있다. "시스템"적인 특성은 서독이 헬싱키 프로세스와 관련된 의사결정시 나토, 유럽공동체의 회원국 관점에서 이해관계를 재조정하고, 시스템의 일부로서의 역할과 기능에 충실했음을 의미한다. 이는 서독이 자국의 데탕트 정책실현을 위해 나토를 떠난 프랑스의 협력방식과는 차이를 보인다. 서독은 나토와 유럽공동체를 통해서 자신들의 이해관계를 효율적으로 추구할 수 있음을 일찍이 깨달았다. 엄밀한 의미에서 보면, 서독이 서베를린 문제해결과정에서 소련으로부터 양보를 얻어낼 수 있었던 것은 나토가 헬싱키 프로세스 참여하겠다는 결정을 했기 때문에 가능했다. 또한 서독은 자국의 이해관계가 나토와 유럽공동체의 이해관계와 상충하면 자신의 이해관계를 하위에 두고 상위 시스템의 목표에 적응시키는 협력방식을 추구했다.[33] 서독의 시스템적인 협력방식은 외교관계에 있어서 독자적인 노선을 통해 동맹국들과의 갈등을 유발했던 루마니아, 유고슬라비아의 경우와는 달리 나토와 유럽공동체와 같은 상위조직의 도움으로 외교적인 성과를 얻어내는 숨겨진 비결이었다.[34] 물론 서독이 군사·경제공동체를 매개로 한 시스템적인 협력

---

32) 정용길 (1989), pp. 62-63.

33) Peter Becker (1992), p. 23.

34) Peter Becker (1992), p. 38.

방식을 성공적으로 적용할 수 있었던 까닭은 나토 내에서 서독이 갖고 있는 지정학적인 중요성과 동시에 유럽공동체내에서 경제적 우월성 때문이다.

서독 정부가 시스템적인 협식방식의 원칙을 준수함으로써 얻게 된 보상은 크게 두 가지였다. 첫째, 국내 반대세력에게 헬싱키 준비회담의 결과를 발표하면서 이것이 서독정부 단독 결정이 아닌 나토와 유럽공동체 회원국의 공동 결정이었음을 강조하여 부정적인 비판을 잠식시켰다. 둘째, 헬싱키 준비회담 과정에서 보여준 서독의 자발적이며 능동적인 협력태도는 동맹국들의 서독에 대한 신뢰를 형성하였다.35) 이는 서독외교가 유아처럼 자신의 목전 이익에만 급급하지 않고, 성숙한 성인으로서 시스템의 한 부분으로서 본연의 역할에 충실했기 때문에 가능했다.

3. "과정"으로서의 협력방식

다자간유럽안보회의의 제안 당시 소련은 이를 나토나 유럽공동체를 대체하는 새로운 제3의 제도로 간주했다. 그러나 헬싱키 회담 준비과정에서 소련의 이러한 계획은 나토 진영 국가들뿐만 아니라 중립국들의 반대로 무산된다. 이때 소련의 헬싱키 회담을 제도화시키는 논리에 대해서 "과정"이라는 대안을 내세운 게 바로 서독이다.

서독은 1966년부터 헬싱키 프로젝트에 참여하기에 앞서 서방진영에 몇 가지 조건을 요구했다. 그중에는 이 회의에 미국, 캐나다, 유럽

---

35) 빌리 브란트 (1990), p. 91.

내 중립 국가들을 포함시킨다는 내용 이외에 서독의 독특한 협력방식을 추측하게 하는 내용이 들어 있다. 그것은 이 회의의 성공을 위해서 서방진영의 국가들의 "치밀한 준비작업"이 필요하다는 것이다. 브란트는 1969년 연설에서 회의에 대한 지나친 기대는 회의를 중단시킬 확률이 크다고 판단하고 치밀한 준비를 강조했다. 회의가 중단된다면 이 회의가 시작하지 않음만 못하다는 것이다.36) 특히 브란트가 우려했던 점은 이 회의가 "제도화"된다면 이로 인해 유럽 내에서의 미국의 역할이 약화되고 나아가서는 나토나 유럽공동체의 결속력을 붕괴시키고 소련이 원하는 현상유지가 영원히 지속될 것이라는 반대세력들 의 말이 현실화될 가능성이 클 것이라는 것이다.37) 서독의 이러한 제도화 반대에 대해서 유럽 중립국들도 호응했던 것은, 1960년대 후반부터 베트남 전쟁과 중국문제로 인해 강대국으로서의 위상이 약화되어가고 있던 미국과 소련의 역할이 강화될 것이라는 예측 때문이었다.

서독의 또 다른 반대 이유는 소련이 요구하는 현상유지가 영구적인 것이 아니라 오히려 헬싱키 프로젝트의 과정으로서의 속성을 충분히 활용하면 변화가 가능하다는 점이다.38) 즉, 서독은 동서 양 진영이 서로 협력관계를 지속하면 언젠가는 서로 체제가 유사해지는 수렴론의 입장에서 체제 간 변화의 가능성을 보았다. 그런데 제도화는 사전에 협력방식이나 협력목표를 정해 놓고 이를 벗어나지 않는 범위 내에서의 협력을 의미하기 때문에, 수렴론 입장과는 상치되는

---

36) Hans Adolf Jacobsen, et al., *Sicherheit und Zusammenarbeit in Europa* (Koln: Wissenschaft und Politik, 1973), p. 43.

37) Wilfried von Bredow (1999), p. 37.

38) Peter Becker (1992), p. 147.

논리였다. 그러므로 서독으로서는 수렴론적인 입장을 고수하기 위해서도 헬싱키 프로젝트의 "제도화"는 반대할 수밖에 없었다.[39]

여기서 말하는 "과정"은 이 회담을 1회성 행사가 아니라 후속회의를 통해서 참가국들을 감시하고, 추상적인 내용을 구체화시키는 문제해결과정으로서의 의미를 내포하고 있다. 서독은 후속회의들이 동서냉전의 희생자들인 동독 주민과 동구지역의 독일 동포들에게 구체적인 도움을 주는 제안들이 논의될 수 있는 과정으로 보았다. 즉, 당시 서독 외무장관 쉘의 표현을 빌린다면 사람들이 헬싱키 프로젝트를 통해서 얻게 되는 성과물은 문서화된 추상적인 개념이 아니라 동독 주민들이 피부로 느낄 수 있는 구체적인 것들이어야 한다는 것이었다.[40] 이는 서독이 헬싱키 프로세스를 단순한 외교문서가 아닌 구체적이고 실제적인 문제해결의 수단으로 이해했다는 것을 말해준다.

V. 동서독 경험을 통해서 본 남북관계 비교분석

동서독과 남북한 분단의 차이는 크게 세 가지 차원에서 비교가 가능하다. 첫째, 분단의 역사적 배경, 둘째, 분단에 변화를 준 국제적 역학관계, 셋째, 분단을 극복하기 위한 해결방안으로서 협력에 대한 이해이다. 동서독 관계에서 협력은 헬싱키 프로세스라는 국제협력시스템 속에서 진행된 반면, 남북관계는 현재까지도 이에 상응할 만한 협력시스템이 구축되지 않은 상태이다. 따라서 현재 남북한의 협력관계

---

39) Peter Becker (1992), p. 144.
40) Peter Becker (1992), p. 189.

는 시기적으로 보면 서독의 헬싱키 프로세스 참여 이전의 단계라고 할 수 있다. 이 점에 있어서 동서독과 남북관계를 비교하는 것이 어떻게 가능한가에 대한 질문을 제기할 수 있다. 그러나 본 연구에서 비교가 갖는 의미는 서로 어떻게 다른 가를 살펴봄으로써 남북한의 문제를 더 깊이 이해하는 성찰의 기회를 갖기 위한 수단으로서의 성격이 훨씬 크다고 할 수 있다.

1. 한국전쟁과 분단체제의 고착화

남북한 분단은 일본의 패망과 함께 남한과 북한이 미국과 소련의 신탁통치로부터 출발한다. 한국분단은 당시 연합군이었던 미국과 소련이 한국 국민의 민족국가 설립에 대한 열망 및 정서와는 상관없이 한반도가 갖고 있는 지정학적 위치로 인해 38도선을 경계로 분할통치하면서 시작되었다. 1948년 남한에서는 친미성향을 가진 이승만을 초대 대통령으로 한 단독정부가 수립되고, 북한에서는 소련의 지원을 받은 김일성을 중심으로 공산주의 정권이 들어선다. 남한은 UN이 제안한 선거방식에 의해 한반도를 대변하는 유일한 합법정부임을 내세우면서 반공주의 정책을 전개하였다. 반면 북한의 김일성 정권은 남한을 미제의 앞잡이로 규정하면서 자신들만이 일제기간에 항일운동을 한 합법적인 민족주의의 계승자임을 내세운다.

남북한은 분단 초기부터 서로 통일에 대한 주도권을 잡기 위한 경쟁이 첨예화되는 양상을 보였다. 해방 직후 5년간의 남북관계는 각기 자신들의 주도로 상대방을 흡수, 통합시킨다는 정책을 추구하면서 상호 간의 불신감이 극도로 팽창하였다. 그것이 폭발된 형태가 바로

1950년 북한의 도발로 시작된 한국전쟁이었다.

한국전쟁은 유엔군의 참전과 중국의 개입으로 3년간 지속되었다. 남한 정부는 유엔군에 의한 정전 조약에 동의하지 않았을 뿐만 아니라 휴전 이후에는 전쟁을 통해서 형성된 북한에 대한 적대감을 국가보안법과 반공이데올로기로 더욱 강화시킨다. 북한은 남한에게 "회복해야 할 잃어버린 땅"이 된다. 북한 또한 남한에 대한 적대감을 강화시키기 위해서 사상교육을 통해서 남한사회를 "완성해야 할 혁명대상지역"으로 간주한다.41)

그 결과 남북관계는 냉전으로 인한 체제 간의 경쟁관계를 넘어 "적" 또는 "원쑤"로 증오하는 심리적인 대결양상을 보인다. 이 점에 있어서 남북 분단은 베를린 장벽 이후 고착화되기 시작한 동서독 분단과는 전혀 다른 분단사회의 메커니즘의 성격을 지니게 된다. 예컨대 베를린 장벽 이후 서독은 기존의 "서방통합"을 통한 통일논의를 포기하고 점차적 동서독 분단을 현실로 인정하고 포용하는 방향으로 나간다. 이와 달리 남북한은 한국전 이후 "서로 화해가 되지 않는 가해자와 피해자의 갈등양상"을 띠는 고착화 과정의 길을 걷는다.

이러한 분단의 메커니즘은 70년대 초부터 남한사회가 박정희 유신독재체제로, 북한사회는 김일성 유일사상으로 무장한 독재체제로 이행하면서 역설적으로 남북관계에서는 "적대적 상호의존관계"가 형성되기 시작한다.42) 왜냐하면 양쪽 진영 모두 분단을 자신들의 독재체제를 정당화하는 도구로 활용했기 때문이다. 70년대 중반부터 남한은 경제적인 면에서 북한보다 우위에 서게 되고, 80년대 중반부터는 남

---

41) 허문영, "광복 60년, 남북관계 현황과 발전 방향", 『국방연구』, 제48권 제2호 (2005), p. 132.
42) 허문영 (2005), p. 133.

한은 북한이 추월할 수 없을 수준으로까지 발전한다. 남북사회가 경쟁적으로 "적대감"을 비민주적인 독재체제를 정당화하는 데 이용하면서 남북관계는 동서독 분단과는 비교할 수 없는 "호전적인 양상"을 띠게 된다.43) 동서독에서 분단은 양쪽 체제가 적대적인 관계 임에도 불구하고 베를린 장벽으로 생긴 이산가족문제 해결을 위해서 사회 내부적으로 협력을 하지 않을 수밖에 없는 현실을 확인시켜 주는 과정으로 이해할 수 있다. 그러나 남북관계에서는 한국전쟁이 정전에 들어갔음에도 불구하고 사회 내부적으로는 "서로 보이지 않는 내면의 전쟁"을 계속할 수밖에 없는 현실이었다. 한국전쟁의 부산물인 휴전선은 서로 한국전쟁에서와 동일한 실수를 반복하지 않겠다는 호전성만 강화시켰을 뿐이다.44) 이것은 남북한이 휴전 이후 평화의 필요성을 느끼기보다 오히려 군비증강을 통해 세계사적으로 유례가 없는 경쟁적인 체제로 돌입할 수밖에 없었음을 말해준다.

2. 탈냉전과 포용정책의 전개

60년대 말부터 진행된 미·소 데탕트와 미·중 관계 개선은 한반도의 냉전구조에도 커다란 충격을 주었다. 그 충격의 내용은 다음과 같다. 강대국들은 동서독의 경우에서와 마찬가지로 "통일"이라는 명목하에 한반도에서 전쟁이 발발하는 것을 원치 않았다. 강대국들은 서울과 평양에서 남북대화를 시작하도록 강력히 요구하였다.45) 그러

---

43) 백낙청, 『한반도식 통일, 현재진행형』 (서울: 창비, 2006), p. 78.
44) 백낙청 (2006), p. 76
45) 김학준, 『남북한 관계의 갈등과 발전』 (서울: 평민사, 1985), p. 105.

나 남북한은 국제 역학관계의 변화가 만들어낸 상황에 의해 선언적인 의미로서의 "평화 구축"을 문서화하지만, 실제로는 대화를 진전시키지 못했다. 남북한은 자신의 입장을 상대방에게 일방적으로 제시할 뿐 양보를 통한 타협을 유도하지 못한 것이다. 결국 대화는 또 다른 형태의 대결에 불과했다.46) 오히려 남북한은 이 과정을 통해서 강대국에 대한 실망감을 감추지 못한다. 즉, 당사자들의 의도는 무관하게 한반도의 분단을 강대국의 이해관계에 의해서만 결정하는 양상은 과거 일제 식민지에서의 상황과 크게 다르지 않음을 느끼게 했다. 북한의 김일성 유일사상과 남한에서의 유신 체제가 형성되는 것은 데탕트에 대한 한국식 대응방법이라고 할 수 있다.

데탕트가 동서독 관계에서는 대화를 이끌어내는 역할을 했지만, 분단의 역사적인 배경이 전혀 다른 남북관계에서는 오히려 양쪽의 "비민주적인 독재체제" 형성의 당위성만을 강화시켜 주는 역할을 한다. 그러므로 남북관계에 있어서 동서독 관계에서처럼 변화를 유도한 국제적인 역학관계는 데탕트가 아니라 1987년 이후 진행되기 시작한 탈냉전이라는 세계체제의 변화에서 찾을 수 있다. 탈냉전은 1980년대 후반 소련 및 동유럽사회주의국가에서 체제변혁의 움직임으로 시작되며 1989년 베를린 장벽의 붕괴와 1991년 소비에트 연방해체로 최고조에 이른다. 냉전체제에서는 미소를 중심으로 한 양극체제가 형성되었지만, 탈냉전시기에 들어서면서 세계체제는 군사적으로 미국 유일 패권, 경제지역블록을 중심으로 한 다극체제가 결성되기 시작한다.47)

남한 사회는 1980년대 초부터 급속한 경제성장으로 통해서 국제사

---

46) 김학준 (1985), p. 137

47) 정경환, 『국제관계와 한반도 통일』 (서울: 세종출판사, 1998), pp. 3-10.

회에서 주목을 받게 되면서 남북관계에서도 자신감을 갖게 된다. 그 단적인 표현이 1987년 민주화 투쟁의 결과로 전두환 정권이 노태우 정권으로 교체되면서 "북방정책"이라는 이름하에 과거 할스타인 원칙에 의해 외교관계가 수립되지 않았던 중국, 소련을 위시한 과거 동구권 진영국가들과 적극적인 수교관계를 맺기 시작한다. 이러한 남한의 북방정책은 국제질서가 탈냉전, 즉 이데올로기 중심의 군사안보적 대결시대에서 경제력, 과학기술력 중심의 경제적 경쟁시대로 돌입했기 때문에 나올 수 있는 자신감의 표현이다. 탈냉전은 남한의 국제적인 위상을 향상시키는 데 긍정적인 작용을 하고, 이는 동시에 남북관계에서도 남한이 북한에 대한 종래의 적대적인 태도를 유화적인 태도로 바뀌었다는 것을 말해준다. 그 표현이 김대중 정부의 대북포용정책의 또 다른 이름인 "햇볕정책"이다.

그러나 탈냉전이 북한에 끼친 영향은 정반대이다. 그동안 북한은 냉전체제 속에서 사회주의 국가들의 경제적인 지원에만 전적으로 의존해왔다. 즉, 북한 경제는 과거 사회주의 국가 동맹 내에서만 적용되던 우호가격과 청산결제에 기초한 무역방식의 혜택을 많이 받고 있었다. 갑자기 탈냉전과 함께 동구권 사회주의 국가들이 국제시장가격과 경화결제에 의한 무역으로 급격히 전환하자, 이에 대한 준비가 미흡한 상태여서 북한은 경제적으로 심각한 타격을 받지 않을 수 없게 된다.[48] 특히 동독이 서독에 의해서 흡수통일 방식으로 존재 자체가 역사 속에서 사라지자, 북한은 진퇴양난의 위치에 처하게 된다. 경제적인 난관을 타파하기 위해서는 개방을 해야 하지만, 동서독 경험을

---

48) 허문영 (2005), p. 134.

본다면 개방은 남북관계에 있어서 통일의 주도권이 남한에게 넘어가게 되는 것을 의미하기 때문에 쉽게 수용할 수 없는 상황이었다.

그러므로 데탕트가 동서독 관계에 미친 영향과 남북관계에 미친 영향을 비교해 보면, 기존의 분단관계에 변화를 불러일으켰다는 점에서는 유사하다고 할 수 있지만 실제로 나타난 결과를 보면 정반대의 효과를 가져다주었음을 알 수 있다. 신동방정책은 동독이 국제무대에 나올 수 있는 데 도움을 주었지만, 포용정책은 원래 남한정부가 의도한 바와는 달리 북한이 오히려 국제무대에서 더 고립되도록 하는데 간접적으로 작용하였다.

3. 포용정책 속에 있는 권위주의적인 협력방식

한국전쟁 이후 남북관계에서 "협력"이라는 용어가 사용되기 시작한 것은 1987년 노태우 정부가 북방정책을 제시하면서 부터이다.[49] 그 이전까지만 해도 남북관계는 철저하게 "대립" 또는 "경쟁"만 있었다. 북방정책은 서독이 데탕트 시기의 미소 긴장완화를 배경으로 적극적으로 추진하였던 대 소련, 동구권 및 동독에 대한 동방정책과 유사한 논리적 구조를 가진 정책이다.

남한의 포용정책과 서독의 신동방정책은 그 내용에 있어서는 일치하는 부분이 많지만, 정책을 수행하는 행위자의 의도는 다르다고 할 수 있다. 왜냐하면 서독의 신동방정책이 궁극적으로 추구하는 바는 서독이 데탕트라는 새로운 시대적인 요청에 부응하지 못한 인상을

---

49) Hyondok Choe et. al. (Hrsg.), *Korea: Entfremdung und Annaherung* (Koln: Papy Rossa, 2007), p.104.

줌으로써 인접 국가들로부터 고립되는 것을 극복하기 위한 문제 해결방안이었던 반면, 남한의 포용정책은 오히려 경제적인 자신감을 바탕으로 중국·소련·일본과의 관계개선을 통해서 북한을 더욱더 고립시키는 대응방식이기 때문이다.[50]

냉전시기 동독이 서독과 동등하게 국제사회에서 주권국가임을 인정받기 위해서 서독의 신동방정책에 협조적인 태도를 보여준 것과는 다르게, 북한은 남한 정부의 포용정책의 도움으로 많은 경제적인 지원을 받음에도 불구하고, 의도적으로 남한 정부를 협력파트너로 인정하지 않는 태도를 보인다. 이는 남한의 포용정책의 진정성을 북한이 의심하고 있음을 말해준다. 여기서 다음과 같은 질문이 제기된다. 남한의 포용정책이 서독의 신동방정책처럼 남북관계를 협력관계로 개선하기 위한 노력임에도 불구하고 왜 그 결과는 북한의 고립화만 더 초래하는 것일까?

필자는 이 질문에 대한 대답을 남한의 포용정책에 내포되어 있는 특유의 협력방식에 대한 이해에서 찾고자 한다. 신욱희 교수는 탈냉전 이후의 남북관계를 "압박과 배제의 정치"라는 개념으로 설명한다.[51] 구체적으로 살펴보면 남한의 북방정책은 엄밀한 의미에서 북한을 개방으로 유도하기 위한 압박정치의 일환이고, 북한의 핵 위기는 남북관계 주도권이 여전히 북한에 있음을 알리는 배제정치의 일환이다. 이처럼 남북한이 협력을 운운하면서 실제로 협력관계가 형성되지 않는 것은 베를린 장벽설치 이전, 즉 데탕트 이전의 동서독 관계와 비슷하다. 즉, 상대방을 동등한 협력대상으로 인정하지 않고, 오

---

50) 이진우, "햇볕정책. 포용정책을 재고하라", 『한국논단』, Vol. 160 (2003), p. 56.
51) 이진우 (2003), p. 206.

히려 자신이 갖고 있는 "힘"을 바탕으로 상대방을 강제적으로 변화시키려는 "권위주의적인 태도"이다. 이와 비슷한 예가 서독의 초대수상 아데나워가 추구했던 공산주의 체제의 동독을 서방의 자본주의체제에 통합시키려고 했던 통일방식이다.

그러나 동서독이나 남북한처럼 통일의 주도권을 선취하려는 경쟁적인 관계에서의 권위주의적인 접근방식은 오히려 협력관계를 불안정하게 만든다. 그 단적인 예가 서독이 베를린에 경제력을 바탕으로 동독을 압박하자 동독은 소련의 도움으로 서독의 통일정책의 비효율성을 입증이라도 하려는 듯이 베를린 장벽의 설치를 통해서 동서독 문제해결의 열쇠는 서독이 갖고 있지 않다는 것을 보여주었다. 그런데 현재까지 남한이나 북한의 통일정책을 살펴보면, 협력보다는 상호관계에서 누가 "맏형"의 역할을 하느냐는 식의 주도권 경쟁의 방식이 더 지배적이었다. 이를 단적으로 말해주는 것은 노태우 정부 당시 북방정책을 진두지휘했던 박철언 장관의 다음의 증언이다.

> "북방정책은 남북을 동일한 위치에 두지 않았습니다. 한국이 한민족의 맏형으로 대승적 입장에서 한반도 평화와 통일 과정의 전반을 주도해야 한다고 보았습니다."[52]

여기서 알 수 있는 것은 남한이 사용하는 포용의 의미는 유교적인 가족 속에서 맏형 또는 윗사람으로서 아랫사람에게 대하는 권위의 행사를 뜻한다. 그러나 남북이 서로 동일한 역사, 문화를 배경으로 하고 있지만 정치체제로서는 대등한 관계의 국가들이다. 그렇기 때문에

---

52) 신욱희, "압박과 배제의 정치: 북방정책과 북핵 1차 위기", 『한국정치외교사논총』, Vol. 29, No. 1 (2007), p. 212에서 재인용.

남한의 유교적인 의미의 포용정책은 통일문제에 있어서 주도권을 자신들이 갖고 있거나 최소한 대등한 관계는 이루어져야 한다고 보는 북한의 입장을 감정적으로 자극하기에 충분하다. 그러므로 남한이 탈냉전으로 갖게 된 국제관계에서의 과도한 자신감이 자주성으로 연결되는 것까지는 이해가 가능하지만, 그것이 남북문제 해결에 있어서 중요한 대등성의 원리에 위배된다는 것이 바로 남한식 포용정책이 갖고 있는 "의도하지 않은 모순"이다. 이에 대한 북한의 반감은 북핵 위기와 관련하여 남한을 배제, 무시하는 정책에서도 분명히 드러난다. 북한은 북핵문제 해결 과정에 개입하려는 남한을 철저하게 배제함으로써, 남한이 탈냉전과 함께 갖게 된 "과도한 자신감" 또는 "자율성의 한계"를 분명히 보여주고자 한다. 즉, 남한이 남북관계에서 "자율성"을 강조하면, 이는 남한의 "맏형" 역할론으로 연결되면서, 북한은 남한에 대해서 자신들을 동등한 대화상대로 인정하지 않는다고 느끼는 것이다. 이에 대한 북한의 대응방식이 바로 남한을 핵문제 해결에 있어서 "무시" 또는 "배제" 정책으로 나올 수밖에 없다. 이 점에 있어서 남한이 서독으로부터 배울 바가 있다. 그것은 서독이 협력에 대한 "권위주의적인 태도"에서 벗어나게 된 것은 협력 관계를 더 이상 주도권을 갖기 위한 경쟁관계로 이해하지 않고, 공동의 목표를 위해서 자신이 갖고 있는 경제적 그리고 체제적인 우월성을 스스로 포기하면서부터라는 사실이다. 즉, 동서독 관계를 힘을 통해 해결하려는 권위주의적인 태도를 버리고, 동독을 대등한 대화의 상대로 인정하면서 서독의 창의적이며 혁신적인 외교가 비로소 시작된 것이다.

VI. 남북관계에 주는 시사점

본 연구는 냉전시기의 동서독 관계와 현재의 남북 관계를 비교하기 위해서 먼저 냉전시대의 동서독 관계를 행위자적인 관점에서 독일이 1975년 8월 1일 헬싱키 최종 선언문을 수용하게 된 역사적인 배경을 재조명했다. 이를 통해서 전체적으로 독일이 헬싱키 프로세스 참여 배경 및 동기, 그리고 협력태도는 독일의 역사적 특수성과 밀접한 관련이 있다는 것을 확인할 수 있었다. 구체적으로 살펴보면 다음과 같다.

2차 세계대전 패망 후 분단을 겪게 된 동서독은 분단과 베를린 문제에 직면한다. 동서독은 이 문제를 냉전이라고 하는 새로운 국제역학관계 속에서 "체제 간 경쟁"을 통해서 해결해 보려고 하지만, 양쪽 진영 모두 성공을 거두지 못한다. 특히 서독의 분단문제 해결 방안이었던 "서방통합" 전략은 역작용을 불러일으킨다. 그 결과는 소련과 동독이 베를린을 봉쇄하고 나아가서는 장벽을 설치하게 만들면서 독일문제 해결이 현실적으로 해결하기 어려운 국면을 초래한다. 그리고 과다한 군비경쟁의 일환으로 쿠바사태가 발생하면서 미·소 강대국들 또한 데탕트라는 새로운 국제질서를 형성할 필요성을 느끼게 된다, 서독은 그 속에서 독일 통일 포기냐, 서방동맹으로부터 소외되느냐 하는 양자택일에 직면하게 된다. 이 위기를 극복하기 위한 서독의 해결방법이 동방정책이다. 그러나 동방정책이 독일의 역사적 특수성에서 오는 동구권 진영의 독일에 대한 깊은 불신관계로 인해 진전되지 않자, 서독의 브란트 정부는 소련이 제안한 다자간 유럽안보회의와 신동방정책과의 연계이다. 신동방정책은 서독이 기존의 서방통합은 포기하지 않으면서도 동구권 진영과 협력관계를 통해서 서독이 어느 쪽으로부터 고립되지 않는, 즉 "두 마리의 토끼를 한꺼번에 잡는" 새로운, 창의적이고 혁신적인 외교 전략이라고 할 수 있다. 그러나 이러한 신동방정책과 헬싱키 프로세스와의 연계가 성공적일 수 있게 된 이면에는 브란트 정부의 체제가 다른 진영과의 협력관계에 대한 이해가 그 이전의 정부와 차별되기 때문에 가능했다. 포용적이면서 호혜적인 협력관계, 시스템적인 협력방법, 협력을 "과정"으로 이해하는 서독이 헬싱키 프로세스 준비과정에서 보여준 협력방식은 서독이 헬싱키 프로세스 준비과정뿐만 아니라, 그 이후에도 독일의 국제적인 위상이 달라지게 만든다. 즉, 헬싱키 프로세스의 제도화 과정에 서독이 적극적이고 능동적인 참여를 통해서 서독의 역사적인 특수성에서 기인하는 분단과 나아가서는 동서 양 진영의 암묵적인 불신관계를 신뢰관계로 만드는 데 성공한다. 그리고 이는 나중에 평화적인 독일 통일의 "맹아"로 작용한다.

위의 동서독관계 연구 성과를 배경으로 지금까지의 남북관계와 비교분석하면서 다음과 같은 특징을 확인할 수 있었다. 남북분단은 동서독 분단과 달리 한국전쟁을 통해서 고착화된다. 표면적으로 한국전쟁은 1953년 정전상태로 들어가지만, 내면적으로는 남북한 사회의 체제가 비민주적인 독재사회로 이행하면서 오히려 더 강화된다. 남한 사회는 "유신체제"와 "국가주도형 산업화"를 통해 통일과정에서 북한보다 우위를 차지하기 위해 노력을 한다. 그리고 북한사회는 김일성 유일사상체계를 수립하면서 통일에 대한 주도권을 잡기 위한 경쟁을 벌인다. 그 결과 80년대부터 남한사회는 경제적으로 북한을 능가한다. 그러므로 냉전시대의 남북한은 분단을 상이한 이데올로기 속에서 독재체제를 정당화시키는 도구로 사용한다. 80년대 후반 남한 사회가 민주화되고, 탈냉전 시대가 시작되면서 남북관계는 새롭게 전개된다. 마치 데탕트가 동서독 관계에 결정적인 변화를 주었듯이 탈냉전은 남북관계에 중요한 변화를 갖다 주었다. 그 단적인 예가 남한이 서독의 신동방정책을 벤치마킹하면서서 소위 북방정책을 전개한 사실이다. 원래 남한의 북방정책은 탈냉전 후 북한사회를 "개방"으로 유도함으로써 통일을 앞당기는 정책적인 의도에서 나왔지만, 실제 그 결과는 의도한 바와 달리 북한 핵 문제로 오히려 북한이 국제사회에서 고립되는 결과를 초래한다. 이는 남북한이 분단문제를 해결하면서 지금까지 "압력과 배제"를 통한 권위주의적인 협력방식을 선호하고 있기 때문이다.

헬싱키협정 체결과정까지 서독의 신동방정책은 동북아 안보협력이 제도화되지 않은 상태에서 남한의 대북정책과 비교할 수 있다. V장에서 세 가지 측면에서 살펴본 동서독관계와 남북관계는 구조, 행위자 양차원에서 두 관계의 차이를 보여주는 동시에, 지역안보협력이 제도화되지 않은 상태에서 행위자 변수가 지닌 자율성의 크기를 부각시켜주고 있다. 이때 서독의 (신)동방정책은 지역안보협력의 제도화와 대립적 양자관계의 전환을 병행 추진함에 있어서 남한의 대북정책에 시사하는 바가 적지 않다.

그러므로 향후 남한이 기존의 남북관계를 새로운 협력모델로 전환시키기 위해서는 서독 브란트 정부가 신동방정책을 실행하고, 헬싱키 프로세스의 준비과정에서 보여준 "협력방식"에 주목해야 할 것이다. 서독의 달라진 협력방식의 특징을 면밀히 살펴보면, 그 속에는 체제차이로 인해서 발생할 수 있는 잠재적인 "불신관계"를 "신뢰"로 바꿀

수 있는 창의적이고 혁신적인 문제해결방법이 내포되었음을 알 수
있다.

마지막으로 이 글에서 강조하고 싶은 것은 서독 특유의 체제 간 차
이를 넘어선 새로운 협력태도가 처음부터 있던 것이 아니라, 냉전과
데탕트를 통해서 자신들의 역사적 특수성, 국제적인 역학관계와 기존
의 협력방식의 한계를 인식하고 변화시켰기 때문에 가능했다는 점이
다. 그러므로 한국도 한국식 헬싱키 프로세스를 성공적으로 적용하기
위해서는 이를 단순히 제도로서의 특징만을 한국어로 번역하고 모방
하는 것으로 그칠 것이 아니다. 한국은 남북문제를 창의적으로 해결하
기 위해서 먼저 지금까지 한국의 협력태도를 재검토하면서 한국의 역
사적인 특수성, 국제적인 역학관계 그리고 새로운 한국적인 협력방식
을 찾아내는 것이 필요하다. 그러나 이러한 태도는 남한체제가 북한보
다 경제적으로 우월하므로 북한을 변화시킬 수 있을 것이라는 환상에
서 벗어났을 때 비로소 가능하다. 철학자 비트겐스타인의 말을 빌리
면: "세상을 변화시키려고 하기 전에 너 자신부터 먼저 변화시켜라."

PART II.

헬싱키 프로세스의 전개

제5장
군비통제의 기원과 진화
-바스켓 Ⅰ의 이행 경과-

서보혁

Ⅰ. 문제제기

오늘날 한반도를 포함한 동북아시아는 세계 최고의 군비 경쟁이 일어나고 있는 지역이다. 군비 경쟁은 다시 지역 불안정을 재생산하는 악순환을 초래할 수 있다. 동북아에서 과다 군비 경쟁이 계속되고 있는 요인으로는 지정학적, 역사적 측면과 함께 군비경쟁을 규제하고 역내 안보협력을 추진할 다자기구의 부재도 꼽을 수 있다. 이런 점이 동북아와 유럽의 차이점으로 지적되면서 동북아 다자안보협력 구축을 위해서 유럽의 선행사례를 벤치마킹할 필요가 있다는 지적이 제기되어 왔다. 유럽에서 안보협력은 냉전시기부터 유럽의 모든 국가들과 미국의 참여하에, 오랜 기간 논의되어 왔고, 합의사항을 실천하는 노력을 병행하였으며, 안보협력의 수준과 범위 그리고 안보협력을 관장할 제도적 기초를 점진적으로 발전시켜왔다. 이것은 동북아 안보협력을 추진함에 있어서 유럽의 경험을 특정 측면이 아니라 전반적인 틀 속에서 평가해야 함을 말해준다. 유럽의 경험을 동북아에 적용함에 있어서 다양한 조건의 차이를 고려해야 함은 두말할 필요가 없을 것이다. 그러나 중요한 사실은 유럽의 안보 협력은 신뢰 구축이 전제가 되었고 그것은 유럽과 동북아 사이의 차이에도 불구하고 공통사항이 될 수 있을 것이다.

2차 세계대전 후 한국전쟁, 베를린, 쿠바에서의 위기와 미·소 간 핵무기 개발 경쟁을 거치며 냉전체제가 확립되었다. 그런 가운데서도 유럽은 독일문제1)의 처리와 적대국 간 관계개선 등 일련의 정치·외교적 문제 해결을 통해 안정화의 기틀을 잡아갔다. 유럽에서는 데탕트에 힘입어 군비통제 논의가 일어났다. 다만, 구체적인 논의는 다양한 관심사 및 이해당사자들로 말미암아 단일 회담으로 전개하기는 어려웠다. 크게 3개의 논의 틀로 전개된 군비통제 협상은 논의 범위, 참여국 수, 그리고 논의방식 등에서 각기 차이를 보였다.

먼저, 전략무기제한조약(SALT) 협상이 미국과 소련 사이에 1969년 11월부터 시작되었다. 이후 SALT 협상은 진전을 이뤄 1972년 5월 26일 모스크바에서 가진 닉슨-브레즈네프 정상회담에서 탄도탄요격미사일(ABM) 조약과 공격용 전략무기 제한에 관한 협정이 조인되었다. 소위 SALT Ⅰ이다. 미 상하 양원은 합동결의안으로 이 조약을 승인하였다. 이어서 SALT Ⅱ 협상이 진행됐다. 오랜 시간에 걸쳐 1979년 6월 18일 비엔나에서 열린 카터-브레즈네프 정상회담에서 SALT Ⅱ 협정이 조인되었지만, 미 의회 및 여론의 반발로 카터 정부는 협정을

---

1) 독일문제란 독일의 분단으로 비롯된 세 가지 문제, 즉 동서독 관계, 서독과 소련 및 폴란드의 국교정상화, 서베를린의 지위에 관한 규정을 말한다.

철회하였다.2) 그 후 양국 간 전략무기감축조약(START) 협상이 간헐적으로 이루어졌지만 그 결실은 냉전 붕괴를 기다려야 했다.

둘째, 재래식무기감축 협상은 동서 양 진영 간 군사적 대치가 심한 중부유럽을 초점에 두고 추진되었다. 상호균형감축(MBFR) 회담이 그것이다. MBFR은 이 지역에서 재래식 전력의 열세를 보인 북대서양조약기구(NATO) 측에 의해 1960년대 말부터 적극적으로 제안되었다. 그러나 소련은 우위에 있는 재래식 군사력 문제보다는 전후 획득한 중동부 유럽에 대한 정치적, 군사적 영향력을 기정사실화하는 것을 중시하였다. 1950년대부터 소련이 내놓은 범유럽안보기구 구상과 서독을 비롯한 서방국가들과의 관계개선 노력이 그러한 사례들이다. 1970년대 초반 들어서 소련이 MBFR 회담 개최를 수용한 것도 서방 측이 소련의 유럽안보협력회의 개최 요구를 수용하였기 때문이다.3) 그러나 MBFR 회담은 순탄하게 전개되지 못하였다.4) 회담이 1989년 3월 9일 유럽에서의 재래식무기감축(CFE) 협상으로 전환될 때까지 16년간 진행되었지만 가시적인 성과를 도출하지 못하였다.

셋째, 범유럽안보협력 구상은 1950년대부터 소련에 의해 제안되었으나 미국 배제, 인권 등 서방측의 관심사 제외, 그리고 소련 의도에 대한 서방측의 불신 등으로 1960년대까지 별다른 진전이 없었다.5)

---

2) Jozef Goldblat, *Arms Control: A Guide to Negotiations and Agreements* (London: Sage, 1996), pp. 58–62.

3) John J. Maresca, *To Helsinki: The Conference on Security and Cooperation in Europe, 1973–1975* (London: Duke University Press, 1987), p. 11.

4) MBFR 회담은 1973년 10월 30일 비엔나에서 개시되었는데 NATO 측에서는 미국, 영국, 캐나다, 서독, 벨기에, 네덜란드, 룩셈부르크 등 7개국이, 바르샤바조약기구(WTO) 측에서는 소련, 체코슬로바키아, 동독, 폴란드 등 4개국이 참여하였다. MBFR 협상 과정에 대해서는 IDDS(1989), MBFR 협상 실패 원인은 이수형(1999, 108-112) 참조. 이수형. "유럽안보와 북대서양조약기구의 군비통제정책: MBFR 사례분석", 『대한정치학회보』제7집 1호 (1999), pp.108-112

5) Alexis Heraclides, *Security and Co-operation in Europe: The Human Dimension 1972-1992* (London:

그러나 소련이 CSCE에 미국, 캐나다가 참여하고 서방의 관심사를 의제에 포함시킬 수 있다는 입장을 표명하고 BMFR 협상에 긍정적인 반응을 보이기 시작하자, 서방측도 긍정적인 반응을 보이기 시작하였다. CSCE 준비회담이 공식 개최된 시점(1972년 11월 22일)이 소련의 MBFR 수용 시점과 일치하는 것은 우연이 아니다. CSCE는 유럽의 모든 국가들과 미국, 캐나다 등 35개국이 참여하여 정치·군사적 신뢰구축을 포함하여 경제, 사회, 문화 등 다방면의 교류협력을 통하여 전후 유럽의 안보와 협력을 추구하는 다자협의회이다.[6] 이는 제한된 국가와 특정 민감한 의제를 바탕으로 추진된 SALT나 BMFR과 비교할 때 느슨하고 포괄적인 협상 틀이라 할 수 있다.

1975년 8월 1일 35개국의 정부 대표들이 참여한 가운데, 헬싱키에서 열린 CSCE 3단계 회담에서 헬싱키 협정이 채택되었다. 이 협정은 국가 간 관계의 원칙 및 안보 문제, 경제·과학기술·환경 분야에서의 협력, 인적 교류분야에서의 협력 등을 3개의 바스켓으로 구성되었다. 헬싱키 협정 채택은 정치·군사적으로는 2차 대전 이후 폴란드·독일의 국경선 유지 및 독일문제 해결을 전제로 한 것이고, 규범적으로는 인권 개선과 평화 정착을 조화롭게 추진해야 한다는 점을 밝히고 있다. 이후 CSCE는 헬싱키 협정상의 3개의 바스켓에 담은 합의사항의 이행을 위한 논의를 전개해 나아갔으니 이를 '헬싱키 프로세스'라고 부른다. 그중 바스켓 Ⅰ에서 정치·군사적 신뢰구축 방안을 둘러싸고 회담이 이어졌다.

Frank Cass & Co. LTD, 1993), pp. 3-4.

6) 이장희, "Helisinki '인권규정'이 분단국가에 주는 의미", 『통일문제연구』 제1권 3호 (1989), pp. 36-37; 홍기준, "안보레짐의 형성: CSCE/OSCE의 사례연구", 『국제정치논총』 제38집 1호 (1998), p. 70.

이상과 같이, 1970년대 초 들어 유럽에서 군비통제 논의는 참여국과 의제에 따라 SALT, MBFR, CSCE라는 3개의 트랙으로 추진되었다. 이는 핵 군축, 재래식 군축, 그리고 신뢰구축방안 논의가 동시에 전개됨으로써 군비통제를 포괄적으로 추구하였음을 말해준다. 동서양 진영은 MBFR 회담과 CSCE를 동시 개최하기로 하였고, 미소 간 SALT Ⅰ 협상 타결은 두 회담의 진전을 이끌었다. 이런 구도 속에서 CSCE 군비통제 협상이 진행되었는데, 미소 간 SALT 협상의 부침과 MBFR 회담의 실패를 감안할 때 CSCE가 유럽 전역의 군비통제 논의를 성공적으로 전개해 왔다는 점에 주목할 필요가 있다.

이 논문은 냉전시기 유럽의 군비통제7) 회담 중 CSCE에서의 논의가 성공한 원인을 통시적 분석을 통해 살펴보고 그것이 동북아시아의 군비통제에 주는 함의를 생각해 보고자 한다. 논의 범위는 1975년 8월 1일 유럽 차원의 안보협력 구축 방안을 공식 천명한 헬싱키 협정 체결부터 1990년 11월 19~21일 유럽에서 냉전 종식과 신유럽을 선언한 파리정상회담까지로 한정한다. 이를 위해 여기서는 CSCE에서 타결된 회담 결과 등 관련 문헌에 대한 분석을 주 연구방법으로 이용하였다. 서론에 이어 Ⅱ~Ⅲ장에서는 CSCE에서의 군비통제 논의를 협상 틀의 형성과 이행으로 구분하여 분석할 것이다. Ⅳ장에서는 CSCE 협상의 의의를 도출하여 그것이 동북아시아에 주는 함의를 생각해볼 것이다. 결론에서는 본론의 분석결과를 요약하고 향후 연구과제를 생

---

7) 군비통제에 관한 개념 정의는 다양하게 제시되어 있는데, 여기서는 군사적 신뢰구축, 제한조치, 군축을 포함한 광의로 정의하고 있다. Thomas C. Schelling and Morton H. Halperin, *Strategy and Arms Control* (New York: A Pergamon-Brassey's Classic, 1985); Glodblat (1996); Richard D. Burns ed. *Encyclopedia of Arms Control and Disarmament,* (New York: Charles Scribner's Sons, 1993); 송대성, 『한반도 평화체제 구축과 군비통제: 2000년대 초 장애요소 및 극복방안』 (성남: 세종연구소, 2001); 김경수, 『비확산과 국제정치: 국제군비통제의 이론과 실제』 (서울: 법문사, 2004); 한용섭, 『한반도 평화와 군비통제』 (서울: 박영사, 2004).

각해 볼 것이다.

Ⅱ. CSCE 군비통제 협상 틀의 형성

1. 헬싱키와 마드리드: 논의 범위의 설정

헬싱키 프로세스의 군비통제 협상을 하나의 정책결정 시스템으로 간주할 수 있다면, 협상 시스템의 구성요소로서 참가자, 의제, 절차규칙 등을 꼽아 볼 수 있을 것이다. 먼저, 헬싱키 프로세스의 참가자는 35개국 대표였고, 그들 사이에는 균등 참가 원칙과 개별 국가별 참가 원칙이 공유되었다. 그러나 실제 협상과정에서는 국가들의 입장을 크게 세 그룹으로 묶어볼 수 있다. NATO 진영, WTO 진영, 비동맹중립 국가군(NNA)이 그것이다. 의제는 헬싱키 협정이 규정한 신뢰구축방안이지만 본 논의에서 보듯이 그 구체적인 내용은 창조되어 갔다. 스톡홀름 회의에서는 그 이전의 베오그라드, 마드리드 회의와 달리 절차규칙이 정해지지 않았다. 절차를 둘러싼 논쟁으로 1년이 지나갔고 동구 국가들은 서방 측이 정보 제공을 이용해 "스파이활동을 하는 데에" 관심이 있다고 비난하기도 하였다.8)

헬싱키 협정 채택 이후 베오그라드 후속회담(1977.10.4~1978.3.9)이 끝날 때까지 CSCE에서 신뢰구축 방안에 관한 논의는 없었다. 1978년 5월 프랑스 데스탱(Giscard d'Estaing) 대통령의 유럽신뢰안보구축·군

---

8) John Fry, *The Helsinki Process: Negotiating Security and Cooperation in Europe* (Hawaii: University Press of the Pacific, 1993), pp. 84-85.

축회의(CDE) 제안은 점차 CSCE 참가국들의 긍정적인 반응을 불러일으켰다. 1979년 11월 20일 EC 외무장관회담에서 (특히 서독의 적극적인 지지로) 승인되었다. WTO 측에서도 1979년 5월 15일 외무장관회담 공동성명에서 "유럽에서의 군사적 긴장완화와 군축 회담"을 제안했다.9)

헬싱키 협정 이후 신뢰구축방안이 처음 논의된 마드리드 후속회담(1980.11.11~1983.9.6)에서는 비동맹중립국들(몰타 제외)과 폴란드, 루마니아, 프랑스, 스웨덴, 유고슬라비아 등이 신뢰구축방안을 내놓았다. 이들의 제안은 헬싱키 협정상의 내용을 더욱 발전시켜야 한다는 점에서 공통적이었지만 그 방법과 강조점에서 차이를 보였다. 그중 프랑스안이 주목을 받았는데, 그것이 다른 제안들과 다른 점은 헬싱키 협정과 달리 의무적이고(mandatory), 검증가능하며 군사적으로 중요하다고 밝혔고, 적용범위를 대서양에서 우랄산맥까지 유럽 전역으로 제시하였다는 것이다. 프랑스안은 마드리드 회의 최종문서에 반영되어 이후 협상의 바탕이 되었다. 그러나 구체적인 검증방법, 군사적 중요성에 대한 동서 양 진영의 인식, 유럽에 인접한 군사활동의 포함 여부 등 구체적인 문제들은 문서에 양 진영의 입장을 절충하는 식으로 담았다.

2. 스톡홀름: 세부 의제 구성

마드리드 후속회의 합의에 따라 1984년 1월 17일 CDE 회담이 스

---

9) Rudolf Th. Jurrjens and Jan Sizoo, *Efficacy and Efficiency in Multilateral Policy Formation: The Experience of Three Arms Cntrol Negotiation: Geneva, Stockholm, Vienna* (The Hague: Kluwer Law International, 1997), pp. 261-263.

톡홀름에서 열렸는데,[10] 이 회담은 신뢰구축문제와 함께 안보문제를 본격적으로 다루기 시작하였다는 점에서 신뢰안보구축방안(CSBM) 회담이라고 불린다. 회담에서는 정보 교환, 제한조치, 선언적 조치에 걸쳐 구체적인 제안이 있었다.

먼저, 정보교환에 관해서는 NATO 측이 적극적이었다. NATO 측은 ▷지상군, 공군력 구조 관련 정보 교환, ▷군사활동 예고에 관한 연례 교환, ▷지상군 6,000명 이상, 25,000명 이상의 동원 활동, 3,000명 규모의 상륙작전 등이 개시되기 45일 전 통보, ▷상기 훈련에 대한 참관 초청, ▷자국 기술수단 및 현장감시를 통한 매년 2회 합의사항 준수 검증, ▷통신수단 연결 등 6개 사항을 제시했다. 이에 대해 소련 측은 부정적이었다. 비동맹중립국들은 NATO 측 제안과 달리 세 가지 새로운 요소, 즉 소규모 기동훈련, (유럽 인접 해상 및 공중을 포함한) 대규모 기동훈련, 주요 부대의 재배치 등에 관한 사전통보를 제안하였다. 이러한 NATO와 비동맹중립국 제안에 대해 WTO 진영은 제안의 적용범위에 소련 영토 전역이 포함되는 반면 미국은 제외되어 있기 때문에 소련의 군사력 배치 등에 관한 간첩활동을 합법화하고, 마드리드 합의사항인 CSCE 참여국의 안보 이익에 대한 균등한 존중 원칙을 위배하는 것이라는 입장을 밝혔다.

둘째, 제한조치는 소련이 적극적이었는데 1984년 5월 8일 ▷군사비 동결 및 축소, ▷화학무기 제거 및 추가 무기배치 금지, ▷비핵지대 창설, ▷일정 규모의 지상 기동훈련 제한 등 4개항을 제안하였다.

---

10) 이하 협상내용에 관한 사실 묘사는 Jurrjens and Sizoo를 참조하였음을 밝혀둔다. 이들은 스톡홀름 협상을 진단-위임-제안-공식화-세부화-종결 등 6단계로 나눠 분석하고 있다. Jurrjens and Sizoo (1997) pp. 260-319.

이후 WTO 측은 4만 명 규모의 연습을 최대치로 제시하였는데, 이러한 제안은 NATO 측의 이익을 훼손하는 것으로 보였다. 한편 비동맹 중립국들은 1984년 3월 9일 별도의 안을 내놓았는데 ▷주요 기동훈련 및 양 진영에 (시공간적으로) 인접한 기동훈련 군사력의 상한선 설정, ▷기동훈련에 관여하는 수륙양용무기, 공군력, 이들을 결합한 군사력의 상한선 설정, ▷군부대 지역에 공격을 목적으로 한 군장비의 배치 제한 등이 그것이다.

셋째, 선언적 조치와 관련하여 1984년 5월 8일 소련은 핵보유국의 핵무기 선제공격 금지 의무 선언, 군사력 사용금지 및 평화적 관계 유지 조약 타결을 제안하였다. 서방 측의 입장에서 볼 때 군사력 사용금지 조약안은 유엔 헌장과 헬싱키 협정에 언급된 것으로 새로운 것이 아닌 선언적 의미에 불과했고, 핵무기 선제공격 금지안은 서방의 억지정책을 약화시킬 우려가 있는 것으로 보였다.

스톡홀름 회의의 진전은 미소관계의 개선에 촉매 역할을 하였다. 1984년 6월 4일 레이건 대통령은 더블린에서, 그리고 이듬해 5월 유럽의회 연설에서 소련의 군사력 사용금지 공약을 스톡홀름 합의에 포함시키는 문제를 논의할 의향을 밝혔다. 이에 대해 소련은 과거와 달리 긍정적인 반응을 내놓기 시작하였다. 1985년 1월 29일 소련은 "상호 군사력 불사용 및 평화적 관계 유지를 위한 기본제안"을 내놓았고 10월 3일 고르바초프 소련 공산당 서기장은 파리에서 연간 군사 훈련의 상호교환을 제안하였다. 그 사이 NATO와 WTO 측은 타협안을 만들기 위해 협상에 들어갔다. 1985년 11월 말 레이건과 고르바초프는 제네바 정상회담에서 "(스톡홀름) 회담의 성공적인 조기 결실의 의지"를 표명하고 거기에 "상호 수용 가능한 CSBM"과 "군사력 사용

금지 원칙"을 포함시켰다. 1986년 들어서 타협의 기운이 일어났다. 시간 압박이 발생한 가운데 아일랜드, 스웨덴, 캐나다에서 중재안이 제시되었고 타협 끝에 스톡홀름 합의가 이루어졌다.[11] 그 결과 도출된 스톡홀름 최종문서의 구조는 <그림 5-1>과 같다.

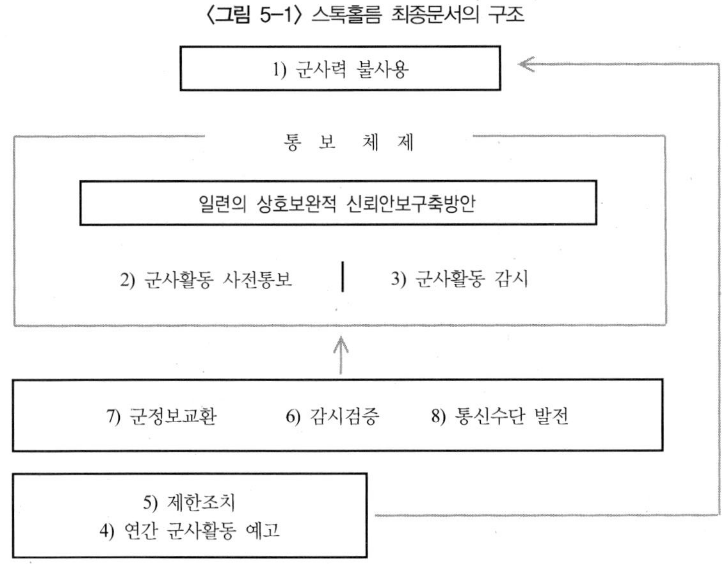

<그림 5-1> 스톡홀름 최종문서의 구조

* 출처: Jurrjens and Sizoo (1997), p. 286.

Ⅲ. CSCE 협상의 타결과 이행: 스톡홀름에서 비엔나로

CSCE의 군비통제 협상 타결 과정에서 극적인 면을 발견할 수 있다. 다음에서 소개할 스톡홀름 회담에서 이루어진 합의사항들은 이후

---

11) Fry (1993), pp. 86-87.

두 차례 비엔나 회의를 통해 최종 결정된다. 협상과정에서 NATO, WTO, NNA 삼자의 상호작용이 논의의 기본 축이었음을 알 수 있다. 스톡홀름 회담이 복잡한 문제를 다루면서도 성공적으로 타결되고 비엔나 협상으로 연결될 수 있었던 것은 참여국 협상단이 인내, 입장 조율, 개념적 틀 수립, 문제해결식 접근 등 많은 능력을 발휘하였기 때문이다.12) 결국 군비통제 회담에서의 합의사항의 재확인과 확대, 그리고 CSCE의 제도화는 유럽대륙에서 신뢰안보구축이 현실화되고 있음을 보여준다.

1. 군사력 사용금지

군사력 사용금지 문제에 관해서는 유럽공동체(EC) 회원국들을 포함한 서방 측 입장이 최종 반영되었는데, 거기에는 군사력 사용 위협을 금지할 필요성을 제기한 비동맹중립국의 제안이 중재 역할을 하였다. 비동맹중립국들은 군사력 사용금지와 분쟁의 평화적 해결을 연계하고, 군사력 불사용에 인권 및 근본적 자유의 중요성을 언급하자는 제안도 내놓았다. 그런 안을 최종문서에 반영하는 일은 미국이 책임졌다. 결국 스톡홀름 최종문서는 군사력 사용금지를 소련의 의도대로 조약이나 선언이 아니라 서방의 접근방식을 반영하여 최종문서의 한 장으로 담았다. 1992년 비엔나 최종문서는 군사력 불사용 선언을 재확인하지 않았으나 동문서 5절에 스톡홀름 문서 9~27절에 담긴 군사적 위협 및 군사력 사용 금지 선언을 상기하고 파리헌장의 지속적

---

12) James E. Goodby and Robert L. Barry, "The Stockholm Conference on Confidence- and Security- Building Measures and Disarmament in Europe", *International Negotiation* 1 (1996), pp. 187-203.

인 유효성을 강조하였다.

2. 군사활동 사전통보 및 감시

군사활동 사전통보 문제는 오랫동안 논의되어 왔지만 NATO, WTO, NNA 삼자의 의견이 모두 달랐다. 그중 몇 가지 문제는 특히 논란의 대상이 되었다. 먼저, 군대 이동 및 이전과 관련하여 미군의 유럽 이동이 문제가 되었다. 이에 대해서 처음 출발 주둔지를 강조하던 미국이 양보를 하였다. 그럼에도 서방 측과 소련은 각각 상대방의 군사활동을 의식하여 "군사력의 집중"과 "이전"을 문서에 담을 것을 요구하였다. 협상 결과 그 두 가지 모두 비엔나 최종문서 31절과 그 이하, 그리고 31.3절에 각각 표현되었다.

둘째, 사전통보 해야 할 군사활동의 "문턱"에 관한 문제이다. 이에 관해 서방 측은 구조적 접근을 옹호하였는데, 국가별 기술수단으로 병력 수(6천 명 규모)를 검증하기 어렵고 오히려 완편 사단 병력의 유기적 힘을 파악하는 게 보다 수월하다는 입장이었다. WTO 측은 이것을 반박하며 2만 명을 문턱으로 하는 수적 기준을 제시하였다. 비동맹중립국들은 화력의 견지에서 문턱을 정의하려 하면서 중재를 시도하였다. 최종 타협은 비동맹중립국 없이 NATO와 WTO 양측 대표단 사이에서 이루어졌지만 비동맹중립국들이 제시한 다양한 타협안이 바탕이 되었다. 그 최종 내용은 스톡홀름 문서의 31.1.1절에 표현되었는데 "최소 군대 13,000명 혹은 전차 300대"가 사전통보의 기준으로서, 이것은 그중 더 낮은 것을 통보의 기준으로 한다는 뜻이다.[13] 이런 접근은 이후 CFE 협상에서 무기를 적게 보유한 측을 기준으로 무기

보유 상한선을 책정하는 데 영향을 주었다. 1992년 비엔나 문서는 사전통보 문턱을 병력 9,000명, 탱크 250대로 하였다(38.1.1절, 38.1.2절).

셋째, 유럽 인접 바다 및 공중에서 진행하는 소위 해상, 공중에서 '독립적 군대 이동'이 CSBM 체제에 속하느냐의 문제이다. 소련은 1990년 비엔나 회의에서 해상, 공중에서 독립적 군대 이동 문제를 제기하였지만 실패하였고, 1992년 비엔나 회의 최종문서에서도 그런 언급은 없다. 소위 기능적 접근이 승리한 것이다. 다만 비엔나 최종문서 부속문서에는 적용범위가 마드리드 위임사항에서 정의된 "유럽전역"이 소련 해체 이후 10개 신생 독립국들에 적용되어 이전 시기보다 확대되었다.

1985년 WTO 측은 남은 문제인 공중훈련에 대해 200대 이상의 군용기 이용 시 30일 이전 통보안을 제시하였다. 이에 대해 서방 측은 상호 수용가능한 해결책을 마련할 의사를 표시하며 타협책을 모색하였다. 그 결과, 스톡홀름 최종문서 31.1.2절은 200대 이상의 비행기(헬기 제외) 출격 시 사전통보 대상이 된다고 하고 있다. 비엔나 최종문서도 38.1.2절에 같은 표현을 담고 있다.

군사활동 감시에 대해서도 NATO와 WTO는 대립하였다. NATO 측은 CSCE 각국이 모든 참가국들을 군사활동에 초청할 의무를 가져야 한다고 제안하였다. 그러나 WTO 측은 이에 대해 즉각 반발하였다. NATO 측 국가들과 비동맹중립국들은 마드리드 지시사항인 권리 균등의 바탕 위에 모든 국가들이 초청을 받을 수 있고, 다만 각국이 판단에 따라 초청을 거절할 수 있다는 입장을 내놓았다. WTO 측 국가

---

13) 소련 사단은 12,000명에 가깝기 때문에 소련 협상단은 수적 문턱은 12,000명 이상이어야 한다는 점을 강력히 주장했다. 그래서 13,000명이 되었다.

들이 이를 수용하였다. 반면에 NATO 측은 감시단이 통보 가능한 모든 군사 활동에 처음부터 끝까지 참가해야 한다는 입장을 양보하였다. 또한 NATO 측은 통보와 감시를 묶어 제안한 것을 통보의 문턱을 13,000명, 감시의 문턱을 17,000명으로 분리해 제안하였다. 동유럽 국가들은 높은 문턱을 선호하였지만 서방 측은 그 반대 입장이었기 때문에 결국 13,000명이 통보 문턱이 되었다.[14] 군사활동 감시에 대한 동서 진영 간 타협은 비동맹중립국들의 중재에 바탕을 두고 있었다.

당시 유럽에서 우호적인 정치 환경 덕분에 1992년 비엔나 최종문서에는 매우 구체적이고 다양한 감시 방안이 제시되었다. ▷지상군에 대한 통보의 문턱이 낮아지고(17,000명→ 13,000명) 그 대안 조치(전차 300대)가 추가되었고, ▷스톡홀름 회의에서는 1:5백만 비율의 지도 사용도 합의되지 않았는데 비엔나 회의에서는 1:25만의 지도 사용이 합의되었고(61.2절), ▷WTO 측이 거부했던 쌍안경은 물론 개인지도, 사진기, 비디오카메라, 녹음기 소지가 허용되었고(61.3절), ▷또 WTO 측이 거부했던 군사 활동에 대한 공중조사가 허용되었고(61.4절), ▷스톡홀름에서는 상상할 수 없었던 각국 언론대표의 참관이 이루어지게 되었다(63~64절).

한편, 특정 군사활동에 대한 연간 예고는 서방측과 비동맹중립국이 적극적인 입장을 보였고 소련은 어떤 입장도 나타내지 않았다. 그러나 1985년 10월 3일 고르바초프 서기장이 프랑스 의회 연설에서 군사활동 연간계획 예고를 수용할 수 있다고 밝혔다. 그 후 그 문제에 관한 합의가 손쉽게 이루어져 스톡홀름 합의에서는 매년 11월 15일

---

14) 이후 1986~89년 사이 체제전환을 시도하고 있던 동유럽 국가들은 17,000명보다 적은 군대에 대해서도 서방의 감시단을 초청하였다.

이전에 군사활동에 대한 연간계획을 통보하기로 하였다. 이와 관련하여 비엔나 최종문서는 사전통보에 해당하는 군사활동을 예고하지 않는 국가는 다른 모든 국가들에 똑같은 방법으로 연간계획을 교환하도록 지시받고(66절), 통보한 군사훈련의 취소가 있을 시 이를 알려야 한다고 밝히고 있다(69절).

3. 제한조치

NATO 측은 군사 기동 및 이동 규모 제한에 원칙적으로 동의하는 입장이었으나 구체적인 방안을 내놓지 못하였다. 거기에는 NATO군에 미군이 포함되는 점과 안보상의 이유로 WTO 측이 제시한 40,000명 상한선을 수용하기 어려웠기 때문이다. 특히, 영국과 프랑스가 강력히 반대했다. 비동맹중립국가들의 의견은 유고슬라비아의 긍정적 반응을 제외하고는 다양하였다. 그런 가운데 1985년 11월 비동맹중립국들이 연간계획과 제한조치를 연계하는 방안을 제안하였다.[15]

NATO 측이 그런 방안을 받아 다음과 같은 구체적인 안을 냈는데, 그것이 스톡홀름 최종 합의에 반영되었다. 합의된 제한조치는 ▷ 75,000명 이상의 군대활동은 2년 전에 연간 일정에 포함해야 하고, ▷ 40,000명 이상의 군대활동은 1년 전 연간 일정에 포함시켜 교환한다. 그러나 이 규정은 군사적이기보다는 정치적 성격이 더 강하다. 왜냐하면 언급한 규모의 군사 활동은 대개 2년 전 혹은 그보다 더 일찍

---

15) 이 안은 스웨덴이 제시하였고 이후 아일랜드 대표가 비동맹중립국의 공식 입장을 다음과 같이 단순하게 밝혔다. 즉, 군대 기동이 클수록 사전통보를 더욱 빨리 취하거나 그 규모 혹은 숫자를 제한하거나 또는 그 둘을 금지한다는 것이다.

계획되기 때문이다. 그럼에도 의제에 "제한"이라는 주제가 포함된 것이 의미가 크다.

서방 측은 "제한조치"에 관한 입장을 수정했다. CFE 조약이 군사력 불균형을 줄이고 제한조치가 (다국적 활동이 아니라) 각국의 군사활동에 한정한다면 수용할 수 있다는 것이다. 그에 따라 서방 측의 새로운 제안은 그대로 비엔나 최종 합의사항이 되었다. 그것은 구체적으로 ▷4만 명 또는 900대 전차가 참가하는 훈련은 2년에 1회, 1만 3천~4만 명 또는 300~900대의 전차가 참가하는 훈련은 1년에 6회, 동시훈련은 3회만 각각 허용한다는 것이다.

4. 검증

마드리드 회담이 검증 원칙에만 합의했기 때문에 스톡홀름 회의는 그 방법을 도출하는 과제를 안게 되었다. 그 방법은 크게 위성, 도청 장치, 방송 방해, 정보 감시와 같은 국가별 기술수단(NTM)과 현장검증, 두 가지로 나뉜다.

국가별 기술수단에 관해서는 서방이 발달된 기술력을 반영하여 지지하였으나 그 반대 입장에 있던 비동맹중립국들은 이를 반대하였다. 국가별 기술수단에 의한 검증은 그 이전에 타결된 미소 간 전략무기 제한조약(SALT)에 부응하는 것이었다. 세 그룹 사이에 타협이 일어나 스톡홀름 문서에는 "참가국들은 국가별 기술수단이 합의된 CSBM과 함께 순응을 감시하는 역할을 할 수 있다고 인정한다"고 밝혔다. 1992년 비엔나 문서도 이 표현을 재확인하고 있다.

한편, 서방의 현장사찰 제안에 대해 동구권이 간첩행위라고 반발하자, 서방 측은 각국이 매년 2회씩 사찰받을 것을 제안하였다. 비동맹중립국들은 "요구에 따른 감시"라는 구상을 내놓았다. 이것은 특정 국가가 "국가안보 이익"이 위험하다고 판단하는 특별한 상황에서 사찰을 요구할 수 있고, 또 그것을 "최고 국가안보 이익상의 이유"로 거부할 수 있다고 하고 있다.

그러나 이 문제에 대한 돌파구는 고르바초프에 의해 만들어졌다. 그는 1986년 4월 18일 동베를린에서 국가별 기술수단과 현장조사가 포함된 검증이 가능하다고 밝혔다. WTO 회원국들은 동년 6월 11일 그들이 중시하는 군축 제안의 맥락에서 그런 입장을 확인하였다. 소련 협상단장 그리네프스키(O.A. Grinevsky)는 7월 8일 관련 실무그룹 회의에서 현장조사 원칙을 재래식 군축은 물론 CSBM의 준수를 입증하기 위해 수용할 의사가 있다고 밝혔다. 이것은 소련의 군비통제정책의 일대 전기라 할 만하다. 소련이 현지사찰 원칙에 합의하자 2주일 동안 미국과 소련 전문가들의 공동 노력으로 30개 절로 이루어진 사찰체제를 만들어냈다. 거기에는 사찰팀이 요구를 받은 지 36시간 내에 피사찰국에 들어갈 수 있고, 거기서 자신들이 갖고 간 다양한 장비를 사용할 수 있다는 내용이 포함되어 있었다. 가장 중요한 것은 사찰을 요구받는 나라가 거부할 수 없다는 점이다. 그에 관한 스톡홀름 문서는 "사찰을 요구받은 나라는 합의된 시간 내에 긍정적으로 답한다"(71절)고 되어 있다. 스웨덴, 스위스 이 안에 반대하자 소련이 이들을 설득할 정도였다.

마지막으로 해결해야 할 문제는 사찰팀이 이용할 항공기의 국적이었다. NATO 내에서 생각지도 못한 문제가 발생한 것이다. 미국은 자국의 항공기 이용을 선호했지만, 영국과 서독은 자국 영토를 소련이 조사하는 경우를 받아들일 수 없었다. 소련 협상단도 본국으로부터 사찰팀 국적의 항공기 이용을 수용하지 말라는 엄격한 지시를 받았다. 비동맹중립국들이 중립국의 항공기 이용을 제안하였지만 동구권이 반대하였다. 그에 비해 최종 타협안은 단순했다. "사찰 항공기는 사찰국과 피사찰국의 상호합의로 선택한다."(89절) 이것은 비엔나 최종문서 104절에서도 볼 수 있다.

한편, 논란이 된 "쿼터" 문제는 참가국들이 매년 3회 이상 검증을 받는 것으로 합의되었고(67절), 비엔나 최종문서에서도 그대로 담겼다. 그러나 순응 및 검증문제에서 "수동적 할당"16)을 매년 동맹국의 조사를 받는 것으로 처리할 수 있다는 점에서 실질적 검증을 훼손할 우려가 제기되었다. 이에 대해서 스톡홀름 문서는 "같은 나라로부터 1년 1회 이상 사찰받을 수 없다"(68절)고 명시하였다.17)』

1986년 스톡홀름 회담에서 전체 감시체제는 1992년 비엔나 문서에서 채택되었는데, 1992년에는 감시단이 더 많은 권한을 보유하였다. 특히 비엔나 문서 77절은 스톡홀름 문서 65절에 "감시국이 다른 국가를 초청해 감시에 참가시킬 수 있다"는 새로운 내용을 삽입시켜 다자감시의 길을 열어놓았다. 또 하나 새로운 사항이 1992년 비엔나 문서에 한 장으로 들어갔는데, "군사활동에 대한 우려를 불식시키기 위한 자발적 감시 초대"(19절 이하)가 그것이다. 이것은 일련의 새로운 CSBM, 즉 "위협감소"(비엔나 문서 17절 이하)의 일부로 포함되었다.

한편 CSCE는 신뢰구축방안에 대한 검증과 함께 재래식 무기 감축

---

16) 수동적 할당이란 각국이 매년 받아야 할 검증 횟수를 규정하는 것을 말하고, 적극적 할당이란 각국이 매년 주어진 횟수의 검증을 수행할 권리를 말한다.

17) 1989년부터 사찰은 일상적인 일이 되었다. 그해 NATO 회원국들이 9회, WTO 국가들이 7회 사찰이 있었다. Jurrjens and Sizoo (1997), p. 314.

에 대한 검증 방안을 추진하였다. 1987년 1월 비엔나에서 열린 CSCE 3차 후속회담에서는 지지부진하던 MBFR 협상 틀을 대체하여 유럽재래식감축협정(CFE) 체결을 목표로 하는 논의를 시작하였다. 그 결과 CSCE는 1989년 2월 2일 MBFR 협상을 통해 "참여국들이 유럽에서 군사력 및 군비에 대한 상호 동의하고 검증가능한 감축 및 제한을 달성하는 데 필요한 귀중한 경험과 보다 명확한 청사진을 얻었다"고 평가하면서 동년 3월 7일부터 비엔나에서 CFE 협상이 개시될 것이라는 최종성명을 냈다.18) CFE 협정(Ⅰ)은 1990년 11월 19일 CSCE 회원국 정상들이 모인 파리에서 서명됐다. 이 협정은 통보 및 정보교환 → 현장검사 → 일국/다자 기술수단 → 공중검사 등의 검증체계를 제시하고 있다.19)

5. 정보 교환

처음 서방 측이 제기한 군사력 구조에 관한 정보 교환의 범위는 군사활동에 관한 사전통보를 말하는데, 그것은 연간 할동계획에 관한 보고로 확대되지 않고는 검증하기 어려웠다. 즉, 상호 의도에 관한 투명성을 증진하는 방안이 필요했다. 소련을 포함한 동구국가들은 서방의 제안을 "정태적 정보"라고 부르고 그것을 군대이동과 관련한 정보를 말하는 "동태적 정보"와 대조시키며 반대하였다. 동구권은 서방측

---

18) Jurrjens and Sizoo (1997), p. 522.

19) Arie Bloed ed. *The Conference on Security and Co-Operation in Europe: Analysis and Basic Documents 1972-1993* (Dordrecht: Kluwer Academic Publishers, 1993) pp. 1223-1253; 전성훈, 『군비통제검증연구: 이론 및 역사와 사례를 중심으로』 (서울: 민족통일연구원, 1992) pp. 117-120; 한용섭 (2004), pp. 478-485.

의 제안이 중거리 핵미사일로 WTO 사령부를 목표물로 삼기 위한 것이라 보았다. 그에 관해 비동맹중립국들은 타협안을 내놓았지만 동서양 진영으로부터 불만을 샀고 결국 스톡홀름 문서에는 정보 교환에 관한 언급을 포함시키지 못하였다.

그러나 비엔나 최종문서에는 "연간 군사 활동계획 교환"(10항)이 정보 교환에 관한 새로운 항목으로 추가되었다. 소련의 정보개방(Glasnost) 정책 개시와 그에 관한 동구 국가들의 지지에 힘입은 것이었다. 또 비엔나 문서에서는 정보 교환 분야에 관해 새롭고 중요한 일련의 신뢰구축 방안들이 포함되었다. "평가"(112항)가 그것이었는데 정태적 정보에 관한 검증과 사찰을 실시하는 것이 가능하게 되었다. 이외에도 비엔나 문서에는 군예산에 관한 정보 교환, 공군기지 방문, 새로운 형태의 주요 무기 및 장비 체계의 제시 등 9가지 사항이 추가되었다.

이상 헬싱키 프로세스상의 군비통제 논의 결과를 세 회담으로 나눠 정리해 보면 <표 5-1>과 같다. 표에서 보듯이 헬싱키에서 출발한 CSCE 군비통제 논의는 스톡홀름에서 논의 범위와 합의 내용이 발전하여 비엔나에서 최종 합의에 이르고 있다.

〈표 5-1〉 CSCE의 주요 군비통제 회담 결과

구분	헬싱키 협약(1975)	스톡홀름 협약(1986)	비엔나 협약(1990)
적용지역	유럽, 구소련 일부(우랄 산맥 서쪽)	전 유럽지역(인접해상, 공중지역 포함)	전 유럽지역(인접해상, 공중지역 포함)
구속력	자발적 준수	정치적 구속	제도화, 의무화
규제대상	군사이동/기동 (병력 25,000명 이상)	상호 합의된 훈련/기동[병력 13,000명 이상, 전차 300대, 항공기 200쏘티(헬기 제외), 3,000명 이상 상륙군/공수부대] 및 전용지역 밖에서 안으로의 이동	왼쪽과 같음

통보기한	25,000명 이상이 참가하는 훈련의 경우 가능하면 21일 전 사전통보	42일 전 통보 익년의 주요 군사활동 당해년 11월 15일 이전에 상호 교환	왼쪽과 같음
참관초청 대상	각자 자유재량	의무화	의무화(언론인 포함)
제한조치		40,000명 이상이 참가하는 훈련은 1년 전에, 75,000명 이상이 참가하는 훈련은 2년 전에 통보, 미통보 시 훈련 불가	왼쪽과 같음
참관 초청		지상군 17,000명 이상의 훈련이나, 5,000명 이상의 상륙군/공수부대 훈련에는 참관인 초청 의무화	왼쪽과 같음
검증		- 각국은 매년 1~3회 초청 의무 - 참관인에게 브리핑 실시, 지도/쌍안경/사진기/녹음기 사용 허용 - 어떤 국가도 검증 요구가능 - 피검국가는 거절 불가(일국당 1년에 3회 이상 조사 불허) - 지상 또는 공중을 통한 현장사찰 - 한 국가로부터 1회 이상 검증 불가 - 검증 요청 후 36시간 내 검증 허용, 심증단 48시간 내 검증 종결	- 왼쪽과 같음 - 해군함정, 군용차량 및 항공기와 같은 방어시설을 제외하고 사찰관의 접근/출입 및 현장사찰 허용
정보교환			- 연간 군사활동 계획 - 평가 - 군예산 외 8개 사항

* 출처: 한용섭 (2004. 378–379)을 보완.

Ⅳ. CSCE 군비통제의 의의와 동북아에의 함의

1. 군비통제의 역사적 전범

　CSCE를 중심으로 한 냉전기 유럽에서의 군비통제 협상 및 그 결과는 이후 다른 지역의 관련 협상 혹은 정책 수립과 군비통제 이론 발전에 큰 영향을 미쳤다. 본 논의에서 다룬 CSCE의 군비통제 협상은 군사적 신뢰구축을 중심으로 전개되어 왔는데, 그것이 국제관계에서 신뢰구축이 일반적인 용어로 자리 잡게 된 계기가 되었다.[20] CSCE의 군비통제는 논의의 지속성을 갖고 합의사항의 이행을 추진하며 전개되었다는 점에서 군비통제의 역사적 전범이라 말해도 과언이 아닐 것이다. 본 논의는 스톡홀름, 비엔나 CDE 협상을 중점적으로 다루었다. 본 논의가 냉전 및 냉전 해체기를 포함하고 있기 때문에 동일하지 않은 국제적 환경 속에서도 유럽이 군비통제 논의를 발전시켜 가면서 그 이행을 도모한 것은 주목할 만한 현상이다. 그 이후에도 CSCE는 부다페스트 정상회의(1994.12.5~6)에서 CSCE를 1995년 1월 1일부터 유럽안보협력기구(OSCE)로 개칭하여 제도화하기로 하고 안보개념의 불가분성과 포괄성, 군에 대한 민간통제, 핵무기·생화학무기·미사일 등에 관한 비확산 기본원칙을 제정하였다. 물론 신뢰구축 위주의 군비통제 범위, 구속력 없는 합의와 장기간의 논의, 그리고 미소관계와 같은 CSCE 외적 요소들에 대한 의존 등을 CSCE 군비통제 논의의 한계로 지적할 수 있을 것이다.

---

20) Glodblat (1996), p.4.

군사적 신뢰구축을 중심으로 한 CSCE의 군비통제 논의는 물론 헬싱키 프로세스의 포괄성, 연계성, 지속성 등에 의해 영향을 받으며 전개되었지만, 국제정치적 환경과 각국의 이해관계를 종합적으로 볼 때 다른 이슈에 비해 안보문제가 우선적인 관심사였음을 부인할 수 없다. 그런 점은 CSCE가 CDE 회담을 별도로 가진 것에서도 알 수 있다. CSCE 군비통제 회담을 통한 본격적인 군사적 신뢰구축 노력이 가능했던 것은 동서 양 진영 간 관계개선과 같은 정치적 신뢰구축이 진행되었기 때문이다.[21] 그 반대로 군사적 신뢰구축은 정치적 신뢰구축에도 기여했으니, 가령 스톡홀름 CDE 협상에서 소련이 현장사찰을 수용한 것은 소련이 향후 추가적인 협상에 나설 의향이 있음을 보여줌으로써 미소관계에 긍정적 영향을 미쳤다.[22] CDE 협상은 또 CFE 협상과 사실상 맞물려 진행되면서 거기서 발생하는 포괄성으로 각 협상의 단계성과 점진성이 갖는 한계를 보완할 수 있었다. 그럼에도 불구하고 헬싱키 프로세스의 특징과 CDE 협상 자체가 CSCE의 성공적인 군비통제 협상을 이끌어냈다고 말할 수는 없다. CSCE가 군사적 신뢰구축에 성공한 요인을 한용섭은 다음 세 가지로 요약하고 있다.[23]

첫째, 양대 진영 간 그리고 유럽의 모든 나라들이 참여하는 안보대화를 제도화한 점이다. 이를 다른 다자안보체제와 구별하여 'CSCE 안보레짐'이라고 부르기도 한다.[24] 그리고 이러한 안보레짐에 의한 신뢰구축 노력을 실제 합의된 신뢰구축 조치들과 구분하여 '신뢰구

---

21) 김경수 (2004), p. 288.

22) Jack F. Matlock Jr., *Reagan and Gorbachev: How the Cold War Ended* (New York: Random House, 2005), p. 209.

23) 한용섭 (2004), pp. 377-381.

24) Ki-Joon Hong, *The CSCE Security Regime Formation: An Asian Perspective* (New York: St. Martin's Press, 1997).

축과정(Confidence Building Process)'으로 보기도 한다. CSCE의 경험은 적대관계와 복잡하고 다양한 이해관계의 존재가 안보협력의 제도화를 어렵게 하고 많은 시간을 필요로 하지만 불가능하게 하지는 못한다는 점을 보여준다. 그 과정에서 나타난 이슈연계 전략, 중재국가군의 역할, 포괄접근, 토론에 기반한 합의는 교훈으로 삼기에 충분하다. 이를 동북아에 적용해 볼 경우 동북아협력대화(NEACD)와 같은 느슨한 안보협력대화의 활성화를 생각해볼 수도 있을 것이다. 그러나 보다 중요한 것은 CSCE를 통한 신뢰구축과정이 전개될 수 있었던 조건 조성으로서 적대국가간 관계개선, 상이한 이해를 하나의 틀로 묶어내는 것에 대한 포용성이 더 큰 교훈이라 할 수 있다.

둘째 요인으로 안보 및 군비통제 전문가 집단의 기여를 꼽을 수 있다.25) 이들은 헬싱키 협정에 들어갈 내용을 소속 국가의 정부에 건의했을 뿐 아니라 CSCE에 정부 대표단 및 집단 방위기구의 자문역으로 참여했다. 또 이들은 헬싱키 협정의 약점을 간파하여 CSCE 후속회의를 거치면서 스톡홀름 CDE 회담에 군사적으로 의미 있고, 유럽의 군사적 안정에 도움이 되며, 법률적 구속력이 있는 CSBM을 반영시켰다. 동북아 안보협력에서도 전문가들의 역할이 확대되고 있는데, 그 기여를 높이기 위해서는 CSCAP의 ARF 정책자문 기능을 강화하고 NEACD를 활성화할 필요가 있다. 특히, 6자회담 내 동북아 평화·안보체제 실무그룹회의에 각국 전문가들이 참여하거나 실무그룹회의를 지원하는 전문가 자문회의를 설치하는 방안을 적극 검토해 볼 필요가 있을 것이다.

---

25) James Macintosh, *Confidence Building in the Arms Control Process: A Transformation View* (Canada: Department of Foreign Affairs and International Trade, 1996), p. 38.

셋째, 유럽의 군사적 신뢰구축이 성공한 이유의 하나로 회원국들이 검증을 성실히 이행한 사실을 들 수 있다. 1975년 헬싱키 협정에서는 검증을 자발적으로 수용하도록 촉구했으나 1986년 스톡홀름 최종문서에서 검증을 의무화하였다. 1990년 CFE 조약에서는 검증의 강도가 높아졌다. 검증은 군비통제 논의를 말의 성찬으로 그치지 않도록 하는 동시에 실질적 군비통제로 나아가도록 참여국 간 신뢰를 증진하는 데에 그 의의가 있다. 동북아 안보협력에서도 검증은 대단히 중요한 과제로 부상할 것인데 "한반도의 검증 가능한 비핵화"를 목표로 하고 있는 6자회담의 진전이 하나의 실험이 될 것이다. 전체 역내 차원에서는 군사훈련 사전 통보 및 참관과 군사력 정보 공개 등 검증 논의를 할 수 있는 신뢰구축이 선행되어야 할 것이다.

이런 요인에 힘입어 성공적으로 진행된 CSCE의 사례가 이후 세계 각지의 군비통제 협상에 준 교훈이 적지 않은데, 이에 대해 남만권은 그 교훈을 7가지로 제시하고 있다.[26] 첫째, 군비통제는 당사국들이 상호공존을 인정하고 그 방향으로 나아가겠다는 정치적 의지가 확고할 경우에만 성과를 거둘 수 있고, 둘째, 군비통제 추진의 가장 큰 장애요소는 당사국 간 상호불신이므로 상호신뢰가 군비통제 성공의 가장 큰 전제조건이며, 셋째, 당사국 간에 군비통제 추진을 통해 얻을 수 있는 공동이익에 대한 공감대가 형성되어야 하고, 넷째, 당사국 간에 군사력 구조 및 운용에 있어서 상호 대칭적 균형을 바탕으로 자위 능력에 대한 자신감을 갖고 있을 때 비로소 군비통제 협상의 진행과 타결이 가능하며, 다섯째, 효과적인 검증제도의 적용과 위반 시 적절

---

26) 남만권, 『군비통제 이론과 실제』 (서울: 국방연구원, 2006), pp. 164-167.

한 제재조치가 가동되지 않을 경우 합의사항의 준수를 보장하기 어렵다는 것과, 여섯째, 군사위협의 수준, 위협에 대응할 군사력 보유 수준, 국가위상에 부합하는 군사력 보유 수준 등을 고려해야 하고, 일곱째, 대내 정치·경제적 측면에서 재정·기술·여론 등을 고려해야 하며, 대외적 측면에서는 동맹관계, 주변국과의 전략적 상관관계, 국제 군비통제 동향 등을 고려하여 군비통제정책을 수립하여야 한다.

이상과 같은 교훈들이 헬싱키 프로세스에서 도출되는 근거는 ▷전후 유럽 국제질서의 현상유지를 공약한 헬싱키 협정의 10대 원칙(Decalogue), ▷군비 감축으로 누리게 될 정치적 안정과 경제적 혜택에 대한 참여국들의 기대, ▷서독의 '동방정책(Ostpolitik)'과 미소관계 개선 등 동서 진영 간 일련의 긴장 완화, ▷소련의 개혁정권 등장과 사회주의진영의 개혁개방정책, ▷헬싱키 프로세스에서 합의사항의 이행과 CFE 협상 타결 등 군비통제의 제도적 기반 마련, ▷감시검증 장치의 마련과 함께 군사훈련 참관, 사전 정보교환, 시범사찰 등 합의사항에 대한 이행 노력을 꼽을 수 있다.

2. 동북아에 주는 함의

헬싱키 프로세스가 동북아 안보협력에 줄 수 있는 함의는 무엇인가? 이를 논하기에 앞서 1970~80년대 유럽과 오늘날 동북아를 안보환경, 다자안보협력의 전제조건 및 추진과정의 측면[27] 혹은 물질적·관념적 측면[28]에서 비교해 볼 수 있을 것이다. 먼저 두 지역의 차

---

27) 김경일, "동아시아지역의 다자안보협력 모색과 그 가능성: 유럽지역과의 비교를 중심으로", 『대한정치학회보』 10집 2호 (2002), pp. 358-363.

이를 생각해 볼 때, 안보질서(냉전 대 탈냉전), 위협인식(군사위협 대 위협의 다변화), 안보정책(집단동맹 대 양자동맹), 역내 안보사안(국가안보 대 국가안보+인간안보), 역내 동질성(유사 대 차이) 등에 걸쳐 폭넓게 살펴볼 수 있다. 동북아 입장에서 볼 때 이런 차이들이 다자 안보협력의 장애요인으로 작용할 수도 있을 것이다. 특히, 이념·영토·역사 등 냉전적 혹은 갈등적 안보 요소가 작동하는 가운데 다자 안보협력을 추진할 지도 국가의 미출현도 간과할 수 없는 점들이다. 그럼에도 두 지역은 시대적 차이를 초월하여 전쟁 재발 방지, 역내 현상유지, 그리고 경제발전을 위한 역내 다자협력 등 유사점도 발견할 수 있다. 동북아의 입장에서 이런 측면들은 위에서 언급한 유럽과의 차이점이 역내 안보협력의 장애요인으로 작용할 가능성을 상쇄할 수 있다. 실제 동북아 혹은 아시아태평양 차원에서 역내 경제협력이 활발하게 전개되고 있고, 정부 간, 비정부 간, 정부 및 비정부 간 대화(소위 1.5트랙) 등 다양한 채널이 진행되고 있다. 과거 유럽과 오늘날 동북아 사이의 이런 유사점과 차이점에 유의하며 CSCE 경험이 동북아에 주는 함의를 생각해보는 것이 타당할 것이다.

첫째, 주어진 지역 국제질서의 현상유지 속에서 역내 공동 번영과 평화를 추구할 수 있다는 사실이다. 동북아에서 군사안보 분야를 비롯한 쌍무적 관계는 이 지역의 안보협력체제를 모색해가는 과정에서도 쉽사리 약화되지 않을 것이다. 냉전기 유럽에서도 동서 진영 간 대립과 진영 내 동맹관계는 냉전 해체까지, 특히 동맹관계는 그 이후에도 유지되고 있다. CSCE 체제는 주권 존중 및 평등을 전제로 한 전

---

28) 지효근, "동북아 다자안보협의체 구성 방안에 관한 연구: 유럽안보협력회의와 아세안 지역포럼 사례를 중심으로", 『군사논단』 제51호 (2007), pp. 128-132.

후 질서를 유지하는 가운데 공동이익의 증진을 도모해갔다. 요컨대, 진영 간, 국가 간 이익균형은 세력균형하에서 추진된 것이다. 따라서 지역 안보협력체제를 추진한다는 명분으로 기존의 동맹관계를 약화하거나 특정 국가의 이해관계를 훼손하는 일은 경계할 바이다. 오히려 그런 기존 구도를 초월하여 역내 국가들의 공동이익 실현을 위한 정치군사적 신뢰구축이 역내 안보협력에 더 효과적일 것이다.

둘째, 지역안보협력체제의 일차적 행위자는 정부기구가 타당할 것이라는 점이다. CSCE의 지속과 제도화는 미국과 소련의 관리 역할과 중립국가들의 중재 역할에 힘입은 바가 크다. 동북아 안보협력 역시 역내 각국 정부의 역할이 일차적이다. 그중 관리 및 중재 역할을 맡을 국가의 설정이 필요하다. 관리 역할은 미국과 중국을 상정해볼 수 있지만 중재 역할은 역내에서 찾기 어려울 수도 있다. 그렇다고 비정부기구(트랙 Ⅱ)의 감시자 및 촉진자의 역할을 무시할 수 없다. 헬싱키 협정 체결 이후 CSBM 합의 및 이행 과정에서 전문가의 역할, 그리고 동북아에서 아태협력이사회(CSCAP)의 아세안지역포럼(ARF)에 대한 정책자문 기능이 그 예이다. 더욱이 다양한 초국가적 및 비전통적 안보 위협에 공동 대처하려면 국가 단위를 넘어 정부와 비정부기구의 협력이 필요불가결하다.

셋째, 무엇보다 CSCE의 군비통제 논의가 동북아 지역에 주는 시사점은 역내 군비통제 논의를 위해서는 역내 국가 간 관계 증진과 함께 모든 당사국들이 참여하는 '신뢰구축과정'을 만들어가는 것이다. 역내 국가 간 관계 증진과 관련해서는 적대국가 간 관계정상화와 한반도의 냉전구조 청산이 일차적 과제이다. 한편, 역내 신뢰구축과 관련해서는 ARF와 6자회담을 거론할 수 있는데, ARF는 범아시아 차원의 느슨한 안보협력체이기 때문에 거기서 동북아 군비통제를 논의하기는 적절하지 않아 보인다. 그에 비해 6자회담은 '동북아 평화·안보 실무그룹'이 있어 역내 '신뢰구축과정'을 추진할 수 있겠지만 한반도 비핵화 달성이 우선 과제이다.29)

CSCE의 군비통제 논의를 참조하여 동북아 안보협력체제 구축을 구상해 보자. 먼저, 군사훈련 사전통보 및 참관, 군사력에 대한 투명성의 확대 등을 통해 역내 군사적 신뢰구축 노력이 가능할 것이다. 유럽에서도 CSCE가 출범하면서 곧바로 신뢰구축 조치가 이루어지지 않았다. NATO와 WTO가 헬싱키 협정 이후 본격적인 신뢰구축 논의는 CDE를 개최한 1984년 이후였고 합의된 신뢰구축방안의 이행도 1980년대 중반 이후 나타나기 시작하였다. CSCE의 출범 직후부터 동서 양 진영 간 인권 시비가 큰 걸림돌이 되었지만, 신뢰구축 논의를 별도로 추진하기로 한 것은 주목할 필요가 있다.

둘째, 역내 적대관계에 있는 국가관계의 전환 문제이다. CSCE의 형성 시기에 서독과 프랑스를 비롯한 자유진영 국가들은 '동방정책' 등 적극적인 대사회주의권 관계개선 정책을 전개하여 불가침조약 체결 및 관계정상화를 추진하였고 소위 '베를린 문제'라는 것도 해결하였다. 유럽 내 동서 간 관계개선은 미소 관계개선에도 영향을 미쳤고 또 그로부터 영향을 받기도 하였다. 현재 동북아에는 전쟁을 치루고 적대관계로 남아 있는 국가들이 있고, 외교관계가 있어도 역사 및 영토 문제와 군비경쟁으로 우호관계가 정착되지 않은 경우도 있다. 이

---

29) 2007년 '9·19공동성명 이행을 위한 초기조치'(소위 2·13 합의) 이후 6자회담은 '동북아 평화·안보 실무그룹'을 포함한 5개 실무그룹을 가동하기로 하였다. 이후 '동북아 평화·안보 실무그룹'(의장국: 러시아)은 2010년 1월 현재까지 세 차례 회의를 갖고 지역안보협력 지도원칙에 관해 논의한 바 있다.

런 점들이 6자회담이 역내 다자안보협력체제로 발전할 가능성을 제약하고 있다. 헬싱키 협정의 채택 과정을 상기해볼 때 한반도 정전체제의 청산과 적성국간 관계정상화가 역내 군비통제 논의를 조성해나가는 데에 필수적인 선결과제라고 말할 수 있다.

셋째, 역내 공동번영에 기여할 관심사 발굴과 그에 대한 공동 협력의 기회를 확대하는 일이다. 이와 관련해서는 논의될 내용이 광범위하다. 관련 국가들 사이의 공동 관심사에 따라 이슈가 정해지고 이를 위한 제도적 기초가 마련되어 가야 할 것이다. 여기서 안보 영역은 OSCE와 ARF 사례에서 보듯이 전통적인 군사안보에서 나아가 공동안보, 인간안보 문제도 다뤄질 수 있을 것이다.[30] 또 서독의 동방정책과 그 적용이라 할 수 있는 남한의 대북 포용정책은 적대관계에서 공동 번영을 모색할 때 인도적 지원 및 경제협력이 주요 정책수단이 될 수 있음을 보여주었다.

마지막으로 CSCE 군비통제 협상 경험이 남북 간 군비통제에 줄 수 있는 시사점은 무엇이 있을까? 신뢰구축은 국가 간 교류와 협력을 통해 이해와 신뢰를 증진시키는 다양한 행위를 말한다. 그렇기 때문에 신뢰구축방안은 군사적 신뢰구축 외에도 외교관계 정상화, 정보의 자유로운 교류와 교환, 경제적 교류와 협력, 사회문화 교류 등 포괄적이다. 그러나 신뢰구축 개념이 탄생한 1970년대에는 광의의 개념 정의에도 불구하고 실제로는 국가 간 긴장완화와 관계개선이 결국 군비경쟁을 완화시키고 군축으로 이끄는 데 기여해야 한다는 시각이 있었다.[31] 즉 군사적 신뢰구축 우선론이라 말할 수 있다. 신뢰구축에

---

30) ARF와 OSCE 홈페이지 http://www.aseanregionalforum.org/, http://www.osce.org/
31) 한용섭 (2004), p. 369.

관한 이상 두 가지 측면이 한반도 신뢰구축 과정에 동시에 필요한 병행 추진과제라 볼 수 있을 것이다. 한반도가 과거 CSCE 초기의 유럽 이상으로 정치적 대립과 군사적 긴장이 높기 때문이다. 그리고 신뢰구축을 군비통제의 일환으로 볼 때 다른 군비통제 방법과 함께 추진하는 것이 유럽으로부터 얻는 또 하나의 교훈이다. 따라서 한반도의 군비통제 역시 단계적 접근보다는 포괄적 접근이 타당할 것이다. 즉, 헬싱키 프로세스상의 3개의 바스켓이 보여주는 바와 같이 다방면의 신뢰구축 노력과 오늘날 한반도 상황을 고려할 때 군사적 신뢰구축과 재래식 및 핵 군축을 병행 추진하는 방식을 한반도 군비통제 방향으로 생각해볼 수 있다.[32] 그 내용은 전통적인 군비통제는 물론 위기 예방 및 관리, 인간안보 분야, 대량살상무기 등으로 확대될 필요가 있다.[33]

그러나 군비통제에 관해 남북한이 상이한 인식을 갖고 있는 현실에서 군비통제 방안 자체의 합리성이 얼마나 유용할지 의문을 제기할 수 있다. 그런 지적은 유럽과 한반도의 안보 현실에 대한 차이로 더 설득력을 갖는지도 모른다.[34] 특정 군비통제 방안의 상대적 합리성보다도 그 기저에서 군사적 긴장을 재생산하는 정치적 대립과 군사 교리 및 정책상의 입장 차이를 극복하는 일이 더 긴요하다. 이와 관련해 CSCE에서 군비통제 협상이 돌파구를 찾은 것은 ▷CSCE가 표현하고 있듯이 참여국들이 안보와 협력을 상호보완적으로 인식하고 접근한 것, ▷고르바초프의 '신사고' 외교안보정책에 힘입은 바 크

---

32) 물론 실제 유럽에서의 군비통제가 이들 세 측면이 동시에 전개된 것은 아니다. 김경수 (2004), p. 26, 288.

33) 최강, "한반도 군비통제 여건평가와 추진방안", 『한반도 군비통제』 42집 (2007), pp. 71–72.

34) 남만권 (2006), pp. 168–169.

다.35) 전자는 다자적 방식, 후자는 일방적 방식이다. 헬싱키 프로세스
는 거기에 양자적 방식, 가령 동서독관계와 미소관계 등이 작용하였
다. 그런데 한반도의 경우는 남북한, 북한과 미국, 일본의 관계 등 양
자관계 변수의 역할이 아직 일정한 궤도에 오르지 못하고 있다. 특히
남북한은 단기적으로 '신뢰구축방안을 위한 신뢰구축방안'(하영선
1989, 88), 곧 다양한 접촉 및 교류 프로그램을 전개하며 본격적인 신
뢰구축을 추진하고, 중장기적으로는 거기에 다자적, 일방적 방식을
결합하여 역내 안보협력을 모색할 과제를 안고 있다.

V. 결론

이상 1975년 헬싱키 협정 체결 이후 유럽 군비통제의 발달과정을
합의사항의 진전을 중심으로 살펴보았다. 헬싱키 프로세스로 알려진
1975년 이후 CSCE의 논의과정에서 군비통제 분야는 CSCE 후속회의
는 물론 별도의 협상 틀을 확보하여 본격적인 논의를 전개해나갔다.
CDE 협상 결과는 CSCE 후속회의와 정상회의 등으로부터 추인을 받
고, 합의사항을 구속하고 이행 경과를 감시하였다. 또한 CSCE와 연
관을 맺고 있되 그밖에 NATO와 WTO 회원국들 사이에 MBFR 회담
(이후 CFE 협상)이 전개되었는데 그것은 CDE 회담의 진전에 기초하

---

35) 고르바초프는 1985년 3월 집권하여 절대안보에서 공동안보, 억지전략에서 '방어적 방어(defensive
defense)' 전략으로 전환하여 CSCE의 CDE 협상, NATO와 WTO 간 CFE 협상, 미소 간 중거리핵무기 협
상(INF)의 타결을 촉진하였다. 소련의 안보전략 전환의 역사적 기원에 관해서는 M. Leighton and R.
Rudney, "Non-Offensive Defense Toward a Soviet-German Security Partnership?", *Orbis* 35-3
(1991), pp. 377-393.

고 있었다. 미소 핵군축 회담이 그 둘의 군비통제 회담을 촉진한 것도 빼놓을 수 없다. SALT 회담의 굴곡과 MBFR 회담의 난항에도 불구하고, CSCE 군비통제 회담이 계속해서 열리고 합의사항을 누적시키면서 이행을 시도해 온 것은 유럽 군비통제의 실현은 물론 세계 군비통제의 기원과 진화도 잘 보여주고 있다. 물론 CSCE에서의 군비통제 논의 결과와 그 방식이 앞에서 살펴본 과거 유럽과 오늘날 동북아의 차이점을 고려할 때 원용하는 것은 잘못일 것이다. 또 당시 유럽에서 핵무기, 재래식무기, 신뢰구축 등에 관해 SALT, MBFR, CSCE로 나누어 논의하는 가운데 CSCE가 대단히 폭넓은 내용을 느슨하게 논의해 온 방식을 동북아에 적용하는 것이 유용할지도 검토해 보아야 할 것이다.

CSCE에서 군비통제 논의가 갖는 특징은 헬싱키 프로세스 전반의 특징을 공유하고 있다. 나아가 인권 논란이 컸던 바스켓 Ⅲ 분야와 달리 합의사항의 누진성을 추가 언급할 수 있는데, 그것은 협상에서 기정사실화 전술에 의해 뒷받침되었다. 이런 점을 반영하여 CSCE에서의 군비통제 논의 과정을 '심화와 확대'로 요약할 수 있을 것이다. 그런 논의 결과가 구두선에 그치지 않고 정보교환, 감시, 사찰 등 이행을 추진하며 발전시켜 왔다는 점은 반복해서 강조해도 지나치지 않을 것이다. 이런 사실은 한반도를 포함해 타 지역의 군비통제 논의에 타산지석으로 삼을 가치가 충분하다.

Ⅱ~Ⅲ장에서는 스톡홀름, 비엔나 CDE 협상이 전개된 과정과 분야별 합의사항을 비교적 상세하게 평가하였다. 그에 대한 보다 상세한 분석을 할 경우 군비통제 협상 전술 평가도 가능할 것이며, 이는 향후 연구 과제가 될 것이다. 그러나 남북 간 군비통제 혹은 동북안 안

보협력체제 구축과 관련하여 본 논의가 주는 시사점은 정치적·기술적 측면 모두에 적용할 수 있다. 남북기본합의서와 불가침 부속합의서 이행을 통해 정치적·군사적 신뢰구축을 추진하는 한편 배치 제한 및 적정 군사력 규모 설정을 위한 군사회담도 추진할 필요가 있다. 남북한이 동북아 군비통제에 기여할 수 있는 일차적 과제는 한반도 비핵화와 평화체제 논의 과정에서 당사자 역할을 십분 발휘하고 군사적 신뢰구축에 적극 나서는 자세일 것이다.

제6장

헬싱키 협정 이행과정에서 인권과 바스켓 Ⅲ

김수암

Ⅰ. 연구목적

그동안 국내 학계에서는 안보 시각에서 유럽안보협력회의(CSCE)에 주목하는 연구가 주류를 이루어 왔다. 그런데 북한인권문제에 대한 관심이 높아지면서 인권적 측면에 주목하기 시작하였다. 그리고 북한인권 개선방안의 하나로 동북아판 헬싱키 프로세스를 수립하자는 논의들이 전개되고 있다. 그런데 안보 분야의 연구 성과와 비교하여 인권과 인도적 분야를 담고 있는 바스켓 Ⅲ에 대한 소개와 전문적 연구는 소략한 상황이다. 그동안 국내 학계에서는 헬싱키 프로세스에 대해 결과로서의 협력 틀에 주목하면서 북한인권 개선을 위한 적용가능성을 검토하는 데 집중하여 왔다. 그리고 인권과 바스켓 Ⅲ를 중심으로 협정(Final Act)의 채택과정과 협정이 소련과 동구 시민사회에 미친 영향 등 인권 분야의 이행과정에 대해 부분적으로 연구가 이루어지고 있다.[1] 이러한 선행연구 현황에서 보듯이 인권과 바스켓 Ⅲ

를 중심으로 헬싱키 협정의 이행과정을 전문적으로 분석한 연구는
없는 실정이다.

헬싱키에서 개막된 유럽안보협력회의 결과 35개 참가국들은 1975
년 8월 1일 협정을 채택하였다. 참가국들은 협정의 이행 문제를 논의
하기 위하여 후속회의를 개최하기로 결정하였다. 이러한 후속회의는
협정의 법적 구속력을 보완하고 실천력을 갖게 한다는 점에서 헬싱
키 프로세스 핵심 특징 중의 하나이다. 이와 같이 유럽안보협력회의
는 협정 채택으로 종결되는 것이 아니라 협정의 3개 분야를 이행하기
위한 일련의 협상과정이라는 점에서 헬싱키 '프로세스'라고 지칭되
고 있다. 그런데 헬싱키 프로세스에 대한 국내적 논의는 과정(process)
으로서 접근하기보다 결과(outcome) 중심으로 접근하여 헬싱키 프로
세스의 형식적 틀의 적용을 위한 시사점에 집중되어 왔다. 그런데 동
북아판 헬싱키 프로세스의 도입 가능성을 논의하기 위해서는 협정
실행을 위한 '역동적 과정'에 주목할 필요가 있다.

협정을 이행하기 위한 일련의 과정은 후속회의(Follow-up Meeting)
와 인권과 바스켓 III 주요 분야를 전문적으로 다루는 전문가 모임
(Meeting of Experts)으로 구성되어 있다. 본 연구에서는 후속회의와
전문가 모임을 중심으로 협정에서 합의한 인권과 바스켓 III 관련 조
항의 이행과정을 분석하고자 한다. 이를 위해 첫째, 후속회의와 전문
가 모임에 영향을 미치는 환경적 요소를 분석하고자 한다. 둘째, 각
회의에서 인권과 바스켓 III 이행을 둘러싼 주요 쟁점을 살펴보고자

---

1) 김수암, "헬싱키 프로세스와 동구사회주의 인권", 숙명여자대학교 통일문제연구소, 『통일논총』 제26호
   (2007); 김수암, "헬싱키 협정의 의의와 특징: 인권의제를 중심으로", 『평화연구』 제17권 1호 (2009); 서
   보혁, "북한인권 관련 헬싱키 구도의 적용가능성 연구", 『국제문제연구』 제7권 2호 (2007); 허만호, "'나
   선형 5단계론'으로 본 북한의 인권정책: 헬싱키 프로세스의 적용", 『국방연구』 제5권 1호 (2008).

한다. 특히, 바스켓 Ⅲ 이행을 둘러싸고 전개되는 쟁점에 대해서는 인적 접촉과 정보를 중심으로 살펴보고자 한다. 셋째, 협정의 실행력을 강화하기 위한 제안의 발의 및 최종문서 채택 과정을 살펴보고자 한다. 넷째, 바스켓 Ⅲ 이행을 위한 서방의 협상전략과 비동맹·중립국가의 역할을 살펴보고자 한다.

Ⅱ. 인권과 바스켓 Ⅲ 이행 후속회의

1. 베오그라드 회의

1) 환경적 요소

1977년 베오그라드에서 헬싱키 협정 이행을 위한 1차 후속회의가 개최되었다. 동 회의에서 인권과 바스켓 Ⅲ 문제를 논의하는 데 영향을 미친 환경적 요소를 살펴보면 다음과 같다. 첫째, 유럽안보협력회의 성립과정에서 인권에 대해 소극적 태도를 보였던 것과 달리 미국은 베오그라드 회의에 적극적으로 임하였다. 1976년 6월 미국 내에 헬싱키 협정의 준수를 모니터할 헬싱키위원회(Helsinki Commission)가 설립되었다. 그리고 미국에서 인권을 중시하는 카터 대통령이 당선되었고 양자 외교정책에서 인권이 주요 의제로 설정되기 시작하였다. 이러한 상황의 변화를 반영하여 미국은 법무장관 골드버그가 이끄는 140명 이상의 대규모 대표단(소련 35, 영불 각 12, 캐나다 5명)을 파견하였다.

둘째, 헬싱키 협정 채택 이후 소련과 동구에서 헬싱키 그룹이 설립되었다. 헬싱키 협정 채택 초반 소련과 동구사회주의 국가들은 자신들이 승리자라는 점을 선전하기 위해 헬싱키 협정을 배포하는 등 적극적으로 홍보하였다. 그런데 일부 반체제인사들이 헬싱키 모니터링 그룹을 결성하는 근거로 협정을 활용하였다. 이들 모니터링 그룹들이 자국 내에서 벌어지는 인권침해에 관한 보고서를 발간하였는데, 이것이 후속회의에서 인권기록을 검토하는 데 근거자료로 활용되었다.[2]

셋째, 1976년 시민적·정치적 권리에 관한 국제규약, 경제적·사회적·문화적 권리에 관한 국제규약 등 양대 국제인권규약이 발효되었다. 이 양대 규약은 헬싱키 협정과 함께 소련 및 동구사회주의 국가 내부의 인권활동을 위한 준거로 작용하게 되었다.

2) 인권기록의 검토

서방은 소련과 동구 내에서 협정이 제대로 이행되고 있는지 검토하는 데 중점을 두고 베오그라드 회의에 임하였다. 반면 소련 및 동구는 협정 이행상황을 검토할 경우 인권상황에 대한 비판을 초래할 우려가 있기 때문에 인권 기록 검토에 반대 입장을 취하였다. 그럼에도 불구하고 프랑스, 캐나다, 미국 대표를 중심으로 소련과 동구에서의 인권유린 문제가 집중적으로 제기되었다. 이러한 서방의 비판에 대해 소련 및 동구는 2가지 방식으로 대응하였다. 첫째, 회의 초반 서방의 문제제기에 대해 역으로 비난하는 방식으로 대응하였다. 먼저 미국이 1976년 발효된 시민적·정치적 권리에 관한 국제규약과 경제적·사회적·문화적 권리에 관한 국제규약을 비준하지 않았다고 강

---

2) 이금순·김수암, 『개혁·개방 과정에서 인권의제: 이론과 실제』(서울: 통일연구원, 2006), pp. 80-92.

력하게 비난하였다. 또한 흑인 차별, 실업, 여성에 대한 억압 등 오히려 서방과 미국에서 경제적·사회적·문화적 권리가 유린된다고 비난하고 있다. 둘째, 회의 중반 이후 타국가의 인권문제를 제기하는 것은 헬싱키 협정상의 내정불간섭 원칙을 위반하는 것이라고 주장하였다. 또한 인권을 둘러싸고 미소 초강대국이 경색된 입장을 견지하면서 비동맹·중립국들의 중재역할에 부정적 영향을 미치는 요인으로 작용하였다.3)

3) 제안의 발의와 최종문서 채택 과정

다음으로 협정의 실천력을 제고하기 위해 새로운 제안을 발의하고 조정과정을 거쳐 최종문서를 채택하는 작업이 진행되었다. 먼저 인권과 바스켓 Ⅲ에 대해 이산가족 재결합, 양국 간 국제결혼, 기자 대우를 위한 국제규범, 과학자 간 직접 접촉, 인권과 기본자유 존중, 노동의 권리, 여성의 권리, 평화교육, 사업가를 위한 경제정보에 대한 접근 개선을 중심으로 새로운 제안들이 제출되었다. 이와 같이 다양한 제안들이 발의된 가운데 1978년 1월 중순 소련은 자신이 선호하는 군사·안보, 경제 제안 중심의 최종문서 초안을 제시하였다. 그렇지만 소련의 초안에는 인도주의 분야에서 참가국들이 협력을 확대해나간다는 내용만 담겨 있었다. 서방에서는 소련의 초안에 대해 1980년 마드리드에서 후속회담을 갖자는 제안을 제외하고 인권 분야에서 실질적 내용이 결여되어 있다고 비판하였다. 서방과 비동맹·중립국들은 인권과 인도주의 문제를 포함하는 포괄적이고 실질적인 최종문서가

---

3) John Fry, *The Helsinki Process: Negotiating Security and Cooperation in Europe* (Honolulu: Universtiy Press of Pacific, 1993), pp. 25-31.

도출되어야 한다고 주장하였다. 특히 헬싱키 협정 이행의 긍정적 측면뿐만 아니라 부정적 측면도 기록되어야 하며 바스켓 III 진전을 위한 새로운 공약이 포함되어야 한다고 강조하였다. 구체적으로 미국과 북대서양조약기구 동맹국들은 1978년 3월 9일 협정의 실행이 데탕트의 진전에 필수적이라는 점, 마드리드에서 1980년 11월 11일 후속회담 개최, 전문가 모임 개최 등의 내용이 최종문서에 포함되어야 한다는 성명을 발표하였다.[4]

이렇게 최종문서에 담을 내용을 둘러싸고 양 진영이 대립되는 가운데, 비동맹·중립국들은 중재안을 만들어 타협을 시도했지만 각 당사자들의 이견을 좁히지 못해 최종문서를 채택하는 데 실패했다. 그 요인을 살펴보면 첫째, 두 초강대국 사이에 전개되어 온 대결의 분위기, 실질적 대화보다는 상호 주장과 상호 비난이 주류를 이루었던 상황 때문이다. 둘째, 무엇보다도 중요한 요인은 소련·동구사회주의권, 서방과 비동맹·중립국들 사이에 협정 이행에 대한 접근전략의 차이다. 서방과 비동맹·중립국들은 협정 이행 상황을 검토하고 인권과 인도주의 문제 이행 실패에 대한 책무성 관례를 수립하고자 노력하였다. 반면 소련과 동구 사회주의국가들은 내정불간섭 원칙을 활용하여 베오그라드 회의에서 인권의 중요성을 분산시키려는 전략을 구사하였다.[5] 이와 같이 내정불간섭 원칙 대 책무성 원칙이 대립됨으로써 최종문서 채택에 장애가 조성되었다.

베오그라드 회의는 비록 최종문서를 채택하지 못하고 종결되었지

---

4) Vojtech Mastny, *Helsinki, Human Rights, and European Security: Analysis and Documentation* (Durham: Duke University Press, 1986), pp. 176-177; Fry (1993), pp. 39-41.

5) Mastny (1986), pp. 180, 184-185.

만 다음과 같은 의미를 갖는다고 평가할 수 있다. 첫째, 협정의 이행이 데탕트의 진전에 필수적이라는 점을 재확인하였다. 둘째, 마드리드에서 후속회의를 갖기로 결정함으로써 헬싱키 프로세스의 지속성이 보장되었다. 셋째, 서방의 주장이 수용되어 분쟁의 평화적 해결 포럼(1978년 스위스), 과학 포럼(1978년 독일) 등을 개최하기로 함으로써 전문가 모임이라는 새로운 이행 메커니즘이 도입될 수 있었다.6)

2. 마드리드 후속회의

1) 환경적 요소

1980년 마드리드에서 개막된 2차 후속회의에서 인권 및 바스켓 Ⅲ 이행 문제를 논의하는 데 영향을 미치는 환경적 요소는 인권적 측면과 정치적 측면으로 구분하여 살펴볼 수 있다. 먼저 인권적 측면으로 소련 및 동구에서 헬싱키 모니터링 그룹에 대한 탄압, 정보의 자유로운 전파 억제, 폴란드 내의 노조에 대한 강력한 탄압 등을 들 수 있다. 다음은 정치적 측면으로 첫째, 베오그라드 회의와 마찬가지로 마드리드 회의에서도 인권문제에 대해 미국은 적극적 태도를 견지하였다. 헬싱키 협정의 구현을 위해 활동하는 미국의 비정부조직들로 구성된 헬싱키 로비(Helsinki Lobby) 소속 30명의 회원이 대표단에 합류하였다. 이들은 헬싱키 협정 이행에 적극적으로 임하도록 백악관과 의회를 압박하였다. 둘째, 무엇보다도 1979년 소련의 아프가니스탄 침공

---

6) Concluding Document of the Madrid Meeting 1980 of Representatives of the Participating States of the Conference on Security and Co-opertation in EUROPE, Held on the Basis of the Provisions of the FINAL ACT Relating to the FOLLOW-UP to the Conference.

이 마드리드 회의에 부정적 영향을 미치는 핵심요인으로 작용하였다. 셋째, 1981년 12월 13일 폴란드 정부의 계엄령 선포이다.[7]

2) 인권기록의 검토

마드리드 회의에서도 서방에 의해 소련 및 동구 사회주의국가들의 인권상황에 대한 검토가 지속되었다. 베오그라드 회의와 비교하여 서방은 인권기록 검토에서 보다 강경한 입장을 견지하였는데, 그 요인은 첫째, 헬싱키 모니터링 그룹의 활동에 대한 탄압 등 소련 내 인권기록이 더욱 악화되었다고 평가되었다. 둘째, 소련의 아프가니스탄 침공이다. 셋째, 소련을 직접적으로 비판해야 한다는 서방국가들의 의지가 강화되면서 비동맹·중립국들도 소련과 동구에 대해 보다 공세적인 입장을 취하게 되었다.[8]

베오그라드 회의와 비교하여 마드리드 회의에서는 보다 구체적으로 바스켓 III의 이행 상황이 점검되었다. 바스켓 III 내의 정보조항에 대한 검토 시 서방라디오 방송에 대한 청취 제한, 언론인 활동 제약이 서방의 주된 관심 사안이었다. 특히 서방은 미국의 소리방송(VOA), 도이체 벨레(Deutsche Welle)에 대한 소련의 전파 방해, 자유유럽방송(Radio Free Europe), 자유방송(Radio Liberty)에 대한 소련과 동구국가들의 개입에 대해 비판하였다. 또한 서방대표들은 기자들에게 복수 출입국 비자를 발급하는 양자 협력이 체결되는 등 일부 진전이 있었지만 동구에서 기자들의 활동조건이 보다 악화되는 현실에 대해 우려를 표명하였다. 서방은 인적접촉과 관련하여 서방국가들은

---

7) Mastny (1986), pp. 197-198.
8) Fry (1993), pp. 51-53.

1980년 소련에서의 유대인 이민의 급속한 감소, 반유대정서의 증가, 이민에 대한 관료적·절차적 장애문제를 집중적으로 제기하였다. 그리고 동독, 루마니아, 체코에서의 인적접촉 기록도 비판의 대상이 되었다.9)

서방에 의한 인권상황 검토를 둘러싸고 동서 양 진영 간 입장이 대립되었다. 첫째, 헬싱키 모니터링 그룹의 활동을 둘러싸고 논쟁이 전개되었다. 서방은 해당 정부가 헬싱키 협정을 준수하는지 여부를 감시하는 것은 개인의 권리라고 주장하였다. 반면 소련과 동구는 협정은 정부가 당사자이므로 협정이 소련 및 동구 내 헬싱키 모니터링 그룹을 위한 법적 기반이 될 수는 없다고 반박하였다. 둘째, 서방과 동구는 각각 협정상 자유로운 이동이 보장되어야 한다는 조항과 국내 입법은 외부간섭 없이 결정되어야 한다는 조항에 근거하여 상대방을 비판하였다. 셋째, 데탕트, 교류협력, 인권의 상관성에 대해 논쟁이 전개되었다. 소련과 동구는 정보유통을 제약한다는 서방의 비판에 대해 데탕트가 진전되면 정보의 유통이 증가할 수 있다고 주장하였다. 반면 서방은 소련 및 동구사회주의 국가 내 인권 상황이 바스켓 II상의 교류협력에 부정적 영향을 미치는 요인이라고 강조하였다.10)

3) 제안의 발의와 최종문서 채택 과정

인권기록의 검토와 더불어 인권과 바스켓 III 관련 조항의 실행력을 강화하기 위한 제안과 이를 바탕으로 최종문서를 채택하는 과정이 병행되었다. 협정의 이행과 관련하여 인적 접촉 8개, 정보 6개, 문

---

9) Fry (1993), pp. 57-59; Mastny (1986), p. 194.

10) Mastny (1986), pp. 261-262.

화교류 6개 등 바스켓 Ⅲ에 대해 19개의 제안들이 발의되었다.

먼저 서방은 협정 상 여전히 모호하게 규정되어 있는 인적 접촉 조항들을 보다 명료하게 규정하고자 하였다. 특히 인적 접촉을 위한 합리적인 기간이 설정되어야 한다고 강조하였다. 서방은 가족재결합에 대한 신속한 처리, 지원신청의 수용 및 거부 사유에 대한 서면 통보, 지원신청의 갱신 허용 등을 제안하였다. 그리고 지원신청이 직업, 주거, 사회·경제·교육에 차별을 주는 부정적 요인으로 작용해서는 안 된다고 강조하였다. 또한 인적 접촉을 활성화하기 위해 비자 및 여권 발급을 위한 비용이 점진적으로 감소되어야 한다고 제안하였다. 그리고 외국인의 정당한 활동에 대해서조차 해당정부의 가이드가 동행하는 행위가 중지되어야 한다고 주장하였다.

정보 분야에 대해 서방은 소련과 동구에서 외국 신문과 정기간행물에 대한 접근의 기회가 확대되어야 한다고 촉구하였다. 또한 기자들의 활동조건과 관련하여 취재원에 대한 자유로운 접근, 정보를 획득하고 소통하였다는 이유로 기자나 정보원이 처벌받아서는 안 된다고 주장하였다. 그리고 고급호텔에서만 외국신문의 열람이 가능하고 지방의 공공 도서관에서는 접근 불가능한 상황이 개선되어야 한다고 요구하였다. 특히 서방은 외국 라디오 시청, 외국 정보에 대한 접근가능성이 확대될 수 있도록 정보 분야 조항의 구체화 필요성을 강조하였다.

인적 접촉과 정보 흐름을 활성화하자는 서방의 제안에 대해 소련과 동구는 서방이 수용할 수 없는 역제안을 발의하는 전략으로 임하였다. 소련과 동독은 외국 신문과 정기간행물에 대한 자유로운 접근 문제는 언급하지 않은 채 외국 기자는 그릇된 정보, 의도성 있는 정보, 거짓 정보를 전파해서는 안 되며, 주재국의 법과 규정을 준수하고 내정에 간섭하지 않는 것이 의무라고 주장하였다. 또한 소련과 동독은 인터뷰를 주선하고 기업 등에 대한 방문을 지원할 프레스센터를 설립하자고 제안하였다.

특히 마드리드 회의에서는 폴란드 사태로 인하여 노동의 권리가 주목을 받게 되었다. 서방에서는 자신의 선택에 따라 노동조합을 설립하고 가입할 권리를 보장할 것을 요구하면서 이러한 권리들의 자유로운 행사에 부합하지 않는 법안을 폐기하도록 촉구하였다. 이외에도 협정의 준수 여부를 감시하는 모니터링 권리, 종교권리 행사를 저해하는 장애를 제거하라는 문제가 제기되었다. 그리고 마드리드 회의에서 서방은 인권분야의 실천력을 강화하기 위한 새로운 메커니즘으로서 인권 전문가 모임을 개최하자고 제안하였다.11)

베오그라드 회의에서 최종문서가 채택되지 못한 선례를 교훈 삼아 마드리드 회의에서는 최종문서를 채택하려는 노력이 구체화되었다. 1981년 여름 휴회기간에 비동맹·중립국들은 인권과 군사안보 문제에 관한 동서 간 이견을 좁히기 위한 중재안을 준비했다. 그런데 이 과정에서 1981년 12월 13일 폴란드 정부가 계엄령을 선포하면서 최종문서 채택을 위한 논의가 진전될 수 없었다. 1982년 2월 회담이 재개되었지만 서방은 억류 노조원과 정치범의 석방, 정부·가톨릭 교회, 자유노조연대 사이의 대화 재개, 계엄령의 해제 등 폴란드 당국이 3가지 행동을 취해야 협상이 재개될 수 있다고 주장하였다. 서방은 폴란드 사태에 대해 협정 '정치·경제·사회체제 선택권'(원칙 1)을

---

11) Mastny (1986), pp. 253-256.

부인하는 행위이며, '인권과 기본적 자유존중'(원칙 7)을 위배하는 행위라고 비판하였다. 특히 미국은 폴란드 경제회복을 지원할 용의가 있지만 폴란드 국민의 기본권이 회복될 때 경제지원이 가능하다고 경제지원과 인권문제를 연계하는 입장을 표명하였다.[12]

1982년 가을 회담이 재개되었지만 여전히 폴란드 사태에 관한 서방의 조건들이 충족되지 않은 상태였다. 그런데 동서 양측은 베오그라드에 이어 마드리드 회의에서도 최종문서 도출에 실패할 경우 헬싱키 프로세스 자체에 가져올 부정적 결과를 우려하게 되었다. 비동맹·중립국들은 양 진영의 견해를 조정한 최종문서 타협안을 제시하였고 동서 양측이 수용의사를 보임에 따라 1983년 6월 17일 스페인 총리 펠립 곤살레스가 타협을 시도하였다. 곤살레스의 구상에 대한 서방과 비동맹·중립국 대표들의 지지가 확산되면서 6월 24일 미국은 중재안을 수용한다고 선언하였다. 7월 1일 소련 대표도 긍정적 의사를 표명하면서 7월 15일 38페이지에 달하는 최종문서에 대한 합의가 도출될 수 있었다.[13]

최종문서를 통하여 협정의 실행력을 강화하기 위한 진전된 조치가 포함될 수 있었다. 첫째, 협정상 인권과 기본적 자유 분야에서 자신의 권리와 의무를 알고 행동할 권리가 있다는 조문이 추가됨으로써 소련 및 동구 내 모니터링 그룹의 활동을 뒷받침할 수 있는 근거가 마련되었다. 둘째, 인적 접촉 분야에서 이산가족, 결혼 지원에 대한 우호적 처리, '6개월 내' 처리기한 명시, 이산가족 신청이 취업, 주거 등에 불이익을 주지 않는다는 내용 등 6가지 구체적 공약이 채택되었

---

12) Mastny (1986), pp. 244-245, 227-230.

13) Mastny (1986), p. 266.

다. 이외에도 종교 자유(4개 분야), 정보 분야(5가지 조치 등)에서 이행을 강화하기 위한 조치들이 추가될 수 있었다. 특히 협정상에는 포함되어 있지 않았던 노동조합에 대한 규정이 새롭게 추가되었다. 또한 비엔나 후속회의를 포함하여 인권전문가 모임(1985년 오타와), 인적 접촉 전문가 모임(1986년 베른)을 개최하기로 결정함으로써 바스켓 III 이행 메커니즘이 강화되었다. 다만, 정보 자유분야에서 외국신문과 저널의 구입·신청에서의 일부 조건 완화 등 일부 진전에도 불구하고 외국 라디오 방송에 대한 차단 금지, 보도내용으로 인한 외국 기자 추방 금지 등 서방의 주요 제안들이 포함되지 못하였다.[14]

3. 비엔나 회의

1) 환경적 요소

1986년 11월 4일부터 1989년 1월 19일까지 비엔나에서 개최된 3차 후속회의에서는 이전 회의와 비교할 때 소련의 전략적 변화가 바스켓 III 논의 및 최종문서 도출에 영향을 미치는 가장 핵심 요인으로 작용하였다. 회의 시작에 앞서 소련 당국은 2명의 저명한 양심수 사건(모스크바 헬싱키 그룹 지도자 유리 오를로프, 시인 이리나 라투신스카야)을 해결함으로써 비엔나 회의의 성공적인 출발에 긍정적 분위기를 조성하였다. 또한 소련 대표는 인권문제가 소련의 신뢰성을 손상시킨다는 인식에 따라 인권문제에 대해 전향적 태도를 취하였다.

---

14) Concluding Document of the Madrid Meeting 1980 of Representatives of the Participating States of the Conference on Security and Co-operation in EUROPE, Held on the Basis of the Provisions of the FINAL ACT Relating to the FOLLOW-UP to the Conference; Fry (1993), pp. 65-75.

그런데 회의 초반 고르바초프가 추진한 글라스노스트와 페레스트로이카 정책에 대해 서방 내에서 평가가 엇갈리고 있었다. 서독은 고르바초프의 정책에 대해 단계적으로 지원해야 한다는 입장을 견지한 반면, 미국·캐나다·영국·네덜란드는 이러한 정책을 활용하여 인권 분야에서 동구로부터 실질적 양보를 얻어내야 한다고 주장하였다.

소련의 전략적 변화에 따라 우호적인 분위기가 조성되었지만 회의 초반 의제의 우선순위를 둘러싸고 동서 양 진영 사이에 여전히 입장 차이가 노정되고 있었다. 16쪽의 연설 중 군사 문제에 13쪽을 할애한 점에서 보듯이 세바르드나제 소련 외상은 군축과 군사 문제가 우선순위가 되어야 한다고 주장하였다. 반면 서방에서는 유럽안보협력회의의 군사안보 분야와 인권 분야의 연계가 유지되어야 한다고 주장하였다. 특히 미국은 안보와 인권의제 사이에 균형이 유지되어야 한다고 강조하였다.15)

2) 인권기록의 검토

소련의 전향적 태도에도 불구하고 비엔나 회의에서도 여전히 인권 분야에서 협정 이행 기록에 대한 검토가 이루어졌다. 서방에서는 사하로프의 연금, 3,000명 이상의 폴란드 자유노조 지지자 심문, 헝가리에서의 표현의 자유 제약, 소련에서의 800여 명 정치범, 이산가족 재결합의 미결 문제 등 소련과 동구의 인권 상황이 여전히 열악하다고 비판하였다. 특히 비엔나 회의에서 서방은 종교 교육, 종교문헌 발간, 신자와의 접촉 유지 등 종교의 자유 문제를 집중적으로 제기하였다.

---

15) A. Bloed and P. Dijk (eds.), *The Human Dimension of the Helsinki Process: The Vienna Follow-up Meeting and its Aftermath* (Dordrecht: Martinus Nijhoff Publishers, 1991), pp. 1-7, 24.

정보 부문에서 서방과 중립국들은 해외로부터의 정보 유입과 접근성에 대한 제한 등 동구의 지속적인 검열문제를 제기하였다. 그리고 미국은 1986년 8월 30일 스파이 혐의로 소련에서 체포된 뉴스 앤 월드 리포트 통신원 니콜라스 다닐로프를 거론하며 동구에서 기자 활동이 제약당하고 있다고 비판하였다. 동구는 반발하면서도 서적 출판과 외국 저작의 번역에서 진전이 있다는 점을 '입증'하기 위하여 통계를 제공하는 등 변화된 모습을 보이기도 했다. 또한 인적 접촉과 표현의 자유 문제의 연계를 둘러싸고 논쟁이 전개되었다. 서방은 예술 표현의 자유에 대한 자신의 권리를 행사하였다고 동구 정부에 의해 박해받고 투옥된 개별 작가와 예술가 사건들을 집중적으로 조명하였다. 반면 동구는 정부 대 정부 협정을 체결하고 유럽 '평화문화'에 기반한 문화 교류가 증가하면 문제가 해결될 수 있다고 반박하였다.

이전 후속회의에서와 마찬가지로 시민적·정치적 권리 중심의 인권기록 비판에 대해 소련과 동구는 서방의 사회적·경제적 권리 상황을 제기하는 전략으로 대응하였다. 또한 사회주의 국가의 인권 상황만 문제 삼고 터키와 같이 미국의 동맹국의 인권문제는 거론하지 않는다고 비판하였다.[16]

3) 제안의 발의와 최종문서 채택 과정

비엔나 회의에서도 인권기록의 검토와 더불어 바스켓 III 조항의 실행력을 높이기 위한 다양한 구상들이 제안되었다. 1987년 1월 서방은 인권과 인도주의 분야에서 종교 자유 중심의 기본적 자유, 출국

---

16) Fry (1993), pp. 114-116; Bloed and Dijk (1991), pp. 8-10.

비자의 폐지, 이중 국적자의 처우 개선 등 인적 접촉, 정보 접근 확대 등 정보 분야를 포괄하는 16개 제안을 제출하였다. 특히 이태리와 노르웨이, 오스트리아는 종교의 자유에 관한 제안들을 발의하였다. 반면 동구는 노동의 권리, 실업의 종식, 무주택, 문맹과 기아로부터의 자유 등 사회적·경제적 권리 중심으로 구상을 제안하였다.[17]

그리고 정보 분야에서 비동맹·중립국들은 라디오와 텔레비전의 채널 고정 폐지, 기자의 작업 조건의 개선을 제안하였다. 이에 대응하여 루마니아는 자유로운 정보의 유통에 대한 독자적인 제안을 제출하였다. 동 제안에서 타국에 관한 정보와 뉴스는 객관성이 있어야 하고 국가 간 우호적 관계와 협력에 영향을 미치지 않아야 한다고 주장하였다. 그런데 정보 분야에서 동구의 제안은 여전히 전파 방해, 검열, 외국 기자에 대한 제한 등 정보 유통에 대한 국가통제를 합리화하는 내용에서 벗어나지 못하고 있었다.[18]

비엔나 회의에서도 협정의 실행력을 강화하기 위해 새로운 메커니즘을 도입하자는 다양한 제안들이 발의되었다. 가장 논쟁을 불러일으킨 것은 모스크바에서 인권과 바스켓 Ⅲ의 모든 이슈를 다루는 회담을 개최하자는 소련의 제안이었다. 이러한 소련의 제안에 대해 서방은 소련의 제안을 거절하지는 않았지만 유보적 태도를 취했다. 특히 미국은 소련이 이러한 구상을 실행할 의지가 있는지에 따라 소련의 제안을 수용할 것인지 결정하겠다는 입장을 표명하였다. 서방에서는 1차적으로 소련의 구상에 대응하여 차기 후속회의에 앞서 인적 부문 회의(Conference on the Human Dimension, CHD)를 개최하자고 제안하

---

17) Fry (1993), pp. 121-127.
18) Bloed and Dijk (1991), pp. 15-16.

였다. 특히 네덜란드는 인적 부문의 이행상황을 검증하기 위해 인권 자문위원회(consultative commission)를 설립하자고 제안하였다. 또한 영국은 '정보포럼'을 개최하자고 제안하였다. 그런데 인권과 인도적 사안의 실천력을 높이기 위한 활동을 전개하는 과정에서 이전 회의들과 달리 블록을 넘어 공동으로 제안을 발의하는 특징이 나타나고 있다. 헝가리 소수민족에 대한 루마니아의 처우에 항의하기 위해 헝가리는 캐나다와 공동으로 소수민족의 권리에 관한 제안을 발의하였다. 이는 헬싱키 프로세스 역사상 서방의 인권 관련 제안에 동구 국가가 처음으로 블록을 초월하여 공동으로 참여한 첫 사례이다.[19]

1987년 2월 19일 최종문서 조율과정이 시작되었다. 비엔나 회의에서는 최종문서 문안 작업을 가속화하는 방안으로 바스켓별로 비동맹 중립국가의 대표를 조정자로 임명하였다. 1988년 5월 13일 비동맹·중립국들은 비교적 서방에 우호적인 최종문서 초안을 제출하였다. 이와 같이 비동맹·중립국들의 중재에도 불구하고 최종문서 작업은 몇 가지 요인에 의해 지연되었다. 첫째, 여전히 소련과 동구의 인권실태가 부정적 요인으로 작용하였다. 종교의 자유, 인권모니터링 그룹, 국내입법에 관한 예외조항, 출국비자, 인적 접촉, 정보의 자유로운 유통의 문제가 협정 문안 조율을 저해하는 요인이었다. 둘째, 소련에서 인권회의를 개최하는 문제가 부정적 영향을 미치는 요소로 작용하였다. 미국은 소련에서 인권회의가 개최될 경우 접근과 공개성, 특별 이행기준이 충족되어야 한다고 주장하였다. 서방에서는 소련의 인권회의

---

19) Bloed and Dijk (1991), pp. 5, 17–20; Arie Bloed(ed.), *The Conference on Security and Co-operation in Europe: Analysis and Basic Documents, 1972–1993* (Dordrecht: Kluwer Academic Publishers, 1993), p. 5.

개최 제안을 수용하게 되면 자칫 소련의 열악한 인권상황을 묵인하는 것으로 오인될까 우려하였다.[20]

그런데 초강대국 미국과 소련이 전향적 태도를 보임에 따라 비동맹·중립국들의 중재 노력이 결실을 맺을 수 있었다. 이 과정에서 후속회담의 수, 후속회담에 대한 주최 국가의 책임, 외국 방송에 대한 전파방해 등에 관하여 기본적 타협이 이루어질 수 있었다. 인권과 종교 자유에 대한 해석 문제로 진통을 겪었지만 1989년 1월 15일 비동맹·중립국들이 마련한 최종문서가 합의로 채택되었다. 최종문서에는 헬싱키 모니터링 요원의 권리 존중, 외국 라디오 방송의 정상적 수신 허용, 개인 우편과 전보 서비스의 존중, 가족 재결합과 긴급 여행을 위한 지원 시간제한 철폐, 종교권리 확대, 국제 테러리즘 예방과 중지, 인권 관심 사안을 해결하기 위한 효율적인 메커니즘 창설 등 가장 포괄적인 인권 공약이 담겨 있다. 또한 각 영토 내에서의 소수민족 문제가 포함되었다.[21]

비엔나 회의의 성과와 특징을 살펴보면 첫째 이전 후속회의와 비교할 때 동서가 공동으로 발의하는 제안이 증가하였다. 유럽에서의 긴장이 완화되면서 헬싱키 프로세스의 수용성이 증가되는 징표로 볼 수 있다. 둘째, 인권과 인도주의 분야에서 전례 없는 성과를 거두었다. 셋째, 비엔나 회의 진전에 공공 외교가 중요한 요소로 작용하였다. 미국, 캐나다, 유럽의 비정부기구들이 인권과 인도주의 분야에서

---

20) Bloed and Dijk (1991), pp. 23-26; Bloed (1993), p. 56.

21) Concluding Document of the Vienna Meeting 1986 of Representatives of the Participating States of the Conference on Security and Co-opertation in EUROPE, Held on the Basis of the Provisions of the FINAL ACT Relating to the FOLLOW-UP to the Conference; Fry (1993), pp. 136-138; Bloed and Dijk (1991), p. 25.

성과를 도출하는 데 중요한 역할을 수행하였다. 넷째, 인적 부문 회의, 런던 정보 포럼 등 다양한 후속회담을 도입함으로써 바스켓 Ⅲ 실행력 강화에 기여하고 있다.

4. 파리정상회의

1975년 헬싱키에서 정상들이 협정을 조인하였듯이 파리정상회담은 유럽의 장래를 논의하기 위한 유사한 회의를 소집하자는 고르바초프의 제안으로 성사될 수 있었다. 새로운 유럽에서 유럽안보협력회의가 선도적 역할을 해야 한다는 것이 고르바초프의 생각이었다. 미국은 우호적으로 검토하였지만 동 정상회의 결과 유럽안보협력회의의 위상을 어떻게 정립할 것인지에 대해 고민하게 되었다. 당시 동구와 소련으로부터 군사적 위협이 소멸되면서 유럽에서 나토의 장래 역할에 대한 관심이 고조되고 있었다. 나토 동맹을 약화시키지 않으면서 유럽안보협력회의를 정치적·제도적으로 강화하는 문제가 현안으로 대두되었다. 나토 지도자들은 나토와 유럽안보협력회의의 관계를 명료하게 규정하려고 시도하였다. 그 결과 새로운 유럽 구상에서 나토가 여전히 집단안보의 중심적 역할을 수행해야 한다고 입장이 정리되었다.[22]

이렇게 유럽안보협력회의의 위상에 대한 입장이 조율되면서 1990년 11월 19일 파리에서 정상회담이 개최될 수 있었다. 1990년 11월 21일 파리정상회의 결과 신유럽을 위한 파리헌장(Charter of Paris for a

---

22) Bloed (1993), p. 59: Fry (1993), pp. 156-157.

New Europe)이 채택되었다. 파리 헌장에서는 인권과 기본적 자유를 기반으로 하는 민주주의에 대한 확고부동한 준수의지, 경제적 자유와 사회정의를 통한 번영을 강조하고 있다. 민주주의는 인간과 법치에 대한 존중을 기반으로 하며 표현의 자유, 사회 모든 집단에 대한 관용, 기회균등을 위한 최상의 수호자라고 선언하고 있다. 또한 자유와 정치적 다원주의가 지속가능한 경제 성장, 번영, 사회정의를 지향하는 시장경제를 발전시키는 데 필수 요소라고 강조하고 있다. 그리고 파리 정상회의에서는 소수민족에 관한 추가적인 전문가 모임(1991년 7월 제네바), 민주적 제도를 강화하고 법치 적용의 증진에 관한 전문가 모임(1991년 11월 오슬로)을 개최하기로 결정하였다.[23]

Ⅲ. 바스켓 Ⅲ의 이행을 위한 전문 회의

1. 인권전문가 모임

헬싱키 프로세스는 후속회의와 함께 전문가 모임이 추가로 도입됨으로써 이행 메커니즘이 강화되는 특징을 보이고 있다. 이러한 이행 메커니즘의 일환으로 인권 보호 및 개선을 위한 인권 전문가 모임이 1985년 5월 7일~6월 17일까지 오타와에서 개최되었다.

---

23) Bloed (1993), pp. 60-61.

1) 주요 논쟁

인권전문가 모임에서는 헬싱키 프로세스 내내 양 진영 사이에 논쟁을 유발했던 주제가 주로 다루어졌다. 첫째, 인권과 국제관계 사이의 적절한 인과관계에 대한 논쟁이다. 미국 대표는 개별 국가 내에서 인권이 존중되면 국제관계가 개선될 수 있다고 주장하였다. 그리고 1970년대 데탕트 시기에 소련의 인권상황이 더 억압되었듯이 데탕트가 진전된다고 개별국가 내 인권이 개선된다고 볼 수 없다는 입장을 개진하였다. 반면 소련 대표는 데탕트, 즉 국가 간의 선린 관계가 인권 존중의 결과를 가져오고, 국제적 긴장은 인권을 억압하는 결과를 초래할 것이라고 서방의 인과관계 논리와 반대되는 주장을 전개하였다. 그리고 국제관계에서 긴장을 고조하는 데 인권문제가 잘못 사용되어서는 안 된다고 반박하였다.

둘째, 세계인권선언과 헬싱키 협정의 원칙7상의 시민적 · 정치적 · 경제적 · 사회적 · 문화적 권리에 대한 적절한 해석에 대한 논쟁이다. 소련은 의무가 권리보다 우선이고 시민적 · 정치적 권리보다 경제적 · 사회적 · 문화적 권리가 우선이라는 인권개념을 주장하였다. 반면 서방에서는 국가는 시민의 기본적 권리를 보호하기 위해 존재하며 생명, 자유, 행복의 추구 등 양도 불가능한 권리로서 시민적 · 정치적 권리가 인권개념을 구성한다고 주장하였다. 또한 개인의 권리와 자유에 대한 존중은 고용, 보건과 교육시스템의 효율성을 위한 선결조건이라고 반박하였다.[24]

인권전문가 모임에서 서방은 표현의 자유, 종교의 자유, 소수민족

---

24) Bloed and Dijk (1991), pp. 304-308.

에 대한 차별 등 동구에서의 인권기록을 비판적으로 검토하였다. 특히 프랑스는 종교와 양심의 자유, 서독은 이동의 자유에 관심을 집중적으로 표명하였다. 반면 소련과 동구는 다른 국가 인권상황은 거론하지 않는다는 입장을 견지하였다. 그럼에도 불구하고 서방과 중립국들이 소련과 동구의 인권실태를 강력하게 제기하자 다른 국가에 대한 인권을 반격하는 태도로 전환하였다. 소련과 동구는 서방의 경제적·사회적 권리 실태를 부각시키는 데 주력하였다. 특히 소련과 동구는 '평화롭게 살 권리'라는 제3세대 인권개념을 새롭게 도입하려고 시도하였다.[25]

2) 최종보고서 채택 문제

인권전문가 모임에서도 최종보고서를 채택하는 과정이 진행되었다. 유럽경제공동체와 나토가 중심이 된 서방 대표들은 결론과 권고를 담은 보고서 초안 OME(Ottawa Meeting of Expert) 47을 제출하였다. 'OME 47'은 비동맹·중립국들의 주요 제안을 일부 고려하여 작성되었다. 바르샤바 동맹국들도 보고서 초안 'OME 48'을 제출하였지만 이들 양자의 초안은 너무 논쟁적이어서 절충을 기대하기 어려웠다. 비동맹·중립국가들은 중재를 통해 최소한의 동의를 끌어내기 위해 비교적 온건한 내용을 담은 중재 초안 'OME 49'를 발의하였다. 동 초안에는 비엔나 후속회의에서 참가국들은 추가적인 인권 전문가 모임 개최를 고려해야 한다는 권고가 포함되었다. 서방은 이러한 중재안을 수용하였지만 소련은 추가 인권모임에 관한 권고를 거부하였다.

---

25) Fry (1993), pp. 96-98.

서방과 중립국들은 추가 인권전문가 모임 개최를 고려하라는 권고가
빠진 최종보고서를 수용할 수 없었다. 또한 제3대 인권을 도입하려는
시도가 최종문서 채택에 장애 요인으로 작용하였다. 소련은 평화롭게
살 권리가 권고안에 포함되어야 한다고 강력하게 주장하였다. 이러한
장애요인으로 인해 인권전문가 모임에서 최종보고서를 채택하는 데
실패하였다.

최종보고서를 채택하지는 못하였지만 인권전문가 모임은 다음과
같은 의의를 지니고 있다. 첫째, 고문의 방지, 남녀평등, 이주노동자
권리 등의 이슈에 대해 동서 양 진영 사이에 상당한 정도 공감대를
형성할 수 있었다. 둘째, 양 진영이 논쟁을 전개하는 과정에서 상충하
는 견해가 명료하게 표출되었고 극단적으로 재해석하려는 시도가 감
소되었다. 셋째, 참가국간 구체적이고 건설적인 논의가 진행되면서
서방에 의해 45개의 제안이 발의되었는데, 이것이 1986년 비엔나 회
의에서 인권문제 논의를 위한 기반으로 기능하게 되었다.[26]

2. 인적 접촉 전문가 모임

마드리드 후속회의 결정에 따라 1986년 4월 26일부터 5월 26일까
지 사람, 제도, 조직 간 접촉의 발전을 논의하기 위해 베른에서 인적
접촉 전문가 모임이 개최되었다. 베른 인적 접촉에서는 가족 재결합,
가족 방문, 국제결혼, 이민을 포함한 이동의 자유, 종교 구성원, 소수
민족간 접촉, 노동조합간 접촉, 여행의 발전, 청년과 스포츠 교류 등

---

26) Bloed and Dijk (1991), pp. 308-311.

의 이슈가 포괄적으로 검토되었다. 소련은 고르바초프의 정책 변화 및 고르바초프와 레이건 회담을 반영하여 인적 접촉 분야에서의 실천에 전향적 자세를 취하였다. 이에 따라 인적 전문가 모임은 헬싱키 프로세스 역사상 헬싱키 협정 준수에 대한 검토가 가장 철저하게 진행될 수 있었다.

바르샤바 동맹국들이 24개 제안을 발의한 가운데 나토 회원국과 유럽경제공동체는 20개 실천적 조치를 담은 최종보고서 초안을 제출하였다. 비동맹·중립국들을 대표하여 스위스가 양 진영의 입장을 조율한 최종문서 초안을 제출하였다. 모든 국가들이 수용의사를 표명하였지만 미국은 헬싱키 프로세스의 신뢰에 손상을 준다는 이유로 비동맹·중립국들의 초안에 대해 부정적인 태도를 취하였다. 미국은 초안의 내용은 헬싱키 협정 규정을 단순히 반복하거나 헬싱키 협정보다 그 의미가 퇴색되었다고 주장하였다. 나아가 일부 종교 관련 규정은 선례를 손상시킬 가능성마저 있다고 비판하였다. 미국은 최종보고서가 너무 많은 유보조항을 포함하고 있기 때문에 차라리 채택하지 않는 것이 낫다고 최종보고서 채택에 반대하였다. 이로 인해 헬싱키 프로세스 역사상 인도주의에 관한 최종보고서가 서방국가에 의해 채택되지 못하는 최초의 선례를 남기게 되었다. 그렇지만 베른에서의 논의는 인도적 가치와 양심이라는 서구의 이상에 대해 소련과 동구가 공통의 이해를 표명하였으며, 이들로 하여금 동일한 인도적 인식 아래 행동하도록 촉진하는 요소로 작용하였다.27)

---

27) Fry (1993), pp. 102-104; Bloed (1993), pp. 90-91.

3. 인적 부문 회의

인적 부문 회의는 인권과 기본적 자유를 존중하고 인적 접촉 및 기타 관련 인도주의 문제를 진전시키기 위해 구상되었다. 1차 회의는 1989년 5월 30일부터 6월 23일까지 파리, 2차 회의는 1990년 6월 5일부터 6월 29일까지 코펜하겐, 3차 회의는 1991년 9월 10일부터 10월 4일까지 모스크바에서 개최되었다. 3차례 회의가 진행되는 과정에서 회의별로 국제정치 환경 등 외적 여건이 논의과정에 영향을 미치는 주요 요소로 작용하고 있다.

파리 회의는 비엔나 회의가 끝난 직후 개최되었기 때문에 짧은 준비 기간으로 인해 실질적 성과를 도출하기 어려웠다. 파리 회의에서 미국·헝가리·오스트리아는 출국 비자에 대한 불공평한 요구조건을 제거하자고 요구하였다. 또한 영국은 유죄가 입증되기 전까지 무죄추정과 같은 사법 원칙이 수용되어야 한다고 주장하였다. 그리고 스위스는 사법 참관자 교류를 제안하였다. 비엔나 회의 직후 개최되어 최종문서가 채택되지는 못하였지만 파리 회의에서 발의된 대부분의 제안은 코펜하겐 회의에서의 논의를 위한 토대가 되었다.[28]

1989년 동구와 소련에서의 정치적 전환이 1990년 6월 5일 개최된 코펜하겐 회의에 결정적 영향을 미치는 요소로 작용하였다. 소련과 동구에서 체제전환을 겪고 있는 상황에서 공산주의 선임자의 잘못된 행동을 비판하는 '이행 검토' 절차가 불필요하게 되었다. 그리고 이전 회의와 달리 코펜하겐에서는 블록의 구성국이었던 헝가리가 만장일

---

28) Fry (1993), pp. 151-152.

치로 조정자로 임명되었다. 이에 따라 비동맹·중립국들의 역할이 감소되었다. 회의 결과 참가국 사이에 다원적 민주주의와 법치가 인권과 기본적 자유를 존중하는 데 필수적이라는 공감대가 형성되었다. 코펜하겐 회의에서는 이전과 달리 동서 간 차이가 사라짐에 따라 서방진영 내에서 이견이 노정되었다. 사법 검토, 정보자유 입법, 정보기관에 대한 시민 통제와 같은 중요한 문제에 관해 서방국가들이 합의하는 데 어려움을 겪었다.

바르샤바 조약기구가 붕괴되면서 동서, 비동맹·중립을 아우르는 새로운 그룹이 헬싱키 프로세스에서 중요한 역할을 수행하였다. 특히 나토 회원국인 이탈리아, 동구 블록이었던 체코와 헝가리, 비동맹·중립국이었던 오스트리아와 유고 등 5개 국가로 구성된 그룹이 회담의 비공식적 실무절차를 마련하는 데 건설적 역할을 수행하였다. 또한 이전의 동서 간 논쟁과 달리 특정 국가의 대표와 이들을 법률적으로 조력하는 법률가 사이의 논쟁에 의해 회의가 영향을 받기도 하였다. 외교관들은 정치적으로 구속력 있는 선언을 선호한 반면 법률가들은 영속성을 보장할 수 있는 조약 성격의 문서를 선호하였다.[29]

---

29) Fry (1993), pp. 153-155; Bloed and Dijk (1991), pp. 133-134.

Ⅳ. 바스켓 Ⅲ 이행 협상전략과 비동맹·중립국의 역할

1. 바스켓 간 연계 전략

헬싱키 협정 채택 과정에서 인권과 바스켓 Ⅲ(인도주의 사안)를 주도했던 서방과 비동맹·중립국들은 후속회의와 전문가 모임에서 인권과 바스켓 Ⅲ의 실행력을 높이기 위해 바스켓 간 연계 전략을 구사하였다. 동서 양 진영 간 경제협력이 증대하면서 서방에서는 경제협력을 지렛대로 바스켓 Ⅲ의 이행을 강화할 필요가 있다고 판단하였다. 특히 인적 접촉이 확대되면 동구인들에게 서방이 향유하는 개인의 자유를 관찰할 기회를 제공해줄 수 있다고 인식하였다. 이에 따라 서방은 경제협력을 통해 인적 접촉과 정보교류를 촉진하기 위해 바스켓 Ⅱ와 바스켓 Ⅲ를 연계하고자 하였다.[30]

이와 같이 서방은 경제협력을 통해 동서 양 진영 간 인적 접촉을 확대하고 정보 유통을 확산시키고자 하였다. 그렇지만 실제로 서방은 소련과 동구 내부에서 인적 접촉과 정보유통을 활성화하기 경제협력을 직접적으로 연계시키는 전략을 적극적으로 추진하지는 못하였다. 경제협력을 통하여 수입이 늘어나는 등 진전이 있었지만 그 과정에서 소련과 동구에서 의미 있는 정보 유통의 확산으로 연결시키지는 못하였다. 첫째, 정보유통의 측면에서 경제협력 과정에서 '시의적절한 정보의 발간'이 실질적으로 확대되지 못하였다. 둘째, 인적 접촉의 측면에서 생산자와 최종 소비자 간 직접 접촉이 실질적으로 확대되

---

30) 1977년 1월 14일 헬싱키 협정 이행 청문회에서 미국 상무장관 엘리어트 리처드슨의 발언. Mastny (1986), pp. 134-135.

지 못하였다. 서방은 인권과 바스켓 III의 이행을 위해 서방의 상품과 자본에 대한 소련과 동구 내 욕구를 적절하게 활용하지 못하였다. 이로 인해 소련과 동구는 경제협력의 이득만 취할 뿐 자국 내 이민추구자, 인권활동가들을 인권의 측면에서 관심을 가져야 한다는 압박감을 느끼지 못하였다.[31]

함부르크에서 개최된 과학 포럼에서도 서방과학자들은 바스켓 II와 바스켓 III를 연계하는 전략을 시도하였다. 동 포럼에서 서방대표는 소련과 동구 내 과학자들의 권리가 유린되고 있기 때문에 서방과학자들과의 협력이 위축되고 있다고 주장하였다. 반면 소련은 데탕트가 진전되면 정보의 유통이 증가하는 등 인권상황이 개선될 수 있다는 입장으로 대응하였다. 과학 포럼에서 채택된 보고서에서 소련과 동구 과학자들에게 인권과 기본적 자유가 존중되어야 국제과학협력이 개선될 수 있다고 바스켓 II와 바스켓 III의 연계를 강조하고 있다.[32]

또한 앞에서 살펴보았듯이 미국은 폴란드의 노조 탄압과 관련하여 폴란드 국민의 기본권이 회복될 때 경제지원이 가능하다고 경제지원 문제와 인권유린을 연계하는 입장을 취하였다. 이와 같이 서방에서는 바스켓 II와 바스켓 III의 연계가 필요하다는 인식 아래 후속회의와 전문가 포럼 등에서 이러한 문제를 제기하였지만 헬싱키 프로세스 내내 강력한 의지를 갖고 직접적 연계전략을 지속적으로 추진하지는 못하였다. 마찬가지로 비엔나 회의에서 보듯이 서방은 안보와 인권이 연계되어야 한다는 입장이었지만 실제로 인권과 군축을 직접적으로

---

31) 1977년 1월 14일 헬싱키 협정 이행 청문회에서 버클리 대학 경제학 교수 조지 그로스만의 발언. Mastny (1986), pp. 136-137.

32) Mastny (1986), pp. 215-218.

연계하는 전략을 추진하지는 못하였다.

2. 인권 기록의 검토와 실행력 제고 전략의 병행

헬싱키 협정을 이행하기 위한 후속회의는 2가지 방식으로 진행되었다. 첫째, 서방은 협정 이행 과정에서 소련 및 동구 주민들의 인권을 '보호(protect)'하는 활동을 주요 목표로 설정하였다. 즉, 서방은 소련 및 동구 사회주의국가들이 협정에 규정된 의무와 공약을 제대로 이행하고 있는지 검토하는 활동을 전개하였다. 이로 인해 협정 이행 상황을 검토하려는 서방과 이에 반발하는 동구의 입장이 첨예하게 대립되는 상황이 지속되었다.

소련 및 동구 주민의 인권을 보호하기 위해 인권 상황을 검토하는 과정에서 협정은 소련 및 동구 내 인권상황에 영향을 미치는 요소로 작용하였다. 협정을 활용하여 소련 및 동구에서 헬싱키 모니터링 그룹이 형성되었다.[33] 이들 모니터링 그룹의 인권보고서와 이들의 활동에 대한 탄압이 후속회의에서 소련 및 동구 내 인권상황 검토에 영향을 미치는 요소로 작용하였다.

둘째, 협정의 조항을 보다 구체화하고 실행력을 높임으로써 소련 및 동구 주민들의 인권을 '개선(improve)'하기 위한 여건을 조성하는 활동이 전개되었다. 헬싱키 협정에 서명한 각각의 그룹이나 국가들이 협정의 실행력을 높이기 위해 새로운 제안을 제출하고 이해관계를 조정하는 과정을 거치고 있다. 이를 바탕으로 최종보고서를 도출하는

---

33) Daniel C. Thomas, *The Helsinki Effect: International Norms, Human Rights, And The Demise of Communism* (Princeton: Princeton University Press, 2001).

과정이 진행되었다.[34] 이와 같이 서방은 인권과 인도주의 분야에서 인권상황의 검토를 통해 소련과 동구주민들의 인권을 '보호'하고 협정 실행력을 제고함으로써 소련과 동구주민들의 인권을 '개선'할 수 있는 여건을 조성하는 병행전략을 구사하였다.

3. 비동맹·중립국의 역할

헬싱키 협정 채택과정과 마찬가지로 후속회의에서 비동맹·중립 국가들은 서방과 동구 사이의 입장을 조율하는 역할을 수행함으로써 헬싱키 프로세스의 지속성에 기여하였다. 오스트리아, 유고 등 9개 비동맹·중립국들은 크기, 인구, 경제력 등에서 동질성이 있는 것은 아니었다. 그리고 이슈별로 동일한 입장을 가진 것도 아니었다. 예를 들어 인권문제에 관해 유고는 사회주의 국가로서 인권논의에 방어적으로 대응함으로써 비동맹·중립 그룹 내에서 독특한 입장을 견지하였다. 그렇지만 비동맹·중립국들은 최소한 2가지 이해를 공유하고 있었다. 첫째, 무력 분쟁이 발생할 경우 동맹국가들과 달리 타국의 군사적 지원을 받을 수 없는 상황이므로 냉전이 극복되어야 한다고 인식하였다. 둘째, 유럽안보협력회의를 통해 유럽의 장래와 자신들의 운명을 도모해야 한다는 점에 대해 이해를 공유하고 있었다.

비동맹·중립국들은 다양한 방식으로 헬싱키 프로세스의 성공적 결과를 도출하는 데 기여해 왔다. 첫째, 중재의 역할을 수행하였는데, 헬싱키 프로세스 회의를 주재하였다. 둘째, 비공식 그룹의 조정자로

---

34) Bloed (1993), p. 55.

서 활동하였다. 특히 이 과정에서 유용한 절차적 구상을 제안하였다. 셋째, 최종문서가 채택될 수 있도록 중재안을 발의하였다. 비동맹·중립국들에 의해 제시된 제안은 반대 블록에서 발의한 제안보다 수용하기가 용이하였지만 그렇다고 이러한 중재문서가 가장 낮은 수준의 공통분모만을 담고 있는 것은 아니었다. 비동맹·중립국들은 때때로 패키지 딜을 제안하였다.[35]

구체적으로 비엔나 회의에서의 사례를 통해 비동맹·중립국들이 수행한 역할을 살펴볼 수 있다. 1987년 부활절 이 지난 시점에서 동서 어느 쪽도 최종문서 초안을 작성할 준비가 되어 있지 않았다. 이러한 상황에서 1987년 7월 30일 오스트리아와 스위스 대표는 바스켓 III에 관한 최종문서의 포괄적 초안을 제출하였다. 그동안 발의된 제안에서 중복되는 내용을 제거하고 11페이지로 축약된 문서를 작성하였다. 서방의 제안에서 담고 있는 대부분의 요소들을 반영하는 동시에 논쟁적 요소가 약한 일부 동구 아이디어도 수용하였다. 이러한 초안에 대해 동서 양 진영은 약간의 불만족 요소가 있었으나 수용의 태도를 보였다. 이와 같이 바스켓 III와 원칙에 관해 중립국들이 제시한 구상은 최종문서 작성을 위한 기반을 제공하였다.[36] 그런데 베오그라드와 마드리드에서의 경험에서 보듯이 비동맹 중립국들이 최종문서를 도출하는 데 기여했지만 동서 양 진영의 차이를 신속하게 해결하지는 못하였다.

---

35) Bloed and Dijk (1991), pp. 32-35.

36) Bloed and Dijk (1991), pp. 40-41.

V. 동북아판 헬싱키 프로세스 구상

제2차 세계대전 이후 동유럽에서 획득한 지정학적 기득권에 대해 현상을 유지하고 서방으로부터 경제협력을 얻기 위한 소련의 필요에 의해 출발한 유럽안보협력회의는 소련의 의도가 그대로 수용되지는 않았다. 소련은 안보와 경제적 측면에서 자신이 목표로 하였던 바를 성취하였다. 그렇지만 서방이 유럽안보협력회의에 참여하고 소련의 요구를 수용하는 대가로 인권과 인도적 문제를 의제에 포함시킴으로써 협상과정은 복잡한 양상을 띠게 되었고 회담 결과 채택된 협정은 서방의 목표도 관철되는 타협의 산물의 성격을 갖게 되었다.

헬싱키 프로세스는 그 명칭에서 보듯이 참여국간 안보, 경제협력, 인권과 인도주의 협력을 강화하기 위한 '과정'이다. 단순히 3개의 바스켓으로 구성된 포괄적 안보협력의 틀이라는 '결과'로서가 아니라 이러한 3가지 분야의 협력을 강화하기 위한 '역동적 과정'으로 보아야 한다. 특히 헬싱키 프로세스는 소련과 동구 내 정치적 상황의 변화, 국제정치라는 환경적 요소, 각 그룹들의 입장이 복합적으로 작용하는 가운데 실행력이 강화되고 있다.

협정에 규정된 인권과 바스켓 III 조항의 이행은 가장 논쟁적인 분야였다. 인권과 바스켓 III 이행을 위한 과정은 인권과 바스켓 III의 독자적 영역과 다른 바스켓과의 연계라는 2가지 영역이 중첩되면서 전개되고 있다. 먼저 전자의 영역과 관련하여 인권과 인도주의 협력을 강화하는 데 소련과 동구 내 인권실태가 핵심 논쟁요인으로 작용하였다. 특히 협정 이행과정에서 소련과 동구 내 인권기록과 바스켓 III에 대한 '이행 검토' 절차 수립이 서방의 핵심전략이었다는 사실을 주목할 필요가 있다. 또한 서방은 협정 실행력을 제고하기 위해 다양한 제안을 발의하고 별도의 이행 메커니즘을 도입하는 전략을 병행하였다. 후자의 영역과 관련하여 서방은 안보와 인권, 경제 및 과학협력과 인권을 연계한다는 입장을 견지하였지만 실제로 이를 구체화하는 전략은 상대적으로 취약하였다

헬싱키 프로세스에서 인권과 바스켓 Ⅲ의 이행에 영향을 준 핵심요소들을 주목할 필요가 있다. 첫째, 비동맹·중립국들의 역할이다. 우리는 흔히 동서 블록 간의 협상과정으로 헬싱키 프로세스를 이해하여 왔다. 그런데 헬싱키 프로세스에서 비동맹·중립국들은 회의 방식과 절차, 최종문서의 채택과정에서 중요한 역할을 수행하였다. 이들의 역할에도 한계가 있기는 하였지만 동서 간의 논쟁을 절충하거나 공통분모를 도출하는 동시에 패키지 딜(package deal)의 형태로 국면을 타개하려고 시도하였다.

둘째, 헬싱키 프로세스 전체를 살펴보면 소련에서의 지도부 교체와 전략의 전환이 핵심요인의 하나로 작용하였다. 베오그라드, 마드리드에 비해 비엔나에서 큰 성과를 거두었던 것은 고르바초프의 신사고가 커다란 영향을 미치고 있다. 특히 1989년 소련과 동구에서 체제 전환이 이루어지면서 파리 회의에서 인권을 보장하기 위해 근원적으로 민주주의와 법치문제가 수용될 수 있었다.

셋째, 초강대국 미국의 입장이 영향을 주는 요소로 작용하였다. 헬싱키 협정 이행과정에서 미국은 적극적으로 임하였으며, 미소 강대국의 입장이 회의 방향에 영향을 미치는 핵심요소로 작용하였다.

헬싱키 협정 채택과정과 이행과정에 대한 분석을 종합적으로 고려할 때 동북아판 헬싱키 프로세스를 구상하는 경우 다음과 같은 사항

을 고려할 필요가 있다. 첫째, 헬싱키 프로세스는 행위자의 측면에서 동서 양 진영과 비동맹·중립국, 무대의 측면에서 안보, 경제, 인권과 인도주의가 복합적으로 작용한 구조였다. 먼저 행위자의 측면에서 북한인권 개선을 위해 헬싱키 프로세스를 원용하더라도 북한만을 대상으로 할 것이 아니라 중국, 남북한, 미국, 일본 등 모든 행위자가 안보, 경제, 인권과 인도주의를 연계하는 포괄적 안보구조를 만들어나가야 한다. 특히 여전히 냉전적 질서가 상존하고 있는 동북아 질서를 고려할 때 동북아판 헬싱키 구조를 만들어가는 경우 중국 변수를 고려할 필요가 있다. 또한 헬싱키 프로세스에서 보듯이 유럽연합을 행위자로 포함시켜 조정자의 역할을 수행하는 것을 검토할 수 있을 것이다.

둘째, 헬싱키 프로세스에서 보듯이 정치적으로 구속력 있는 최종문서를 채택하고 이러한 정치적 약속을 실천에 옮길 수 있는 후속회의, 전문가 모임 등의 이행구조를 만들어나가야 할 것이다. 이 과정에서 각 행위자에 대한 인권기록을 검토하고 최종문서의 실행력을 높이기 위한 메커니즘을 동시에 창출해나가야 한다.

셋째, 만장일치에 의한 의사결정 방식, 각 행위자의 역할을 중재할 수 있는 메커니즘도 고려해야 할 것이다.

넷째, 헬싱키 프로세스와 달리 동북아판 헬싱키 프로세스를 구상하는 경우 북한 핵문제를 고려한 안보, 경제, 인권 및 인도주의를 포괄적으로 해결하는 연계전략을 수립할 필요가 있다.

제7장

헬싱키 협정의 이행과 소련의 인권운동

고가영

I. 연구목적

인권운동의 발생과 전개 과정은 나라마다 각기 고유의 특성을 지닌다. 소련의 인권운동은 1960년대 중반, 문인들의 창작의 자유를 정부가 탄압하는 것에 대해 지식인들이 반대함으로써 시작되었다. 인권운동의 발생 계기가 된 사건은 푸시킨 광장에서 있었던 시위였다. 소연방 헌법의 날인 1965년 12월 5일, 모스크바 시내 중심가에 위치한 푸시킨 광장에서 200여 명의 시민들이 작가 안드레이 시냡스키(А.Д. Синявский)와 유리 다니엘(Ю.М. Даниэль)의 석방을 요구하는 시위를 벌였다. 이 시위는 소련 역사상 처음으로 인권보호 구호하에 정권에 항의한 첫 공개 시위였다. 소련 인권운동가들과 인권운동연구자들은 이날을 소련 인권운동의 발발일로 여기고 있다.

물론 1965년 12월 이전 스탈린 시기에도 정부의 공식적인 노선들과 '다른 견해를 가진 사람들инакомыслящие'이 존재했으나, 그들은 자신들의 불만을 비공개적으로 표현했기 때문에 운동의 형태를 갖추지는 못했다. 스탈린 사후 흐루쇼프는 자유화 정책을 실시했고, 1956년 제20차 당 대회에서 스탈린 체제의 범죄 사실을 광범위하게 폭로했다. 이 같은 해빙의 분위기가 사회 전반에 확산되었고, 과거에는 금지되었던 주제들이 논의되기 시작했다. 그러나 브레즈네프 집권 이후 이러한 해빙의 기운은 급속히 냉각되었고, 스탈린주의를 부활시키려는 의도를 가진 새 정권은 작가들을 탄압하기 시작했다. 창작의 자유를 원한 작가들에 대한 탄압은 사회 내에서 공개적인 저항을 불러일으키게 되어 인권운동이 태동하는 계기가 되었다.

이렇게 발생한 소련의 인권운동은 4단계로 구분할 수 있다. 인권운동의 첫 단계는 1965년 푸시킨 광장의 시위일, 즉 인권운동 발생일로부터 1969년 중반까지이다. 이 단계는 인권운동의 초기단계로서 운동의 지도자들을 얻은 단계이며, 이 시기 주요 활동 형태는 정부의 고위기구들에 청원운동을 한 것과 시위였다. 두 번째 단계는 1969년 중반부터 헬싱키 협정이 체결되기 이전 단계이다. 이 시기는 과거의 활동 방법의 비효율성을 극복하기 위해 조직을 결성한 단계였다. 세 번째 단계는 <모스크바 헬싱키 그룹Московская Хельсикнская Группа>의 결성(1976)부터 고르바초프의 페레스트로이카 이전까지의 단계이다. 이시기는 인권운동 단체들의 활동이 본격화되는 단계이다. 네 번째 단계는 페레스트로이카부터 소연방 와해까지의 시기이다.

이처럼 소련 인권운동의 단계 분류에서 결정적인 역할을 한 것이 헬싱키 협정이었다. 헬싱키 협정은 1975년 헬싱키에서 체결된 유럽안보협력회의(Conference on Security and Cooperation in Euroup, 이하 CSCE)의 최종의정서를 일컫는 말이다. CSCE는 제2차 세계대전 이후 냉전체제하에서 동서진영을 포괄하는 최초의 국제적 안보협력회의로서, 전후 유럽질서의 기본 틀을 정립하였다는 의의를 갖고 있다. 이처럼 포괄적인 안보협상 내용을 담고 있는 CSCE 협정은 스위스의 제안으로 세 개의 범주로 구성되게 되었다. 그중 인도주의적 접촉, 정보의 자유로운 전파, 교육·문화의 교류 등을 대상으로 한 인권과 인도주의적인 내용은 소위 바스켓 Ⅲ에서 다루고 있다. 헬싱키 협정이 채택되기까지 CSCE 협상 과정에서 가장 뜨거운 논란이 되었던 것이 인권 관련 조항이었다. 서방 측과 동유럽을 포함한 소련 측이 첨예한 이견 차이를 보인 것도 인권에 관한 조항이었다. 아울러 협정 체결의 의미를 빛나게 해 준 것도 인권 분야에 대한 협상의 성공이었다.

CSCE에 대한 연구는 그동안 주로 사회과학 분야에서 연구가 진행되어 왔다. 기존의 연구는 협상 체결과정에 집중되어 있었고, 안보와 경제교류에 관한 연구가 주를 이루었다.[1] 인권에 대한 연구는 주로 협상 체결과정에서의 역할을 중심으로 연구되었다. 또한 2004년 부시 행정부에서 제정 발효된 북한인권법 제106조에서 북한 인권 개선을 위해 헬싱키 구도의 적용필요성을 밝힘으로서, 헬싱키 협정과 북한의 인권상황에 대한 관심이 고조된 이래, 북한 문제 해결의 시사점을 중심으로 연구되었다.[2]

---

1) 이승근, "유럽안보협력회의(CSCE) 발전과정에서의 양대정책: 헬싱키 회담에서 파리협정까지 미국과 프랑스의 유럽 전략을 중심으로", 『세계지역연구논총』 제12집 (1998); 이인배, "제도와 행위자간의 상호작용에 관한 연구: 다자 간 협력 안보 사례로서 CSCE를 중심으로", 『국제정치논총』 41권 2호 (2001); 이종국, "70년대 긴장완화의 '제도화' 모색–CSCE 예비회담을 중심으로", 『한독사회과학논총』 제16권 제2호 (2006); John Fry, *The Helsinki Process: Negotiation Security and Cooperation In Europe* (Washington DC.: National Defense University Press, 1993).

2) 김민서, "헬싱키 프로세스와 미국의 북한인권법", 『국제법학회논총』 제50권 제3호 (2007); 김민서, "헬싱키 프로세스의 대북유용성: 의사결정구조와 이행감독절차를 중심으로", 『국제법학회논총』 제52권 제2호 (2007); 서보혁 "북한인권관련 헬싱키 구도의 적용 가능성 연구", 『국제문제연구』 제7권 제1호 (2007); 이장희, "Helsinki '인권규정'이 분단국가에 주는 의미", 『통일문제연구』 제1권 3호 (1989); V. Masynyed, *Helsinki, Human Rights and European Security: Analysis and Documentation* (Durham: Duke University Press, 1986).

이처럼 헬싱키 협정에 관한 많은 연구에도 불구하고, 헬싱키 협정이 소련의 인권운동 내부에 어떤 영향을 미쳤는지에 대한 구체적인 연구가 역사 분야에서는 아직까지 진행된 바 없다고 할 수 있다. 또한 헬싱키 협정의 바스켓 Ⅲ를 중심으로 하는 인권 조항들이 동구권 특히 소련에서 마치 트로이의 목마처럼 체제 와해의 결정적인 원인이 되었다고 보는 것이 지금까지 서방의 시각이었다. 이 글에서는 헬싱키 협정의 바스켓 Ⅲ를 비롯한 인권 관련 조항들이 인권운동의 불모지대나 다름없는 소련에 인권운동이 발발하는 계기를 가져왔으며, 헬싱키 협정으로 인해 체제 와해에 이르게 되었다는 그간의 주장이 과연 적합한 것인지 살펴보고자 한다. 아울러 기존의 연구와는 달리 소련의 인권상황을 국제적인 협상의 도구로서가 아니라, 주체적으로 인권운동을 실행하고 참여한 인권운동가들의 관점에서 연구를 진행하고자 한다. 특히 <모스크바 헬싱키 그룹>의 활동을 중심으로 소련 인권운동의 본 모습을 고찰해 보고자 한다.

Ⅱ. 헬싱키 협정 체결 이전의 소련 인권운동

1. 소련 인권운동의 발생과 전개

1) 도덕적 저항

스탈린 사후 흐루쇼프의 개혁기간에 해빙의 기운이 감돌던 소련 사회는 1964년 10월 브레즈네프가 통치 권력을 장악하면서 급속도로 냉각되게 되었다. 이는 새 정부가 사미즈다트(Самиздат 지하출간물)

저자들에 대한 탄압을 시행함으로써 분명해졌다. 사건의 발단은 자신의 저서를 외국에서 익명으로 출간한 두 작가, 안드레이 시냡스키와 유리 다니엘이 체포된 것이었다. 이들은 보리스 파스테르나크(Б.Л. Пастернак)의 전철을 밟아, 자신의 작품을 단지 외국에서 익명(아브람 테레츠Абрам Терц와 니콜라이 아르작Николай Аржак)으로 출간하였다는 사실로 인해 체포되었다. 두 작가의 체포 소식은 모스크바 전역에 빠르게 확산되었다. 이는 새 정부의 사미즈다트 작가와 독자에 대한 선전포고로 받아들여졌으며, 정권의 노선이 개인에 대한 전횡과 탄압을 일삼는 스탈린 방식으로 회귀하려는 시도로 평가되었다.3)

두 작가의 체포에 반대하여 1965년 12월 5일 저녁 6시에 모스크바 푸시킨 광장에 위치한 푸시킨 동상 주위에서 소비에트 정권 사상 처음으로 인권보호를 주장하는 시위가 거행되었다. 동상 근처에는 산책객들, 시위 참가자들, KGB 요원들, 그리고 외국인 특파원 등 200여 명의 군중이 있었다. 6시 30분에 시위 주동자들은 "소비에트 연방의 헌법을 존중하라", "시냡스키와 다니엘의 법정을 공개하라" 그리고 "시위를 준비하는 과정에서 체포된 부콥스키와 다른 이들을 석방하라"고 적힌 플래카드를 들고 시위를 했다. 시위 참가자들은 대부분 젊은 대학생들이었다. 광장에는 이미 경찰과 콤소몰 대원들이 진을 치고 있었다. 플래카드는 즉시 빼앗겼고, 집회 참가자들의 연설도 즉각적으로 중단되었으며, 시위 주동자들은 체포되었다.4) 이러한 자발적인 항의시위는 소련 인권운동의 출발점이 되었다.5)

---

3) Подъяпольский Г. С. *Золотому веку не бывать…* , (М: Мемориал, 2003), С. 309.

4) Буковский В. *«И возвращается ветер….». Письма русского путешественника*, М., 1990, С. 195.

5) 이 사건에 대하여, 그 다음 날인 12월 6일에 KGB 의장인 세미차스느이는 당 중앙위원회에 다음과 같이

이후 1966년 2월 10일 모스크바 지방법원의 한 법정에서 시냡스키와 다니엘의 러시아 연방 형법 70조 위반에 대한 재판이 열렸다. 법정에서 시냡스키와 다니엘은 자신의 죄를 인정하지 않았다. 그들은 자신들의 행위가 법에 위배된다고 생각하지 않았다. 자신들은 국가에 반대한 것이 아니라, 스탈린주의에 반대했고, 스탈린주의의 부활에 반대한 것이었다고 주장했다. 최후 진술에서 다니엘은 중편 소설『모스크바는 말하는가?』를 저술한 이유는 개인숭배가 부활될 가능성이 있다는 두려움을 느꼈기 때문이라고 진술했다. 시냡스키 또한 법정에서 문학작품을 법률적인 잣대로 재단할 수는 없다고 진술했다. 그는 "우리와 함께하지 않는 자는 우리를 반대하는 자다"라는 혁명기 혹은 내전기에 적용되던 잣대가 평화로운 시기에 문학에 적용될 수는 없다고 주장했다.6) 이처럼 시냡스키와 다니엘은 법정에서 자신들의 혐의를 전적으로 부인했다. 이것은 재판의 진행에 관심을 가지고 있던 모두에게 강한 인상을 심어주었다. 왜냐하면 피고인들이 자신의 죄를 인정하지 않는 것은 소련 역사상 유례를 찾기 힘든 일이었다.

결국 시냡스키는 7년형, 다니엘에게는 5년형의 강제수용소형이 선고되었다. 이 재판의 판결에 반대하여 학자들, 화가들, 예술가들, 작가들이 이들을 구명하기 위한 청원운동을 본격적으로 전개했다. 1965년 12월부터 1966년 2월까지 22개의 청원서가 작성되었고, 이 청원서

보고했다. "12월 5일 모스크바의 푸시킨 동상 근처에 50~60명 정도의 젊은이들이 모였는데, 대부분이 대학생들이었습니다." 그의 보고에 의하면 그날 체포된 약 40명의 젊은이들은 모두 석방되었고, 전원 퇴학당했다. 이 시위는 시냡스키와 다니엘의 재판에 반대하는 최초의 공개적인 행위였다. Записка председателя КГБ при СМ СССР в ЦК КПСС// http://www.memo.ru/history/diss/books/5dec/Chapter5.htm С. 4.

6) Стреляный А., Сапгир Г., Бахтин В., Ордынский Н., *Самиздат века*, Минск-Москва, 1997, С. 134-145.

들에 80명이 서명했다. 그중 62명은 모스크바 작가연맹의 회원들이었다. 당 최고위원회에 보낸 청원서에서 작가들은 풍자적인 작품 때문에 작가들을 구속하는 것은 소비에트 문화의 발전을 정지시키는 매우 위험한 선례라고 주장했다.[7]

그러나 작가 연맹의 공식적인 입장은 재판 결과를 전적으로 지지하는 것이었다. 무엇보다 시냡스키와 다니엘을 격렬하게 비판한 사람은 저명한 작가인 미하일 숄로호프(М.А. Шолохов)였다. 그는 제23차 당대회에서 '검은 양심을 가진 젊은이들'에게 더욱 가혹한 판결을 내릴 것을 촉구했다.[8] 숄로호프의 이 같은 발언은 당 대회장에서 열렬한 박수갈채를 받았다. 이에 대해 저명한 여류작가인 리디아 추콥스카야(Лидия Чуковская)는 "문학작품은 대작일 수도 있고 졸작일 수도 있지만, 그리고 의미 있을 수도 있고 무의미할 수도 있지만, 또한 흥미로울 수도 있고 흥미롭지 않을 수도 있지만 이러한 판단은 형법에 의해서가 아니라, 사회적으로, 문학적으로만 할 수 있다"는 내용의 공개서한을 숄로호프에게 보냈다.[9] 젊은 문인인 유리 갈란스코프(Ю.Т. Галансков) 또한 숄로호프에게 공개서한을 보냈다. 이 서한도 추콥스카야의 반박문과 마찬가지로 사미즈다트를 통해 유포되었다. 갈란스코프는 자신의 공개서한에서 "당신이 23차 공산당대회에서 한 어리석은 연설은 역사가 기억할 것이다. 시냡스키와 다니엘의 재판은 러시아 문학 인텔리겐치아들을 두 진영으로 구분하였다. 창작의 자유

---

7) *Цена метафоры, или преступление и наказание Синявского и Даниэля,* М., 1990, pp. 499–500.

8) XXIII Съезд Коммунистической партии Советского Союза. *Стенографический отчет.* Т.1. С. 358.

9) Чуковская. Л. *Сочинения: Процесс Исключения; Открытые письма; Отрывки из дневника,* (М.: Гудьял-Пресс, 2000), Т. 2, С. 149–153.

를 지지하는 진영이 압도적으로 다수임을 보여주었다. 당신은 당신의 시대에 독재자에 반대하지 않았고, 지금은 그의 후계자들을 옹호하고 있다. 그러나 나는 언제나 독재정과 독재자 그리고 그의 후예들과 맞서 싸우는 정의로운 투사들을 옹호할 것이다."라고 반박했다.10) 이처럼 시냡스키와 다니엘의 재판결과는 지식인들 사이에서 광범위한 반대를 불러일으켰다.

이어 1966년 가을에 이들의 재판 과정을 엮은 전집인『백서(Белая книга)』가 발간되었다. 이 백서를 간행하고 서구에 유포시킨 것과 관련하여 알렉산드르 긴즈부르그(А.И Гинзбург), 갈란스코프(Юрий Галансков), 베라 라쉬코바(В.И. Лашкова)와 알렉세이 도브로볼스키(А.А. Добробольский)11)가 1967년 1월에 체포되어 "4인의 재판"이 시작되었다. 이 네 사람에 대한 청원운동은 1966년보다 더 큰 규모로 진행되었으며, 시위도 계속되었다.12)

1965년부터 1968년에 이르기까지 청원운동에 참가한 사람들의 숫자는 대략 1,500명으로 추산된다. 이들 중 대부분은 학문, 예술 분야의 지식인이었다.13) 소련 전체 인구를 고려한다면 이는 많은 숫자는 아니었다. 그러나 비록 소수였지만 사회적으로 갖는 의미는 작지 않았다.

청원운동의 중요한 의미는 국가 권력 기구에 공개적으로 호소했다

---

10) Юрий Галансков. Открытое письмо депутату XII съезда КПСС М. Шолохову// *Юрий Галансков*. 2-е изд., доп. (Ростов н/Д: Приазовский край , 1994), С. 66–82.

11) 갈란스코프는 시인이었으며, 긴즈부르그는 1950년대에 영화감독으로 일한 바 있는 편집자였으며, 도브로볼스키는 인쇄공이었고, 라쉬코바는 타이피스트였다.

12) 4인의 재판에 관한 자세한 내용은 고가영, "소련 인권운동과 시위", 『역사와 문화』 (서울: 푸른 역사, 2007), 제14권, pp. 77–102를 참고.

13) Богораз Л., Голицын В., Ковалев С. Указ. соч. С. 510.

는 것이다. 소련의 정치적인 상황에서 청원서에 서명을 하는 것이 당면한 문제들을 직접적으로 해결할 수 있었던 것은 아니었다. 그러나 시위에 참가하고 청원운동에 가담했던 대부분의 사람들은 자신들의 의사를 공개적으로 표현하면 그것을 정부가 무시하지는 않을 것이라는 희망을 가졌다. 그러나 예상과는 달리 브레즈네프 정권은 이들의 청원을 수용하지 않았을 뿐 아니라, 오히려 서명자들을 탄압하기 시작했다.

2) 정치적 저항

브레즈네프 정부의 노선을 더욱 명백하게 드러낸 것은 체코슬로바키아 침공이었다. 1968년 8월 체코슬로바키아로 소련 군대가 침공하여 '프라하의 봄'을 붕괴시킨 것은 결정적으로 소련 사회가 민주화될 것이라는 가능성에 대한 환상을 깨뜨렸다.[14] 인권운동가들은 체코슬로바키아에서 개혁을 분쇄시키는 것은 소련 내에서의 개혁의 중단을 예고하는 것이라고 생각했다.

체코슬로바키아 침공에 대해 모스크바와 레닌그라드를 비롯하여 전국에서 비록 소규모이지만 반대하는 시위들이 발생했다. 그중 잘 알려진 것은 1968년 8월 25일에 모스크바의 붉은 광장에서 있었던 시위였다. 이들 시위 참가자들은 1965년 이래 거행되었던 청원운동의 주도자들이었으며, 이미 반체제 운동의 지도자로 자리매김하고 있는 사람들이었다.[15] 시위자들은 붉은 광장의 원형대로 가서 플래카드를

---

14) 미국이 당시 베트남 전쟁을 수행 중이었기에, 소련은 체코슬로바키아에 무력간섭을 하는 것에 대한 국제적인 부담을 덜 수 있었다.

15) 시위 참가자는 콘스탄틴 바비츠키(К.И. Бабицкий), 라리사 보고라스(Л.И. Богораз), 나탈리야 가르바넵스카야(Н.Е. Горбаневская), 바짐 델로네(В.Н. Делоне), 블라지미르 드레믈류가(В.А. Дремлюга),

펼쳐 들고 외쳤다. 플래카드에는 "두브체크에게 자유를"(러시아어, 체코어), "자유롭고 독립적인 체코슬로바키야를 위하여!"(체코어), "체코슬로바키아에서 물러나라!", "당신들과 우리의 자유를 위하여!"16)(러시아어)라는 구호들이 적혀 있었다.

시위대의 구호들 중 "당신들과 우리의 자유를 위하여"는 다른 민족을 억압하고 탄압하는 민족은 그 스스로도 자유로울 수 없다는 의미를 가진 것으로서, 체코슬로바키아 침공에 반대하는 이유와 목적을 가장 선명하게 드러낸 것이었다. 이는 소련의 제국주의적인 침략에 저항하는 것으로서 체코슬로바키아 민중의 자유의 억압이 소련 민중의 속박과 관련되어 있음을 나타내는 것이었다.

이들의 우려는 체코슬로바키아 침공에 공개적으로 반대의사를 표명한 인권 운동가들이 체포되고 재판에 회부됨으로써 현실로 나타났다. 안드레이 사하로프(А.Д. Сахаров)는 자신의 회상록에서 파벨 리트비노프(П.М. Литвинов)와 라리사 보고라스(Л.И. Богораз) 그리고 그의 동료들이 붉은 광장에서 일으킨 거사는 나라 전체의 명예를 지킨 기적과도 같은 일이었다고 평가했다.17) 유명한 인권운동가이며, 이후 조직되었던 첫 번째 인권운동 단체의 회원이었던 아나톨리 야콥슨(А.А. Якобсон)은 "시냡스키와 다니엘의 재판 이후 1966년부터 정권의 그 어떤 전횡과 탄압도 공개적인 반대와 질책 없이 행해진 것은 하나도 없다. 이것은 매우 귀중한 전통이며 이러한 전통이 사람들

파벨 리트비노프(П.М. Литвинов), 빅토르 파인베르크(В.С. Фай нберг) 등이었다.

16) "당신들과 우리의 자유를 위하여"라는 이 슬로건은 조국의 해방을 위해 싸웠던 폴란드 빨치산들과 전 세계에서 다른 민족들의 자유를 위하여 희생당한 폴란드 이민자들의 구호였다. Горбаневская, Н. "Что помню я о демонстрации", *Россий ский независимый исторический и правозащитн ый журнал Карта.* № 21. (Рязань, 1998). С. 39.

17) Сахаров А., *Воспоминания,* Т.1. С. 403.

로 하여금 악을 행하지 않도록, 또한 비참한 공포로부터 자기 자신을 해방시켜 준다"고 주장했다.[18]

1968년 체코슬로바키아를 무력으로 침공 한 것에 대해 인권운동가들이 반대운동을 펼친 것은, 운동의 성격이 창작의 자유를 추구하는 도덕적 저항에서 한 걸음 더 나아가 정부의 정책에 반대하는 정치적인 저항으로 확대된 것을 의미하는 것이었다.

운동가들의 이러한 공개적인 저항에 대해 정부는 탄압으로 대응하였고, 서명자들 대부분은 두려움으로 인해 공개적인 저항을 포기하였다. 그러나 소수의 사람들은 탄압으로 인한 두려움을 극복하고 점차 진정한 운동가들로 변모되었다. 이들 소수 운동가들은 인권운동의 형태를 변화시켜 조직을 결성하였다.

3) 조직적 저항

인권운동의 초기 단계에서는 조직을 결성할 경우 탄압이 더욱 강화되리라는 두려움 때문에 조직 형성에 대해 어떤 논의도 대두되지 않았다.[19] 그러나 1968~1969년 사이에 인권운동가들에 대한 탄압이 강화되자, 즉각적이고 분산적인 대응이 비효율적이라는 인식하에 인권운동 단체 결성에 대한 논의가 거론되기 시작하였다.

마침내 1969년 5월 20일에 소련 내 최초의 인권운동 단체인 <소련 인권보호 주도그룹 Инициативная группа защиты прав человека в СССР(이하 주도그룹)>이 결성되었다. 이 단체는 자신들의 활동 목적

<ol start="18">
<li>Памяти Александра Дубчека // http://www/hro/org/editions/kapta/chehosl.htm.</li>
<li>Алексеева Л. История инакомыслия в СССР, Новей ший период. (Вильнюс-Москва ; Весть, 1992), C. 266.</li>
</ol>

이 소련 사회를 전복시키는 것이 아니라, 소련에서의 인권보호에 있음을 명백히 밝혔다. 자신들의 투쟁 방법 또한 폭력이나 테러가 아니라, 평화적인 것으로서, 합법적 저항운동을 공개적으로 벌이는 것임을 강조하였다. 이 단체의 주된 활동은 인권 침해 사실들을 조사하는 것과 수감자들과 특별 정신병원에 감금된 사람들의 석방을 요구하는 것으로 모아졌다.[20] <주도그룹>에 참여한 사람들은 모두 15명이었는데, 대부분이 1966~1968년 청원운동에 참여했던 사람들이었다. <주도그룹>은 1969년부터 1972년까지 활발하게 활동을 벌이다 위기를 맞이하게 되었다.[21]

1970년에는 <주도그룹>의 뒤를 이어 <인권위원회Комитет прав человека>가 결성되어 활동을 시작했다. 인권위원회는 물리학자인 찰리제(В.С. Чалидзе)의 주도하에 사하로프(А.Д. Сахаров), 트뵤르도흘레보프(А.Н. Твердохлебов) 등 세 명의 물리학자에 의해 1970년 11월 11일에 결성되었고, 이 사실은 찰리제의 아파트에서 공표되었다. 이후 수학자인 샤파레비치(И.Р. Шафаревич)와 물리학자인 포드야폴스키(Г. С. Подяпольский)도 이 단체에 가담했다. 발표된 창립선언문에 의하면, <인권위원회>는 개개인의 인권 보호를 위한 활동이 아니라 인권에 대한 이론적 기반을 제시하는 것을 결성 목표로 하고 있다. 정부의 인권 분야에 대한 자문 역할도 할 것이라고 밝혔다. <인권위원회>는 학술적·이론적 토대를 마련하는 것을 목표로 하기에 어떤 정치적인

---

20) Что такое Инициативная группа? Посев, no. 11, (1970), С. 9 // Мемориал, ф. 101. Инициативная группа.

21) 이 단체의 결성을 알린 첫 번째 문건에는 15명의 정회원들 외에도 39명의 지지자들의 명단도 있었다. Мемориал, ф. 102. оп. 1, дело 49, p. 1; <소련 인권보호 주도그룹>의 자세한 내용에 대해서는 고가영, "1960~1970년대 소련의 인권운동: <소련 인권보호 주도그룹>의 활동을 중심으로", 『서양사론』 제92호 (2006), pp. 247-282 참고.

활동과도 연계되지 않을 것임을 명백히 하였다.[22]

<인권위원회>는 다음과 같은 여섯 가지 연구 영역을 설정했다. 첫째, 인권 관련 국제법에 대한 소련의 의무조항과 소련 국내법을 비교 분석하는 것, 둘째 법정에서 국민들이 보호받을 권리, 셋째 정신병리학적인 환자로 판정된 사람들의 권리, 넷째 '정치범'에 대한 개념 연구, 다섯째 강제 이주당한 민족들에 대한 상황을 밝히는 문제, 여섯째 신앙의 자유에 대한 인간의 권리를 설정했다.[23] <인권위원회>는 사하로프의 적극적인 활동에 힘입어 국제적인 인정을 받게 되었다. 뉴욕에 본부를 두고 있는 국제인권연맹의 추대로 1971년 국제 인권기구의 지부가 되었다.[24] 이로써 <인권위원회>는 소련 내에서 국제적인 인정을 받은 최초의 단체가 되었다.

2. 헬싱키 협정 준비 기간과 소련 인권운동의 위기

이렇게 조직화된 움직임을 보이던 인권운동이 대대적인 위기에 봉착한 것은 1972년이었다. 1972년 여름에 <주도그룹>의 창시자로서 가장 활발하게 이 단체의 활동에 참여하였던 빅토르 크라신(B.A. Красин)과 표트르 야키르(П.И. Якир)가 체포되었다. 1973년 8월 모스크바에서 야키르와 크라신에 대한 재판이 열렸다. 이전에 재판에 회부되었던 인권운동가들과는 달리, 이들은 <주도그룹>을 조직한 것을 비롯한 자신들의 활동들이 소비에트 체제를 흔들고 위협하는 성격을

---

22) Мемориал. Ф. 168, оп 1, дело 2, С. 2.

23) Мемориал. Ф. 168, оп 1, дело 7, С. 2.

24) Хроника текущих событий . вып. 20. (Амстердам. 1979), С. 231.

가진 사상에서 비롯된 것임을 인정했다. 사미즈다트 정기간행물인 『시사연보Хроника текущих событий』의 체제에 대한 중상비방적인 성격과, 정신병리학적인 문제에 대해서도 인권운동가들이 체제를 비방하기 위하여 이를 정치적인 목적으로 이용하고 있다고 시인했다.[25]

크라신과 야키르는 1973년 9월 1일 열린 재판에서 각각 3년의 수용소형과 3년형의 유형을 선고받았다. 재판 후 1973년 9월 5일에 두 사람은 기자회견을 가졌고, 이 자리에는 외국인 특파원들이 초청되었다. 이 기자회견에서 피고인들은 모든 잘못들을 다시 한 번 인정했으며, 이는 텔레비전에 방송되었고 신문들에도 보도되었다. 이처럼 정부에 협조한 대가로 1974년 9월 16일에 두 사람은 사면되어 석방되었다. 이후 1975년 2월 크라신은 미국으로 이민을 갔고, 1983년 미국에서 출간한 자신의 저서『법정Суд』에서 '배신을 지불하고 자유를 샀다'며 자신의 행위에 대해 참회의 기록을 남겼다.[26]

이 사건으로 인한 파장은 매우 심각했다. 야키르와 크라신은 심문 과정에서 1968년 봄부터 발간되기 시작한 사미즈다트 간행물인『시사연보Хроника текущих событий』 발행에 참여한 200명이 넘는 사람들의 명단을 넘겼다. 그로 인해 많은 사람들이 체포되었으며,『시사연보』는 27호부터 발간이 중단되었다. 크라신과 야키르의 배신행위에 대한 충격으로 1973년 10월 20일 일리야 가바이(И.Я. Габай)가 자살한 것으로 인해 인권운동가들은 심리적으로 더욱 침체되었다. 두 아이의 아버지였던 가바이는 야키르의 가까운 친구였고, 교사이자 시인이었으며, 존경받는 운동가였다. <주도그룹>의 지도자들이었던 이

---

25) *Огонёк,* no. 23 (1990), С. 14.

26) 러시아에서는 1990년 〈아가뇩〉 23호에 처음으로 실렸다. Там же. С. 14.

들의 이 같은 처신으로 인해 단체의 활동도 치명적 타격을 받아 사실상 중단되었다.27)

<인권위원회> 역시 창립자였던 찰리제의 갑작스러운 탈퇴로 인해 활동에 결정적인 타격을 입게 되었다. 그는 1972년 9월 4일에 위원회 앞으로 보낸 공식 서신에서 "나는 <인권위원회>로부터 탈퇴를 선언합니다. 나는 회원으로서 내 앞에 놓인 의무사항들에 너무 지쳤습니다"28)라며 탈퇴사유를 명확하게 밝히지 않은 채 <인권위원회>를 탈퇴해 버렸고, 1972년 11월 말에 그의 아내와 함께 미국으로 떠나버렸다. 이러한 그의 행동에 대해 사하로프는 찰리제를 무책임하다며 비난하는 성명서를 발표했고, 이 문제를 둘러싼 의견 대립으로 1972년 12월에 트뵤르도흘레보프도 위원회를 탈퇴해 버렸다.29) 이로써 <인권위원회>의 활동 역시 사실상 중단되게 되었고 정부는 1973년 초부터 언론을 통해 '안티 사하로프 캠페인'을 대대적으로 벌였다. 이 캠페인에서 그의 성격과 사생활에 대한 악의에 찬 인신공격과 더불어 나약하고 쓸모없는 해로운 사상을 가진 자라고 공격했다.30) 1974년 2월 13일에는 솔제니친(А.И. Солженицын)도 체포되어 소련 국적을 강제로 박탈당하고 국외로 추방되었다. 이처럼 1972~1974년은 소련 인권운동사에서 가장 어려운 시기였다.

이러한 인권운동가들에 대한 정부의 가혹한 탄압은 당시 국제관계 맥락 속에서 이해해 볼 수 있다. 소련 정부가 인권운동을 더욱 탄압

---

27) 고가영 (2006), pp. 273-274.

28) Мемориал. Ф. 168, оп 1, дело 4, С. 66-68.

29) Сахаров А. *Воспоминания*. Т. 1.(М. : Права человека), 1996, С. 541-542.

30) Иой рыш А. И. *А. Д. Сахаров. Ответственность перед разумом.* (Дубина, 2001), С. 52-53.

하게 된 계기가 된 것은 1972년 1월 프라하에서 CSCE 구상에 대한 7개의 기본원칙을 확정한 것이었다.[31] 또한 1972년 5월 닉슨 대통령이 소련을 방문했을 때 소련이 중부유럽에서 상호균형감축(MBFR) 개최에 동의함으로써 서방국가들이 CSCE에 참여하기로 결정한 것도 1972년 여름, 브레즈네프 정부에 의해 시행된 반체제 운동가들을 향한 대규모 탄압과 무관하지 않다.

무엇보다 1972년 11월 22일부터 헬싱키 외곽 디폴리에서 CSCE를 위한 다자 간 준비회의를 시작한 것이 결정적인 계기가 되었다. 이 회의는 1973년 6월 8일 종결되어 향후 CSCE의 의제와 절차를 확정했다. 이 절차에 따라 제1단계(1973.7.3~7, 헬싱키) 2단계(1973.9.18~1975.7.21, 제네바), 3단계(1975.7.30~8.1, 헬싱키)의 마라톤협상을 거치게 되었다. 협상이 지속되는 동안, 바스켓 Ⅲ를 둘러싼 인권의제가 지속적으로 거론되자, 정부는 국내에서 인권운동을 분쇄시킴으로써 협상에 대한 부담을 줄이기를 원했다. 이로 인해 이 기간에 인권운동가들에 대한 탄압은 더욱 강화되어 주도적인 위치에 있었던 인물들에 대한 회유와 체포(크라신과 야키르의 경우), 체포에 대한 압력으로 인한 망명(찰리제의 경우), 강제추방(솔제니친의 경우), 언론을 통한 도덕적 흠집 내기(사하로프의 경우) 등으로 지도자를 잃은 소련의 인권운동은 사실상 거의 중단되었다. 이에 정부는 국내에서 저항운동을 완전히 분쇄했다는 자신감을 가지고 인권 의제를 포함한 헬싱키 협정에 자신 있게 서명할 수 있게 되었다.

---

31) 서보혁, "헬싱키 틀(Helsinki Framework)의 성립 배경: 미국, 소련, 서유럽 삼각관계에서 미국의 역할", 『헬싱키 프로세스의 역사적 복원과 동북아 적용가능성에 관한 연구』, 이화여대 이화학술원 평화학연구센터 학술회의 발표집 (2008년 5월 2일, 이화여대), p. 102.

그러나 인권운동의 싹을 잘랐다고 확신한 정부의 판단은 그릇된 것이었다. 정부의 가혹한 탄압 속에서 1972년부터 거의 중단되다시피 했던 인권운동은 1974년 초부터 서서히 회복의 기미를 보이기 시작했다. 그 계기가 된 것은 솔제니친의 체포였다. 솔제니친이 체포되자, 인권운동가들은 오랜 침묵을 깨고 그가 체포된 다음 날, 솔제니친의 석방을 요구하는 성명서를 발표했다. 이 행동은 인권운동의 재개를 의미하는 것 중 하나였다. 대규모 탄압에 맞서 2년가량 중단되었던 『시사연보Хроника текущих событий』도 1974년 2월에 다시 발행되기 시작했다. 1974년 10월 30일에는 <주도그룹> 회원들이 사하로프의 아파트에서 정치범들의 석방을 요구하는 기자회견을 가지기도 했다. 이 기자회견은 모르도프와 페름의 수용소에 수감된 사람들과의 연대로 이루어졌고, 10월 30일은 정치범의 날(양심수의 날)로 선언되었다.32) 수감자들은 강제수용소에 수감된 정치범들의 존재를 인정할 것과 자신들의 권리를 보장할 것을 요구하며, 하루 혹은 이틀 동안 단식투쟁을 단행했다. <주도그룹>의 성명서와 정치범들의 공개적인 청원서와 호소문이 특파원들에게 전달되었다. 청원서 외에 11명의 수감자들의 인터뷰가 담긴 테이프도 특파원들에게 전달되었다. 그 테이프에는 35번 페름 수용소의 상황, 수용소 체제, 자신들의 권리 수호를 위한 정치범들의 주장 등이 들어 있었다. 성명서에는 정치범들이 자유로운 상태에 있는 사람들에게 호소하는 것이 위험을 무릅쓴 것이라는 점을 강조되었다.33)

---

32) 지금까지 해마다 10월 30일에 루반카 광장에서 양심수의 날 행사가 거행되고 있다.

33) Мемориал. Ф. 102. Оп. 1. дело 49. С. 15–18.

Ⅲ. 헬싱키 협정 체결 이후 〈모스크바 헬싱키 그룹〉의 활동

1. 헬싱키 협정의 체결과 〈모스크바 헬싱키 그룹〉의 결성

1) 헬싱키 협정의 체결

이와 같은 운동의 회복 움직임을 더욱 가속화시킨 것은 소련 정부가 CSCE의 협정을 체결한 것이었다. 헬싱키 협정 체결을 위해 헬싱키로 파견된 소련 대표단은 단장인 브레즈네프 서기장과 부단장인 외무부 장관 그로미코, 당중앙위원회 회원인 체르넨코, 외무부 차관인 코발레프였다. 1975년 8월 2일 정부기관지인 『이즈베스치야Известия』지 2면에서 8면에 거쳐 CSCE의 <협정> 전문이 실렸다.34) 정부기관지에 전문이 실리기 하루 전인 1975년 8월 1일에 핀란드의 수도 헬싱키에서 유럽의 대부분의 국가들과, 미국 캐나다를 비롯한 35개국이 <협정>에 조인했다.35) 브레즈네프는 유럽에서 전후 소련의 국경과 동유럽에 대한 영향력을 인정받은 이 협정의 체결을 외교적 승리로 여겼다. 아울러 국내의 인권운동을 분쇄하였다는 자신감을 가지고 인권조항이 포함된 전문을 소련 언론에 공개함으로써 수백만의 소련 국민들이 헬싱키 협정 협정의 원문을 접하게 되었다.

세 개의 범주로 구성되어 있는 협정의 첫 번째 범주는 바스켓 I으로 통상적으로 불리는데, 참가국 상호관계 규율 10대 지도원칙과 이 원칙들에 확실한 효과를 주기 위해 관련된 문제들, 그리고 신뢰구축 조치와 안보 및 군축에 관한 사항들로 구성되어 있다. 참가국 상호관

---

34) Хельсинкские соглашения подписали 35 стран // *Известия*. 2 августа 1975. С. 1-8.

35) Заключительный Акт // *Известия*. 2 августа 1975. С. 2-5.

계 규율 10대 원칙은 제1원칙 '주권의 평등 및 주권의 고유한 제 권리 존중', 제2원칙 '무력사용 및 위협의 금지', 제3원칙 '국경불가침', 제4원칙 '영토적 통합', 제5원칙 '분쟁의 평화적 해결', 제6원칙 '내정불간섭', 제7원칙 '사상, 양심, 종교와 신념의 자유를 포함한 기본적 자유와 인권에 대한 존중', 제8원칙 '평등권과 자결권', 제9원칙 '국가 간의 협력', 제10원칙 '국제법상 의무의 성실한 이행'으로 구성되어 있다. 바스켓 I에서 제6원칙과 제7원칙은 서로 상충되는 내용을 담고 있는데, 서방이 요구한 제7원칙을 소련이 수용하면서, 그에 상응하는 조항으로 제6원칙을 포함시켰다.

두 번째 범주에 해당하는 바스켓 II는 경제, 과학기술, 환경 분야의 협력을 다루고 있으며, 세부적으로는 상거래, 산업협력과 공익사업, 무역과 산업협력에 관련된 조항들, 과학과 기술, 환경, 기타분야의 협력을 다루고 있다.

세 번째 범주인 바스켓 III는 인도적 차원 및 기타분야 협력을 다룬 것이다. 그 내용은 첫째 인적 접촉에 관한 항목으로서, '가족적 유대에 기반한 정기적인 만남과 접촉', '가족의 재결합', '국제결혼', '사적 이유 혹은 직업상의 여행', '개인 및 단체 여행의 조건 개선', '청년교류', '스포츠', '교류의 확대'를 다루고 있다. 둘째 정보에 관한 세부항목으로는 정보의 유통, 접근, 교류의 증진(구두상의 정보, 문서정보, 영화와 방송정보), 정보 분야의 협력, 언론인 근무조건의 향상을 다루고 있다. 셋째 문화영역의 협력과 교류에 관해서는 '관계의 확대', '상호지식', '교류와 배포', '접근', '교류화 협력', '협력의 분야와 형태'를 다루고 있으며, 넷째 교육 분야의 교류와 협력에서는 '관계의 확대', '접근과 교류', '과학', '외국어와 문명', '교수법'을 다루고 있

다.[36]

이 중에서 인권에 관련된 조항은 바스켓 I의 10대 원칙 중 제7원칙과 바스켓 III의 인도적 차원 및 기타분야 협력에 규정되어 있다. 제7원칙이 미국이 선두에 선 절대적 접근이 구현된 것이라면, 바스켓 III는 서유럽 특히 서독이 선호한 점진적 접근을 보여주고 있다. 제7원칙은 공산국가에서 인권침해 현상을 비판하고 개선을 요구할 수 있는 근거가 되었고, 바스켓 III는 서방의 인권에 대한 개입과 동구권 시민들의 외부 접촉을 가능하게 한 기회로 작용했다. 서방 측에서는 바스켓 III가 다방면의 교류를 통해 동구권을 개방사회로 변화시킬 수 있다고 기대했다. 한편 소련을 비롯한 동구권 국가들은 인권조항을 포함시키는 것에 반대하였으나, 내정불간섭의 원칙하에 경제·기술 협력의 필요성 때문에 이를 불가피하게 수용하게 되었다.[37]

2) 〈모스크바 헬싱키 그룹〉의 결성

정부 기관지에 공식적으로 게재되어 정부 기관지에 공개된 이러한 헬싱키 협정의 내용은 그동안 철의 장막 속에서 살아온 소련 국민들에게 커다란 반향을 일으키게 되었다. 유명한 인권운동가인 세르게이 코발료프(С.А. Ковалев)가 회상한 것처럼, 소련 지식인들은 신문에서 협정의 인권 관련 조항을 읽으면서 엄청난 충격을 받았다. 소련 국민들은 자신의 정부가 이러한 영역에서 국제적인 의무가 있다는 사실을 처음으로 알게 되었다.[38]

---

36) Tam nce.

37) 서보혁 (2007), pp. 110–113.

38) Ковалев. С. Права человека как национальная идея, *Карта.* (1998), No 21. С. 7.

이에 자극을 받은 소련의 저항적 지식인들은 적극적인 움직임을 보이기 시작했다. 모스크바에서 활동해 온 인권운동가 유리 오를로프 (Ю.Ф. Орлов), 안드레이 아말릭(А.А. Амальрик), 발렌친 투르친(В.Ф. Турчин), 아나톨리 샤란스키(А. Б. Щаранский) 등은 헬싱키 협정의 인권 조항을 소련 정부가 제대로 수행하는지 감시하는 단체를 결성 하기로 하였다. 오를로프는 <주도그룹> 설립 멤버였던 타치야나 호 도로비치(Т.С. Ходорович)에게 헬싱키 감시 단체에 가입할 것을 권 유했다. 그러나 그녀는 자신은 더 이상 소비에트 체제 자체에 희망을 가질 수 없기 때문에, 정부의 헬싱키 협정 조약을 실행하는 것을 감 시하려고 하는 이 단체의 의도 자체에 동의할 수 없으므로 참석할 수 없다고 의사를 밝혔다. 그녀는 이 단체가 표방하는 것처럼 정부를 감 시하는 것은 정부를 이롭게 하는 일이며, 자신은 이 정부를 유익하게 하는 일이 가치 없는 일이라고 생각하기 때문에 이 단체에 가입할 수 없다고 거절했다.[39]

오를로프는 사하로프 박사에게 이 단체를 지도해줄 것을 요청했다. 그러나 사하로프는 조직(인권위원회) 활동의 실패 경험으로 인해 단 체에 가입하는 것에 대해 부정적인 견해를 가지고 있었기 때문에 이 를 거절했다. 비록 사하로프 자신은 이 단체에 직접 가입하지는 않았 으나 이 단체가 표방하고 있는 바를 지지했으며, 적극적으로 도움을 주었다. 그를 대신하여 그의 아내인 엘레나 본네르(Е.Г. Боннэр)가 가 입했으며, 당시 그의 비서였던 알렉산드르 긴즈부르그도 가입했다.[40] 또한 그는 자신의 아파트를 이 단체의 활동 근거지로 제공했다.

---

39) Орлов Ю. Ф. *Опасные мысли. Мемуары из русской жизни.* (М.: Былина, 1994), C.188.

40) Сахаров А. *Воспоминания.* Т. 1. С. 667.

이들을 비롯하여 표트르 그리고렌코(П.Г. Григоренко), 류드밀라 알렉세예바(Л.М. Алексеева), 미하일 베른쉬탐(М.С. Бернштам), 알렉산드르 코르착(А.А. Корчак), 말바 란다(Л.Н. Мальва), 비탈리 루빈(В. А. Рубин), 아나톨리 샤란스키, 아나톨리 마르첸코(А.Т. Марченко)[41] 등 총 11명의 인권운동가들이 <모스크바 헬싱키 그룹>에 가입했다.[42]

1976년 5월 12일 사하로프 박사의 아파트에서 유리 오를로프를 비롯한 회원들은 <모스크바 헬싱키 그룹>의 결성을 공표하였다. 비록 사하로프 박사가 이 단체에 가입하지는 않았지만 단체의 활동을 전적으로 후원하였고, 국내외에서 그가 차지하는 비중을 고려하여 사하로프 아파트에서 기자회견을 가졌다. 기자회견 직후 외국 라디어 방송‘아메리카의 소리’, ‘BBC’, ‘독일의 소요’, ‘자유’ 등이 소련 내에서 새로운 독자적인 인권운동 단체가 결성된 것에 관해서 보도했다.[43]

2. <모스크바 헬싱키 그룹>의 활동

<모스크바 헬싱키 그룹> 활동의 첫걸음은 조직의 목표와 참가 회원들의 명단과 주소를 공개적으로 발표하는 것으로 시작했다. 이는 인권운동 초기부터 중요하게 생각하였던 공개 원칙을 지킨 것이었다. 이들의 활동 방법은 주로 문서를 발간하는 것이었는데, 이는 비폭력의 원칙을 지킨 것이었다. 이 단체는 <소련에서 헬싱키 협정의 실행

---

41) 노동자 출신의 인권운동가인 마르첸코는 시베리아 유형 중에 아내 라리사 보고라스를 통해 조직 결성에 대해 알게 되어, 가입하였다.

42) Орлов Ю. Ф. *Опасные мысли..*, С. 189.

43) *25 лет Московской Хельсинкской группе / Моск. Группа содей ствия выполнению Хельсинкских соглашений* Сост. Прибылов А.Ю., Федорова О.Я. (М.: Зацепа, 2001), С. 11 ; Дело Орлова. Сост. Л. Алексеева. (Нью-Йорк Хроника, 1980), С. 17.

을 돕는 사회단체 결성에 관하여>라는 창립 선언서를 발표하였고, 활동 목적을 CSCE의 협정의 인권관련 조항들의 실행을 돕는 것이라고 밝혔다.

1976년 5월 18일에 발표된 <모스크바 헬싱키 그룹>의 첫 번째 문서는 무스타파 제밀레프(М.А. Джемилев)의 불법적인 체포에 관한 내용이었다. 제밀레프는 크림의 타타르 출신 운동가로서, 스탈린 통치시기에 중앙아시아로 강제이주된 타타르의 크림반도로의 귀향을 도모하는 활동가였다. <모스크바 헬싱키 그룹>은 제밀레프의 체포가 헬싱키 협정의 "사상과 양심, 종교와 신념의 자유를 포함한 기본 인권을 존중한다"는 제 7 원칙 제 1 항과, "민족들이 자신의 운명을 결정할 권리를 전적으로 자유로운 조건에서 가진다"라는 제8원칙을 위반한 것이라는 주장을 담은 문서를 배포했다.44) 이러한 첫 번째 문서 발표에 관한 기자회견도 사하로프의 아파트에서 열었다. 외국인 특파원들은 이에 대해 보도했고 소련에서 헬싱키 그룹이 활동을 개시했다는 사실이 소련 내외에 널리 알려지게 되었다.45)

소련 당국이 헬싱키 협정의 협정에 조인한 지 1주년을 맞은 1976년 8월 1일에 <모스크바 헬싱키 그룹>은 "소련 내 인권과 관련된 CSCE의 영향 평가"라는 문서를 발표했다. 이 문서에서 "소련 정부는 인권과 관련된 국제적인 의무를 실행하려는 의지가 없다"고 평가하기도 했다.

헬싱키 협정의 내용을 기준으로 <모스크바 헬싱키 그룹>의 문서들은 다음과 같이 분류되었다. 첫째, '민족들의 평등과 자신의 운명을

---

44) *Хроник текущих событий*. Вып. 40. (Нью-Йорк, 1976), С. 40.

45) *Дело Орлова* ... С. 20.

스스로 결정할 권리에 관하여'-이는 다민족 국가인 소련에서는 가장 중요한 권리 중 하나였다.46) 둘째, '거주지 선택의 자유'-특히 크림의 타타르인들의 귀환을 위한 투쟁을 지지하였다. 이는 거주지 선택의 자유를 깊이 침해한 것임을 보여주는 것이었다.47) 셋째, '출국과 입국의 자유'-이 자유는 모든 소련국민들에게 허용되지 않은 것으로서, 특히 유태인과 독일인들의 출국을 위한 운동과 관련되어 있었다.48) 넷째, '양심의 자유'-이것은 종교적 자유와 관련 있는 문건들이다. 특히 침례교도들49), 가톨릭50), 정교도51)들에 대한 박해를 다루고 있다. 다섯째, '자신의 권리를 알고 행동할 권리'-1978년 말부터 인권운동가들에 대한 탄압이 강화되었다. 1979년 11월에는 "소련 내 인권운동에 대한 탄압의 급격한 강화"라는 제목으로 문서 No. 111호가 작성되었다. 특히 인권운동 단체들에 대한 탄압에 대해 언급하고 있다. 여섯째, '정치범에 관하여'-인권운동가들에게 전통적인 주제로서 점차 <모스크바 헬싱키 그룹>의 지대한 관심을 끌었다.52) 일곱째, '사람들 사이의 접촉에 관하여'-이에 대해 <모스크바 헬싱키 그룹>은 우편물과 전화를 통해 소통할 권리의 침해에 대하여 특별 문서 2호를 작성하였다.53) 여덟째, '공정한 재판을 받을 권리'-소련 국민들이 공

---

46) Документ No 1, 10, 18, 19, 24, 43, 82, 112, 142, 170, 184

47) Документ No 10, 24, 43

48) Документ No 4, 9, 12, 13, 20, 22, 49, 63, 71, 122, 149, 156, 171, 172, 173, 179, 180, 187, 189

49) Документ No 5, 7, 23, 82, 95.

50) Документ No 15, 111, 145.

51) Документ No 111, 145, 149, 174.

52) Документ No 1, 43, 62, 66, 80, 88, 97 100, 146, 148, 155, 166, 169, 185, 193. 특히 Документ No 158호에서는 여성 정치범의 상황에 대한 문서를 작성하였다.

53) Документ No 2, 30, 53.

개재판과 공정한 재판을 받을 권리를 침해당하고 있음을 문서 No. 1 호에서 No. 194호에 이르기까지 여러 차례의 문서를 통해 강조하였다. 아홉째, '인권헌장에 승인된 것과 소련에 의해 승인받은 국제 조약에 명시된 사회·경제적인 권리'-<모스크바 헬싱키 그룹>은 사회 경제적인 문제에 대해 주의를 기울인 소련 내 최초의 인권단체였다.54) 열 번째, '헬싱키 협정 중에서 인권 결의조항 의무내용에 대한 감독을 강화하기 위한 후속 회담인 베오그라드, 마드리드 회담에 보내는 <모스크바 헬싱키 그룹>의 제안'-<모스크바 헬싱키 그룹>은 자신들의 제안들이 후속 회담들에서 폭넓은 지지를 받을 것을 기대하고 있었다.55)

　<모스크바 헬싱키 그룹>의 모든 문건들은 35개의 복사본을 만들어서 브레즈네프 직무실과 헬싱키 조약을 체결한 나머지 34개국의 대사관으로 보냈다. 브레즈네프의 직무실에서는 문서를 수령했다는 답변이 오곤 했지만, 협정체결 당사국들의 대사관에서는 단 한 번도 답변이 온 적이 없었다. 이에 대해 <모스크바 헬싱키 그룹> 참가자들은 기자회견을 통해 더 이상 대사관에 문서들을 보내지 않을 것이며, 문서들을 전달할 다른 방법을 강구하겠다고 밝혔다. 그들은 특파원들과 외교관, 여행객들을 비롯한 모든 가능한 방법들을 사용하여 문서들을 외국으로 보냈다.56) 소련 주재 대사관들의 소극적인 반응은 서방 각국들이 소련 내부의 인권 문제를 국제 관계의 협상의 도구로만 여겼

---

54) Документ No 7, 13, 36, 37, 38, 47, 63, 70, 77, 82, 94, 98.

55) Документ No 35, 39, 138.

56) *Документы Московской Хельсинкской группы 1976-1982: к 25-летию Московской Хельсинкской группы / Московская группа содействия выполнению Хельсинкских с оглашений*; Сост. подгот. текста комментарии: Кузовкин Г. В. и др. (М.: Зацепа), 2001. С. 3.

지, 인권 상황 개선에 대한 실질적인 관심이 있었던 것이 아니라는 점을 명백하게 보여주는 것이라 할 수 있다.

3. 〈모스크바 헬싱키 그룹〉 활동가들에 대한 정부의 탄압

소련 정부는 헬싱키 협정에 서명했음에도 불구하고 <모스크바 헬싱키 그룹>의 활동을 묵인하지 않았다. 1977년 2월부터 탄압이 시작되어 <모스크바 헬싱키 그룹> 회원들의 체포가 시작되었다. 1977년 2월 3일에는 긴즈부르그가 체포되었고, 2월 10일에는 유리 오를로프가 체포되었다. 오를로프가 체포된 2월 10일에 <모스크바 헬싱키 그룹>의 회원인 알렉세예바와 보네르, 벨리카노바, 그리고렌코, 투르친, 호도로비치, 샤란스키는 미국의 지미 카터 대통령에게 오를로프의 체포를 알리는 전보를 보냈다. 오를로프의 체포는 또 하나의 구명을 위한 청원의 물결을 일으켰다. 오를로프 구명을 위한 청원서에 서명한 사람은 90명이 넘었다. 청원서에는 오를로프의 활동은 합법적이며 헬싱키 협정에 전적으로 부합되는 것임을 밝히고 있다.[57] 1977년 3월 15일에는 샤란스키가 체포되었다. 긴즈부르그는 특별 수용소 8년형, 오를로프는 13년 형(강제수용소 7년, 유형-5년), 샤란스키도 13형(3년 감옥, 나머지는 특별수용소)을 선고받았다. <모스크바 헬싱키 그룹> 회원들의 체포는 계속되었다.[58]

---

57) *Хроник текущих событий*. Вып. 44. Нью-Йорк, 1977. С. 20-24.

58) 샤란스키는 페름의 강제수용소에서 비행기로 독일로 수송되어 1986년 2월 11일에 베를린의 다리에서 두 명의 스파이와 교환, 석방되었다. 그는 그날 예루살렘으로 갔다. 유리 오를로프 역시 스파이와 교환되었다. 1986년 2월 28일에 유형지인 야쿠치야에서 한 시간 내에 유형지를 떠나야 한다는 명령을 받았다. 그는 자신이 어디로 보내지는지도 모르는 채 비행기에 태워졌고, 모스크바의 리포르토프 감옥에서 국적이 박탈되었고 서구로 보내질 것이라는 통고를 받은 후 뉴욕으로 보내졌다. *Вести из СССР : права челове*

계속되는 체포의 압력 속에 국외로 출국한 회원들도 있었지만[59], 다른 한편으로 새롭게 충원되는 회원들도 있었다. 새롭게 충원된 회원은 1976년에 가입한 라디오 기술자인 블라지미르 슬레팍(В.С. Слепак)과 생물학자인 라리사 보로니나(Л.В. Воронина), 1977년에 가입한 변호사 소피야 칼리스트라토바(С.В. Каллистратова), 의사이자 시인인 빅토르 네키펠로프(В.А. Некипелов), 수학자 나움 메이만(Н.С. Мейман), 엔지니어인 타치야나 오시포바(Т.С. Осипова), 1979년에 가입한 법률가 발레리야 쿠바킨(В.Д. Кубакин)과 1980년에 가입한 의사인 레오나르드 체르노프스키(Л.Б. Терновский), 노동자인 펠릭스 세레브로프(Ф.А. Серебров)였다.[60]

<모스크바 헬싱키 그룹> 회원들에 대한 정부의 박해는 계속됐다. 1979년 12월 7일에 이 단체 회원인 네키펠로프가 러시아 연방 형법 제70조를 어긴 죄로 체포됐다. 그의 죄목은 <모스크바 헬싱키 그룹>의 문서들을 유포한 죄와 솔제니친의 글 "거짓 속에 살지 말라Жить не по лжи"를 유포한 것이었다. 네키펠로프에게 7년형의 강제수용소형과 5년의 유형이 선고됐다. 그는 최후진술에서 "나는 죄가 없다. 그러나 내게 어떤 형량이 내려질지 알고 있다. 이는 이미 사전에 결정된 것이다. 내 나이 52세인데 7년의 강제수용소형과 5년의 유형은 내게는 종신형이나 다름없다"라고 진술했다.[61]

1980년에는 말바 란다와 요시포바와 체르노프스키가 체포됐고,

ка. (Munchen, 1986), T. 3. No 19. C. 249.

59) 총 7명의 인원이 외국으로 출국하였다. 베른쉬탐, 루빈, 코르착, 알렉세예바, 므뉴흐, 팔리가노프, 야름-아가에프였으며 전직 장성이자, 전쟁 영웅이었던 그리가렌코는 1978년 치료차 국외로 나간 사이 국적이 박탈되어 돌아올 수 없었다.

60) *Хроника текущих событий*. Вып. 47. Нью-Йорк, 1977. C. 139.

61) *Хроника текущих событий*. Вып. 57. Нью-Йорк, 1981. C. 15-22.

1981년에는 세레브로프, 마르첸코62), 이반 코발료프가 체포됐다. 말바란다에게는 5년형의 유형이 선고됐고, 요시포바와 세레브로프에게는 5년의 강제수용소형과 5년의 유형이 선고됐다. 이반 코발료프는 <주도그룹>의 회원으로서, 유명한 인권운동가인 세르게이 코발료프의 아들이었다. 그의 아버지가 1974년에 7년의 수용소형과 3년의 유형을 선고받고 수감생활을 하게 되자 20세의 나이로 인권운동에 적극적으로 뛰어들어 1979년 10월에 <모스크바 헬싱키 그룹>에 가입했다.

1981년 말 이반 코발료프가 체포된 이후 1982년이 되자 자유롭게 남아 있는 회원은 불과 3명(보네르, 칼리스트로바, 메이만)에 불과했다. 이들은 자신들의 활동에 한계를 느꼈으며, 이에 자진해산을 결정했다. 이들은 1982년 9월 6일에 자진해산 내용을 담은 마지막 문서 No. 195호를 작성하여 발표함으로써, <모스크바 헬싱키 그룹>은 해체되었다.63) 이로서 <모스크바 헬싱키 그룹>은 지속적이고 가혹한 탄압 속에서 6년 4개월 동안 진행해온 활동을 마침내 자진해산함으로써 마감했다.

전체 활동기간에 <모스크바 헬싱키 그룹>은 230여 개의 문건을 발행했고, 그중 일련번호를 매긴 것이 195개였다. 1977년 개막된 헬싱키 협정 이행을 위한 1차 후속회의인 베오그라드 회담까지 <모스크바 헬싱키 그룹>이 그룹이 발행한 문서가 60개 이상이었고(그중 일련

---

62) 마르첸코의 첫 번째 수감기간은 1958~1960년이고, 두 번째 수감기간은 1960~1966년인데, 이 기간에 『나의 증언』이라는 책을 썼다. 이 책은 흐루쇼프시기의 수용소 생활을 묘사한 것으로 주목을 끌었다. 세 번째 수감기간은 1968~1969년으로 신분증 소지법 위반이었으나, 소련 군대의 체코슬로바키아 침공을 반대했기에 수감되었다. 네 번째 수감기간은 1969~1971년이었으며, 다섯 번째 수감은 1975~1979년이었다. 그리고 1980년 이때가 그의 마지막 수감생활의 시작이었다. 그는 1986년 12월 8일 치스토폴 감옥에서 정치범들의 석방을 요구하며 단식투쟁을 하다가 사망함으로써 1987년 1월부터 시행된 고르바초프의 대규모 사면, 복권령에 직접적인 영향을 미쳤다.

63) <모스크바 헬싱키 그룹>이 활동을 재개한 것은 1989년 7월 28일이었다.

번호를 붙인 것은 26개), 1980년에 개막된 2차 후속회의인 마드리드 회담까지 준비된 문서가 170개였다(일련번호를 붙인 것 138개). 6년 4개월 동안 이 단체의 회원들이 법정에서 선고받은 총 형량은 60년의 강제수용소형과 40년의 유형이었다.64)

4. ⟨모스크바 헬싱키 그룹⟩의 영향

<모스크바 헬싱키 그룹>은 국제협약인 헬싱키 협정을 준수하라는 요구하에 그동안 각각 고립되어 있던 반체제운동들, 즉 민족주의 운동, 종교의 자유를 위해 투쟁하는 운동들을 하나로 모아서 연결시킬 수 있었다. <모스크바 헬싱키 그룹>은 산하 기구로서 <소련 내 신자들의 권리를 보호하는 기독교 위원회Христианский комитет защиты прав верующих в СССР>와 <정신병원을 정치적인 목적으로 이용하는 것에 대해 조사하는 노동자 위원회Рабочая комиссия по расследо ванию использования психиатрии в политических целях>를 두어 활동하였다. <소련 내 신자들의 권리를 보호하는 기독교 위원회> 1976년 12월 30일에 신부인 글레프 야쿠닌(Г.П. Якунин)에 의해 설립되었다. 이 위원회에는 수도보제인 바르소노피 하이부린(Б.П. Варсон офий Хайбулин), 평신도인 빅토르 카피탄축(В.А. Каританчук), 평신도 바짐 쉐글로프(В.А. Щеглов) 등이 가입했다. 위원회의 목표는 소련 내 신자들의 상황에 대한 정보를 모으고 알리는 것이었다.65) <정신병원을 정치적인 목적으로 이용하는 것에 대해 조사하는 노동자

---

64) *Документы Московской Хельсинкской группы 1976-1982... С. 3.*

65) Алексеева Л. *История инокомыслия... С. 226-232.*

위원회>는 1977년 1월 5일에 결성되었다. 이 위원회에는 모스크바 출신의 뱌체슬라프 바흐민(В.И. Бахмин), 이리나 카프룬(И.Д. Каплун), 알렉산드르 포드라빈네크(А.П. Подрабинек), 펠릭스 세레브로프 그리고 레닌그라드 출신의 젬마 바비츠[크바체프스카야 Джема Бабич (Квачевская)]가 가입했다. 노동자 위원회의 의장은 그리고렌코가 맡았다. <노동자위원회>의 법적인 문제에 대해서는 변호사인 칼리스트 라토바가 자문을 맡았고, 의학적인 자문은 모스크바 정신 병원의 의사인 알렉산드르 발로샤노비치(Александр Волошанович)가 맡았다. <노동자위원회>는 마지막 멤버가 체포된 1981년까지 4년 동안 24호의 저널을 간행하는 등의 활동을 벌였다.

<모스크바 헬싱키 그룹>의 영향은 모스크바를 벗어나 소연방 내의 다른 공화국들로 확산되었다. 1976년 11월 9일에는 <우크라이나 헬싱키 그룹Украинская Хельсинкская группа>이 결성되었다. 이 단체의 설립 회원 9명 중 6명은 이미 투옥되어 있는 상태였으며 민족주의 운동의 활동가들이었다. <우크라이나 헬싱키 그룹>은 창립 문서에서 인권 선언과 헬싱키 조약의 이행을 목표로 한다고 선언하였다. 그런데 1980년대 말까지 이 단체가 발행한 30개의 문서는 우크라이나 민족의 독립을 보장받지 못하고 있다는 것과 민족독립을 위한 활동에 대한 정부의 탄압과 관련된 내용에 집중되어 있었다. <우크라이나 헬싱키 그룹>은 우크라이나에서 비정부적인 사회 조직으로서 중요한 비중을 차지하였다.[66]

<리투아니아 헬싱키 그룹Литовская Хельсинкская Группа>은

---

66) Daniel C. Thomas, *The Helsinki Effect: international norms, human rights, and the demise of communism* (Princeton University Press, 2001), p. 163.

1976년 11월 25일 설립되었다. 리투아니아에서는 사회적으로 영향력이 있고 정치적으로 활발한 활동을 하는 가톨릭교회가 <리투아니아 헬싱키 그룹>에 동조하여 때때로 협력하기도 했다. 예를 들면, 1977년 11월 29일 <리투아니아 헬싱키 그룹>과 가톨릭교회는 헬싱키 협정 후속 회담인 베오그라드 CSCE 참가자들에게 공동으로 호소문을 작성하였다. 그러나 이 그룹은 가톨릭과의 공조로 인해 독자적인 활동에 초점을 맞추지는 못했다.[67]

1977년 1월 14일에는 <그루지야 헬싱키 그룹Грузинксая Хельсинксая Группа>이 설립되었다. 설립자들 중에는 1980년대 말 민족주의적인 저항운동을 이끌고, 1991년 그루지야의 독립 과정에서 중요한 역할을 한 즈비아드 감사후르디아(З.К. Гамсахурдия)가 포함되어 있었다. <그루지야 헬싱키 그룹>은 자체 명의로는 1970년대에 단지 한 개의 문건만 발표하였다.

1977년 4월 1일에 아르메니아에서 설립된 <아르메니아 헬싱키 그룹Армянская Хельсинская Группа>은 아르메니아 민족 문화를 억압하고 아르메니아어 사용에 대한 차별을 담은 호소문을 베오그라드 회의에 보내기도 했으며, 인권 침해에 대한 보고서를 발표했다. 그러나 같은 해 이 그룹의 주요 지도자 몇 명이 체포된 후에 이 그룹은 해산되었다.[68]

그런데 소연방 내에서 결성된 헬싱키 그룹 중 가장 눈길을 끄는 것은 모르도바 강제 수용소에서 결성된 단체이다. <모르도바 강제 수용소 헬싱키 그룹Мордовская Лагерная Хельсинская Группа>은 이

---

67) Thomas (2001), pp. 163-164.
68) Thomas (2001), p. 164.

름에서 나타나듯이 모르도바 강제 수용소에서 결성된 단체이다. 인권 운동가들이 체포되어 강제 수용소에 수감된 이후에도 뜻을 굽히지 않고 수용소에서조차 조직적인 활동을 지속하였다는 점이 매우 놀랍다. 물론 이 단체는 활동에 많은 제약을 받았기에 겨우 3개의 문서를 작성할 수 있었다. 이 단체의 회원은 <우크라이나 헬싱키 그룹>의 멤버인 루키야넨코(Л. Лукьяненко), 치히(А. Тихий)와 <리투아니아 헬싱키 그룹>의 가야우스카스(Б. Гаяускас)와 레브릭(Б. Ребрик), <모스크바 헬싱키 그룹>의 쿠즈네초프(В. Кузнецов), 긴즈부르그, 로마뉴크(В. Романюк)였다. 이들이 작성한 3개의 성명서는 다음과 같다.

첫째는 사형제도에 대한 것으로서, 이들의 조사 발표에 의하면, 3개 지역[브랸스크(Брянская область), 칼루스크(Калужская область), 쥐토미르스크(Житомирская область)]에서 매년 5~6명씩 사형에 처해지고 있다는 것이다. 이들은 자신들의 문서에 1976~1978년 사이에 사형당한 20명의 명단을 수록했다. 이들의 조사에 따르면, 전국적으로 한 해에 1,300명 이상이 사형당하고 있다고 발표했다. 둘째는 군대 내에서의 정치적인 탄압에 관한 내용이었다. 이는 그동안 전혀 다루어지지 않은 주제였다. 셋째는 수용소에서 신자들을 박해하는 것에 관한 것으로서, 종교 의식 거행 금지, 십자가 몰수, 종교 서적과 종교적인 내용을 포함한 서신을 몰수하는 것에 대한 내용이었다.69)

이와 같은 헬싱키 그룹의 활동은 소연방 경계를 벗어나 동유럽 국가들로 확산되기 시작했다. 헬싱키 협정 체결에 고무된 체코슬로바키

---

69) *Вести из СССР: права человека.* (Munchen, 1979), Т. 1. No 9. С. 103.

아의 반체제 인사들은 1977년 1월 1일에 '77 헌장(Хартия-77)'이라는 성명서를 발표했는데 이 성명서에는 UN 헌장과 헬싱키 선언이 보장하는 인권을 준수하라는 대 정부 요구안을 담고 있었다.

이 선언에 참여한 241명이 <77 헌장> 그룹을 결성하였는데, 1989년까지 2천 명가량이 에 가입했다.[70] <77 헌장>에는 바첵과 같은 자유주의자, 하벨과 같은 작가나 문화운동가들과, 특정한 정치적 견해를 가지고 있지 않던 일반 대중을 포함한 다양한 직업의 지식인들이 활동했다. 1980년 기준으로 <77 헌장>의 구성인사들을 보면, 전체 978명의 헌장 서명인사들 중 노동자가 40%, 학계인사들과 문화계 인사들이 26%를 차지하고 있었다.[71] <77 헌장>은 1980년대 후반에 들어 정부의 경제 정책을 비판함으로써 체제의 정통성 기반 자체를 위협했고 정부는 <77 헌장>을 엄격하게 탄압했다.[72]

기존의 저항운동에 헬싱키 협정을 접목시킨 좋은 사례를 보여주는 나라는 폴란드였다. 폴란드에서 헬싱키 협정은 국제관계에 관한 저널인 『스프라비 미엥지나로도베Sprawy Międzynarodowe』1975년 제10호에 게재되었다.[73] 폴란드 변호사 로마체우스키는 1976년 5월 말 소련을 방문하여 헬싱키 그룹을 주도하는 활동가들과 면담을 가지기도 했으며, 폴란드에서도 헬싱키 협정의 준수사항을 감시하는 조직을 결성하기로 결정하였다.[74]

---

70) Пражсакя весна и гражданское общество. Право на свободу. *Материалы международно й конференции 29-30 октября 1998 г.* (М.: РГГУ, 2000), С. 22.

71) Skilling, H. Gordon. *Chart 77 and Human Rights in Czechoslovakia* (London, 1981). pp. 43–51.

72) 김신규. "체코의 민주적 전통과 유산: '77 헌장'과 '시민포럼'의 역할과 영향을 중심으로", 『동유럽 연구』 제11권 1호 (2002).

73) Wanda Jarzabek, *Hope and Reality: Poland and the Conference on Security and Cooperation in Europe, 1964–1989.* Cold war international history project. Working Paper #56. Woodrow Wilson International Center for Scholar 2008. p. 45.

1977년 3월 25일 <인권과 시민권 수호를 위한 운동The Movement for the Defence of Human and Civil Rights(ROPCiO)> 단체가 폴란드에 결성되었다. 이 단체는 활동 역량의 대부분을 헬싱키 모니터링 기능, 즉 인권유린에 대한 공개성명을 발표하는 것과 인권과 반대운동 관련된 내용을 담은 월간지『오피니아Opinia』의 발간에 중점을 두었다. 이 단체의 회원들은 주로 교회와 밀접한 연관을 갖는 민족주의자들로 구성되었으며, 단시일 내에 수천 명의 회원을 확보하였는데 주로 중하층 전문 관료들로 구성되었다. 이 과정에서 헬싱키 프로세스와 인권원칙의 연관성이 가톨릭 사회 내에서 공개적으로 논의되었다. 교회는 투옥된 노동자에 대한 지원과, 정부의 탄압에 항의하는 단식 시위 등을 포함하는 인권과 연관된 반대활동에 보다 많이 관여하게 되었다.

이처럼 <모스크바 헬싱키 그룹>은 소련과 동유럽에서 여러 운동이 모이는 장이자 흘러나가는 원천으로서의 역할을 담당하였다. 과거에 여러 갈래로 나뉘어 있었던 민족주의 운동과 종교, 인권운동들의 연결고리를 강화시켰으며, 지역적으로 고립되어 있던 운동들을 하나로 엮어주는 소통의 역할을 하였다.

Ⅳ. 헬싱키 협정이 소련 인권운동에 미친 영향

1960년대 중반 반체제운동의 일환으로 도덕적인 저항운동으로 시

---

74) 이금순 · 김수암,『개혁 · 개방 과정에서 인권의제: 이론과 실제』(서울: 통일연구원, 2006), p. 85.

작된 소련의 인권운동은 프라하의 봄을 계기로 정치적인 저항으로 성격이 변모하고 운동의 형태도 조직화되었다. 이후 1972년부터 이 같은 저항운동에 대한 정부의 대대적인 탄압이 시행되었고 이는 CSCE 협상진행이라는 국제적인 상황과 연계되어 있었다. 정부는 국내에서 저항운동을 근절시킴으로써 헬싱키 협정체결과정에서 좀 더 자유로운 입지를 굳히고자 하였다. 이로 인해 소련의 인권운동가들은 물리적인 탄압과 정신적인 고초의 이중고 속에 인권운동은 침체기를 걷게 되었다.

그러나 1974년 말부터 운동가들은 운동의 원동력을 조금씩 회복하기 시작했다. 이러한 움직임을 더욱 활발하게 할 수 있는 명분을 제공한 것은 1975년 8월에 조인된 헬싱키 협정이었다. 국내에서 반체제 운동을 근절시켰음을 과신한 브레즈네프 정부는 정부기관지인『이즈베스치야』지에 인권에 관한 조항을 포함한 헬싱키 협정 전문을 게재했다. 그러자 소련의 인권운동가들은 헬싱키 협정을 운동의 합법성의 명분을 제공하는 것으로 활용했다. 정부가 국제조약인 헬싱키 협정을 잘 이행하는가를 감시하겠다는 취지하에 <모스크바 헬싱키 그룹>이 모스크바에서 결성되었다. 이 단체의 활동의 영향력은 모스크바를 넘어 소연방 내 여러 공화국, 더 나가서는 동유럽 국가들로 확산되었다.

평화적이고 공개적이고 합법적인 <모스크바 헬싱키 그룹>의 활동에 대해 소련 정부는 체포와 추방 등 탄압으로 일관했고, 탄압에 대한 서구의 입장 표명에 대해서는 바스켓 I의 제6원칙 내정불간섭을 내세워 일축했다. 서구국가들 역시 소련 내부의 인권운동가들의 서구를 향한 호소에 대해 데탕트를 저해할 요소가 될 것을 우려하여 적극적인 대처를 하지 않았다. 이는 <모스크바 헬싱키 그룹>의 활동가들이 제작한 문서들을 협정 체결 당사국의 대사관으로 보냈으나 이에 대해 전혀 대응하지 않았던 사실에서 잘 나타난다. 이러한 사실들은 인권의제 자체가 동·서 양 진영의 정치적인 협상의 도구였음을 여실히 보여주는 것이라 할 수 있다.

소련 인권운동가들이 헬싱키 협정을 인권운동을 확대 심화시키는 데 적극적으로 활용했다는 점에서 헬싱키 협정이 소련의 인권운동에 긍정적인 영향을 미쳤다고 할 수 있다. 이전에 분산되어 있던 민족주의 운동, 종교의 자유를 추구하는 운동 등이 국제조약인 헬싱키 협정을 준수하라는 요구하에 규합될 수 있었다. 또한 <모스크바 헬싱키 그룹> 산하에 종교의 자유를 추구하는 단체와 정신병원에 정치적인 이유로 감금된 사람들의 인권 보호를 위한 단체들이 결성되었다. 이를 계기로 <모스크바 헬싱키 그룹>과 그 이전의 인권운동 단체들이 인권 전반에 관한 연구와 활동을 한 것에서 더 나아가 이후 <소련 내 장애인 인권보호를 위한 단체Инициативная группа защиты прав инвалидов>(1978)와 <자유노조Свободное Межпрофессиональное объединение трудящихся>(1978) 등 보다 구체적인 목표를 가진 단체들이 등장할 수 있는 초석을 놓을 수 있었다. 이로써 이후 소련의 인권운동은 기능별로 보다 세분화되는 경향을 보였다.

그러나 소련에서는 헬싱키 협정 체결 이전에도 자생적인 인권운동이 전개되고 있었다. 물론 헬싱키 협정 체결 과정에서 국내 부담을 감소시키려는 브레즈네프 정권의 가혹한 탄압에 운동이 타격을 받고 잠시 주춤하였으나 바스켓 III의 인권조항이 소련의 인권운동을 무에서 유로 창조하였다거나 이로 인해 체제의 와해를 가져왔다는 평가는 과장된 것이라 할 수 있다. 헬싱키 협정에 나타난 인권관련 조항

들은 원칙적으로 어느 사회에서나 지켜져야 하는 가치 있는 것들이
며, 무엇보다도 소련의 인권운동가들이 헬싱키 협정 체결 이전부터
끊임없이 주장해 온 내용들과 합치하였다. 이처럼 헬싱키 협정의 인
권조항들은 소련의 인권운동가들에게 운동의 합법성을 주장하는 도
구가 될 수는 있었으나, 마치 트로이의 목마처럼 바스켓 III가 소련을
비롯한 동구권에 체제 와해의 동인이 되었다는 서구의 평가는 과대
평가임을 알 수 있다.

제8장

헬싱키 프로세스와 동서독관계 변화

우평균

I. 연구목적

유럽과 대양주를 포함한 35개국이 1975년 체결한 '헬싱키 협정'과 협정을 이행하는 과정을 일컫는 '헬싱키 프로세스(Helsinki Process)' 란 참가국들이 유럽안보협력회의(CSCE)를 통해 정치 안보, 경제 기술 협력, 인권문제 등 참가국들과 상호관심사를 특정한 원칙하에서 포괄적으로 다루기로 한 협정과 그 이행과정을 말한다. 그동안 헬싱키 협정의 체결과 이행과정은 많은 관심이 대상이 되면서 그 후신인 유럽안보협력기구(OSCE, 1995년 1월 1일부터 개칭)로 계승·유지되어 왔으며, 이를 반영하듯 헬싱키 프로세스에 관한 연구가 꾸준히 진행되어 왔다. 국내에서 헬싱키 협정에 관한 연구는 협정의 성립 요인 및 그 과정에 대한 관심보다는 이행 프로세스상의 군비통제 경험을 소개하고, 이를 남북한 군비통제에 적용할 가능성을 검토하는 것이 많았다.[1) 그리고 탈냉전과 북핵문제 발생을 계기로 한반도 안보를 동북아 다자안보협력의 맥락에서 이해하려는 경향과 더불어 그 선행 사례로서 헬싱키 프로세스를 거론하기도 하는데,2) 이는 대체로 문제제기 수준에 머물러 있다는 평가를 할 수 있다. 그 이유는 헬싱키 프로세스를 다루는 데 있어 세부 분야가 많이 있지만, 그중에서도 남북관계와 동북아안보체제 협력의 경험적 사례로서 동서독관계 변화와 유럽 지역안보협력의 상호관계를 체계적으로 분석하는 사례가 드물었기 때문이라고도 할 수 있다. 그 결과 남북관계 변화와 동북아 다자안보협력의 병행 발전 방안은 구체화하기가 어려운 실정이다.

서독의 경우, 헬싱키 협정이 체결되기 이전에 브란트(W. Brandt) 수상이 이끄는 사민당·자유당 연립정권이 동서독 정상회담(1970년), 기본조약 체결(1972년) 등을 바탕으로 "접근을 통한 변화(Wandel durch Annahrung)"를 기치로 하는 이른바 "동방정책(Ostpolitik)"을 전개하였다. 브란트의 동방정책은 헬싱키 협정 비준과 함께 국내에서 논란을 초래하였지만 서독은 일관된 정책기조를 유지하였다. 근소한 표차로 헬싱키 협정이 의회에서 비준된 이후 서독정부가 헬싱키 프로세스의 이행과 동서독 관계개선을 병행 추진했음은 익히 알려진 사실이다.

---

1) Ki-Joon Hong, *The CSCE Regime Formation: an Asian Perspective* (London: Macmillan Press LTD, 1997), pp. 67-79; 이승근, "동북아 군비경쟁과 안보협력", 『사회과학논총』 제28집 1호 (2009), pp. 183-203; 박영호, "The Helsinki process in comparative perspective: Implications for the Korean peninsula", 『비교민주주의연구』 제15집 1호 (2009), pp. 125-142; 한용섭, "군비통제와 한반도 평화체제 수립", 『한국과 국제정치』 제22권 1호 (2006), pp. 167-198; 이상철, "CSCE를 통한 유럽 군비통제의 교훈", 『한반도 군비통제』 제8집 (1992), pp. 28-64.

2) 정은숙, "'헬싱키 프로세스'와 남북관계", 『KDI 북한경제 리뷰』 제10권 2호 (2008), pp. 3-14; Seung-Keun Lee, "The Experience of the CSCE/OSCE: Its Implication for the Establishment of a Multilateral Security Regime in Northeast Asia", 『유럽연구』 제22권 3호 (2004), pp. 269-293; 송병록, "OSCE의 동아시아 지역 적용가능성과 문제점", 『유럽연구』 제16호 (2002), pp. 41-70; 이인배, "제도와 행위자간의 상호작용에 관한 연구: '다자간 협력안보' 사례로서 CSCE를 중심으로", 『국제정치논총』 제41집 1호 (2001), pp. 5-113; 홍기준, "CSCE 레짐동학(1972-1994) 분석: 권력, 이익, 지식을 중심으로", 『국제정치논총』 제46집 3호 (1998), pp. 65-90; 이영기, "통일문제연구 프로젝트: 동아시아에 있어서 CSCE 모델의 유용성", 『평화연구』 제3호 (1994), pp. 67-85.

이와 같은 과정은 두 차례 세계대전을 일으킨 전범국가로서 동서 양 진영의 강대국으로부터 견제를 받아온 독일이 헬싱키 프로세스 속에서 어떻게 통일 환경을 조성해 나갈 수 있었는가 하는 근본적인 문제를 제기하게 한다.

헬싱키 프로세스가 냉전기 유럽의 안보협력에 어떤 영향을 미쳤는지에 대해 고찰하는 것은 적어도 유럽지역에서의 냉전 해체를 이해하는 데 중요한 의미를 갖는 주제이다. 이를 위해 보다 범위를 좁혀서 헬싱키 프로세스가 냉전기 유럽의 안보협력과 동서독 관계 개선에 기여한 바를 찾아내는 것도 학문적으로 유의미할 것이다. 이에 주목하여 본 장에서는 특히 헬싱키 프로세스가 냉전체제의 근간이라 할 수 있는 군사적 대립과 이념적 갈등을 협의를 통해, 즉 물리적 충돌 없이 어떻게 해소해나갔는지를 안보·군축의 측면에서 평가하고자 한다. 이 분석과정에서 연구의 개념 틀로 안보 및 국제협력을 설정하여 어떻게 양자가 발전해왔는지도 분석하고자 한다. 이를 위해 헬싱키 협정의 체결을 포함한 헬싱키 협정 이행과정이 동서독 관계 개선을 촉진할 뿐만 아니라 그 역의 관계도 성립할 가능성이 있다는 전제를 연구의 출발점으로 삼고자 한다. 따라서 본 장에서는 헬싱키 프로세스와 동·서독 관계 양자 사이의 일방적 영향이 아니라 양자 간 상호작용에 주목하고 그것이 가능하게 된 배경 및 요인을 살펴볼 것이다, 결국 이를 통해 동서독 관계 변화와 유럽지역의 안보협력이 상호의존관계임이 밝혀진다면 그 구도는 향후 남북관계 변화와 동북아 안보협력 구상에 시사점을 줄 수 있을 것으로 사료된다.

Ⅱ. 개념적 틀: 안보, 국제협력

1. 안보

안보(security)의 개념은 포괄적이지만, 구체적으로는 개인의 안전
에서 출발한다. 개인의 안전에서 출발한 안보 개념은 인간의 생활환
경에 대한 객관적 견해가 아니라, 그 환경 안에 있는 인간의 지위에
관한 주관적 인식에 의존한다. 안보의 주관성은 한 개인의 안전감이
타인의 안전감을 충족시키지 못해 한 개인의 안전이 타인의 불안일
수도 있음을 전제로 한다. 다시 말해, 완전한 안전도, 절대적인 불안
도 없기 때문에 안전은 그 존재 여부가 아니라, 그 정도의 문제라 할
수 있다.

국제체계 내에서 한 국가가 안보를 추구하는 것은 국제정치 환경
의 본질적인 속성에서 연유한다. 국제정치는 법을 제정·시행하거나
분쟁을 해결할 권위와 힘을 가진 국가보다 상위의 권위체가 부재하
기 때문에 국가의 최우선적인 이익이 안보라는 점은 자명하다. 그렇
기 때문에 국가는 군사력 균형을 추구하거나 타국의 의도를 주시한
다. 물론 안보에 대한 관심은 군사력에 국한하지 않고 경제력, 정치적
지도력, 정치체제의 응집력, 군사 지도력의 성격, 식량 및 자원에의
접근성을 포함한다. 그리고 무정부상태에서 국가는 안보를 위해 상대
적 힘(relative power)에 대한 관심을 갖기도 하지만 상생의 논리에서
는 국가 간 절대적 힘(absolute power)을 추구하기도 한다. 국제질서가
변화하고, 인간 생활이 다양해지고, 민주화가 확산되면서 환경안보,
집단안보 등으로 안보개념이 발전해왔다.

헬싱키 프로세스와 유럽 안보협력의 증진이라는 주제와 연관하여 안보 개념이 갖는 의미는 안보 개념의 발달과 깊은 관련이 있다. 냉전질서의 확립기라 할 수 있는 1950~60년대에는 국가안보, 군사안보 중심의 관념이 지배적이었다. 그런데 1970년대 데탕트 시기에 접어들어 안보 개념의 변화가 점진적으로 나타났는데, 그것은 포괄안보, 협력안보라는 개념으로 대변할 수 있다. 헬싱키 프로세스로 나타난 유럽에서의 동서 양 진영 간 전략적 이익의 상호의존 및 공동 추구를 배경으로 이와 같은 안보개념이 태동한 것은 필지의 사실이다.3) 이후의 인간안보 개념의 등장은 냉전 종식과 그 이후 제도 없는 헬싱키 프로세스가 OSCE라는 제도를 갖추기 시작한 시기에 부상했다.4)

CSCE의 실무회담에서 다뤄진 주제는 유럽안보를 중심으로 한 여러 분야에서의 실현과제들이었다. 실무회담에서는 회담 참가국 모두의 국가주권 동등성과 무력포기 및 현재 유럽의 국경선을 인정하는 토대 위에서 인간의 기본권과 인권을 보장해야 한다는 전제하에서 협상을 추구했고, 그 결과 적지 않은 합의를 도출하였다. 참가국들은 군비경쟁 지양을 위해 군비축소 회담을 개최하고, 상호 신뢰를 위해 군사훈련을 하게 될 경우에는 회원국들에게 통보하고, 또 사절단을 초청하기로 했다.

---

3) John Maresca, *To Helsinki: The conference on Security and Cooperation in Europe 1973-1975* (Durham: Duke University Press, 1987), pp. 5-10.

4) 냉전기 동서화해의 상징인 헬싱키 프로세스에 기원을 둔 OSCE는 전 세계적으로 현존 지역안보 협력기구 중 최대공간(유럽, 북미, 중앙아시아), 최대회원국(56개 국), 최대안보영역(정치-군사, 경제-환경, 인간)을 자랑하고 있다. 2008년의 경우, 정례회의에서 OSCE 외무장관들은 아제르바이잔 내 나고르노-카라바흐 평화협상 지지, 인간 불법거래 및 테러리즘과의 전쟁 강화, 소형무기와 재래식 탄환 비축에 관한 통제 등 모두 13개 부문에서 합의문을 도출해 냈다. 이와 같은 사실은 다자안보경험이 부족한 동북아의 현실에서 실존하는 역사적 사례가 될 뿐 아니라, 법적 강제력을 갖고 있지는 못했지만, 제도화를 향한 노력의 선구에 CSCE가 존재했기에 오늘의 OSCE로 발전이 가능했다는 사실을 보여준다. 정은숙, "2008년 '유럽안보협력기구'(OSCE) 각료회의: 쟁점과 이견", 『세종논평』 제126호 (2008).

CSCE가 안보 개념의 심화에 있어 시사하는 바는 냉전체제와 같이 상호 간의 이해와 교류가 거의 존재하지 않는 적대적 혹은 비우호적 상황에서의 안보협력은 포괄적 성격을 갖는 것이 중요하다는 점을 일깨워주기 때문이다.[5] 정치적 신뢰와 군사적 협력의 구축은 비정치적·비군사적 협력과 동시에 이루어지면서 포괄적으로 진행될 때 가장 효과적이기 때문이다. 즉, 경제·과학·기술·환경과 관련된 협력은 물론 인도주의적·문화적 협력 역시 군사적 협력만큼 중요한 안보협력으로 이해되어야 한다. 그리고 협력의 진행은 당장 서로에게 이익이 될 수 있는 경제·기술 차원의 교류로부터 정치·군사적 문제로 점진적으로 교류를 확대하는 것이 유효하다. 기능적 접근론의 중심 주장처럼[6] 국가들을 구분하기보다는, 국가들에 공통적인 것이 바로 이들을 연계시킬 수 있다는 전제는 CSCE의 진행과정과 부합하는 측면이 있다. CSCE는 기본적으로 협력적 안보개념에 기초하였다. 유럽안보협력기구 안보전략의 핵심은 회원국들 간의 정치·군사적 신뢰 구축을 통해 분쟁을 사전에 제어하는 예방외교, 그리고 기존 분규가 분쟁으로 확대되는 것을 막고, 분쟁이 이미 발생한 경우 그것의 확산을 막기 위한 위기관리에 있었다.[7] 유럽의 거의 모든 국가와 미주대륙의 미국 및 캐나다 등 53개 회원국이 가입한 CSCE는 나토와 바르샤바조약기구(WTO) 간의 첨예한 대립 속에서 동서 진영 간 긴장 완화와 신뢰 구축 조치를 취했다. 특히 1975년 헬싱키 최종의종서를 채택하여 상호 군사활동의 투명성과 예측 가능성을 높이기 위하

---

5) Robert Jervis, "Security Regimes", *International Organization*, Vol. 36, No. 2 (1982), pp. 360–364.

6) D. Mitrany, *The Functional Theory of Politics* (London: Robertson, 1975).

7) 박건영, "동북아 다자간 안보협력의 현실과 전망", 『한국과 국제정치』 제16권 2호 (2000), p. 257.

여 군사기동 훈련의 사전통보 및 훈련참관 등 초보적 신뢰 구축 조치를 시행한 이래 점차 그 중요성을 주목받았다. 또한 1986년 9월의 CSCE 스톡홀름 회의는 헬싱키 선언의 사전 통보와 훈련 참관을 현실적으로 검증할 수 있게 하여 유럽에서 위기를 예방할 수 있는 신뢰장치를 마련하기 시작했다.

1970년대 중반에 창설된 헬싱키 체제의 근간이 안보적 현상유지를 토대로 유지되었음에도 불구하고, 1980년대에 들어서면서 CSCE의 구조적 틀을 흔든 계기는 1979년 소련의 아프가니스탄 침공과 1980~81년 폴란드 정부의 자유노조운동 탄압에 대한 미국을 위시한 서구의 반발에 따른 긴장 고조와 같은 일련의 사태들이었으며, 헬싱키 구조의 근본적인 문제 때문에 발생한 것은 아니었다. 따라서 1975년의 헬싱키 선언은 독일분단선을 중심으로 한 정치, 군사, 이데올로기적 동서대결 구조의 현상 승인이라는 고유한 기능을 수행하는 데 적합한 안보적 틀을 유지했다고 할 수 있다.

2. 국제협력

국제협력은 정책 조정 과정을 통한 정부 정책의 상호 적응에 관한 문제에서 출발한다. 협력이 조화를 의미하지 않는다면, 협력은 국가 간 이익 갈등의 부재가 아니라 갈등을 상호 이익의 방향에서 어떻게 극복할 수 있는가의 문제로 집약된다. 국제정치의 양대 시각인 현실주의와 자유주의 시각 사이에서 국제협력의 문제를 둘러싸고 논쟁이 계속되어 온 현실은 이를 입증하고도 남음이 있다. 신현실주의자들은 무정부상태에서 상대적 이익 개념에 기초한 자기이익 추구로 국가

간 부조화 혹은 갈등이 지속한다고 주장한다.8) 이에 대해 자유주의
자들은 근시안적인 자기이익의 추구가 모든 국가를 불안전하게 만든
다고 보고 무정부 상태하에서도 절대적 이익 개념에 입각하여 모든
행위자들에게 이익이 되는 대안이 존재하는데, 그 예로 국제통상정책
에서 국가들이 보호무역정책보다는 자유무역체제를 선호하는 사례
를 든다.9) 그러나 신현실주의자들은 국제협력의 길이 이타심이라는
가정이 아니라 현실 속에서 실제로 설명되어야 할 필요성을 강력히
제기하였다. 이에 따라 협력을 증진하는 요소들을 발견하려는 노력이
진행되었는데, 그것이 공동이익의 존재, 소규모 행위자의 참여, 그리
고 긴 "미래의 그림자(shadow of the future)"라는 3가지 요소이다.10)
그런데 어떤 상황에서 이런 협력의 요소들이 증대하는가에 관해서
현실주의자들은 패권안정이론을, 자유주의자들은 제도의 작동을 제
시한다. 이와 별도로 협력의 수준이 일정하지 않다는 지적도 있는데
원칙과 규범을 공유할 경우는 의도적 협력이, 규칙과 절차만 공유할
경우는 임의적 협력이 나타난다는 것이다. 또 그 양상은 평상시와 위
기 시에 달리 나타날 수 있을 것이다.

국제협력과 관련하여 헬싱키 프로세스는 적대 진영 간 협력의 가
능성 및 그 발전을 고찰하는 데 하나의 사례가 될 수 있다. 협력의 요
소와 관련하여 위에서 언급한 3가지 점들을 검토할 수 있을 것이고,

---

8) Kenneth N. Waltz, *Theory of International Relations* (Reading: Addison-Wesley Publishing Company, 1979), pp. 91, 111, 118.

9) Robert O. Keohane and Joseph S. Nye, Jr., "International Interdependence and Integration", Fred I. Greenstein and Nelson W. Polsby (eds.) *Handbook of Political Science: International Political Politics*. 8 (Reading: Addison-Wesley Publishing Company, 1975), pp. 387-390; Robert Axerod, *The Evolution of Cooperation* (New York: Basic Books. 1984).

10) Bea Cantillon, Ive Marx, *International Cooperation in Social Security: How to cope with globalization?* (Oxford: Hart publishing and Marx, 2005), pp. 160-162.

협력의 수준과 관련하여 임의적·의도적 협력의 구분 및 발전으로 설명될 수 있을 것이고, 협력의 지속과 관련하여 갈등의 조정 혹은 이해관계의 상호의존으로 설명될 수 있을 것이다.

CSCE는 안보 영역을 확대하고 구체적 영역에서 확인 절차를 개선하여 공동안보 내지는 협력안보로 향하는 경험을 역사적으로 확인해 주었다. 이와 같은 일련의 과정에서 동서 양 진영은 적대적인 냉전체제하에서 포괄적 상호주의(diffuse reciprocity)를 실현하고자 하는 노력을 보여줌으로써 유럽안보협력이 제도화의 요건을 갖춰 나갈 수 있도록 만들었다. 레짐 형성에 있어 보여준 협력게임은 합의 과정의 투명성과 결정 사항의 비가역성으로 의제 선정의 예측가능성과 이행 사항의 누적성을 보장하였다.[11] 이를 위해 결성 당시부터 CSCE 내에서 평화적 해결의 메커니즘에 관한 협상을 4가지 특징을 다음과 같이 요약한 바 있다. ① 발전(수용)된 절차(들)는 모든 참여 국가들이 보편적으로 받아들여야 한다. ② 절차는 제3자(a third party)의 권고 절차를 수용해야 하며 ③ 포괄적 체제(comprehensive regime)를 구성해야 하며 ④ 포괄적 체제는 분쟁의 평화적 해결을 위한 기존 방식을 보완해야 한다.[12]

---

11) 서보혁, "다자안보협력의 제도화 경로: C/OSCE의 경험과 동북아 적용 방안 연구", 『국제정치논총』, 제49집 2호 (2009), pp. 18-19.

12) Tanja Börzel and Thomas Risse, "When Europe Hits Home: Europeanization and Domestic Change", *European Integration Online Papers*, Vol.4, No. 5 (2000), Accessed at 〈http://ejop.or.at/eiop〉(검색일: 2008.8.5).

Ⅲ. 헬싱키 프로세스와 안보·군축협력

CSCE는 냉전시기 포괄적 의제를 지속적으로 다루면서 제도화의 과정을 겪어 왔다. CSCE는 군비통제 분야에 있어 나름대로 괄목할 만한 진전을 이루어냈으며, 그 영향력 역시 지속적으로 이어져 왔다. 군비통제에 있어서의 발전과 제도화의 측면은 다음과 같다.

CSCE는 다자안보협력에 있어 어렵다고 평가되는 안보 분야 가운데 군비통제에 있어서 점진적이고 제도적인 발전을 이루었다. 여기에는 특히 합의과정의 투명성과 결정사항의 비가역성을 일관함으로써 향후 의제선정의 예측가능성과 이행사항의 누적성을 보장한 것이 주효하였다.[13]

헬싱키 회의에서는 CBM과 안보 및 군축에 관한 문서를 발표하여 군사적 대결 감소 및 전반적이고 완전한 군축의 필요성을 인정하는 원칙적인 수준에서 동서 양 진영이 의견을 공유하였다.

헬싱키 회의 이후 처음으로 열렸던 베오그라드 후속회의(1977.10.4 ~1978.3.9)는 인권 외교정책을 표방하는 카터 행정부의 등장과 동구권에서 '헬싱키 최종 협약' 감시단체의 압력 등으로 인해 동서 관계가 악화된 결과, 합의문조차 채택하지 못하였다. 베오그라드에서 고조되었던 위기감은 마드리드 후속회의(1980.11.11~1983.9.9)에서 새로운 동력으로 작용하여 스톡홀름에서 CDE회의(Conference on Confidence-and Security-Building Measures and Disarmament in Europe)를 개최하는 것을 합의하였다.

---

13) 손기웅, 『CSCE/OSCE의 분석과 동북아 안보협력에 주는 시사점』 (서울: 통일연구원, 2004), p. 50.

스톡홀름 유럽 CSBM 및 군축회의(1984.1.17~1986.9.19)에서는 "스톡홀름 CSBM 및 군축 문서"를 채택하여 기존의 헬싱키 신뢰구축조치(Helsinki CBMs)보다 더 진보된 제2세대의 스톡홀름 신뢰·안보구축조치(Stockholm CSBMs)로 신뢰구축 관련 개념을 확대하였으며, 헬싱키 회의에서 합의한 군사활동의 사전통고 및 참관 문제에 대해 참가병력 및 무기규모 등 보다 구체적인 규정을 하였고, 연중군사일정의 사전교환도 합의하였다.14)

헬싱키 협정 체결 이후 레짐(regime)의 형성 가능성과 연관하여 1단계 '출현'(1972~1975)에 이어 '동요'의 시기(1976~1986)로 볼 수 있는 1970년대 말과 1980년대는 참여국들 간의 이해관계가 불일치했기 때문에 레짐이 안정화되지 못했다. 베오그라드에서 미국과 서방동맹국 및 비동맹 중립국들은 최종협약의 이행여부를 검토하고자 하였고 인권은 핵심적 의제였다. 한편 소련과 동구권 국가들은 서구 측의 비판을 공격하면서 군축문제에 관심을 기울였다. 이와 같은 이해관계의 불일치로 인하여 베오그라드 회의는 합의를 도출할 수 없었다. 마드리드 회의에서도 기본적인 이해관계는 변하지 않았으나 상대적으로 성공을 거둘 수 있었던 것은 첫째, 마드리드에서의 실패가 CSCE는 물론 동서 관계의 악화를 초래할 것을 우려했고, 둘째, 군축에 대한 이해가 일치했다는 점이다. 마드리드에서 스톡홀름 CDE 회의를 개최하는 것에 합의하였으나 구체적 의제와 관련하여 참여국들의 이익이 달랐다. 서구 측은 군사행위의 예측성과 안정성을 높여서 전쟁의 위협을 줄이고자 한 반면 동구 측은 재래식 무기 감축을 안건에 포함시

---

14) Final Document of the Stokholm Conference 1986.

키고자 하였다.[15]

1990년의 CFE(Conventional Armed Force in Europe) 조약을 통해서는 조약의 적용범위를 "대서양에서 우랄산맥"으로 하여 유럽대륙 전역에서 재래식 무기를 사용하는 전쟁발발 가능성을 최소화한 내용을 담았다. 구체적으로는 재래식 무기의 보유한도를 두 진영별, 지역별, 국가별로 제한하는 세부적인 규정을 두었으며, 실효성이 있는 이행을 위해 조약 발효(1992.7.17) 후 40개월 이내로 재래식 무기의 단계적 감축을 합의하였다. 이 회의에서는 구조적 군비통제조치가 이루어졌으며, 제3세대 신뢰구축조치라 할 수 있는 비엔나 신뢰·안보구축조치(Vienna CSBMs)가 채택되어 운용적 군비통제조치가 더욱 보강되었다.[16]

1990년까지 이루어진 발전 양상은 군사 분야에서 발생한 위기를 관리하기 위한 제도적 장치로 '비정상적 군사행위에 관한 자문·협력 메커니즘'이 채택되었다는 데 있다. 이 장치는 우선 요청을 받은 후 48시간 내에 정보를 교환하는데 이것이 만족스럽지 않을 경우 양자회의나 모든 CSCE 회원국이 참가하는 긴급회의를 소집할 수 있다. 이것은 CSCE의 의사결정과정에서 중요한 원칙인 합의제의 최초의 예외규정이기도 하다. 군사 분야에서의 또 다른 위기관리 메커니즘은 '군사적 성격의 위험한 사고에 관한 협력'이다. 이것은 신뢰·안보구축조치가 적용되는 지역에서 군사적 성격의 위험한 사고가 발생하였을 때 사고가 발생한 국가는 다른 회원국에 통보함으로써 오해로 인

---

15) 홍기준, "CSCE 레짐동학(1972–1994) 분석: 권력, 이익, 지식을 중심으로", 『국제정치논총』 제46집 3호 (2006), pp. 49–51.

16) The Vienna CSBM Document 1990, Section II.

한 전쟁의 가능성을 줄이기 위한 것이다.[17]

1992년 헬싱키 정상회의에서는 "CFE-1A"에 서명하여 CFE 서명국
가별로 병력보유 상한선을 규정하였으며, 조기경보·분쟁예방·위기
관리 및 분쟁의 평화적 해결을 위해 정치협의회 활용, 해결절차 및
메커니즘 활용, 진상규명 및 조사단 파견, CSCE 평화유지활동 시행,
분쟁방지센터(CPC) 강화 등을 결정하였다.

1994년 12월에 열린 부다페스트 정상회의에서는 대량살상무기의
비확산에 관한 기본원칙을 합의함으로써 군축 분야에서 성과가 있었
다. 그 내용으로는 첫째, 핵무기 분야에서는 핵확산금지조약(NPT) 무
기한 연장의 무조건 지지 및 국제원자력기구(IAEA)의 전면안전조치
협정 이행 지지, 프랑스·영국·러시아의 핵실험 유예 환영, 무기급
핵물질생산금지조약 협상의 조기 완료 촉구 등이 합의되었다. 둘째,
생화학무기 분야에서는 생물무기금지조약(BWC)과 화학무기금지조
약(CWC)의 준수, 생화학무기 원료물질 수출통제 지지 등을 포함하였
다. 셋째, 미사일 기술 분야에서는 미사일기술통제체제(MTCR)의 지
지를 결의하였다.

CSCE는 미국과 소련을 비롯한 많은 참여국들 간의 이해와 타협을
위해 많은 시간과 노력을 많이 들였지만, 의제에 합의하는 과정을 투
명성 있게 하고 결정한 사항을 무효화하지 않음으로써 논의의 진척
과 제도화에 기여하였다. 특히 CSCE는 국제적 안보환경의 변화에 수
동적으로 적응한 것이 아니라 능동적으로 대응함으로써 안보레짐으
로서의 위상을 공고히 하였다.[18]

---

17) Börzel (2000).
18) Jervis (1982), p. 358.

안보정책 분야에서 CSCE는 군사적 CBM 측면에서 선도적이고 창조적 역할을 수행하였다. 헬싱키 협정에서 합의된 자발적인 CBM들은 NATO를 한편으로 그리고 WTO를 다른 한편으로 하는 군사적 활동들을 좀 더 투명하게 하는 데 목적을 두었다. 앞서 지적했듯이, 1986년 스톡홀름의 합의에 의해 신뢰 구축 조치들의 적용범위는 더욱 확장되어 CSBM으로 개념화되었다.

CSCE는 군축분야에서 중심적 역할을 담당하였다. 그 대표적인 예가 1990년 11월 파리에서 개최된 CSCE 정상회담에서 조인된 CFE였다. 이 협정은 CSCE 과정의 본질적인 구성요소는 아니었으나, CSCE는 이 협정을 위한 협상을 위탁받아 사실상 전권을 행사하였고, CSCE의 협상무대에서 조인하도록 함으로써 CSCE가 군축을 예비하는 기구로서 널리 인식되도록 하였다.[19] 이와 같은 측면은 CSCE가 결성 당시부터 국제법적인 구속력을 갖는 기구로 출범하는데 대한 부담을 참여국가들이 갖고 있었기에 CSCE의 구속력을 제한했기 때문에 오히려 가능했다고 볼 수 있다. 즉, 하나의 신설 회의체로서 공통의 이슈를 포괄적으로 접근해 들어간다는 점을 다소 불분명하지만, 합의가 능한 문제 영역에서 논의를 추구했기 때문에 제한된 틀 내에서의 성공적인 합의 도출이 가능했다.[20] 특히 군축 분야에서의 진전은 탈냉전 시대 유럽의 안보질서를 구상하는 데 역사적 사례로서 영향력을 행사했다고 할 수 있다.

CSCE는 NATO와 비교해 볼 때 기구 속에 내재적으로 어떠한 블록

---

19) John Fry, *The Helsinki Process: Negotiating Security and Cooperation in Europe* (Honolulu: University Press of the Pacific, 1993), p. 102.

20) Alexei Zagorsky, "Confidence-Building Measures: An Alternative for Asian-Pacific Security?", *The Pacific Review*, Vol. 4, No. 4 (1991), pp. 345-340.

간 대립적 고려나 적재적인 사고가 존재하지 않았다. CSCE는 어떠한 시기에서도 어떤 잠재적 적대 국가를 겨냥하지 않았다. 즉, 대결보다는 통합을 지향하는 면모를 보여주었다.21) CSCE는 적대적 진영에 속하는 국가 간에도 상호적인 동의를 표출하도록 하는, 군사적 해결책의 사용위험을 감소하여 폭력성을 줄이는 역할을 담당하였다. 전통적으로 동서 간에는 이해관계가 달라 서로 강조하는 측면이 일치하지 않았다. 서구는 인권과 바스켓 III의 조항을 강조한 반면 동구 측은 군사안보 문제에 우선순위를 두었다. 특히 동구측은 스톡홀름 회의에 신뢰·안보구축조치에 추가하여 재래식 무기 감축문제를 의제로 포함시키고자 하였는데, 동서 간의 이견은 비동맹·중립국들의 중재노력을 통해 합의의 기운이 조성되었다. 군사적 긴장완화 노력과 더불어 동서 간에 요구가 수렴됨으로써 전통적 의미의 군사적 위협을 감소시키는 데 일조하였다.

IV. 헬싱키 협정 이행과 동서독 관계의 진전

1. 헬싱키 협정과 서독의 입장

서독에서 동방정책22)은 1975년 헬싱키 협정 체결 이전부터 실시되

---

21) 손기웅 (2004), pp. 59–60.

22) 통일 전 서독에서는 동방정책(Ostpolitik)과 독일정책(Deutschlandpolitik)을 분류해 사용하였다. 동방정책이란 우선 소련을 비롯한 동유럽 여러 나라들에 대한 정책을 말하는 것이었고, 독일정책이란 서독과 동독과의 관계를 뜻하는 것이었다. 그러나 동방정책은 당연히 독일정책에 큰 영향을 미치고, 또 통일문제는 표현하지는 않았지만, 독일정책 속에 포함되어 있었다고 볼 수 있다. 정용길, 『독일 1990년 10월 3일, 통일을 생각하며 독일을 바라본다』 (서울: 동국대학교 출판부, 2009), p. 131.

고 있었다. 서독 의회는 1973년 5월 11일 동독과 체결한 기본조약을 비준하였다. 이를 계기로 많은 나라들이 급속하게 동독을 인정하기 시작했으며, 동서 양 독일 국가가 1973년 9월 18일 유엔에 의해 승인되었다. 1973년 6월과 1974년 4월 사이에 서독은 체코, 헝가리와 외교관계를 맺는 조약을 협상하기 시작했으며, 불가리아와는 외교관계를 맺었다. 동방정책의 근본적인 틀은 1974년 5월 빌리 브란트 총리가 퇴임하는 시점에 완성되었다고 할 수 있다. 미국은 1974년 9월, 다소 늦은 시점에 동독을 외교적으로 인정하였다. 헬싱키 프로세스의 전개와 양 독일을 둘러싼 관계 진전의 양상은 1970년대가 다 가기 전에 이미 동방정책과 유럽에서의 데탕트가 독일의 보복에 대한 소련의 오랜 두려움을 상당히 감소시켰다는 점이 분명하다는 데에서 나타나기 시작했다.23) 궁극적으로 유럽에서의 동-서 간 데탕트는 미-소 간 데탕트와 병진하였다.

서독이 추구했던 데탕트정책은 ① 동서 간의 분쟁을 줄이고, ② 군비를 협의하고, ③ 공동으로 위기를 관리하여, ④ 안전의 위협을 줄이면서 서로의 장기적이고 평화적인 방법으로 관리하는 데 있었다. 브란트의 동방정책은 데탕트를 "현상유지를 기본으로 하여 독일문제를 해결하기 위한 전술적인 방도"로 이해하여 유럽 평화 유지의 개념을 정치와 사회체제를 달리하는 동서의 국경을 변경하지 않고, 현상유지에 대한 상호인정의 바탕 위에서 인간, 직업 및 사회의 접촉을 통하여 신뢰와 이해를 증진함으로써 양 체제의 이질적인 가치의 차를 최소로 줄이는 데 중심을 두었다.24)

---

23) Raymand L. Garthoff, *Detente and Confrontation: American-Soviet Relations from Nixon to Reagan* (Washington, D.C.: The Brookings Institution, 1994), pp. 526-527.

헬싱키 협정에서도 현존하는 유럽의 국경은 "불가침"이라는 용어를 사용하였는데, 이는 1970년 서독-소련 조약에서도 사용한 바 있었다. 1975년 협정 체결 당시 서독의 헬무트 슈미트(Helmut Schmit) 정부는 국내의 보수파들을 의식하여 통일의 이론적 가능성만이라도 열어두려고 노력했다. 총 35개국에 달하는 서명국들은 "자국의 국경이 국제법에 따라 평화적인 방법으로 그리고 합의를 통해 변경될 수 있다"는 데 합의했다. 이 선언은 서명국들이 보유한 다른 "권리와 의무에 영향을 주지 않는다"고 규정하였다.

헬싱키 협정에서 합의된 이 내용은 15년 후 독일 통일과 직접적인 연관을 갖게 되는 역사적으로 상징성 있는 근거가 되었다. 즉, 소련이 독일의 평화적 통일에 동의하는 문서에 서명함으로써 독일 통일이 국제적 효력을 갖기에 이른 것이다. 1975년 당시에는 이 조항이 단순히 이론적 의미 이상은 아니라는 견해가 설득력을 가질 수밖에 없었다. 그렇지만 국경과 관련된 이 조항은 1990년대 초반에 독일 통일의 역사적 진행 상황에 따라 현실화되었다. 나아가 헬싱키 협정은 모든 국가가 보유한 "국제기구에 가입하거나 가입하지 않을 권리, 동맹조약의 당사자가 되거나 되지 않을 권리를 포함하여 양자 혹은 다자조약에 가입하거나 가입하지 않을 권리, 나아가 중립의 권리"를 존중한다고 규정했다. 그러나 헬싱키 협정은 동방정책의 배경을 이룬 그 어떤 것에도 영향을 주지 않았다. 이 협정은 전후의 국경과 (강화회의를 거치지 않고 승자들이 강요한) 사실상의 강화조치를 현실로 인정했다. 서독은 그와 같은 현상을 언젠가 바꾸기 위해서라도, 당시로서

---

24) Karl Kaiser, Karl Kreis, Karl Markus, *Sicherheitspolitik von Neuen Aufgaben* (Frankfuert: Fankfuert-am Mein, 1977), p. 416; 백경남, "유럽안보에서의 서독의 좌표", 『안보연구』, 제11호 (1981), pp. 120-121.

는 받아들이지 않을 수 없다고 생각했다.[25]

결국 동방정책을 추진한 브란트는 독일 문제 해결을 민족국가적 입장에서보다는 동맹체제 간의 균형 전략에서 찾고자 하였다. 그 결과 대 동독 유화 정책을 강력히 추진하여 서독이 '서구와 동구를 잇는 교량 역할'을 하기로 하고, 대화 상대를 소련으로 잡아 무력불행사 선언 협상을 통하여 동서독 간의 관계 정상화와 베를린의 지위에 관한 4대국협정을 체결하려 하였다. 이 과정에서 1975년 체결된 헬싱키 협정과 동방 정책은 직접적인 연계가 없으며, 그보다는 서독과 소련간의 쌍무적 접촉과 그 과정에서 발견한 이해관계의 일치가 보다 부각될 수 있다. 즉, 소련과 서독은 각각 대 서독 정책과 동방 정책에서 공동의 이해관계를 발견하였고, 그 결과 서독과 소련이 조약을 체결하고 1972년 11월 8일에는 동·서독 기본조약에 조인할 수 있었다. 동방정책의 전제 및 배경이 된 서독의 소련과의 대화 확대가 동방정책을 실시할 수 있도록 조건을 만들어주었고, 헬싱키 협정은 이와 무관하게 진행되었음이 역사적 경과를 통해 분명하게 드러난다.

2. 동·서독 관계의 진행

분단 기간에 서독 정부는 '독일 정책(die Deutschlandpolitik)'을 추진했는데, 독일 정책은 자결권을 평화적으로 실현하고자 하는 독일 민족의 권리에 근거하는, 독일 통일과 자유를 완수하려는 기본법의 정신과 일치된 정책이었다. 독일 정책은 '대동독 정책'과 '통일 정책'

---

25) 필립 젤리코, 콘돌리자 라이스, 김태현·유복근 역, 『독일 통일과 유럽의 변환: 치국경세술 연구』 (서울: 모음북스, 2008), p. 111.

모두를 포함했다.26)

독일문제는 유럽의 평화 유지와 밀접한 관련이 있는데, 특히 무력 포기는 서독 정부가 추진했던 정책의 기본 원칙이며, 자유는 독일 문제의 핵심이었다. 서독 정부는 평화와 전독일 민족의 이익을 고려하여 동독과의 관계 개선을 위해 노력했다. 서독 정부가 추진한 독일 정책은 독일 연방 공화국의 기본법(1949년), 독일 조약(1955년), 동방 조약과 독일 통일에 관한 공한(1970, 1972년), 독일 정책과 외교 정책에 대한 공동 인식에 관한 1972년 5월 17일의 연방 하원 결의, 동·서독 기본 조약(1972년), 1973년 7월과 1975년 7월의 연방 헌법 재판소의 결정 등에 의거하여 이루어졌다.27)

1975년 8월 헬싱키 유럽 안보 협력 회의에 참석했던 슈미트 수상과 동독 호네커 서기장은 7월 30일과 8월 1일 별도의 회담을 개최하고 경제 협력, 상호 방문 및 이산가족의 결합과 재회 문제 등에 관해 협의했다. 이 회담 후 동독은 1975년 9월, 86명의 정치범을 석방하여 서독으로 송환하였고, 이어 10월에는 200명을 추가로 석방했다. 이후의 양독 관계는 주민 간의 상호 방문 증가 숫자가 말해주듯이 교류·협력이 꾸준히 지속되었다.

브란트의 뒤를 이은 슈미트 수상은 브란트 재임 시보다는 동독에 대하여 소극적인 관계를 유지하는 경향이 있었지만, 동독 정부는 서독에 대하여 상대적으로 적극적인 정책을 취하였다. 동독이 추진한 정책은 서독과의 협력을 위한 여러 가지 협정을 체결함으로써 경제적 이익을 획득하는 것이었다. 1974년 의료협정과 송금협정, 1975년

---

26) 서독정부는 분단 기간 동안에 '대동독 정책'이나 '통일 정책'과 같은 용어를 별도로 사용하지 않았다.

27) 손선홍, 『분단과 통일의 독일 현대사』(서울: 소나무, 2005), pp. 235-236.

베를린과 마리엔보른 간의 고속도로 개보수 협정, 1976년 우편 통신 협정과 국경지역의 갈탄공동채굴협정, 1978년 베를린-함부르크 고속도로 건설협정, 1979년 검역협정 등을 체결하였다.

1974년부터 1979년 사이에 동서독 간에는 이처럼 기본조약의 영향으로 일련의 협정이 체결되었지만, 슈미트 정부는 처음부터 호네커 정권을 별로 중시하지 않았고, 자신의 동독관계 특별 보좌관에게 협상에 관한 권한을 제한적으로 위임하였으며, 양독 간의 협력문제를 소련과의 협상을 통하여 해결하고자 하였다. 1979년에 이르러 미소 간에 신냉전이 시작되면서 서독 정부는 브란트의 신동방 정책을 새로이 전개하고자 했을 뿐만 아니라, 새로운 국제정세 속에서 수정·보완해야 할 필요성을 느끼게 되었다.[28]

1970년대 말 소련의 아프가니스탄 침공 등으로 인해 미·소 간 관계가 악화되고 국제적 긴장이 고조되는 가운데서도 서독은 유럽의 긴장 완화와 동독과의 관계를 발전시키기 위한 노력을 계속했다. 그 결과 제3차 동·서독 정상 회남이 1981년 12월 11~13일 농독의 베어벨린제(Werbellinese) 호수에서 슈미트 수상과 호네커 서기장 사이에 열렸다. 이 회담에서 양 정상은 동·서독 기본 조약에 의한 두 독일의 관계 강화와 헬싱키 유럽 안보 협력 회의에서 채택된 최종 협정의 준수 등을 강조했다. 호네커 서기장은 나토의 핵무기 배치 결정이 동독과 서독 사이의 긴장을 고조시켰다고 비난하면서도 동·서독 관계가 개선되어야 한다고 강조했다.[29]

---

28) 고상두, "적대적 협력관계: 동서독과 남북한 정상회담의 비교분석", 『협상연구』, 제6권 2호 (2001), pp. 103-104.

29) 손선홍 (2005), pp. 231-232.

제3차 정상회담에서는 이외에도 두 정상은 독일에서 전쟁이 재발
되지 않도록 노력하기로 하고, 이산가족 결합과 상호 방문 등 관계
개선 방안에 관해 논의했다. 회담 후 동독은 동독 주민의 서독 방문
기회를 확대했다. 동독 주민은 1982년부터 서독에 거주하는 친척의
생일, 결혼, 병환, 장례식 참석 등의 사유로 서독을 방문할 수 있게 되
었다.[30]

동독은 경제 불황에 의한 외화 부족을 해소하기 위해 1983년 6월
29일 서독으로부터 약 11억 마르크의 차관을 얻었다. 이에 대해 동독
은 이산가족의 재회 조건을 완화했다. 이에 따라 동독은 서독인의 동
독 방문 시 14세 미만에게는 방문에 따른 강제 환전 의무를 폐지하고,
14~15세에게는 강제 환전 금액을 7.5마르크로 인하했다.

1984년 7월에도 서독은 동독에 9억 5천만 마르크의 차관을 제공했
다. 동독은 이에 대한 보답으로 서독 연금 수혜자의 방문 시 환전 금
액을 25마르크에서 15마르크로 내리고, 방문 가능 일수를 연간 30일
에서 45일로 확대하는 등 서독인의 동독 방문 조건을 재차 완화했다.
또한 동독은 과거에 주민들이 서독으로 탈출하는 것을 방지하기 위
해 서독과의 경계선에 자동발사기를 설치하고 지뢰를 매설하였는데,
서독은 이 자동발사기와 지뢰가 인권에 위배된다며 동독에 철거를
강력하게 요구했었다. 동독 정부는 서독의 경제지원에 대한 답례로
국경지대에 설치했던 자동발사기를 1984년 11월 30일 제거 완료하였
고, 1년 후인 1985년 11월 30일 지뢰도 완전 제거하였다.[31] 동독 정부
는 대규모 은행금융을 받은 데 대한 반대급부로서 민간인 상호방문

---

30) 통일부 통일정책실, 『동 · 서독 정상회담 사례집』 (서울: 통일부, 2006), pp. 25-26.

31) 손선홍 (2005), p. 233.

인원의 확대와 동독 입국 제한요건의 완화, 국경검문 완화, 편지 및 소포검열의 대폭 완화, 전화소통의 대폭 개선, 인권문제 개선 등에 관한 서독 측 요구 사항을 수용하였다.32) 서독은 또다시 9.5억 마르크의 상업차관에 대한 국가보증으로 이에 보답하였다.

동·서독 간의 이와 같은 관계 증진은 1970년대 말 이후 조성된 데탕트 기운의 퇴조와 신냉전적인 국제기류 속에서 진행된 것이기에 서방과 동구 진영으로부터 환영받을 수 있는 문제는 아니었다. 미국, 프랑스, 영국의 언론들은 동서독 관계가 서방진영의 이익에 반하는 방향으로 발전하고 있다고 보도하였다. 이태리의 안드레오티(G. Andreotti) 외무장관은 범게르만주의를 경계해야 한다면서, 유럽을 위해서는 두 개의 독일이 존재하는 것이 바람직하다고 말하였다.33) 소련에서는 동독의 사회질서를 전복하려는 시도를 서독이 하고 있다고 비난했으며, 소련의 신임 체르넨코(K. Chernenko) 서기장은 1984년 8월 호네커(E. Honecker) 서기장을 만난 자리에서 9월로 예정된 서독 방문을 취소하도록 종용하여 서독 방문을 무산시켰다.

1985년 3월 소련의 새로운 서기장 고르바초프(M. Gorbachev)의 취임 이후 단행된 소련의 개혁정책과 잇따른 미소 간의 긴장완화 움직임은 양독 간의 관계에도 영향을 미쳐서 1986년 서독 외무장관인 겐셔(H. Gensher)의 모스크바 방문을 계기로 양자관계가 호전되기 시작했으며, 1987년 들어 급속도로 진전되었다. 이와 같은 분위기의 진전으로 1987년 호네커의 서독 방문도 성사되었다. 콜(H. Kohl)과 호네커

---

32) 황병덕, "신동방정책·독일정책과 대북포용정책 개관", 황병덕·손기웅 외, 『신동방정책과 대북포용정책』 (서울: 두리, 2000), p. 65.

33) 고상두 (2001), p. 105.

는 과학, 기술 및 환경보호 등 세 건의 협력협정에 조인하고, "독일영
토에서 다시금 전쟁이 재발되어서는 안 된다"는 공동성명도 발표했
다. 두 정상은 민주주의의 가치에 대해 서방세계와 동독공산당(SED)
의 동독 간 이해하는 방식에 여러 가지 중요한 차이가 있지만, 무엇
보다 건설적인 대화를 통해 그러한 차이점을 생산적인 경쟁으로 승
화시키는 것이 중요하다는 데 의견이 일치하였다. 그리고 "공산주의
자와 사회민주주의자는 상대방의 기본이념을 존중하고 상호 비방 중
지, 상대방의 근본 동기에 대한 의혹 불식, 상대방의 진의 왜곡 금지
는 물론 상대방 대표에 대한 중상도 하지 말자"고 합의했다.34) 결과
적으로 정상회담은 양독 간에 문화교류를 촉진시켰고, 서독뿐 아니라
동독의 국제적인 위상도 높이는 효과를 발휘했다.

3. 동·서 관계와 헬싱키 협정 이행의 문제

1975년 헬싱키 협정 채택 이후 동서독 관계의 진전과정을 그 종착
역인 독일 통일을 제외하고 다룬다는 것은 여러모로 문제가 있으며,
특히 CSCE의 이행과정과 결부하여 동서독관계를 이해하는 데 있어
서도 종합적인 분석을 하는 데 장애가 될 수 있다. 독일이 통일되고
유럽의 안보질서가 NATO를 중심으로 새로운 위험에 대한 군사적 통
제를 내용으로 하는 신구상을 추구했을 때, 이를 부정적으로 평가하
는 입장에서는 나토와 서유럽동맹을 축으로 유럽의 안보질서가 재편
되면서 CSCE를 중심으로 하는 새로운 공동의 집단적 안보체제가 출

---

34) 서지원, 『도이치 현대사 3: 아! 동방정책』 (서울: 비봉출판사, 2004), pp. 498-499.

현할 수 있는 좋은 기회가 활용되지 못했다는 점을 강조한다.[35] 이는 결과론적인 측면에서 평가하는 단점이 있지만, CSCE의 과정적 성격을 살펴볼 때 협력의 제도화에 기여하는 특성이 있었기에 그 의미만 갖고서도 충분히 긍정적인 평가가 가능하다. 특히 유럽안보에 대한 현상에 안주하지 않고 이를 극복하려 한 서독의 노력과 역할이 중요한 의미를 띤다. 유럽의 안정이라는 전략적 이해로부터 등장한 소련의 공동안보에 대한 제안이 가시적 성과를 가져올 수 있었던 것은 냉전체제의 경직성을 완화시키려는 서독 정부의 적극적인 노력과 결부되면서부터이다.

서독은 헬싱키협정 제1부의 지도원칙에 민족자결권을 삽입하여 기본법상의 통일명제를 유지할 수 있었으며, 제3부의 인권과 자유존중 규정을 이용하여 동독 측에 더 많은 인적 교류를 요구할 수 있었다. 그러나 이에 대해 동독은 제1부의 지도원칙에 규정되어 있는 내정불간섭의 원칙이 지켜지는 범위 내에서만 제3부의 인권과 자유존중을 보장한다는 입장을 고수하였다. 그럼에도 불구하고 헬싱키협정은 독일민족의 자결권을 인정해 줌으로써 통일의 가능성을 열어 둔 점에서 큰 의미가 있다. 또한 동독이 교류협력을 통제하고 있는 상황에서 서독은 헬싱키협정을 원용하여 동서독간의 인적교류와 인권보장을 요구할 수 있었다.[36]

CSCE는 냉전체제의 극복과 동구권의 평화적 이행에 결정적으로 기여하였다. 냉전체제의 종식은 나토와 서방의 우월한 군사력 때문에

---

35) 구춘권, "통일독일의 중간결산과 전망–독일통일과 유럽안보질서의 변화", 『사회과학연구』 제10호 (2002), pp. 89~106.

36) 김영탁, 『독일통일과 동독재건과정』 (서울: 한울아카데미, 2009), p. 48.

가능했던 것이 아니라, 화해와 협력의 기운의 확대와 결정적으로 '철의 장막'이 제거되면서 가능했다. 이 과정에서 CSCE는 서유럽과 동유럽의 교류의 문을 열었으며, 이로부터 사회적·경제적 체제경쟁이 활성화되었다. 서독과의 교류를 통해 동독의 주민들은 미래에 약속된 것이 이미 서구에 실현되었다는 것을 알게 되었고, '현존 사회주의(real existing socialism)' 체제에 부족한 것은 무기가 아니라 권력에 대한 민주적 통제라는 사실을 점차 인식하게 되었던 것이다.[37]

헬싱키 프로세스는 동서 간의 형식에 있어 하나의 중요한 요소였으나 그것이 핵심적인 것은 아니었다. 접근가능한 맥락에서 그것이 발전시킬 수 있었던 구조와 헬싱키 프로세스를 통해 성취할 수 있었던 범위를 규정하는 상호관계(interrelationship)에 역점을 두는 것이 현실적이다.[38] 냉전 후반기에 동서관계가 어려움을 겪었다면 그것은 헬싱키 프로세스 때문이 아니라 국가들이 자신의 힘을 전개하는 데 있어서 혹은 군비를 축적하는 데 있어서 제약을 가하는 데 실패했거나 효과적이지 못했기 때문이었다.[39]

헬싱키 프로세스가 핵심의 위치를 차지하고 있지 못했을지라도, 헬싱키 프로세스의 저변에 전제되어 있던 근본적인 논리마저 무효화된 것은 아니었다. 다른 나라 혹은 자신의 국민들에 대하여 폭력을 행사하려는 정부에 대해 다자주의적인(multilateral) 성명이나 상호행위 및 상호의존성의 체계를 통해 제약을 가한다는 가정은 아직까지

---

37) 김영탁 (2009), pp. 98-99.

38) W. Korey, "Helsinki's uncertain future: The CSCE at Twenty", *New Leader*, Vol. 75, No. 3. (1992), pp. 32-33.

39) Hannes Adomeit, *Soviet Risk Taking and Crisis behavior* (London: Allen & Unwin, 1982), pp. 35-42; Harriet Fast and William F. Scott, *The Soviet Control Structure: Capabilities for Wartime Survival* (New York: Crane, Russak, for the National Strategy Information Center, 1983), pp. 123-145.

합리적으로 작동하는 가정(hypothesis)을 제공한다. 즉, 헬싱키 프로세스의 논리는 무력 사용의 위협이나 실제적인 무력 사용을 어떻게 예방할 수 있을 것인가에 대해 처방책을 제공해주지는 못하지만, 그러한 규칙위반 행위가 이전보다 더욱 비용이 많이 드는, 위험한 방식이라는 점을 제시했다. 그럼에도 불구하고, 상호협력의 망은 1970년대 중반 헬싱키 프로세스가 시작될 때 기대했던 것처럼 조밀하고 역동적으로 되지는 못했다. 서구에서의 경제 위기로 인한 동·서 간 무역 거래에 있어서의 구조적 장애는 경제관계의 발전을 지연시키고 제약을 가했다. 데탕트는 개인적 수준에서의 자유의 증대에 대한 기대를 자극했지만 일부 동유럽 정부들은 이 기대를 충족시켜 줄 준비가 되어 있지 않았다.[40]

헬싱키 프로세스는 국가 간의 관계보다 훨씬 광범위한 영역을 발견했는데, 그것은 사회, 즉 시민사회 간의 관계라는 영역으로의 확장이었다. 시민으로서의 인간의 조건은 국제적인 관심사가 되었다.[41] 헬싱키 최종의정서는 다른 나라의 내부 문제에 간섭하는 데 대한 청사진을 갖고 있지 못했으나, 20세기 후반기에 전통적인 국제관계가 국제적인 커뮤니케이션에 의해 변환되고 있다는 인식을 충분히 제공하였다.[42] 인간의 동질성(human identification), 연민(compassion)과 연

---

40) Mastny (1986), pp. 341–342.

41) 헬싱키 협정이 소련·동유럽 체제에 가장 심대한 영향을 미친 것은 반체제그룹에 대한 것이었다. 체코에서의 '77헌장' 그룹은 헬싱키 협정에 직접적으로 영감을 받아 조직되었으며, 폴란드의 자유노조 운동도 영향을 받았다. 반체제 행동의 증대는 두 가지 효과를 갖는데 그것은 첫째, 소련과 동유럽 체제의 급격한 쇠퇴를 가져왔고, 둘째, 서구로 하여금 공산권에서의 인권운동을 지지하는 데 적극적인 행동을 취하도록 지속적으로 압력을 넣는 역할을 하였다는 것이다. 이와 같은 압력은 결국 서방국가들이 CSCE의 이행과 헬싱키에서의 합의를 추구하는데 관심을 지속적으로 갖도록 하는 기제가 되었다. Maresca (1987), pp. 208–209.

42) Daniel C. Thomas, "Boomerangs and Superpowers: International Norms, Transnational Norms, Transnational Networks and US Foreign Policy", *Cambridge Review of International Affairs*, Vol. 15, No. 1 (2002),

대감(solidarity)이 국가들의 경계를 넘어 전파되었으며, 이것이 불가 피하게 정부에 대한 정당한 압력을 행사하도록 작용하였다. 그렇기 때문에 CSCE 과정은 국가와 개인, 국가와 사회 간의 관계에 영향을 미쳤다. 즉, 시민들이 공산당 지배질서를 구축하고 있는 정치권에 압 력을 가하는 대중정치(mass politics)적 요소를 도입하고, 사회질서의 민주화로 변환되는 과정에 위치하도록 자리매김했다.[43]

동독의 사회주의 체제가 1960년대와 1970년대를 거치면서 공고해 져 갔지만, 이에 대한 저항이 부재했던 것은 아니었다. 1977년 10월에 '독일 민주주의적 공산주의자 동맹'이라는 조직이 결성되어 동독의 개혁을 요구하였다. 또한 동독에서는 이른바 반체제 인사로 슈테판 하임(Stefan Heym), 로베르토 하베만(Robert Havemann), 볼프 비어만 (Wolf Biermann), 크리스티안 퓌러(Christian Fürer) 등 문필가와 예술 인, 학자, 교회, 재야단체가 꾸준히 민주화 운동의 선봉에 섰다.[44]

동독의 경우, 고르바초프의 서기장 취임 이후 조성된 동서 간 긴장 완화의 국면에서 이에 영향을 받은 동독 시민들이 더 많은 자유와 개 혁을 요구한 바 있다. 1988년 초 동베를린 시위에서 '아래로부터의 교회'라는 평화운동 단체의 지지자 120명이 체포되었다. 겟세마네 교 회에서는 체포된 사람들을 위한 기도회가 열렸다. 2천 명 이상의 사 람들이 참석한 이 회의 이후, 2주 후에는 4천 명으로 늘어났다. 드레 스덴에서는 경찰이 인권, 언론 및 표현의 자유를 위한 시위를 강제해 산시켰다. 하지만 동독 정부는 이러한 새로운 시민운동이 단지 '극단

---

43) Mastny (1986), pp. 341-342.
44) 정용길 (2009), pp. 214-216.

주의자들의 난동'일 뿐이라고 해석했다. 베를린 장벽의 철수에 대한 요구에 호네커는 1989년 1월 "반독재주의적인 보호벽은 그것의 설치를 가져온 조건들이 변화되지 않는 한 그대로 존재할 것이다. 그것은 50년, 100년 후에도 그대로 남아 있을 것이다"라고 응수했다.[45] 이 점은 정부 수준에서 대중의 의사를 수용하는 기제가 작동되지 않았지만, 대중 수준에서의 분출이 국가와 사회 간 관계의 변화를 알리는 촉진제로 충분히 작용했다는 점을 일깨워 준다.

CSCE 과정은 안보의 군사적 측면을 언급했으나 주변적인 방식 (marginal manner)으로 이루어졌다. 유럽에서의 국제관계의 광범위한 유형과 규칙에 있어서 군사적 요소와 연관된 폭넓은 맥락에서 안보 이슈들에 초점을 맞추었다. 군사적 분야에서의 협력과 상호작용의 증대는 군사적 적대감의 강도를 누그러뜨리고 예봉을 무디게 할 수 있다. CSCE는 군사적 이슈들을 간접적인 방식으로 언급했으나, 그것은 산출하고자 하는 결과를 위해 군비 문제를 직접적으로 다루려고 시도할 때만 발전할 수 있었다. 이 점은 CSCE 이후에 발전하게 되는 OSCE와 유럽 안보를 다자적으로 다루려는 시도에 있어 시사점을 준다고 볼 수 있다. 최종의종서 자체가 법적인 구속력보다는 정치적인 언급(commitments) 성격이 뚜렷하듯이, 신뢰 구축을 위한 초보적인 발전단계로 나가는 것임을 분명하게 인식할 수 있다.

---

45) http://altar.chonnam.ac.kr/~german/unification/4.htm (검색일: 2009. 9. 1).

V. 헬싱키 프로세스 평가

안보와 국제협력의 측면에서 CSCE의 결성과 진행과정은 하나의 유용한 사례가 된다. 안보적 측면에서 CSCE는 냉전체제와 같이 상호 간의 이해와 교류가 동·서 간에 거의 존재하지 않는 적대적 혹은 비우호적 상황에서의 안보협력은 포괄적 성격을 갖는다는 점을 경험적으로 예시해주었다. 실제적으로 CSCE는 다자안보협력에 있어 어렵다고 평가되는 안보 분야 가운데 군비통제에 있어서 점진적이고 제도적인 발전을 이루었으며, 여기에 합의과정의 투명성과 결정사항의 비가역성을 유지함으로써 진일보한 형태를 이루었다.

CSCE는 군축 분야에서 중심적 역할을 담당하였으며, 이를 통해 CSCE가 군축을 예비하는 기구로서 널리 인식되도록 공헌하였다. 이를 통해 대결보다는 통합을 지향하는 면모를 보여주었으며, 적대적 진영에 속하는 국가 간에도 상호적인 동의를 표출하도록 함으로써 군사적 해결의 위험성을 감소시키는 역할을 담당하였다.

헬싱키 협정 이행과 동·서독 관계의 진전이라는 측면에서 볼 때, 사실상 헬싱키 협정은 서독의 동방정책의 배경을 이룬 그 어떤 것에도 영향을 주지 않았다. 헬싱키 협정은 전후의 국경과 강화회의를 거치지 않고 승자들이 강요한 사실상의 강화조치를 현실로 인정했다. 소련 측이 요구한 이 같은 요구안을 서구가 받아들여 헬싱키 협정이 채택되었고, 동방정책의 주역인 서독도 당시에 국경과 안보현실을 그대로 수용해야만 훗날의 변화도 기약할 수 있다고 생각했으며, 이와 같은 점은 헬싱키 협정 채택 이후 진행된 동·서독 관계에서도 그대로 반영된다.

동·서독 관계는 냉전 속의 긴장완화와 냉전의 재강화가 되풀이되는 가운데에서도 변함없이 전반적으로 개선되는 방향으로 진행되었다. 분단 기간에 서독 정부는 '독일 정책(die Deutschlandpolitik)'을 추진했는데, 독일 정책은 자결권을 평화적으로 실현하고자 하는 독일 민족의 권리에 근거하는, 독일 통일과 자유를 완수하려는 기본법의 정신과 일치된 정책이었다. 서독 정부는 동독 정상과의 회담을 통해 합의사항을 도출하고 이를 세부적으로 이행하는 추가조치를 통해 양독 간에 교류를 촉진시켰고, 결과적으로 서독뿐 아니라 동독의 국제적인 위상도 높이는 효과를 발휘했다. 서독과의 교류를 통해 동독의 주민들은 미래에 약속된 것이 이미 서구에 실현되었다는 것을 알게 되었고, 사회주의 체제 내에서 부족한 것은 무기가 아니라 권력에 대한 민주적 통제라는 사실을 점차 인식하게 되었다.

헬싱키 프로세스는 점진적인 관계 발전이라는 틀을 제공함으로써 동서 간 혹은 적대진영 간의 모순을 해결하고자 했으며, 이는 정부 차원뿐 아니라 시민사회 영역에도 큰 영향을 미쳤고, 이는 양독 관계에서도 입증된다. 동독의 경우, 결국 정부 수준에서 대중의 의사를 수용하는 기제가 작동되지 않았지만, 대중 수준에서의 분출이 국가와 사회 간 관계의 변화를 알리는 촉진제로 충분히 작용했다는 점을 일깨워 준다.

헬싱키 프로세스는 유럽안보의 국면을 전환시킬 만큼 결정적인 역할을 하지는 못했으나 포괄적 안보협력과 국제협력의 준거를 제시함으로써 OSCE의 결성과 1990년대 유럽 안보의 구조화를 예비하는 교량역할을 하였으며, 동·서 유럽이 상호관계를 본격적으로 의식할 수 있도록 기여한 역사적 사례였다. 시대가 지나면서 이와 같은 의미는 과거에 비해 많이 퇴색되었으나, 아직 다자안보협력의 제도화 및 레짐 형성의 경험이 거의 없는 동북아의 현실에서는 되새겨볼 수 있으며, 이를 통해 유효한 시사점을 얻을 수 있다.

유럽안보협력의 경험과 동북아 안보협력의 미래

제9장

안보 개념의 정립과 동북아 안보공동체의 가능성

박인휘

I. 머리말

안보(security)는 '주권' 개념에 기반한 근대 국제관계가 국제사회를 규준하는 구체적인 질서로 자리 잡은 이후 모든 국가 행위자에게 핵심적인 국가이익으로 작용하였음은 물론, 유럽 중심의 국제관계 확장으로 인해 국제정치학이 하나의 독립학문으로 정립되면서부터 관련 분야의 모든 연구자들에게 가장 중요한 연구주제로 자리 잡았다. 시간이 흐르고 국제사회의 정치, 경제, 문화적 환경이 변함에 따라 '안보(security) 및 안보부재(insecurity)를 정의하는 방법', '위협(threat)에 대한 인식', '실천의 주체 및 범위', '안보 확보를 위한 전략' 등 안보연구를 둘러싼 다양한 논의가 변화하였지만, 안보연구가 가지는 국제정치학 분야에서의 중요성은 변하지 않았다.[1] 1990년대 이후 역사적

---

[1] 민병원, "탈냉전 시대의 안보개념 확대: 코펜하겐 학파, 안보문제화, 그리고 국제정치이론", 『세계정치』 5권 1호 (2006a), pp. 13-61; 박인휘, "주권과 글로벌 안보: 세계화시대 주권과 안보의 개념적 재구성", 『한국

인 탈냉전의 경험은 관련 연구자들의 인식론적(epistemological) 노력을 자극하였고, 이러한 노력의 한가운데에는 특히 유럽 지역을 중심으로 국가 단위의 차원을 뛰어넘는 안보를 실현하기 위한 '지역안보' 및 '글로벌안보' 실천 노력이 자리 잡고 있다.2)

2차 대전 이후 사회과학의 보편적인 발달로 인해 국제안보연구의 학문적 완결성이 상당부분 달성되었지만, 냉전질서의 영향으로 안보연구의 '국가 중심성'이라는 한계에서 벗어나지 못하였던 것이 사실이다. 하지만 세계화 이후 안보를 파괴하는 위협요인의 유형이 다양화되고, 결과적으로 위협요인을 해소하기 위한 노력 역시 다양한 차원에서 시도되면서, 역사적으로 안보연구 및 관련 정책개발 과정에서 국가가 확보한 우월적인 지위에 변화가 생기기 시작한 것이다.3) 동아시아의 경우 대표적으로 유럽과 비교하여 지역안보제도화 수준이 매우 저발전되어 있는 실정이었으나, 1990년대 중반 이후 국내외적으로 동북아(혹은 동아시아)를 하나의 안보대상으로 다뤄 보고자 하는 학문적 관심이 활발하게 진행되었다. 이러한 연구들은 대체로 세 가지의 특징을 보이고 있는데, 하나는 양극체제 몰락 이후 동아시아 지역에서 어떤 형태로든 미국의 영향력이 감소하게 될 것이라는 차원

정치학회보』35권 3호 (2001), pp. 455-474; Ken Booth, *Theory of World Security* (Cambridge: Cambridge University Press, 2007); Patrick M. Morgan, *International Security: Problems and Solutions* (Washington, D.C.: CQ Press, 2006).

2) 안보 혹은 평화를 달성하기 위해 국가를 뛰어넘는 지역적 설정은 19세기 유럽질서, 20세기 초 국제연합 등의 사례에서 보듯이 과거에도 다양한 노력이 전개된 바 있다. 하지만 과거의 지역안보가 전쟁 방지를 목적으로 한 강대국간 세력관계 관리의 차원이었다면, 세계화 이후의 지역안보는 안보에 대한 '가치 추구의 방향' 및 '인식의 기반'이라는 차원에서 근본적으로 변화된 노력이라고 볼 수 있다.

3) 민병원, "세계화 시대의 국가 변환: 네트워크국가의 등장에 대한 이론적 고찰", 『국가전략』12권 3호 (2006b), pp. 5-36; Ken Booth and Nicholas Wheeler, *The Security Dilemma: Fear, Cooperation and Trust in World Politics* (Basingstoke: Palgrave Macmillan, 2008); Lawrence Freedman, "The Transformation of Strategic Affairs", *Adelphi* 378 (London: IISS, 2006).

에서,4) 혹은 오랜 주권 발달의 경험을 공유한 유럽 국가들의 경험 등을 토대로 동아시아 지역에도 여하한 지역주의의 발전을 추구할 수 있어야 한다는 당위성의 관점에서,5) 마지막으로 한반도 안보문제는 구조적으로 한반도의 차원을 넘어서는 지역적 차원에서 논의되어야 한다는 인식에서 지역안보에 대한 논의가 진행되고 있는 현실이다.6)

하지만 안타깝게도 여전히 '동북아(혹은 동아시아)'가 동북아인의 안보를 확보하기 위한 지역적 범주로 설정되어야 하는 인식론적 기반은 많이 부족한 상황이다.7) 안보개념의 핵심에 위치한 '개인 안보(individual security)'에는 역사적으로 로크, 루소 등의 아이디어가 수용되면서 안보를 확보하기 위한 국가권력과의 '계약', 국내 정치적 안정성의 필요, 주변 국가들과의 이성적인 외교관계 등의 개념들이 축적되었고, 결과적으로 주권국가에서의 개인의 안보는 개인을 둘러싸고 있는 다양한 조건들과의 지속적인 '상호작용 및 사회적 연합' 속

---

4) Joshua Kurlantzick, "Pax Asia-Pacifica? East Asian Integration and Its Implication for the United States", *The Washington Quarterly*, Vol. 30, No. 3, (2007), pp. 67-77; Ellis Krauss and T. J. Pempel, *Beyond Bilateralism: US-Japan Relations in the Asia-Pacific* (Stanford: Stanford University Press, 2003).

5) 박인휘, "동아시아 국제관계의 안정성과 제도화: 유럽공동체의 교훈과 지역정체성 창출 방안", 『한국정치외교사논총』 27권 2호 (2006), pp. 259-286; David Martin Jones and Michael L. R. Smith, "Constructing Communities: The Curious Case of East Asian Regionalism", *Review of International Studies* 33 (2007), pp. 175-94; Gilbert Rozman, *Northeast Asia's Stunted Regionalism: Bilateral Distrust in the Shadow of Globalization* (Cambridge: Cambridge University Press, 2004).

6) 박인휘, "북핵문제의 복합성, 미국의 딜레마, 그리고 동북아안보의 변화", 『한국정치외교사논총』 28권 2호 (2007), pp. 229-254; 전재성, "한반도 평화체제: 남북한의 구상과 정책 비교검토", 『한국과국제정치』 22권 1호 (2006), pp. 33-66; 구갑우, 박건영, 최영종, "한반도 평화체제 수립과 동아시아 다자 간 안보협력에 관한 연구", 『한국과국제정치』 21권 2호 (2005), pp. 31-64.

7) 동아시아 지역안보 논의와 관련하여 많은 경우 '동아시아'와 '동북아'를 상호 교환적으로(inter-changable) 사용하는 경우가 많다. 하지만 특히 북핵문제를 포함하여 미국의 지역전략, 중일경쟁 등 탈냉전기 동아시아 주요 안보현안이 구체화되면서 안보위협의 내용, 안보를 정의하는 방법, 지역정체성, 제도화의 수준 등의 관점에서 '동아시아'와 '동북아'는 서로 차별적으로 접근할 필요가 있음이 강조되고 있다. 박인휘 (2007), pp. 229-54; Amitav Acharya, "Do Norms and Identity Matter? Community and Power in Southeast Asia's Regional Order", *Pacific Review*, Vol. 18, No. 1 (2005), pp. 85-102. 본 논문에서는 '동북아'라는 지역적 설정을 전제로 하고 있다.

에서 실천될 수 있는 것으로 이해되었다.8) 따라서 개인에게 가해지는 안보부재의 원인은 고정적인 것이 아니라 '객관화된 위협(concrete threats)', '주관적인 감정(subjective feelings)', '추론적인 인식(discursive conceptions)' 등 다양한 유형으로 존재할 수 있다. 즉, 대한민국에 살고 있는 개인에게 가해지는 안보위협은 그를 둘러싼 주변 환경과의 관계 속에서 이해되어야 하고, '국가'로 대표되는 특정한 조건 속에서의 상호작용만이 아닌 다양한 수준과 내용의 공동체적 접근이 필요한 것이다. 현실적으로 우리가 느끼는 대부분의 안보위협은 동북아적 수준의 '지역적 다툼'에서 비롯되는 것이므로, 이와 관련한 안보 실천의 인식적 토대가 되는 이론화 작업이 긴요하다고 판단된다.

이러한 배경에서 본 연구의 목적은 세계화 이후 경험하고 있는 안보와 관련한 다양한 개념적 발달을 동북아적 상황에 적용하여 지역안보공동체의 가능성을 모색할 수 있는 이론적 토대를 제공하는 데 있다. 따라서 본 연구는 유럽 중심의 안보연구 활성화를 우리의 관점에서 소화하고 우리의 안보현실에 적용 가능한 부분을 모색하고자 하는 문제의식에서 비롯되었으며, 기본적으로 유럽식 자유주의 전통에 입각하여 '개인 안보'를 확보하기 위해 국가단위뿐만 아니라 지역단위의 안보실천 노력이 왜 중요한지를 설명하고자 한다. 논문의 구성으로는 우선 세계화시대 안보연구가 안고 있는 본질적인 문제의식을 간략하게 소개하고 이를 토대로 초국가적 지역단위가 안보단위로 설정되는 필요성을 이론적으로 검토한 후, 안보공동체에 대한 기존

---

8) Barry Buzan and Ole Wæver, *Regions and Powers: The Structure of International Security* (Cambridge: Cambridge University Press, 2003); R. B. J. Walker, "The Subject of Security", in Keith Krause and Michael C. Williams (eds.), *Critical Security Studies* (Minneapolis: University of Minnesota Press, 1997).

이론과 동북아지역이 안고 있는 안보공동체로서의 가능성을 살펴보겠다. 마지막으로 본 주제가 우리에게 주는 시사점을 바탕으로 한국의 전략적 고려사항 몇 가지를 제안하고자 한다.

II. '안보'와 '지역'의 이론적 결합

1. 이론으로서의 '국제안보'

대부분의 국제관계 분야의 연구주제가 그러하듯이 안보연구는 '서구 중심적' 세계관을 전제로 하고, 또한 대부분의 이론적 분석틀이 미국과 유럽의 사례 및 그들의 이익과 관련한 분석대상을 연구한다는 학문적 특징이 인정되지만, 그렇다 하더라도 안보연구가 해당 분야의 가장 핵심적인 연구영역으로 이해되는 전통을 부인할 수 없다.[9] 안보연구의 등장과 성장을 '초기 이론수립 단계', '냉전적 발전 단계', '세계화 이후 외연적 확대 단계' 등으로 나누어 간략하게 살펴보면 다음과 같다. 안보 분야는 과거 전쟁 수행, 군사력 운용, 지정학 등 상대적으로 제한적인 영역의 이슈를 연구하는 정체성을 유지하다가 2차 세계대전 이후 독립된 학문 분야로서의 완결성을 높이게 되는데, 잘 알려진 바와 같이 울퍼스(Wolfers), 허즈(Herz) 등은 이 시기에 독립적 분석력을 갖춘 안보연구를 정착시켰다는 평가를 받고 있다.[10]

---

9) 안보연구(security studies)는 매우 광범위한 연구주제를 포함하는 학문체계로서 특히 80년대 중반 이후 다양한 이론들 간 경쟁과 개념적 발전을 경험하고 있는데, 본 글에서는 편의상 국제안보, 전략연구, 평화연구, 비판적 안보 등의 개별 하위 안보 연구 분야를 모두 포함하는 정치적 분석 및 언술체계를 의미한다.

10) Arnold Wolfers, "National Security as an Ambiguous Symbol", *Political Science Quarterly*, Vol. 67, No. 4.

무엇보다도 이들의 연구는 과거 '방어(defense)' 중심의 관련연구를 '안보' 중심의 연구로 발전시킴으로 인해, 안보를 개념적으로 규정하고 이를 정책적으로 구현하는 일련의 '정치적 과정'을 사회과학적 분석 대상으로 설정했다고 볼 수 있다. 이 시기의 연구자들은 냉전이라는 특수한 국제안보환경을 안보연구의 정체성 확립을 위해 적극적으로 활용한 측면이 인정되는데, 억지, 동맹, 전략 등과 같은 개념들을 이론적으로 정립하였음은 물론, 동시에 그러한 개념작업과 연결된 정치, 경제, 사회적 조건들에 대한 연구에도 몰두하게 된다.[11]

전후 질서 과정에서 독립 학문 분야로 성장하기 시작한 안보연구는 냉전과 결합하면서 개념연구 및 분석력의 차원에서 더욱 정교화되어, 소위 안보연구의 대표적인 '분파적 발전'을 경험하게 되는데, 이 시기의 안보연구는 '유일한 안보대상으로서의 국가', '안보확보 수단으로의 군사력', '안보를 파괴하는 위협의 대내적-대외적 분리', '극단적 상황을 이론화한 가용자원의 배분' 등으로 특징지을 수 있다.[12] 이러한 특징은 불가피하게 '국가안보'가 관련 분야의 이론적 논의와 정책수단 개발을 압도하게 만들었고, 결과적으로 국가가 확보하는 다양한 물리적 능력(material capability)은 특정 영토적 범위의 국민들에게 안보를 제공하는 핵심적인 수단으로 간주되었다. 물론 70년대 이후 미소 간에 소위 '공포의 핵 균형'이 달성된 이후 유럽의 사례가 보

(1952) pp. 481–502; John Herz, "Idealist Internationalism and the Security Dilemma", *World Politics*, Vol. 2, No. 2 (1950), pp. 157–80.

11) Barry Buzan and Lene Hansen, *The Evolution of International Security Studies* (Cambridge: Cambridge University Press, 2009); David A. Baldwin, "Security Studies and the End of the Cold War", *World Politics*, Vol. 48, No. 1 (1995), pp. 117–141.

12) Patrick M. Morgan, *Deterrence: A Conceptual Analysis* (London: SAGE, 1983); Kenneth N. Waltz, *Theory of International Politics, Reading* (MA: Addison–Wesley, 1979).

여주는 바와 같이 안보가 가지는 보다 근원적인 질문에 관심을 가지
게 되었음은 물론, 국가가 규준(規準)하고 제공하는 특정한 유형의 안
보상황이 야기하는 안보부재의 부조리에 천착하는 연구가 지속적으
로 전개되기는 하였지만, 이러한 경험이 한국과 같은 비서구 사회에
활발히 알려지거나 적극적으로 수용되기에는 한계가 있었다.

탈냉전기 이후 소위 세계화 시대의 안보연구에 대한 설명과 관련
하여 잘 알려진 바와 같이 80년대 중반 이후 부잔(B. Buzan)을 중심으
로 한 코펜하겐학파(Copenhagen School)의 학문적 기여를 포함하여
영국사회주의 전통과 맞닿아 있는 비판적 안보연구, 비전통적 안보위
협에 대한 관심의 급증, 비대칭적 위협의 심화 등의 현상들이 다양한
이론적 관점으로 이어지고 있다. 현 시점에서 안보연구 내에서의 이
론 간 경쟁 혹은 공존은 대체로 서로 분리될 수 없는 논리적으로 긴
밀하게 연계되어 있는 세 가지 정도의 문제의식을 둘러싼 것으로 볼
수 있다. 우선은 가장 중요한 문제로서 안보를 확보하여야 할 핵심
대상(referent subject)이 무엇인가 하는 문제를 들 수 있다. 안보대상을
국가, 집단, 개인, 환경, 사회, 여성 등으로 설정함에 따라 안보연구의
구체적인 위치가 결정되는 것이다.13)

둘째로는 '인식론적 기반'이 또한 안보연구의 분파적 발전을 가능
케 하는 중요한 관점으로 작용하고 있다. 이것은 안보연구의 개념적
토대가 분명하고 물질적으로 측정할 수 있는 위협에 근거한 '객관적
인 개념'인지, 아니면 상대적으로 객관화가 어려운 '위협을 느끼는 감
정'이나 '사회, 역사적 요인에 입각한 공포심' 등에 근거한 '주관적인

---

13) Barry Buzan, Ole Wæver and Jaap de Wilde, *Security: A New Framework for Analysis* (Boulder: Lynne Rienner, 1998); Ronnie D. Lipschultz, *On Security* (New York: Columbia University Press, 1995).

개념'인지, 혹은 언술, 간주관적(inter-subjective) 관계 등에 입각한 '추론적인 개념'인지 등을 의미한다.[14]

마지막으로 어떠한 분석대상을 연구주제로 설정하느냐에 따라 또한 안보연구의 차별적 발전이 진행되고 있다. '억지', '전략', '봉쇄' 등과 같은 전통적으로 잘 알려진 구체적이고 제한적인 이슈를 설정하느냐, 혹은 '파워', '주권', '정체성' 등과 같이 개별 안보 사안이 보다 포괄적인 국제관계분석틀로 치환될 수 있는 이슈를 설정하느냐, 아니면 안보라는 용어 자체의 부적합성을 지적하면서 '평화', '위험', '불안정성', '인간해방' 등과 같은 안보를 대체하는 이슈를 발굴하여 연구의제로 설정하느냐에 따라 또한 세분화되고 있는 것이다.[15]

그렇다면 지금까지의 간략한 논의를 바탕으로 국제안보환경의 지속적인 변화에도 불구하고 역사적으로 계승되어온 안보연구의 본질적인 문제의식은 무엇일까? 기본적으로 안보에 대한 관심의 핵심에는 '개인 안보(individual security)'가 자리 잡고 있는데, 이것은 '주권'이 대내적 '합법성'과 대외적 '절대성'을 확보하게 되는 근대 국제관계의 출발을 계기로 특정한 역사적 경험과 영토를 공유한 사람들의 신체적 안전과 행복한 삶을 위한 사회적 조건을 확보하는 다양한 정치, 경제, 사회적 노력으로 정의될 수 있다.[16] 이러한 전통은 현재에 이르러 유럽의 안보연구자들에게 적극적으로 계승되고 있는데 한 개

---

14) M. J. Williams, "(In)security Studies, Reflexive Modernization and the Risk Society", *Cooperation and Conflict*, Vol. 43, No. 1 (2008), pp. 57–79; Mark Neocleous, "From Social to National Security", *Security Dialogue*, Vol. 37, No. 3 (2006) pp. 363–84.

15) 민병원, "안보개념의 경합성과 왜곡: 탈냉전시대의 개념 확대에 대한 평가", 『국제지역연구』 18권 1호 (2009), pp. 1–36; Buzan et al. (1998); 민병원 (2006a), pp. 13–61; Michael C. Williams, "Identity and the Politics of Security", *European Journal of International Relations*, Vol. 4, No. 2 (1998), pp. 204–225.

16) 박인휘 (2001), p. 456; Paul D. Williams (eds.), *Security Studies: An Introduction* (Abingdon: Routledge, 2008), pp. 5–9.

인의 자유의지가 실현되는 과정에서 개인에게 가해지는 정신적 및 물리적으로 여하한 구속으로부터의 해방을 의미한다.[17] 역사적으로 안보를 둘러싼 학문적 관심과 정책개발은 '개인 안보'를 가장 핵심적인 위치에 놓으면서, 그것을 확보하기 위한 다양한 정치적 선택과 주요 요인들 간의 상호작용으로 이해된다. 이러한 관점에서 프랑스 혁명과 미국의 독립전쟁으로 대표되는 서구 민족주의의 확립은 안보에 대한 구체적인 관심의 정착에 매우 중요한 영향을 끼쳤다. 정치·경제·사회·문화적 경험을 공유한 사람들끼리 민족 혹은 국가적 관계의 정체성을 공유하는 것은 '우리(weness)'와 '타자(otherness)'를 분리시키고, 이러한 안(우리)과 밖(타자)의 분리는 의도하건 의도하지 않건 결과적으로 공동체에 소속된 사람들의 안보와 소속되지 않은 사람들의 안보를 차별적으로 이해하게 만든 것이다. 타자는 또 다른 공동체의 안보 속에서 존재하므로 결과적으로 특정 공동체의 안보 확보는 대내적 차원의 정치적 안정과 그러한 공동체를 둘러싸고 있는 대외 환경과의 평화로운 외교관계를 동시에 요구하고 있음을 발견하게 되는데, 프랑스혁명 이후 유럽의 경험에서 보듯이 유럽인의 개인 안보는 '국내정치'와 '외부위협'의 결합을 전제로 해결되었던 특징을 발견하게 된다.[18]

2. 안보 실천 단위로서의 '지역'

이상에서 살펴본 안보 분야의 이론적 활성화가 실천 단위로서 국

---

17) Booth (2007).

18) Buzan and Hansen (2009), pp. 26-30.

가를 초월한 지역수준과 결합하는 근거를 이해하기 위해서는 안보연구가 보편적으로 추구하는 다음과 같은 문제들을 짚어 볼 필요가 있다. 첫째, 누구의 안보이어야 하는가의 문제이다. 단순하게 표현하면 안보 확보의 대상이 국가이어야 하는지 아니면 다른 대상이어야 하는지를 둘러싼 관점 사이의 논쟁으로 이해할 수 있다. 둘째, 안보 부재를 야기하는 위협의 내용과 유형은 무엇이며 이러한 위협은 공간적 혹은 인식적 차원에서 어디로부터 유래하는가의 문제이다. 관련한 논의로서 적대세력을 어떻게 규정하는가의 문제, 안보 혹은 위협을 공유하는 사람들이 어떠한 제도적 결사체로 조직되어 있는가의 문제를 포함하고 있다. 셋째, 이러한 위협에 미리 대처하고 또한 이미 발생한 위협을 해소하기 위해서 어떠한 노력을 기울여야 하는가의 문제이다. 개별 사회가 위협에 대한 정의에 어떻게 합의하는가의 문제가 선행되어야 하지만, 현실적으로 많은 경우 이러한 노력은 군사력의 사용 유무를 둘러싼 논쟁이 내용의 핵심을 이루고 있다. 마지막으로, 안보의 ‘정치과정화(politicization)’ 문제를 꼽을 수 있는데, 안보를 둘러싼 일련의 과정은 필연적으로 합법성을 전제로 개별 사회의 자원을 재분배하고 이에 따른 사회 구성원들 간 세력 관계의 변화를 가져오므로 결과적으로 정치적 선택의 문제로 귀결된다. 대부분의 경우 안보 분야 연구자와 정책결정자들은 이러한 네 가지 문제에 대해서 천착하는 것으로 판단된다.

그런데 문제는 이러한 안보연구를 구성하는 핵심적인 문제의식들은 궁극적으로 위의 네 가지 문제 중 최초의 문제인 ‘안보확보 대상으로서 국가’와 밀접하게 연결되어 있다는 점이다. 위에서 설명한 문제들을 다시 옮겨 보면 위협을 정의하는 과정에서 인식론적 근거가

국가차원의 갈등을 의미하는지, 그리고 안보부재를 해결하기 위해 군사력 혹은 다른 수단을 강구하는 과정에서 국가단위가 얼마나 효율적인 행위자로 작용할 수 있는가의 문제, 또한 안보를 둘러싼 일련의 과정을 일종의 '정치과정화'로 인식할 때 이것은 필연적으로 제도로서의 국가 기능과 연관되어 있음을 깨닫게 된다. 앞 절에서 우리는 서구 자유주의의 관점에서 '개인 안보'의 실천이란 한 인간과 그를 둘러싼 주변 환경들과의 지속적인 관계설정 및 상호작용 과정에서 확보될 수 있는 것을 확인하였다. 결국 주권 개념의 등장 이후 특히 냉전기를 거치면서 개인의 안전과 행복은 국가라는 정치 제도적 장치(institutional settings) 안에서 지속적으로 의존하고, 요구하고, 또는 세력관계를 재설정함으로 인해 실현된다는 전통에 다다르게 된 것이다.[19] 본 논문의 주제와 관련하여 이러한 설명은 세계화시대로 통칭되는 지금의 시점에서 국가 단위를 넘어서서 어떠한 '지리적 공간', '제도적 장치', 혹은 '인식론적 기반'을 안보확보 대상으로 설정하느냐의 문제로 이어시게 된다.

이러한 문제의식의 연장선에서 비록 유럽 등지에서 발견되는 통합적인 지역안보 논의와는 그 배경이 사뭇 차별적이지만 동북아에서도 지역을 하나의 안보 단위로 설정하기 위한 노력이 전개되고 있다.[20]

---

19) Edward A. Kolodziej, *Security and International Relations* (Cambridge: Cambridge University Press, 2005), pp. 77–80; Richard K. Betts, "Should Strategic Studies Survive", *World Politics*, Vol. 50, No. 1 (1997), pp. 7–33.

20) 지역 안보연구의 서구 중심적 특징은 국제정치학 일반에서 전통적으로 발견되는 서구 중심성에서 유래하는데, 특히 냉전 종식의 역사적 상징성이 더욱 과감하였던 유럽에서 '세계화 시대 안보연구'의 괄목할 발전을 주도하면서 안보연구의 서구 중심성은 더욱 두드러져 보인다. Pinar Bilgin, "Thinking Past "Western IR"?", *Third World Quarterly*, Vol. 29, No. 1 (2008), pp. 5–23; Barry Buzan and Richard Little (eds.), *International System in World History: Remaking the Study of International Relations* (Oxford: Oxford University Press, 2000) 참조.

유럽적 사고와 유럽 지역 중심의 이론적 한계를 전제로, 탈냉전기 이후의 안보연구 활성화가 안겨다 준 가장 중요한 교훈의 하나는 결국 안보는 개인을 둘러싼 안보적 환경을 어떻게 인식하고 개념화하는 '개념의 문제'라는 사실이다.21) 즉, 인식론적 세계관의 출발이 지역과 역사적 배경에 따라 상이할 수 있음을 전제로 위협, 억지, 세력, 주권, 평화, 해방 등의 개념들을 어떻게 인식하고 또한 어떻게 현실적으로 구현하느냐의 문제가 곧 안보라는 사실을 깨닫게 된 것이다. 반면 동아시아의 경우 특히 동북아 지역안보제도화를 논하는 대다수의 연구들이 이러한 개념적인 문제를 의식적으로 혹은 무의식적으로 경시해 온 것이 사실이다. 90년대 이후 개별 지역의 안보복합성(security complexity)이 강조되고 역내 국가들 간의 외교, 경제, 사회, 문화적 의존관계가 심화되면서 동북아 지역의 공동체적 유대감을 강조하고자 하는 노력이 활발히 전개되고 있지만, 본 연구에서 설명하고 있는 바와 같이 이러한 노력은 견고한 개념적 기반 위에 서 있지 못한 것으로 판단된다.

개념의 문제가 된 안보는 안보 부재를 야기하는 '위협'의 수준과 내용에 대한 문제의식으로 귀착된다. 동북아의 경우 세계 어느 지역보다도 복합적이고 중층적인 안보위협 요인이 작용하고 있는 것으로 알려져 있다. 이 지역의 안보부재는 국가들 간 불신, 군비경쟁, 이념 대결, 영토분쟁, 글로벌 경쟁의 개입 등 매우 다양하고 차별적인 원인들을 배경으로 하고 있으며, 결국 개별 국가차원의 연구와 정책개발

---

21) Michael C. Williams, *Culture and Security: Symbolic Power and the Politics of International Security* (London: Routledge, 2007); Steve Smith, "The Contested Concept of Security", in Ken Booth (ed.) *Critical Security Studies and World Politics* (Boulder: Lynne Rienner, 2005); Michael C. Williams, "Words, Images, Enemies: Securitization and International Politics", *International Studies Quarterly*, Vol. 47, No. 4 (2003), pp. 511–531.

만으로는 해결이 불가능하다는 인식이 확산되고 있다. 다음 절에서 상술하겠으나 ‘시간적인 축’의 안보부재인 한반도문제, 대만문제, 동북아영토문제, ‘공간적인 축’의 안보부재인 해양세력과 대륙세력 간 경쟁, 미국 중심의 양자동맹, 자원경쟁, 그리고 ‘구조적 축’의 안보부재인 미중 대결, 일본의 글로벌 전략, 북핵문제의 탈근대적 성격 등의 문제들이 서로 매우 복합적으로 얽혀 있음을 발견하게 되는 것이다.22) 안보는 개념의 문제, 개념의 문제는 위협에 대한 인식의 문제, 그리고 위협에 대한 인식은 개인의 삶과 그를 둘러싼 조건들과의 상호작용의 문제라는 차원에서 우리가 속한 동북아는 이처럼 필연적으로 지역적 안보 문제가 핵심 사항임을 깨닫게 된다.

바로 이러한 배경에서 안보는 그 어느 분야보다도 특정 지역에서 고유하게 발견되는 ‘사회적 결사(social association)’에 대한 포괄적인 이해를 필요로 한다는 점이 강조되어야 한다. 구체적으로 ‘개인’, ‘국가’, ‘지역’, ‘글로벌 사회’라는 분절적인 구조를 안보문제 해결을 위해 적절히 통합시킬 수 있는 노력이 필요하다. ‘개인-국가-지역’은 글로벌 안보환경 속에서 서로 밀접한 연계성과 정치과정을 거치면서 지역차원의 독자적인 안보 정체성을 확보하게 되는데, 개인의 안보는 개별 지역 내 국가들 간 외교관계와 각 국가가 글로벌 차원에서 전개하는 세력관계에 따라 결정적인 영향을 받는다. 예를 들어, 미국과 서유럽 국가 사이에서 발견되는 고유한 지역적 안보정체성, 혹은 중동

---

22) 박인휘 (2007); Robert Sutter, “The United States in Asia: Challenged but Durable Leadership”, in D. Shambaugh and M. Yahuda (eds.), *International Relations of Asia* (New York: Rowman & Littlefield, 2008); David C. Kang, *China Rising: Peace, Power, and Order in East Asia* (New York: Columbia University Press, 2007); David Shambaugh, “China Engages Asia: Reshaping the Regional Order”, *International Security*, Vol. 29, No. 3 (2004/05), pp. 64–99.

지역에서 발견되는 역내 국가들 간 갈등 및 외부 안보환경과 맺는 세력관계 방식이 보여주는 고유의 안보정체성, 그리고 남미 지역의 경우 유럽과 분리된 미국 영향력 하의 글로벌 및 지역적 안보 환경하에서 고유한 지역질서를 만들고자 하는 노력과 그에 대한 반작용이 동시에 전개되었다. 특히 유럽이 냉전기 동안 일정한 수준에서 확보한 독자적인 지역안보는 상위 수준인 글로벌 차원의 진영대결을 전제로 하면서 동시에 유럽의 고유한 안보확보 방식을 구축하였다. 여기에는 유럽에 살고 있는 유럽인의 안전과 행복은 개인과 그를 규정하는 대표적인 제도인 국가들 사이의 관계설정의 문제이고, 국가의 대내적인 안정과 안보이익의 추구는 지역적 차원의 문제들과의 상호작용의 결과라는 점이 발견된다.23) 즉, 개별 국가의 국내정치는 지역차원의 외부위협과 '결합'하고 있다는 매우 분명한 개인과 국가차원의 인식이 자리 잡고 있었던 것이다.

동북아의 경우 서구문명과는 매우 차별적으로 1945년 이후에 이르러서야 이 지역에 보편적인 의미의 주권 개념이 포괄적으로 수용되었다. 주권의 수용과 함께 현대적 의미의 국제관계를 경험하게 되지만 그것은 '냉전'으로 대표되는 매우 구체적이고 강력한 세력관계로의 편입을 의미하였다. 즉, 동북아의 현대 국제관계의 역사는 시작과 함께 미국으로 대표되는 강대국 정치의 역사로 치환되었고, 결과적으로 동북아인들에게는 글로벌 정치와 일정한 '거리'와 '조화'를 이루면서 독자적인 '지역 세력관계'를 구축할 경험이 없었던 것이다. 본

---

23) Emanuel Alder, "The Spread of Security Communities: Communities of Practice, Self-Restraint, and NATO's Post-Cold War Transformation", *European Journal of International Relations*, Vol. 14, No. 2 (2008), pp. 195-230; Jef Huysmans, *The Politics of Insecurity: Security, Migration and Asylum in the EU* (London: Routledge, 2008).

논문의 주제와 관련하여 동북아지역의 '개인 안보'를 위해 개인-국가 사이의 관계 설정에 대한 고민을 전제로, 개별 국가의 국내정치는 지역 수준에서 유래하는 안보파괴요인과 결합하고, 이러한 과정이 다시 글로벌 수준에서 전개되는 세력관계와 일정한 메커니즘을 통해 서로 영향을 주고받는 상호작용의 전통을 찾아볼 수 없다. 동북아 안보작용의 이러한 결핍과 한계는 탈냉전기에 접어든 지 20년이 되어가지만 아직까지 계속되고 있으며, 이런 배경에서 동북아 안보공동체에 대한 개념적 적용에 대한 진지한 고민이 필요한 시점으로 판단된다.

Ⅲ. 안보공동체로서의 '동북아'

1. 안보공동체에 대한 시각과 이해

개별 국가 차원의 혹은 지역 차원의 안보이익을 공유한 소위 '탈안보(desecuritization)'의 경험이 있고, 위협적 안보이슈를 한계화(marginalization)시키는 규범과 제도가 있으며, 공동체 유지에 대한 일정한 수준의 공고한 신념이 있다는 차원에서 유럽은 '안보공동체(security community)'이다.[24] 사회과학적인 용어로서 공동체란 개인, 사회, 국가 등 다양한 행위자들 간에 지리적·정치적·경제적·사회

---

24) 'Desecuritization'은 경우에 따라 문맥상 상이하게 번역되고 있는데 일반적으로 기존의 '특정 세력의 힘의 우위'가 안보를 확보할 수 있다는 가치관으로부터의 탈피라는 관점에서 '탈안보' 혹은 '안보해체'로 표기된다. 관련한 대표적인 논의는 참고, Ole Wæaver, "Securitization and Desecuritization", in Lipschutz (1995). 웨버는 이 논문에서 "발칸화와 유럽의 안정", "분절적 세력관계와 유럽통합 의지", "강대국정치(superpower)와 유럽공동체의 책임" 등의 문제들을 비교하면서 "안보-안보해체" 논의를 전개하고 있다.

적 차원의 공간을 보호하고 평화적인 방법의 의사교환과 문제해결 전통을 이어나가겠다는 의지의 확인이며 동시에 제도적인 장비를 의미한다.25) 과거 도이치의 고전적인 설명은 여전히 시사하는 바가 큰데, 그의 주장에 의하면 현실에는 두 개의 안보공동체가-'융합된 안보공동체'와 '다원화된 안보공동체'-존재한다. 냉전적 양극체제의 기본 안보질서가 해체되고 상이한 수준과 정체성의 행위자들이 평화로운 의사소통구조를 통해 새로운 안보가치를 추구하고 실현한다는 차원에서 유럽은 전형적인 '다원화된 안보공동체'에 해당한다. 도이치는 비대칭적 힘의 분포를 전제로 한 강대국 정치 중심의 안보질서가 변화해야 한다는 차원에서 구성원 간 커뮤니케이션의 존재여부 및 발달정도가 매우 중요한 의미를 가진다고 주장한다. 또한 측정의 문제도 매우 중요하게 다뤄지고 있는데, 특정 지역의 구성원들이 한 번 형성한 안보공동체의 수준을 어떻게 이해하는지, 그리고 그러한 공동체가 향후 내외의 균열요인에도 불구하고 지속적인 생명력을 가질 것인가와 관련하여서는 공동체 자체에 대한 측정이 중요한 문제인 것이다. 그리고 이와 함께 아마도 도이치에 가장 중요한 문제는 '공동체적 판단(sense of community)' 여부를 결정하는 부분이었던 것으로 이해된다.26) 이것은 특정 안보관련 사안이 소위 안보화(securitization) 과정을 거쳐 이슈가 되었을 때 구성원들이 그러한 이슈는 공동체적 차원의 접근을 필요로 한다는 인식을 어떻게 공유, 확산하는가의 문제를 의미한다.

---

25) Emanneul Alder and Michael Barnett, *Security Communities* (Cambridge University Press, 1998), pp. 30-37.

26) Karl Deutsch et al, *Political Community and the North Atlantic Area: International Organization in the Light of Historical Experience* (Princeton: Princeton University Press, 1956), pp. 6-9, 50-53, 36-38.

도이치를 계승한 학자들이 도이치를 넘어서서 유럽에서 실현하고
자 하였던 적극적인 안보공동체 확보의 문제는 안보정치를 어떻게
국제 공동체의 발달로 연결시킬 수 있는가 하는 점이다.27) 과거 도이
치의 경우 안보공동체를 물리적으로 측정 가능한 대상들인 초국가적
교환, 이동, 거래 등을 기준으로 이해하였다면, 이후의 학자들은 유럽
이라는 공간에서 어떻게 '안정성(stability)', '상호의존적 이익에 대한
합의', '이념적·제도적 공동체를 매개로 한 구성원의 정체성 확인',
'구성원 간의 공동체 관리를 위한 커뮤니케이션 구조 발달' 등을 분
석하는가와 관련한 문제를 적극적으로 다루게 되었다.28) 이러한 노
력은 한마디로 본 논문의 문제의식과 관련하여 안보 확보를 위해 '개
인'이 맺고 있는 국가 및 지역 환경과의 '결사 방식(forms of association)'
이 유럽이라는 지역 내에서 매우 다차원적으로 전개되었음을 의미하
고 있다.

한편, 안보연구 내부에서의 전반적인 평가에 따르면 도이치 이후
'안보공동체'는 하나의 독립적인 학문 분야로서 그다지 정교하게 발
달하지 못하였는데, 대표적인 이유는 '국제적 상호의존' 혹은 '국제
레짐(international regime)'과 같은 개념과 분석틀의 발달로 인해 학문
의 존재론적 발달의 기회를 놓쳤다고 볼 수 있다.29) 여기에는 신제도
주의적 접근이나 국제레짐 차원의 이론적 발달이 상대적으로 냉전적
구조를 전제로 한 현상중심적인 분석을 시도한 까닭에, 안보공동체가
어떻게 생겨나고 또한 일단 형성된 안보공동체는 어떻게 발전하는가

---

27) Adler (2008); Adler and Barnett (1998); Emanuel Adler, "Imagined Security Communities: Cognitive
Regions in International Relations", *Millennium*, Vol. 26, No. 2 (1997), pp. 249-277.

28) Adler (2008), pp. 195-200.

29) Adler and Barnett (1998), 1~2장.

등과 같은 과정 중심적 연구가 상대적으로 저발전된 경향을 보였던 것으로 풀이된다. 물론 국제관계 분야의 안보공동체뿐만 아니라 냉전의 특수성-양극구조의 심화, 핵전쟁의 가능성-으로 인해 사회과학 전반에 걸쳐 공동체 연구 자체의 발전이 이뤄지지 못하였던 점을 함께 지적할 수 있겠다.

본 논문의 주제와 관련하여 유럽에서의 안보공동체 형성 및 발달이 기존의 이론적 관점에서 가장 큰 변화를 야기한 점은 앞에서 설명한 바와 같이 안보는 곧 인식론적 차원의 문제로서, 안보를 둘러싼 '안보 부재에 대한 인식론적 근거', '위협의 내용', '개인-국가-지역' 사이의 상호작용 등의 개념들이 현실적으로 표현되고 구현되는 과정에서 국가 영역의 확대를 야기하게 되었다. 기본적으로 이러한 변화는 비군사적인 영역에 일종의 '안보화(securitization)' 논의라는 결과를 야기하였다는 점을 이해할 필요가 있다. 왜냐하면 기존의 안보구조를 전제로 한 '개인-국가'의 관계설정은 양극체제에 의한 진영대결의 영향으로 말미암아 매우 분명하게 설정되는 국가 외부로부터의 위협을 중심으로 전개되었으며, 이러한 관계설정은 현실적으로 안보를 확보하는 수단과 관련하여 군사력 사용을 중심으로 한 영역으로 제한시켰기 때문이다. 안보개념의 변화를 수반한 '안보화' 논의는 다시 국가 행태의 변화로 이어지는 결과를 낳았다. 앞에서 프랑스 혁명 이후 유럽의 역사에서 안보는 대내 정치적 안정성과 대외적 위협 사이의 결합이라는 특징을 보였다고 언급한 바 있는데, 개인의 안보를 보장하는 대내 정치적 안정이 국가 외부에서 유래하는 위협과 결합하기 위해서는 기본적으로 개별 국가의 행태, 즉 외교관계가 합리성에 근거하고 있음을 전제로 한다. 국가 행위자들 간 합리성에 대한 신념의 공유는 유럽지

역의 차원에서 다양한 안보파괴 방식을 정의하는 '안보화'의 과정을
공유하게 하였고, 이렇게 형성된 지역안보공동체는 유럽 내의 사회적
네트워킹(social networking)을 촉진하는 결과로 이어지게 된다. 한마디
로 역내 안보딜레마의 가능성을 줄여주는 것이다.

또한 안보공동체는 '분석수준(level of analysis)'이라는 차원에서도
의미 있는 변화를 가져다주었는데, 잘 알려진 바와 같이 전통적으로
국제관계 연구에서 가장 보편적인 분석수준은 국가 혹은 체제 수준의
연구이다. 하지만 안보공동체 연구에서의 분석단위는 지역으로 한정
한다.[30] 유럽의 경우 공동체적 의식의 발달로 인해 다양한 영역에서
의 지역연구가 가능한데, 개인은 물론이고 국가, 다양한 수준의 결사
조직 등의 이익은 국가 차원이 아닌 유럽지역이라는 수준에서 정의되
고, 다시 거꾸로 유럽공동체의 정체성을 확보하는 과정에서 개별 구성
원의 이익이 구체화되는 구성원과 지역 간의 상호의존적인 관계를 보
이게 된다.[31] 한마디로 수세기에 걸친 근대국제관계의 역사를 경험한
시역에서 발견되는 독특한 '구조-행위자(structure-agent)' 관계인 것이
다. 국가단위의 안보이익에 집착한 냉전적 유산이라는 차원에서 보자
면 유럽에서는 초국가적 수준의 '결사-배제(association-exclusion)'의 과
정이 진행되었던 것이다. 결과적으로 안보 유지를 위한 지역적 관점의
공동체를 어떻게 규정하였는지, 이와 연관한 의제설정은 어떻게 이뤄
졌으며, 실제로 어떠한 의제를 포함시키고 배제시켰는지, 또한 과거
냉전이라는 주어진 안보위협 요인을 제거하기 위한 노력은 무엇이었

---

30) 물론 이론적으로 안보공동체의 분석수준은 각 지역의 고유한 정체성에 따라 차별적으로 정의될 수 있다.
　　다만 여기에서는 유럽의 사례에서 발견되는 '국내-지역' 간 안보이익의 원활한 공유 및 교환이 안보공동
　　체의 근간이 되었다는 점을 강조하기 위한 설명이다.

31) 박인휘 (2006), pp. 260-265.

는지 등을 연구하는 것은 우리에게 현실적으로 매우 중요한 함의를 주고 있다.

2. 동북아 안보공동체의 가능성

본 연구가 동북아 지역안보에 대한 경험적 분석을 목적으로 하지는 않으나 지금까지 설명한 안보연구의 인식적 기초 및 개념작업의 발달은 결과적으로 지역안보공동체의 필요성을 견인하게 될 것이라는 판단하에 동북아 안보공동체 가능성과 관련한 몇 가지 설명을 하고자 한다. 20여 년의 탈냉전적 시간이 흘렀지만 동북아 지역이 안고 있는 지역적 특수성을 전제로 여전히 대부분의 경우 국가안보는 전략연구(strategic studies)와 동일한 의미로 이해되고 있다. 과거 냉전기에는 예컨대 다문화이주민 및 재외동포처럼 국가안보의 혜택에 접근이 어려운 사람들, 이념적 혹은 세계관적 차이로 인해 특정 국가의 안보적 가치에 무관심한 사람들, 국가안보가 역설적으로 위협이 되는 사람들 등 다양한 수준과 내용의 안보가 불가피하게 배제된 점이 인정되지만, 탈냉전기에 들어서도 이러한 전통이 쉽게 변하지 않는 경향이 있다.[32] 따라서 동북아가 안고 있는 지역적 조건에 대한 이해와 이와 관련한 '개인-지역'의 상호 의존적 안보 관계의 이해가 없이는 소위 세계화적 삶 속에서의 적극적인 안보 실천은 불가능할 수밖에 없을 것이다.

---

32) 국가안보 중심성의 불합리성에 대해서는 많은 논의가 있지만, 가장 대표적인 논의는 "구조적 폭력 (structural violence)"과 관련한 설명이다. 참고, Johan Galtung, "Violence, Peace and Peace Research", *Journal of Peace Research*, Vol. 6, No. 3 (1969), pp. 167–191.

동북아라는 지역 안에서의 안보의 실천은, 좀 더 구체적으로 이 지역에 살고 있는 개인의 안보는, 현실적으로 국가 단위를 기준으로 한 '국내 정치적 안정'과 개별 국가들 간 관계에서 발생하는 '외부 위협'과의 결합을 통해서 구현된다. 수세기에 걸친 유럽의 안보 실천 경험에서 알 수 있듯이, 주권 속에서 존재하고 있는 개인의 안보는 안정적이고 신뢰할 수 있는 합리적인 '개인-국가' 관계 속에서 실천될 수 있고, 동시에 초국가적 대외관계의 절대적 독립성을 전제로 하고 있는 주권은 다른 국가와의 외교관계가 개인의 안보위협으로 전환되지 않아야 한다는 또 다른 '합리적 신뢰'에 기반하고 있기 때문이다.33) 결과적으로 이러한 설명을 국제정치적 관점으로 옮겨 보자면 결국 안보는 지역공동체 내부의 '합리성에 근거한 외교관계'를 의미하는 것이다. 이러한 사실은 동북아에서 더욱 명백하게 강조된다. 즉, 안보위협의 발생과 전달이라는 차원에서 안보를 파괴하는 위협의 주체가 누구인지 또한 그러한 위협은 지역 내에서 어떻게 확산되는가에 대한 합리적인 판단과 접근이 매우 중요한데, 현실적으로 동북아에서는 지역적 안보 위협요소가 국내 정치적으로 전환되고 또한, 특정 국가의 불합리한 정책이 지역적 차원에서 제어되고 관리되는 소위 '국내-지역' 간 어젠다와 이해관계의 전환이 이뤄지지 못하고 있는 실정이다.

앞에서 안보를 인식하는 인식론적 근거와 관련하여 과거 울퍼스에서 현재의 부잔에 이르기까지 광범위하게 활용되는 설명을 빌려 객관적 인식, 주관적 인식, 추론적 인식의 관점에서 언급한 바 있는

---

33) Jeffrey Checkle, "Norms, Institutions and National Identity in Contemporary Europe", *International Studies Quarterly*, Vol. 43, No. 1 (1999), pp. 84–114; Alexander Wendt, "Collective Identity Formation and the International State", *American Political Science Review*, Vol. 88, No. 2 (1994), pp. 384–396.

데,34) 이를 동북아적 차원에서 살펴보면 왜 지역 포괄적 차원에서의 안보문제 접근이 필요한지를 핵심적으로 파악할 수 있다. 객관적 인식의 경우 개별 사회가 확보한 가치와 이익을 위협하는 명확하게 제시할 수 있는 물질적인 안보파괴요인이 존재하느냐의 문제인데, 북핵문제, 중국의 부상, 일본의 군사강대국 가능성, 대만 문제, 미중 간 패권경쟁 가능성 등이 여기에 해당한다고 볼 수 있다. 주관적 인식의 경우 역내 행위자들 사이의 경쟁심, 적대감, 라이벌의식, 미래에 예상되는 위협 등을 포함한다. 이러한 내용의 안보위협 인식은 역사적 요인에서 기인하는 경우가 많으며, 따라서 안보위협의 대상이 될 수 있는 가치와 이득은 대개의 경우 역사, 사회, 문화적 영역에서 전환되는 특징을 가진다. 동북아의 경우 역사인식 문제에서 야기하는 영토분쟁, 천연자원 확보 문제, 과거사해석의 문제는 물론, 북한의 대미국 및 대일본 외교관계 역시 일종의 주관적 인식에 기반 한 안보위협 요소로 해석할 수 있다. 주관적 인식에 기반 한 안보문제의 경우 비록 객관적인 인식처럼 정책적 대응이 긴요하고 시급하게 요구되는 안보사안은 아니라고 하더라도, 주관적 인식 역시 상당한 수준의 객관적인 사실과 경험에 근거한 안보문제라는 점에서 안보를 둘러싼 객관적 인식과 주관적 인식은 상호 의존적으로 공존하는 경우가 많다.

마지막으로 추론적 인식의 경우 상대적으로 탈냉전기 이후 코펜하겐학파의 영향을 받은 개념적 논의로서 안보 문제의 핵심은 결국 무엇을 안보적인 상황으로 설정하느냐에 달려 있다고 설명한다.35) 즉, 우리가 무엇을 안보적 사안이라고 정의하는 순간 그를 둘러싼 일종

---

34) Buzan and Hansen (2009); Wolfers (1952).
35) Buzan and Hansen (2009), pp. 33-34; Buzan et al (1998), p. 24.

의 '사회적 위기' 혹은 '비상 상태'가 결정되는 것이고, 따라서 이러한 시도는 결국 정치화 과정으로 이어진다는 것이다. 일종의 언술 행위의 관점에서 안보를 이해하는 관계로 추론적 인식의 안보라고 부르고 있는데, 이것을 동북아적 차원에서 설명하자면 대체로 어떠한 규범과 세계관에 입각하여 지역의 질서와 세력관계를 이해하느냐의 문제이다. 예를 들어 중국의 팽창이 안보위협으로 인식되는 것은 기존의 미국 중심적 세계질서의 변화가 우리의 가치와 이익을 침해할 것이라는 일종의 언술적 논리를 전제로 하고 있다. 중국 위협이라는 동일한 현상은 어떠한 가정과 설명방식을 따르느냐에 따라서 우리가 미국적 지배구조하에서 추구할 수 있는 이익은 이미 극대화되었으므로, 중국적 질서로의 변화는 미래 안보확보를 위한 새로운 균형점으로의 '이동'일 수 있다는 설명이 가능하다. 특히 소위 비전통적 안보 이슈로 알려진 인권, 자원, 환경, 사회 등의 사안들은 누가 어떠한 의도를 가지고 어떠한 언술체계로 '안보 의제화'하느냐에 따라서 안보를 정의하는 방식과 그것을 추구하는 실천전략은 매우 달라질 수 있다. 이렇듯 추론적 인식에 따르면 안보와 안보부재는 주어진 것이 아니라 '주장되는' 것이다.

이상에서 살펴본 동북아 안보 인식은 이 지역 안보를 논할 때 흔히 논의되는 동북아 안보구조의 특징인 '시간적·공간적·구조적 복합성'의 특징과도 잘 연결되는데, 동북아에서의 안보 불안정성이 세계 안보의 핵심으로 논의되는 이유는 이 지역 주요 안보 이슈가 시간, 공간, 구조적으로 매우 복잡하게 얽혀 있어서 해법을 찾기가 쉽지 않기 때문인 것으로 알려져 있다.[36] 즉, '시간적'으로 전근대 이전에서부터 유래하는 영토분쟁의 문제, 국민국가 통합의 문제인 근대적 성

격의 한반도문제와 대만문제, 근대적 동맹관계에서 탈근대적 동맹관
계로의 전환 문제가 대두되고 있는 미국 중심의 동북아 복층적 양자
동맹 구조, 또한 근대적 성격의 대결국면 그리고 탈근대적 성격의 비
대칭적 위협을 동시에 추구하고 있는 북한의 핵문제 등을 예로 들 수
있다. '공간적' 차원으로는 대륙세력과 해양세력의 안보적 이해 충돌,
유라시아 대륙의 대표적인 전략적 요충지에 대한 주요 강대국 간 이
해관계, 동북아에 함몰되어 광범위한 국가이익의 추구를 위협당할 수
있는 한국, 전략적 요충지에 위치하면서 대륙세력의 태평양 진출을
가로막고 있는 일본, 수십여 개 국가와 국경을 접하면서 대륙과 해양
어느 쪽으로도 가능성이 열려 있는 중국 등의 특징이 발견된다. 마지
막으로 '구조적' 차원의 경우 지역패권인 중국과 글로벌패권인 미국
사이의 안보이익 충돌,[37] 매우 고유한 동북아적 정체성을 전제로 동
시에 글로벌 무대로의 진출이 항시적으로 보장되어야 하는 한국, 미
국과의 동맹관계를 활용하여 중국에 대한 책임전가(buck-passing
strategy)와 독자적인 글로벌 영향력 확대를 동시에 추구하고 있는 일
본,[38] 동북아 내에서 정치·군사적인 통합과 제도화는 매우 저발전

---

36) David Shambaugh and M. Yahuda (eds.) *International Relations of Asia* (New York: Rowman &
Littlefield, 2008); Kang (2007).

37) 중국이 동북아(동아시아) 지역에서 패권적 지위를 확보하였는가와 관련하여서는 일부 이론의 여지가 있다.
세계화시대에 지역패권과 글로벌패권의 구분이 무의미하다는 주장이 있는가하면, 한국과의 경제적 통합,
일본과의 외교관계 개선, 동남아지역에서의 영향력 등을 근거로 중국이 이미 역내 패권세력으로 확실하게
부상하였다는 주장도 있다. 관련한 대표적인 주장들로는 참고, Bates Gill, *Rising Star: China's New
Security Diplomacy* (Washington, D.C.: Brookings Institution, 2007); Yong Deng, "Reputation and the
Security Dilemma: China Reacts to the China Threat Theory", in A. I. Johnston and R. S. Ross (eds.),
New Directions in the Study of China's Foreign Policy (Stanford: Stanford University Press, 2006).

38) 일본이 대중국 관계에서 중국에 직접 맞서기보다는 미국에게 책임을 전가하고자 하는 경향이 있다는 설
명과 관련하여서도 학자들의 관점에 따라 다양한 의견이 제시되고 있다. 하지만 미일동맹의 기능과 정체
성이라는 차원에서 미국과 일본 사이에 군사적인 사안과 비군사적인 사안을 구분하여 전통적인 안보 이
슈는 미국이 직접 중국을 관리하여야 한다는 생각에는 큰 차이가 없는 것으로 보인다. Park, Ihn-hwi,
"Sino-Japan Strategic Rivalry and the Security of the Korean Peninsula", *Korea Journal of Defense*

되어 있지만 경제·사회적인 통합과 제도화는 매우 빠르게 진행되고 있는 지역통합의 차별적 진행 등은 모두 동북아 안보 현황의 구조적 특성을 보여주고 있는 사실들이다.[39]

지금까지의 설명에서와 같이 동북아 지역은 역내 국가들 사이에 매우 다양한 층위와 내용으로 서로 복잡하게 얽혀 있는 안보구조를 보이고 있다. 따라서 동북아에 살고 있는 개인의 안보를 위해서는 지역 차원에서 관리되고 구현되는 안보 개념과 이를 둘러싼 실천전략이 매우 중요할 수밖에 없다. 한편, 앞서 설명한 도이치 및 그를 계승하고 있는 학자들의 고전적인 '안보공동체' 논의와 관련하여 동북아 안보의 차원에서 중요한 문제점을 지적해 볼 수 있는데, 도이치의 안보공동체에서 가장 중요한 개념은 결국 '공동체 측정의 문제', '공동체 구성원들 간 커뮤니케이션의 문제', 그리고 '공동체적 판단의 문제'로 압축된다. 안보공동체를 향한 동북아의 개인, 사회, 국가의 노력을 주기적으로 어떻게 측정하느냐의 문제, 동북아 역내 구성원들의 다양한 정보, 의견, 인식, 규범적 견해를 교환할 수 있는 채널이 안정적으로 확보되어 있느냐의 문제, 그리고 각종 안보 사안에 대해서 동북아의 안정과 평화를 전제로 한 결정을 내리기 위해서는 무슨 노력을 해야 하는가의 문제인 것이다. 하지만 본 연구가 강조하고 있는 바와 같이 사회과학의 학문적 특성 상 이론적 발달의 선행은 현실 영역의 정책적 선택을 견인하는 결과로 이어질 수 있기 때문에 결국 이러한 실천적 과제가 성공적으로 수행되기 위해서는 무엇보다도 '안

Analysis, Vol. 19, No. 1 (2007), pp. 79-102.

39) 동북아 안보공동체의 가능성과 관련하여 본 논문이 특정한 유형의 제도적 지향을 구체화하지 않고 있듯이, 여기에서 '제도화' 역시 제도주의자들이 설명하는 '관습', '규범', '법제화'의 원칙에 따른 특정한 제도적 구속을 뜻하기보다는 규율에 따른 합의라는 차원의 넓은 의미로 사용되고 있다.

보-지역' 사이의 개념 정립 문제가 해결되어야 한다고 생각한다.

Ⅳ. 한국적 함의와 전략적 고려 사항

전쟁의 부재가 곧 평화를 의미하지는 않는다. 전쟁의 부재를 평화의 확보로 인식한다면 소극적인 평화의 실현만을 의미하는 것이고, 적극적인 평화의 실현을 위해서는 전쟁체제를 근원적으로 지양하고 평화가 구조적으로 정착되는 체제를 수립하여야 할 것이다. 동북아에서 평화를 안보공동체 구축을 통해 실현하는 적극적인 평화로 이해한다면 분쟁과 갈등의 구조적 원인들을 제거하고 구성원 간의 평화로운 의사소통을 통해 공동체적 질서(규범, 제도, 항상성)를 이룩하는 것을 의미한다. 보편적인 표현을 빌리면 지역안보질서가 '일상적 안보(common security)'의 차원에서 실현되는 것이다. 그렇다면 우리의 국가전략이 핵심적으로 고려해야 할 사항은 무엇일까?

첫째, 동북아의 지역다자주의 안보제도의 성립은 단순히 주권국가 간 세력과 이익을 조정하여 지역차원의 공감대를 마련해 내는 과제가 아니라는 점을 인식할 필요가 있다. 잘 알려진 바와 같이 유럽의 지역다자주의 안보제도는 오랜 시간을 두고 진화해 왔다. 18세기적 현상이었던 전쟁, 상호정복, 폴란드 분할과 같은 타국주권의 완전한 부정, 그리고 세력균형의 원리로부터 21세기의 공동안보외교정책으로 나아가기까지 많은 유럽인의 희생이 뒤따랐다. 이러한 변화는 주권 성립과정, 복수적 주권들 간의 상호인정, 폭력을 통한 문제해결과정과 이의 문제점에 대한 인식, 세계적 및 지역적 차원의 분쟁해결모색과정, 수많은 시행착오, 그리고 냉전적 세력균형과 지역통합과정을 거치면서, 서서히 또한 많은 실패를 거듭하면서 형성된 것이다. 따라서 우리의 경우도 동북아 지역안보공동체 전략이 역내 국가들 간 상이한 이익의 조정이라는 미시적인 접근에 머무를 경우 표면적인 세력관리 차원에 그칠 수 있다는 점을 인식하여, 동북아 지역에 살고 있는 사람들의 포괄적인 안보를 확보한다는 차원에서 지역적 범주의 정치·경제·사회·문화적 이익이 설정되어야 한다.

둘째, 지역다자주의 안보제도는 단위들 간의 세력균형, 그리고 이익의 조정과 조정과정의 제도화가 중요하지만, 그것보다 한 차원 높은 다른 요소가 필요하다는 사실에 대한 인식이 필요하다. 즉, 지역차원의 공동의 규범이 존재해야 하는 것이다. 유럽의 경우 19세기 초반의 강대국 간 공동 규범, 즉 복구와 보상, 정당성의 규범이 이익과 세력에 기반한 균형의 정치를 규범과 가치에 기반 한 정체성의 정치로 바꾸어 놓았다.[40] 반면 동북아 국가들은 현재 지역 고유의 주권 국가 간 관계를 형성해나가면서, 자국의 이익을 최대화하려고 노력하고 있는데, 이 과정에서 공동의 지역규범을 도모하고자 하는 노력이 결여되어 있다. 유럽이 경험한 전쟁과 같은 비극적 경험을 통하지 않고, 다자주의적 규범정치를 체화시킬 수 있는가 하는 것이 동북아 지역이 겪어야 할 시험이다. 이와 관련하여 다자주의 이론, 특히 자유주의적 다자주의 이론이 제시하는 전략이 동아시아에 직접 적용되기 어려울 것이다. 자유주의 이론은 무엇보다 구미의 경험에서 일차적으로

---

40) F. R. Bridge and Roger Bullen (eds.), *The Great Powers and the European States System*, 1815–1914 (New York: Longman Publishing Group, 2005); Paul Schroeder, *The Transformation of European Politics* (Oxford: Oxford University Press, 1994).

생겨난 것으로 비교적 완결된 근대적 주권국가 단위들 간의 관계에 기반한 이론이다.41) 우리의 경우 여전히 민족주의적 대결의식이 잔존한 상황에서 자유주의적 평화는 한계를 가질 수밖에 없으므로, 지역적 차원의 규범 정립 및 공감을 위한 역내 행위자들의 의도적인 노력이 필요하다.

셋째, 역외에서 지역안보를 확보하는 데 도움이 되는 영향력을 어떠한 정도로 이용해야 하는가 하는 것이 중요한 관건이다. 이것은 우리의 국가전략에 매우 중요한 변수로 작용할 것으로 판단되는데, 현실적으로 미국의 영향력을 어떤 관점과 어떤 수준에서 이용할 것인지, 그리고 세계적 차원의 안보질서와 지역차원의 안보질서를 어떻게 조화시켜야 할 것인가를 둘러싸고 많은 논쟁점들이 있을 수 있다. 미국은 동북아에서 중국의 부상으로 인한 예방적 봉쇄의 필요성 때문에 미일동맹을 강화하고 중국을 견제하는 등 이 지역에서 지속적으로 적극적인 역할을 창출해야 하는 외교적 과제에 직면해 있다. 따라서 동북아 안보 실천의 핵심에는 다극적 세력균형의 가능성을 안보 공동체 안에서 어떻게 관리할 수 있는가의 문제가 자리 잡고 있으며, 현실적으로 미국이라는 역외 세력균형자의 존재와 역할이 동북아 안보 이슈의 대내적 및 대외적 해결과정에서 어느 누구에게도 안보위협으로 인식되지 않을 수 있는가의 문제이다. 즉, 우리의 관점에서 한미동맹으로 비롯되는 우리의 국가이익이 안보 이슈의 지역적 전환 이후에도 지속적으로 구현될 수 있도록 전략적 준비가 필요한 것이다.42) 넷째, 동북아에 첨예하게 자리 잡고 있는 안보문제 중 주권 관

---

41) 전재성, "국제관계이론의 한국적 수용과 대안적 접근", 『국제정치논총』 42권 4호 (2002); Bilgin (2008).
42) 이상현 외, 『한미동맹의 로드맵: 미전, 쟁점, 전략』 (성남: 세종연구소, 2008).

련 안보문제, 영유권문제, 역사인식문제 등은 근대 이행기에서부터 생겨난 문제들로서 다자주의 안보제도를 만든다고 해서 쉽사리 해결될 성격의 문제가 아니다. 각 국가의 자기정체성과 상대방에 대한 인식, 지역질서에 대한 근본적인 가치관의 문제 등이 개입되어 있기 때문이다. 유럽의 경우 근대로 이행해 가는 과정에서부터 모든 문제를 오랜 기간에 걸쳐 많은 희생을 대가로 해결해 나가는 '유럽의 길'을 걸었지만, 동아시아의 경우 이러한 행로를 거칠 수 있는 여유가 없어 보인다. 오히려 유럽과는 반대로 21세기적 안보 이슈들, 예를 들어 탈근대적 안보 이슈를 중심으로 역내 국가 간 다양한 논의를 거치고, 여기서 마련된 공동의 가치관, 협의방식, 제도적 관성 등을 발전시켜서 이러한 경험과 교훈을 다른 사안들로 파급시키는 일종의 독자적인 '아시아의 길'을 걷는 것이 보다 현명할 것이다. 따라서 한국의 관점에서는 우리의 국력, 지리적 위치, 국민적 관심 등을 종합적으로 고려하여 동북아적 이해와 이익의 공유를 가능케 하는 의제화 및 제도화 전략이 필요하다고 본다.

V. 맺음말

안보는 개념의 문제이고, 개념은 인식의 문제이며, 인식은 개인을 둘러싼 조건들과의 관계 속에서 설명될 수 있다는 전제를 설정한 본 논문은 지금까지 다루어 오던 우리의 안보 문제 접근 방식과는 다소 상이하게 보일 수 있다. 하지만 세계화 시대의 개인이 스스로의 생명과 안전을 둘러싼 다양한 안보 이슈들을 적극적으로 해결하기 위해서는 더 이상 국가 안보의 범주 안에 머물러 있을 수만은 없다. 안보가 안고 있는 가장 근원적인 문제들인, 안보의 대상, 안보 위협 요인, 안보실천의 주체, 구체적인 실행 전략 등을 둘러싼 새로운 개념의 정립과 이를 위한 인식의 확산이 진행되고 있기 때문이다. 세계화 이후 안보 연구의 혁혁한 발달에도 불구하고 수세기 전 근대 국제체제가 생겨나면서부터 안보 실천의 핵심이었던 개인의 안보를 확보하기 위해 맺었던 개인과 주변 환경들과의 약속 및 관계의 중요성은 변화하지 않고 있다. 따라서 본 논문은 인식과 개념의 문제를 강조하는 안보연구가 동북아에서도 개인과 지역이 맺고 있는 상호의존적 구조를 고민하여야 한다는 점을 설명하고 있다.

개인의 안보는 그를 둘러싸고 있는 조건들과의 '합리적인 관계 설정'이 핵심적인 전제 조건이다. 북한문제 등에서 대표적으로 알 수 있듯이 역내 행위자의 행위가 합리적이지 못할 때, 보다 구체적으로 외교관계에서 예측가능성이 상실될 때 안보는 달성하기 어려워진다. 동북아 안보에서 북한 문제의 해결이 어려운 이유가 바로 여기에 있는 것이다. 또한 안보는 매우 구체적이고 물질적인 사안들인 충돌, 억지, 전략, 봉쇄 등과 같은 문제들과 이와 함께 보다 메타 수준에서 작동하는 사안들인 질서, 세력관계, 정체성, 주권 등과 같은 문제들에 대한 인식과 고민이 병행될 때에만 보장될 수 있다. 우리의 전략적 관심으로 얘기하자면, 2차 대전 이후 동북아 지역의 중심 질서로 작동해 온 미중 간 외교관계의 변화, 역내 주요 사건, 과학기술의 발달, 동북아적 평화에 대한 관심 등에 대한 예민한 관찰과 준비가 필요하다는 설명이다. 마지막으로 비록 본 연구가 사회과학 분야에서는 이론 및 개념의 발달이 현실적 변화를 유도할 수 있다는 전제에서 진행되었다고 하더라도 '안보-지역' 결합의 필요성을 동북아적 차원에서 실증적으로 보여주는 경험연구를 좀 더 구체적으로 포함하지 못한 것은 아쉬움으로 남는다.

제 10 장

동북아 안보레짐 구축에 관한 비교연구

조성렬

I. 문제제기

냉전의 잔재가 여전히 남아 있는 동북아지역에서 다자 간 협력안보를 구축하기 위한 논의가 활발히 전개되고 있다. 탈냉전 이후 동북아지역에서는 민간차원이나 반관반민의 1.5트랙에서 다자 간 협력안보를 논의하는 대화가 활발히 전개되었다. 하지만 정부차원에서 다자 간 안보레짐을 구축하려는 노력은 이루어지지 못했다.

그런 가운데 북핵문제의 해결을 위해 만들어진 6자회담에서 포괄적 해법 차원에서 동북아 안보레짐의 구축에 관한 정부차원의 논의가 시작되었다. 2007년 6자회담의 "2·13합의"에 따라 5개 실무그룹의 하나로 동북아 평화·안보체제(NEAPSM, Northeast Asia Peace & Security Mechanism) 실무그룹이 설치된 것이다. NEAPSM 실무그룹 회의는 2007년에 두 차례 열렸고, 미국 오바마 신행정부의 출범 직후인 2009년 2월 19~20일 양일간 모스크바에서 제3차 회의가 개최되었다.

그런 점에서 향후 동북아 안보레짐의 출범을 위한 구체적인 논의
가 전개될 것으로 예상된다. 아직 역내 국가들 간에는 앞으로 동북아
안보레짐의 방향과 목표에 대한 합의가 완전히 이루어지지 못하였다.
무엇보다 우리 정부의 입장을 먼저 정리하고, 역내 국가 간의 합의를
도출하기 위해서는 타 지역의 사례에 대한 연구, 검토가 필요하다.

동북아 안보레짐의 목표와 방향과 관련하여 많은 시사점을 제공해
주는 것이 바로 유럽안보협력회의(CSCE)의 경험이다. 냉전기였던
1975년에 헬싱키 협정(Helsinki Final Acts)의 채택으로 출발한 CSCE
는 근대 최초의 안보레짐으로서 주목을 받았으며, 냉전 이후에는 새
로운 안보 상황에 맞도록 기능이 강화되어 1995년 1월 유럽안보협력
기구(OSCE)로 발전하였다. 이러한 CSCE의 성공적인 운용사례는 동
북아 안보레짐의 목표와 방향을 설정하는 데 어떠한 형태로든 시사
점을 줄 것으로 보인다.

이처럼 동북아지역에서도 유럽의 헬싱키 프로세스와 유사한 방향
으로 안보레짐을 구축하려는 연구와 움직임이 나타나고 있다. 그렇다
면 그러한 외부적인 현상의 유사성에 걸맞게 유럽의 사례가 동북아
에도 재연될 수 있을 것인가. 1960년대 중반부터 70년대 중반에 걸쳐
이루어진 CSCE의 창설 경험이 21세기의 동북아시아에 그대로 적용
할 수 있을 것인가. 재연이 필요하다면 어떠한 정책적 수단이 필요한
것인가. 그런 질문에 답하기 위해서는 먼저 냉전기 유럽과 현 시기
동북아의 지역안보협력과 관련한 안보환경을 비교 검토해 볼 필요가
있을 것이다.

본 논문은 냉전시기 유럽에서 만들어진 CSCE의 구축과정을 분석
하고, 이 같은 유럽의 경험이 동북아 안보레짐에 적용될 수 있는지를

검토하고 정책시사점을 얻는 데 목적이 있다. 이처럼 본 논문이 유럽 및 동북아 안보레짐의 구축조건을 비교하는 데에 초점을 맞추고 있기 때문에, 양 지역 안보레짐의 구조와 조직, 기능 및 발전과정 등은 다루지 않는다. 또한 대상도 정부차원에서 진행된 CSCE와 NEAPSM 의 비교에 국한한다.

냉전기의 유럽과 현 시기의 동북아는 사회문화적 배경도 다르고 냉전과 탈냉전이라는 안보환경도 다르기 때문에, 양 지역 안보레짐의 구축조건을 총체적으로 비교하기 위해 먼저 냉전과 탈냉전이라는 구조적 변수들을 분석한다. 그리하여 본 논문에서는 먼저 구조적인 변수로서 냉전기 유럽과 탈냉전기 동북아의 안보환경을 먼저 분석하고, 그 다음으로 몇 가지 공통변수들을 통해 냉전기 유럽 및 현 시기 동북아 안보레짐의 구축조건을 비교한다.

Ⅱ. 안보레짐 구축의 조건: 세력균형, 이익균형, 국제규범

그동안 유럽의 안보레짐을 설명하기 위해 다양한 국제정치이론들이 동원되었다.[1] 이러한 이론들은 유럽의 경험을 동북아지역에도 적용할 수 있는지 비교하는 중요한 준거 틀이 될 것이다. 국가들 간의 안보협력과 평화공존을 분석하는 국제정치이론들로는 크게 구조적 현실주의, 자유주의적 제도주의, 사회적 구성주의로 나누어볼 수 있다.

---

1) 이 글에서 사용되는 안보레짐의 개념은 국제정치이론의 접근방식에 구애받지 않고, 다자 간 안보협력의 제도화 정도에 따라 안보대화(security dialogue), 안보레짐(security regime), 안보공동체(security community) 의 구분에 따른다. 고상두, "한반도 평화와 통일의 조건: 동북아 다자 간 안보협력체 건설", 『동서문제』 제 18권 제1호 (2006), p. 56.

첫째, 구조적 현실주의(Structural Realism)는 국제체제에는 중앙집권적인 통치제도가 없기 때문에 국가들은 힘을 축적하는 데 최우선적인 관심을 갖는다고 본다. 이에 따르면, 국제법적 규범과 제도를 통한 국제협력이 순간적인 편의에 의해 가능할 뿐 지속적으로 기능할 수 없으며 강대국 간의 합의만이 안보레짐의 구축과 발전이 가능하다.[2] 약소국의 경우도 제도를 통해 나름대로 영향력을 행사하고자 하지만, 강대국이 더 이상 필요성을 느끼지 못할 때 그 제도는 깨질 수 있다.[3]

둘째, 자유주의적 제도주의(Liberal Institutionalism)는 국제레짐이나 지역적 수준에서의 다양한 국제협력이 국제관계의 무정부적인 성격을 약화시키고 지역 통합을 촉진시킬 수 있다고 본다. 다양한 국제협력을 가능케 하는 가장 중요한 동력을 경제적 상호의존 혹은 경제협력으로 보고 있다. 따라서 지역에서 경제적 상호의존이 높아지면서 지역협력의 수준이 높아지고 이것이 정치·군사 분야의 협력을 촉진한다고 전망하고 있다.[4] 여기서는 서유럽의 경험을 경제협력이 점차 정치적 협력으로 발전해 온 대표적인 사례로 본다.

끝으로, 사회적 구성주의(Social Constructivism)는 역내 국가들 간의 국제규범의 형성과 집합정체성을 지역통합의 가장 중요한 요소로 보고 있다. 특히 역내 국가들의 집합정체성, 즉 지역정체성이 국제협력과 지역통합에 미치는 영향을 분석하는 데 매우 유효하다. 사회적 구

---

2) Robert Jervis, "Security regimes", *International Organization*, Vol. 36, No. 2 (1982), pp. 360–361.

3) Tom Farer, "International Security in North-East Asia: The American Factor", *The 4th Northeast Asia Security Policy Forum* (The Research Institute on National Security Affairs at Korea National Defense University, September 24, 2008), pp. 12–14.

4) Robert Keohane, *International Institution and State Power: Essays in International Theory* (Boulder: Westview Press, 1989).

성주의는 국가들의 지역정체성과 이익을 이미 주어져 있는 것이 아니라 재구성될 수 있는 것으로 보기 때문에 어떻게 이들을 형성하는가에 관심을 갖고 있다.5) 이러한 구성주의는 역사와 기억에서 비롯되는 상호인식의 차이와 적대감 등 객관적인 지표로 나타나지 않는 역내 갈등과 같은 안보현상을 잘 설명할 수 있다는 장점이 있다.6)

이상에서 살펴본 국제안보협력과 평화공존에 관한 국제정치이론들은 어느 정도 현실세계를 설명하는 데 유효한 것은 사실이지만, 이러한 이론들을 유럽과 동북아의 안보레짐을 분석하고 비교하는 데 직접 적용하기는 어렵다. 그런 점에서 안보레짐의 구축에 관한 새로운 설명지표들을 설정할 필요가 있다. 여기서는 19세기 초 유럽협조체제(Concert of Europe)의 경험을 토대로 안보레짐의 구축조건을 제시한 저비스(R. Jervis)의 테제를 중심으로 설명지표를 재정의한다.

그가 제시한 것은 첫째 강대국들이 안보레짐 구축에 동의할 것, 둘째 참가국들이 상호 안보와 협력의 가치를 공유할 것, 셋째 참가국 중 어느 나라도 팽창주의가 안보에 도움이 된다고 믿지 않을 것, 넷째 전쟁이나 독자안보 추구가 비효율적이라고 인식될 것 등 네 가지이다.7) 이와 같은 저비스의 테제는 안보레짐의 형성을 위한 강대국 간의 타협, 참가국들의 이해 조정, 그리고 공통의 규범 창출 세 가지로 정리할 수 있을 것이다.

---

5) Alexander Wendt, "Anarchy is what states make of it: the social construction of power politics", *International Organization*, Vol. 46, No. 2 (Spring, 1992), pp. 391-425; 양준희, "월츠의 신현실주의에 대한 웬트의 구성주의의 도전", 『국제정치논총』 제41집 3호 (2001), pp. 25-46; 김유은, "동북아 안보공동체를 위한 시론-구성주의적 시각을 중심으로", 『국제정치논총』 제44집 4호 (2004), pp. 69-87.

6) John Ikenberry and Michael Mastanduno, "International Relations Theory and the Search for Regional Stability", *International Relations Theory and the Asia-Pacific* (New York: Columbia University Press, 2003), p. 3.

7) Jervis (1982), pp. 360-362.

첫째는 세력균형(Balance of Power)이다. 현실주의 국제정치이론으로부터 '세력균형'이라는 지표를 얻을 수 있다. 세력균형은 행위자들의 권력 확보가 목표이기는 하지만, 이를 통해 전쟁의 예방과 평화, 균형유지, 지역패권의 방지, 안정성의 유지 등 긍정적인 측면들도 있다는 점에서 안보레짐의 조건을 파악하는 지표로 활용될 수 있을 것이다.

둘째는 이익균형(Balance of Interest)이다. 이익균형의 개념은 원래 자유주의이론에서 사용되던 '이익' 개념을 현실주의 이론에 도입한 것이다.8) 협상에 참여한 국가들이 공통된 이익을 매개로 이익균형을 맞추려는 노력은 다자 간 안보레짐의 구축에 필수적이다. 따라서 이익균형을 맞추려는 국가들의 노력을 파악함으로써 유럽과 동북아 두 지역 안보레짐의 구축조건을 비교할 수 있을 것이다.

셋째는 국제규범(International Norms)이다. 국제규범은 자유주의 이론에서 나온 것이지만 구성주의의 집합정체성(Collective Identity) 개념과 연결될 수 있다. 다자주의에 기초한 안보레짐이 구축되고 유지되기 위해서는 세력균형을 넘어 가치와 문화, 국제규범을 공유하는 상호이해가 필요하다. 이러한 안보레짐이 안보공동체로 발전하기 위해서는 집합정체성이 형성되어야 한다.

이하에서는 먼저 구조적 변수로서 냉전기 유럽과 탈냉전기 동북아의 안보환경을 살펴보고, 다음으로 세력균형, 이익균형, 국제규범의 세 가지 지표를 통해 냉전기 유럽 안보레짐의 구축조건과 현 시기 동북아 안보레짐의 구축조건을 비교해 보기로 한다.

---

8) 박홍서, "탈냉전기 중미 간 "협조체제"의 출현?: 9·19공동성명 후 북핵문제에 대한 중미 간 협력", 『국제정치논총』 제47집 3호 (2007), p. 81.

Ⅲ. 냉전기 유럽 안보레짐의 구축 조건

1. 냉전기 유럽의 안보상황: 대결에서 화해로

1945년 2월 얄타회담(Yalta Conference)에서 연합군은 전후 유럽에서 새로운 틀을 규정하고자 했다. 하지만 미국과 소련의 견해 차이로 합의를 이루지 못한 채 연합군이 승리를 거두면서, 미국이 서유럽을 차지하고 소련이 동유럽을 점령했다. 당시 동서 유럽 간에는 힘의 불균형이 지속되고 있었다. 동유럽권 국가들의 대부분이 소련의 위성국가가 되고 있을 동안에 서부유럽 국가들에서는 미군과 영국군이 철수하여 이 지역에서 힘의 공백이 나타났다.

1947년 3월 미국은 그리스와 터키가 공산주의 세력에 의해 위협을 받을 경우 자유를 지키기 위해 양국에 군사원조를 실시하고 군사고문단을 파견하겠다는 내용의 '트루먼 독트린'을 발표하였다. 이를 계기로 제2차 세계대전 중에 서로 협력했던 미국과 소련의 우호관계가 파기되고, 미국은 반소련 및 반공산주의 입장에서 냉전정책을 본격적으로 추진했다. 그리하여 미국은 12개국으로 이루어진 북대서양조약기구(NATO)를 출범시켰다.

1950년 한국전쟁이 발발하자, 미국은 공산주의 위협에 노출되어 있던 그리스와 터키를 NATO회원국으로 받아들였다. 또한, 미국은 1953년에 서유럽지역에 전술핵무기를 배치했으며, 1955년에는 서독을 재무장시키고 NATO 회원국으로 받아들였다. 이로써 NATO는 총 15개국으로 구성된 군사동맹의 면모를 갖추게 되었다. 또한 아데나워 독일수상은 서유럽식의 자유선거에 의한 통일과 폴란드, 체코슬로바

키아와의 국경 변경을 내세우는 위협적인 강력한 통일정책을 추구하
였다.

분단된 비무장 독일을 완충지대로 하여 군사적 세력균형을 꾀해
왔던 소련과 동유럽 국가들은 미국의 전술핵무기 배치, 서독의 재무
장 및 NATO 가입 등이 이루어지자 이에 대응하는 집단방위체제를
만들기 위해 나섰다. 그리하여 1955년 5월 소련, 동독, 폴란드, 체코,
알바니아, 루마니아, 불가리아의 7개국이 참가한 가운데 대응조직으
로 결성한 것이 바르샤바조약기구(WTO)이다.

이처럼 유럽에서 군비경쟁이 가속화하고 군사적 긴장이 고조되자,
소련은 WTO를 만들어 대항하는 한편 유럽문제의 정치적 해결과 군
비축소를 위한 각종 대화를 제의하였다. 1954년 2월 소련의 몰로토프
외무장관은 베를린에서 개최된 미·영·프·소 4개국 외무장관회담
에서 유럽의 모든 국가들이 서명에 참여하는 '50년 조약'을 체결하여
항구적인 제도를 만들어가자고 제안했다. 하지만 소련의 제안에는 동
독의 인정과 서독의 NATO 배제, 그리고 유럽안보대화에서의 미국
배제를 담고 있었기 때문에 미국 등 서유럽 국가들은 소련의 제안을
거부했다.

1950, 60년대에 걸쳐 NATO와 WTO 간의 대결과 긴장관계가 지속
됨에 따라 전 유럽을 포괄하는 안보협력회의를 개최하자는 소련의
제의와 이에 대한 미국의 거부라는 양상이 1960년대 중반까지 계속
되었다. 그런 가운데 1966년 7월 소련은 WTO 정상회담에서 또다시
CSCE의 개최를 제안하였다. 소련은 이 제안에서 동독, 폴란드의 국
경을 서방으로부터 인정받고, 과학, 기술, 예술, 문화 분야에서 동서
유럽의 협력을 얻기 위한 회의를 미국·캐나다를 제외하고 소집할

것을 요구했다. 이러한 제안은 2차 세계대전의 결과로 이루어진 동유럽권의 사회주의체제와 두 개의 독일을 서유럽 국가들로부터 인정받고자 한 것이었다.9)

일련의 제안들에 대해 미국과 서유럽 국가들은 거부 입장을 분명히 밝혔다. 미국 등은 전술핵무기로 WTO 국가들의 우세한 재래식 전력을 상쇄할 수 있다고 생각했기 때문에 WTO의 전술핵무기 철수 요구를 받아들일 수 없었다. 또한 서독의 무장해제 및 NATO 탈퇴 요구는 독일을 중립화시켜려는 의도로 해석했기 때문에 이 역시 거부되었다. 하지만 프랑스가 NATO 군사구조(command structure)에서 탈퇴하고 미 상원에서 미군 감축안이 통과되어 유럽의 세력균형에 변화 요인이 생겼고, 1968년 7월 미국과 소련의 주도로 핵확산금지조약(NPT)이 체결되면서 유럽에서 군사적 긴장이 완화되기 시작했다.

2. 유럽 안보레짐 구축의 세 가지 조건

1) 세력균형: 핵 균형과 전략적 타협

유럽에서 안보레짐이 구축될 수 있었던 최대의 요인은 미국과 소련 두 강대국 사이에 세력균형이 이루어졌다는 점이다. 1970년대 초반까지 유럽의 군사력 상황은 핵무기 분야에서 미국이 우세한 반면, 재래식 무기 분야에서 소련 및 동유럽 국가들이 주축이 된 WTO측이 우위에 있었다.

그런 점에서 유럽에서 안보대화가 본격적으로 이루어질 수 있었던

---

9) John J. Maresca, *To Helsinki, The Conference on Security and Cooperation in Europe 1973-1975* (Durham · London: Duke University Press, 1987), pp. 4-7.

것은 객관적으로 세력균형이 형성되었기 때문이라기보다 동서 양 진영 모두 세력균형의 안정화 차원에서 전략적 타협을 서둘렀기 때문이었다.10)

첫째는 핵 균형이다. 미·소 초강대국의 핵무기 개발경쟁이 최고조로 달했던 1969년에 WTO 정치자문위원회가 서방측에 정상회담을 제안했다. 당시까지 미국이 핵전력에서 앞서 있었으나, 소련의 핵무기 능력이 빠른 속도로 뒤쫓아 가고 있었다. 결국, 서방 측이 WTO 측의 제안을 받아들여 양대 초강대국의 핵능력을 실질적으로 제한하기 위한 핵군축 협상을 시작했다. 그리하여 1969년 11월 미·소 사이에서 첫 핵무기 제한협상이 시작되었다.

이러한 협상을 통해 1972년 5월 닉슨 미 대통령과 브레즈네프 소련공산당 서기장은 정상회담에서 전략무기제한조약(SALT-Ⅰ)을 조인하였으며, 대(對)탄도미사일조약(ABMT)에도 서명하였다. SALT-Ⅰ은 미·소 두 나라의 핵무기 수를 제한했으며, 대륙간탄도미사일(ICBM)과 잠수함 발사탄도미사일(SLBM)의 숫자에 상한선을 정하였다. ABMT는 각각 자국의 수도와 그리고 수도에서 1,300km 이상 떨어진 지역 두 곳에만 미사일 방어체제를 건설하며 요격미사일의 수량도 100기 이하로 제한했다.

---

10) 서보혁, "북한인권관련 헬싱키 구도의 적용 가능성 연구", 『국제문제연구』 제7권 제1호 (2007 봄), pp. 123-124.

〈표 10-1〉 시기별 미국과 소련의 핵전력

		1965	1970	1975	1980	1985	1990	2000
미국	ICBM	854	1,054	1,054	1,054	1,037	1,000	550
	IRBM/MRBM	0	0	0	0	112	207	0
	SLBM	496	656	656	656	592	608	432
	장거리폭격기	630	550	450*	365	241	324	115
	합 계	1,980	2,260	2,160	2,075	1,982	2,139	1,097
소련	ICBM	270	1,300	1,618	1,398	1,398	1,451	771
	IRBM/MRBM	0	0	0	710	638	383	0
	SLBM	120	280	799*	1,028	981	960	332
	장거리폭격기	120	150	155*	156	143	195	74
	합 계	510	1,730	2,572	3,292	3,160	2,989	1,177

* 표시는 日本防衛廳. 1980. "米ソ.戰略核戰.力の推移". 『昭和55年度 防衛白書』에 의한 어림값임.
〈출전〉 IISS. *The Military Balance*. 해당년도; 日本防衛廳. .防衛白書. 해당년도 참조

둘째는 전략적 타협이다. 미국이 소련과 전략적으로 타협하게 된 것은 국내적으로 유럽주둔 미군의 철수 압력을 받기 시작했다는 사정이 있다. 1966년 맨스필드 미 상원의원이 유럽주둔 미군의 부분적, 일방적 철군을 요구하는 '멘스필드 결의안'을 미 의회에서 제출하여 통과시켰다. 이에 따라 유럽주둔 미군에 대한 철군압력이 가시화되었다. 때마침 프랑스의 드골 대통령이 독자적인 방위정책을 내세우면서 1966년에 NATO 탈퇴를 단행하였다.[11] 유럽 주둔 미군의 감축 위기에 몰리고 설상가상으로 프랑스까지 NATO 탈퇴를 감행하자, 미국과 서유럽 국가들은 재래식 군사력의 균형을 취하기 위해 WTO국가들에게 '상호균형병력감축대화(MBFR)'를 제의하였다.[12]

NATO의 제안에 대해 소련은 NATO와 WTO를 동시에 해체하자고

---

11) 이승근. "팬유럽안보체제의 구축과 미 · 불 전략". 『국제정치논총』 제39집 2호 (1999) 참조.

12) Jozef Goldblat, *Arms Control: A Guide to Negotiations and Agreements* (London · Thousand Oaks · New Delhi: SAGE Publications, 1994), pp. 171-173.

주장하자 NATO 측이 이를 받아들일 가능성이 낮다고 판단되자 1969
년 3월 WTO정상회담에서 종래의 주장을 철회하였다. 뒤이어 1971년 5
월 소련은 미국의 MBFR 제안을 수락함으로써 미 의회가 제시했던 '맨
스필드 결의안'이 좌절 시키는 대신에 CSCE를 만들기 위한 미·소 양
진영의 안보대화를 얻어낼 수 있었다.[13]

2) 이익균형: 참가국들의 이해조정과 독일문제의 진전

유럽에서 안보레짐이 구축될 수 있었던 또 다른 중요한 요인으로
는 유럽 안보레짐의 참가국들이 헬싱키에서 수년간에 걸친 회담을
통해 상호 간의 이익균형점을 도출할 수 있었다는 점을 꼽을 수 있다.
미·소 초강대국 간의 세력균형과 전략적 타협이 유럽 안보레짐 구
축의 필요조건이었다면, 나머지 30여 개 국가들이 안보레짐을 통해
자국의 이익을 실현할 수 있다는 확신을 줄 수 있었던 것이 충분조건
이라고 할 수 있다.

수년간에 걸친 협상이 중단되지 않고 지속될 수 있었던 것은 회담
참가국들의 이러한 기대 때문이라고 할 수 있다.[14] 하지만 헬싱키 프
로세스에서 참가국들이 이익균형을 맞출 수 있었던 것은 단지 참가
국의 이해조정 노력 덕분만은 아니었다. 여기서 결정적 역할을 한 것
은 다름 아닌 '독일문제'의 진전이다. 1969년 10월에 등장한 빌리 브
란트 수상은 미·소 초강대국의 긴장완화 분위기를 적극 활용하여
'동방정책(Ostpolitik)'을 추진하였다. 그리하여 서독은 1970년 3월부

---

13) CSCE를 둘러싼 미국과 소련의 이해관계와 전략에 관하여 다음을 참조할 것. Maresca (1987), pp. 43
   -47, 55-63.

14) CSCE는 미·소 양 진영 간의 협상으로만 이루어진 것이 아니라, 중립·비동맹국가들(NNSCs), 지중해그룹
   국가들도 자체의 이해와 목표를 갖고 협상에 참여했다. Maresca (1987), p. 25; 서보혁 (2007), p. 124.

터 동독의 스토프 수상과 관계개선을 위한 회담을 시작하여 1972년 12월 동·서독은 '동·서독 기본조약'을 체결하였다. 이듬해 1973년 9월에 유엔에도 동시 가입하였으며, 1974년 5월에 양측이 상부대표부를 교환 설치하였다.

서독은 소련과 동유럽 국가들이 우려하고 있던 안보현안의 해결에도 능동적으로 나섰다. 1969년 11월 서독은 핵확산금지조약(NPT)에 조인함으로써 소련과 동유럽 국가들이 우려했던 핵개발 가능성을 부인하는 조치를 취했다. 1970년 8월 12일에 서독은 '독·소 불가침 조약'을 체결하였고, 같은 해 12월 7일에는 '독일·폴란드 불가침조약'을 체결하여 독일의 오데르-나이세 라인 동부지역에 대한 영토권 주장을 포기하였다.[15] 1973년 12월 브란트 수상은 히틀러가 1938년 '뮌헨 협정'을 통해 강탈한 주데텐란트 지역이 체코슬로바키아의 영토임을 인정하는 조약을 체코슬로바키아와도 체결하였다.

이처럼 서독은 동독과의 교류를 과감히 추진하였고 소련, 동유럽권과도 관계개선에 나섰다. 특히 서독은 분쟁지역이었던 폴란드와 체코슬로바키아와의 영토문제를 완전히 해결해 줌으로써 유럽 안보레짐의 구축을 위한 최대의 걸림돌을 제거하였다.[16] 이를 바탕으로 동서 유럽 국가들은 상대에 대한 불신과 위협인식을 불식하고 다자간 안보레짐의 구축을 위한 협의에 나설 수 있었던 것이다.

3) 국제규범: 유럽 안보레짐의 규범 창출

유럽에서 역내 다자주의적 안보레짐은 오랜 역사적 과정을 거쳐

---

15) 토니 주트, 조행복 옮김, 『포스트 워 1945~2005』 제2권 (서울: 플래닛, 2008), pp. 819-820.
16) 홍기준, "안보레짐의 형성: CSCE/OSCE의 사례연구", 『국제정치논총』, 제38집 1호 (1998), pp. 60-61.

확립되었다. 고전적인 세력균형체제라고 할 수 있는 베스트팔렌 조약 (1648)에서 국가주권에 대한 다자주의적 결의를 확립한 19세기의 비엔나 체제, 그리고 제1차 세계대전 이후 우드로 윌슨 미 대통령이 주창한 집단안보(collective security) 구상에 따라 유럽을 넘어선 세계차원의 국제연맹(League of Nations)이 창설되었다. 이러한 유럽의 경험을 바탕으로 국제규범과 원칙들에 관한 논의가 본격화되었다.

이와 같은 역사적 전통 속에서 유럽 국가들은 새로운 안보레짐을 규율할 공동의 국제규범을 갖게 되었다. 이러한 공동규범은 참가국들 간의 상호관계를 규율하는 '10개 지도원칙'의 형태로 헬싱키 협정 제1바스켓에 담겨 있다. 그 내용은 ① 주권 평등과 주권에 내재된 고유한 제반권리의 존중, ② 무력에 의한 위협 혹은 무력사용의 억제, ③ 국경의 불가침, ④ 국가의 영토보존 존중, ⑤ 분쟁의 평화적 해결, ⑥ 내정 불간섭, ⑦ 인권 및 사상, 양심, 종교, 신조를 포함하는 기본적 자유보장, ⑧ 제민족의 평등권과 자결권 존중, ⑨ 국가들 간 협력증진, ⑩ 국제법에 규정된 의무들의 성실한 이행 등이다.[17]

이 가운데에서 '국경의 불가침'과 '영토의 존중', '국제법에 규정된 의무들의 성실한 이행', '내정 불간섭' 등은 근대 국제법의 원조라고 할 수 있는 베스트팔렌 조약 체제에 따른 것이다. 또한 '주권 평등과 주권에 내재된 고유한 제반권리의 존중'을 담은 원칙은 비엔나 체제의 영향을 받은 것이다. 그리고 '제민족의 평등권과 자결권 존중'을 담은 원칙은 민족자결주의를 주장했던 윌슨 미 대통령이 주도한 베

---

17) CSCE, "Conference on Security and Co-operation in Europe Final Act" (Helsinki, August 1, 1975), pp. 4-8, http://www.osce.org/documents/mcs/1975/08/4044_en.pdf (검색일: 2008. 3. 1); 국가인권위원회 옮김, 『유럽안보협력회의 최종 의정서(헬싱키협정)』 (2006).

르사유 체제에서 형성된 것이다.

하지만 참가국 간의 상호관계를 규율하는 주제를 결정하는 작업은 그리 간단한 일이 아니었다. 지도원칙마다 각국의 이해가 첨예하게 대립하였고, 특히 서독과의 국경문제는 최대 현안으로 작용하였다. 다행히 본격적인 논의 이전에 서독이 폴란드와 영토문제를 해결하였고, 제2단계 회담 중에 역시 서독이 체코슬로바키아와도 영토문제를 타결 지음으로써 커다란 고비를 넘기게 되었다. 영토문제 이외의 주제에 관하여 수많은 논란이 발생했으나 미국, 소련, 여타 유럽 국가들의 양보와 타협을 통해 새로운 안보규범을 성공리에 만들어 낼 수 있었다.

IV. 현 시기 동북아 안보레짐의 구축 조건과 쟁점

1. 탈냉전기 동북아 신질서의 모색

제2차 세계대전의 주전장이었던 유럽에서는 미·영·프·소 4강에 의한 점령으로 전쟁이 종료되었지만, 동북아지역에서는 일본의 항복 이후 중국과 한국에서 내전이 잇달았다. 1949년 중국 내전에서 장제스의 국민당군이 대만으로 패퇴하여 본토에서는 사회주의 중국이 들어섰다. 한반도에서는 남북한 지역에 단독정부가 들어선 이후 북한의 남침으로 한국전쟁이 벌어져 마침내 정전협정과 함께 적대적인 두 개의 체제가 들어섰다.

미국은 우세한 군사력 및 일본, 한국과의 쌍무 동맹관계를 바탕으로 동북아지역에서 압도적인 영향력을 행사해 왔다. 냉전시기 동안 미국은 '미·일 안보조약'(1952)과 '한·미 상호방위조약'(1953)을 체결하여 두 개의 쌍무 동맹관계(Hub and Spokes System)를 체결하여 미군을 전진배치하고 동북아지역의 군사적 패권을 확립하였다. 하지만 역사적 갈등으로 인해 한·일관계가 유사동맹(Quasi Alliance)[18]에 머물러 있었고 일본 헌법 제9조의 제약 때문에 NATO와 같은 한·미·일 집단방어동맹이 구축되지 못하였다.

한편, 중국과 북한, 러시아와 북한도 1961년에 각각 조·중 우호협력 및 상호원조 조약과 조·소 우호협력 및 상호원조 조약을 체결했다. 하지만 중·소 분쟁으로 인해 소련-중국-북한을 잇는 집단방어동맹이 만들어지지는 않았다. 1970년대에 들어 동서유럽의 긴장완화와 베트남전쟁의 종식에 힘입어 동북아지역에도 긴장완화 분위기가 감돌기 시작했다. 냉전이 한창이던 1972년에 중국과 일본이 먼저 관계를 정상화했으며 미국과 중국은 연락사무소의 설치에 뒤이어 1979년에 수교했다.

하지만 본격적으로 동북아지역의 냉전구조가 해체되기 시작한 것은 동유럽 사회주의 국가들의 붕괴가 시작된 1980년대 후반부터이다. 1990년 한국이 러시아와 수교했고, 2년 뒤인 1992년에 중국과 국교를 정상화했다. 하지만 북한은 일본과 수교 논의를 진행했으나 중단됐고, 미국과는 1994년의 제네바 북·미 기본합의 이후 연락사무소의 설치가 추진됐다가 중단된 상태이다.[19]

---

18) Victor D. Cha, "Positive and Preventive Rationals for Korea–Japan Security Cooperation: the American Perspective", Ralph A. Cossa (ed.), *U.S.–Korea–Japan Relations: Building Toward a "Virtual Alliance"* (Washington D.C. : CSIS, 1999).

19) 조성렬, "미국의 대북정책 전환과 북·미관계 전망", 『민주사회와 정책연구』, 통권 13호 (2008), pp.

1990년대 초반부터 민간차원의 동북아 안보대화가 시작되었으나, 동북아지역에서 압도적인 힘의 우위를 보이고 있던 미국은 쌍무동맹 관계에 치중한 채 안보레짐의 구축에 별다른 관심을 보이지 않았다. 이러한 세력불균형 속에서 중국도 역시 1990년대 중반까지는 동북아 안보레짐의 구축에 대해 소극적이었다. 그러나 중국은 1990년대 중반 이후 안정적인 성장궤도에 오르자 새로운 주변 국제질서의 형성에 적극적인 자세로 전환하였다. 특히 동아시아지역에서 자국의 영향력 약화를 우려하여 다자안보대화에 적극 참여하기 시작했다.

하지만 미국은 새로운 다자안보질서의 구축이 이루어지기 전까지 한·미, 미·일 간 쌍무동맹에 기초한 위기관리와 억제 기능을 유지·개선한다는 입장을 견지해 왔다.[20] 부시 1기 행정부에 들어와 미국은 중국의 적극적인 외교 자세를 미국 주도의 동북아질서에 대한 도전으로 간주하고 힘의 우위에 바탕을 두고 중국을 전략적으로 포위하는 동아시아 전략을 구상했다. 이것은 미국이 아직 냉전해체에 따른 안보이익을 중국, 러시아 등과 공유하려는 의사나 행동이 부재했다는 것을 보여준다.

그리하여 미국은 한국, 일본과 기존 쌍무동맹을 보완하는 차원에서 동맹 국가들 간의 협력을 강화하는 '한·미·일 동맹네트워크'를 강화하고자 했다. 하지만 미국이 주도하던 아프가니스탄전쟁, 이라크전쟁 등 테러와의 전쟁이 예상보다 장기화하면서 북한의 핵문제를 동시에 처리해야 하는 상황에 몰리게 되었다. 미국은 북핵문제의 해

170-172.

20) Ralph A. Cossa, "U.S.-R.O.K.-Japan: Strengthen the Ties that Band", in Tae-hyo Kim and Brad Glosserman (eds.), *The Future of US-ROK-Japan Relations: Balancing Values and Interests* (Washington D.C.: CSIS, 2004).

결을 위해 한반도 냉전구조의 해체 등 동북아의 질서재편 차원에서 접근하는 것이 불가피하다고 인식하기 시작했다. 동아시아지역에서 남북관계의 급진전과 한·중관계의 심화, 일본과 한·중 양국의 갈등 양상을 지켜보면서, 미국은 제1기 부시행정부의 정책으로는 역내 주도권을 유지하기 어렵다는 판단 아래 동북아지역에서 새로운 질서를 추구하기 시작하였다.

여기에다가 부상하는 중국을 관리하기 위해 봉쇄정책을 취하기보다는 적극적인 포용정책을 통해 중국을 다자 간 안보레짐 속에서 관리해야 한다는 구상이 주장이 힘을 얻기 시작했다. 그리하여 미국이 새롭게 구상한 동북아질서는 중국과 협력하여 '동북아 다자안보레짐'을 만들어가는 것이었다. 제2기 부시 행정부에 들어와 한·미, 미·일 쌍무동맹을 바탕으로 하면서 중국과 협력하여 동북아 다자안보레짐을 만들어가는 방향으로 전략을 선회한 것이다.

2. 동북아 안보레짐의 구축조건

1) 세력균형: 중국의 부상과 전략적 타협

1990년대 후반 이후 중국의 부상으로 미국의 이 지역에 대한 영향력이 도전받고 있다. 그렇지만 유럽의 경우와 달리, 동북아지역의 중국과 극동 러시아의 군사력은 미국의 군사력에 필적할 정도로 크지 않기 때문에 군사력 균형에는 영향을 미칠 정도가 아니다. 그런 점에서 동북아 지역에서 전략적 타협의 객관적 조건은 세력균형의 결과라기보다는 경제적으로 급부상하는 중국을 맞이하여 평화적인 세력전이의 필요성에 있다고 할 수 있다.[21]

미국이 여전히 우세한 군사력에도 불구하고 중국과의 전략적 타협을 시도한 것은 미국이 중국의 부상을 경계하고는 있으나 옛 소련을 대했던 것처럼 1급 위협세력으로 인식하고 있지 않다는 전략적 판단에 기인한다. 중국의 부상에도 불구하여 군사력은 미국에 크게 미치지 못하며, 경제력의 부상은 미국이 활용할 가치가 있는 것이다. 그렇기 때문에 미국은 중국의 몰락을 추구하기보다 책임 있는 국제사회의 일원으로서 일정한 역할을 기대하고 있는 것이다.[22]

미국의 동북아 전략구상은 부시 2기 행정부에 들어와 바뀌기 시작했다. 부시 2기 행정부의 동아시아전략은 북한문제를 계기로 주변 강대국들을 하나로 묶어내어 동북아 다자안보협력의 기회로 삼고자 하는 외교적 전략이었다.[23] 2005년 8월에 개최된 제1차 미·중 고위안보대화에서 로버트 졸릭 미 국무부 부장관은 다이빙궈(戴秉國) 중국 외교부 상무부부장에게 '6자회담을 동남아지역에서와 같은 동북아 다자안보 틀을 만드는 발판으로 활용하자'는 뜻을 전달했다.[24] 그 결과 2005년 9월 4차 2단계 6자회담에서 "동북아시아의 안보협력 증진을 위한 방안과 수단을 모색"한다는 내용을 담은 「6자회담 공동성명」(이하 9·19공동성명)이 채택되었다.[25]

이와 관련하여 중국의 변화된 국가전략도 주목해야 할 필요가 있

21) 전재성, "동북아 다자안보체제: 전망과 과제", 『한반도 군비통제』, 제41권 (2007), p. 143.

22) 미국은 중국을 세계시스템에서 '책임 있는 이해상관자'로 인정하고, 중국과 장관급 경제전략대화와 부장관급 고위안보대화를 시작하였다. Kerry Dumbaugh, "China-U.S. Relations: Current Issues and Implications for U.S. Policy", *CRS Report for Congress* (CRS, July 14th, 2006), p. 8.

23) David E. Sanger, "U.S. Said to Weigh a New Approach on North Korea", *The New York Times*, (May 18, 2006); Philip Zelikow, "The Plan That Moved Pyongyang", *The Washington Post* (Feb. 20, 2007).

24) Glenn Kessler, "Zoellick Details Discussions with China on Future of the Korean Peninsula", *The Washington Post* (September 7, 2005).

25) 6자회담 공동성명, 2005년 9월 19일.

다. 2001년 상하이 협력기구(SCO) 창설을 계기로 중국은 다자 안보협력의 유용성을 확인하고 동북아 다자 안보협력에 적극성을 띠었다. 6자회담 수석대표인 우다웨이(武大偉) 중국외교부 아주담당 부부장(당시)은 "중국도 동북아 안보협력체제 문제에 대해 오랫동안 검토해 왔으며, 현 국제상황이 이러한 접근의 필요성을 높이고 있다"고 언급하고 있다.26) 이는 중국의 군사력 증대에 대한 주변국의 우려를 불식시키고 일본의 군사대국화를 견제하며, 지속적인 경제성장을 위해 주변환경을 안정시키는 데 다자안보대화를 활용하려는 의도로 풀이된다.

그리하여 미국과 중국 간에 한반도문제를 비롯한 동북아의 새로운 질서를 논의할 전략대화가 시작되었다. 2005년 8월 1일 제1차 미·중 고위안보대화가 베이징에서 개최되었다. 제1차 대화에서 중국대표 외교부 다이빙궈 상무부부장이 먼저 동북아 안보레짐의 필요성을 미국에게 먼저 제안한 것으로 알려졌다. 결국 2007년 6자회담의 '2·13 합의'에서 미국, 중국을 포함한 6자회담 참가국들은 6자회담 산하에 동북아 안보포럼의 구축을 논의할 NEAPSM 실무그룹을 설치하기로 합의하였다.

부시 2기 행정부 때부터 시작된 미·중 간 고위급대화는 미국 재무장관과 중국 부총리가 참석하는 각료급 전략 경제대화와 국무부 부장관과 중국 외무차관급이 참석하는 고위급 안보대화 등 두 가지가 있었다. 하지만 오바마 행정부등장 이후 "정치적 결단이 가능한 중국의 정상급 인사와 대화가 필요하다"는 의견이 대두되었다.27) 그

---

26) Wu Dawei 외교부 아주담당 부부장(2006.6.13.) 및 Ma Zhaoxu 외교부 정책연구국장(2006.11.7.)과의 면담 내용. 동북아시대위원회 자료 (2007년 3월).

27) 『讀賣新聞』, 2009年 2月 2日.

리하여 오바마 정부는 정치, 경제, 안전보장을 포함한 정상급 레벨의 포괄적 전략대화를 신설한다는 방침 아래 중국 측과 대략적 합의에 이르렀다. 미국 바이든 부통령과 중국 원자바오 총리가 참석하게 될 정상급 전략대화가 시작되면 동북아 안보레짐의 구축은 더욱 탄력을 받게 될 것으로 보인다.

2) 이익균형: 한반도비핵화에 대한 공동이해

동북아지역의 안보현안에는 근대국가의 이행과정에서 비롯된 현안과 전형적인 근대 국제정치에서 나온 현안, 21세기의 새로운 현안 등으로 나뉠 수 있다. 근대국가의 이행과정에서 비롯된 현안으로는 해양영토 및 배타적 경제수역(EEZ) 획정 문제, 양안문제, 남북분단문제 등과 역사교과서 갈등, 야스쿠니신사 참배 문제 등이 있다. 근대 국제정치에서 나온 현안으로는 군비경쟁, 무역마찰 등이 있다. 그 밖에 21세기의 새로운 안보현안인 신안보의제 및 인간안보문제가 등장하고 있다.[28]

동북아 국가들의 근대국가 이행과정은 불완전하게 이루어졌다. 서유럽 제국주의의 동아시아 침략에서 비롯된 동북아 국가들의 이행에서 일본은 제국주의의 일원이 되는 데 성공했으나, 한국과 중국 등은 식민지, 반식민지로 전락하고 말았다. 그렇기 때문에 동북아지역에서 발생하고 있는 영토문제는 예외 없이 일본 제국주의와 관련이 되어 있다. 일본은 센카쿠 열도를 둘러싸고 중국, 대만, 필리핀과 분쟁, 북방 4개 도서를 둘러싼 러시아와의 갈등, 독도를 둘러싼 남북한과의

---

28) 전재성 (2007), pp. 140-144.

대립 등을 겪고 있다.

동북아 국가들 사이에서 근대 국제정치에서 나온 이익갈등의 문제가 새롭게 부상하고 있다. 특히 중국의 급속한 경제력 신장과 군사력 증강은 동북아지역의 세력균형을 크게 흔들어 놓고 있으며 새로운 이익갈등을 유발하고 있다. 무역마찰과 환율 등과 같은 경제현안들은 쌍무적인 대화를 통해 이익의 조정이 가능하지만, 중국의 군사력 증강과 그에 따른 해상교통로 위협과 같이 여러 나라들의 이해가 걸린 안보현안들은 역내 국가들 간의 이익의 조정과 균형이 필요하다.

21세기의 새로운 현안들도 다자간 대화의 필요성을 높여주고 있다. 황사문제의 해결을 위한 남북한과 중국, 몽골, 러시아, 일본의 협력이 필요하며, 조류독감이나 재난발생 시 공동구조작업도 국제적인 협력이 필요한 인간안보의 문제이다. 그밖에 9·11테러사태 이후 테러, 국제범죄, 해적, 대량살상무기 확산을 막는 일도 동북아 역내 국가들의 공동보조가 필요한 안보현안으로 떠올랐다.

이처럼 동북아 역내 안보현안들은 근대 이행기, 근대, 21세기의 문제 등 역사적 배경이 서로 다르고, 국가별 이해관계도 복잡하게 얽힌 복합적이고 중층적인 성격을 띠고 있다. 동북아 다자안보레짐을 구축하기 위해 참가국들이 복합적·중층적 문제들을 직접적으로 다루기는 매우 어려운 실정이다. 이것은 유럽 국가들이 전형적인 근대 국제정치의 문제만 안고 있어 이익의 조정과 이익균형의 달성이 비교적 쉽게 가능했던 것과 매우 다른 점이다.

이러한 동북아지역의 여러 가지 안보현안 가운데 민감성을 띠고 있는 문제로는 대만독립, 한반도 평화체제 등이 있지만, 현 시기 동북아의 최대 안보현안으로 떠오른 것은 바로 북핵문제이다. 2001년 9·

11테러사태 이후 핵무기의 비확산문제가 반테러문제로 인식되기 시작하면서 북핵문제가 반테러·반확산의 문제로 간주되었기 때문에 역내 국가들의 공동위협으로 인식될 수 있었다.

6자회담의 목적은 다양한 역내 국가들 간의 이해와 갈등을 조정하는 데 있는 것이 아니다.[29] 6자회담이 북핵문제를 의제로 삼았던 것은 다른 안보현안과 달리 공동이해를 갖고 있어 상대적으로 국가들 간의 이익조정이 쉬웠기 때문이다. 북핵문제의 해결은 대량살상무기의 확산 방지, 동북아 핵질서의 안정성 확보라는 동북아 국가들 공동의 가치와 규범을 실현할 수 있다는 점에서 이익균형점이 될 수 있었던 것이다. 이것이 6자회담 산하의 NEAPSM 실무그룹이 동북아 다자안보포럼의 구심점이 될 수밖에 없는 이유이다.

3) 국제규범: 대화와 협력의 습관 축적

동북아지역은 정치체제나 경제개발의 수준, 사회문화적인 규범 등에서 이질성과 다양성을 가진 국가들로 구성되어 있다. 과거보다 경제적 상호의존도 커지고 역내 경제교류가 활발해지고 있는 것은 사실이지만, 유럽의 경우와 달리 국경을 넘어선 사람과 기업의 자유로운 이동으로 이루어지는 진정한 의미의 공동체는 아직 존재하지 않는다.[30] 그런 점에서 동북아지역은 유럽과 달리 지역정체성이 형성되지 않았다. 실제로 역내의 경제적 상호의존과 통합 움직임이 다자간 안보레짐을 촉진하는 움직임은 1990년대 이후에야 처음 나타났다.

---

29) 전재성 (2007), p. 136.

30) Sheldon W. Simon, "Security, Economic Liberalism, and Democracy: Asian Elite Perceptions of Post Cold War Foreign Policy Values", *NBR Analysis* (1996), pp. 5-32.

동북아국가들은 근대 이행과정에서 제국주의 대 식민지의 구도 속에서 선택을 강요당하는 형편이었기 때문에 처음부터 주권적 평등, 내정불간섭, 영토의 보전과 같은 근대적인 국제규범이 자리 잡을 여지가 없었다. 2차 세계대전 뒤에도 중국과 대만의 분단, 남북한의 분단이 계속되고 있으며, 일본도 헌법 제9조에 따라 정식 군대를 보유하지 못한 채 '보통'의 국민국가를 형태를 취하지 못하는 등 근대 민족국가의 완성이라는 과제를 남겨 놓고 있다. 그리하여 동북아지역에서는 냉전이 해체되기 시작한 1980년대 후반에서야 비로소 다자 간 안보협력대화가 제안되었다.

1990년대 들어 한국과 미국, 일본, 중국, 러시아, 북한이 모두 참가하는 민간차원의 다자안보대화가 진행되고 있다. 1993년에 시작된 동북아 협력대화(NEACD)에서는 역내 안보정세의 평가와 공동관심사 토의, 군사정보의 교환이 실시되고 있다. NEACD에서는 협력안보와 예방외교의 관점에서 참가국들은 상호투명성의 증대와 보장, 위기예방을 위해 노력하고 있다. 아시아·태평양협력이사회(CSCAP)는 1992년에 설립된 비정부기구로서 남북한과 미국, 일본, 중국, 러시아, 유럽연합 등 20개 국가 또는 지역대표가 참가하고 있다. 이 기구에서는 이 지역이 직면하고 있는 정치, 안보문제를 다루고 있다.[31]

그 밖에 동북아 국가들이 정부 차원에서 개별적으로 참가하고 있는 아세안지역포럼(ARF)이 있다. ARF는 1994년 동남아국가연합(ASEAN)을 중심으로 만들어진 동아시아 최초의 다자 간 안보포럼이다. 이 포럼에는 동남아 및 이 지역 국가들이 아태지역에서의 신뢰구축조치와

---

31) 동북아지역과 관련된 안보레짐의 현황과 경과에 관해서는 엄태암, 『동북아 다자안보협력: 한국의 선택』 (서울: 한국국방연구원, 2006), pp. 77-187.

지역평화유지센터를 포함한 평화유지협력, 공개 가능한 군사정보의 상
호교환, 예방외교와 위기방지, 포괄적 안보, 유엔의 재래식 무기등록제
도 참가 등을 주요 의제로 다자 간 안보대화를 해오고 있다. 아직까지
별다른 구속력을 갖고 있지는 못하지만, 해당 국가들의 자발적인 참여
로 포괄적 협력과 협력안보를 향해 발전하고 있다.

하지만 이러한 다자 간 안보대화들이 동북아 안보레짐으로 발전하
기에는 많은 장애요인과 한계가 있다. NEACD와 CSCAP은 정부 간
대화체가 아니라 1.5트랙의 반관반민(半官半民) 내지는 민간 부문의
대화체라는 점에서 직접적으로 동북아 안보레짐의 토대는 되지 못한
다. ARF는 정부차원의 회의이지만 동남아 국가들이 중심이 되고 동
북아의 한국, 중국, 일본 등이 보조적으로 참가하고 있으며, 또한 세
계패권국인 미국이 배제되어 있다는 점에서 한계가 있다.

다만 동북아지역 국가들이 이러한 다자 간 안보대화에 참여함으로
써 대화와 협력의 습관을 쌓아가며 국제규범을 만들어 가는 데 일정
정도 기여한다는 점에서 의미를 부여할 수 있다. 현재 진행 중인
NEACD와 CSCAP, ARF 등에서 합의된 각종 국제규범과 규칙들은 동
북아 해당국가의 일반 국민들까지 확산되었다고 보기는 어렵지만, 적
어도 정치인들이나 지식인들 사이에서 지역정체성을 구축하는 데 중
요한 출발점이 될 수 있다. 이러한 국제규범과 규칙을 내부화하는 과
정을 통해 동북아 안보레짐의 구축과 발전에 필요한 지역정체성 형
성의 기반을 제공해 왔다.32)

---

32) ノエル.M.モラダ, "地域秩序の制度化.規範と勢力均衡の間で", 恒川 潤 編, 『東アジアにおける地域秩
序－アセアン · 日本からの展望－』 (東京: 防衛省防衛.研究所, 2008), p. 53.

3. 동북아 평화·안보회의 논의의 쟁점과 특징

1) MEAPSM 논의의 쟁점

동북아지역의 국가들 사이에서 정부차원의 안보레짐에 관한 논의가 시작된 것은 제4차 6자회담이 열렸던 2005년 「9·19공동성명」을 통해서였다. 6자회담 참가국들은 「9·19공동성명」의 제4항에서 "6자는 동북아시아의 항구적인 평화와 안정을 위해 공동 노력할 것을 공약했다"고 천명했다. 이어 참가국들은 "9·19공동성명 이행을 위한 초기조치"를 담은 「2·13 합의」에서 "초기조치가 이행되는 대로 6자는 「9·19공동성명」의 이행을 확인하고 동북아 안보협력 증진방안 모색을 위한 장관급 회담을 신속하게 개최한다"고 명시했다. 이와 같이 정부차원의 첫 동북아 안보레짐으로 출발한 것이 6자회담 산하 NEAPSM 실무그룹회의로서 현재 세 차례의 회의가 있었다.

제1차 회의는 2007년 3월 16일 베이징의 주중 러시아대사관에서 개최되었다. 이 회의는 5개 실무그룹 회의가 모두 열림으로써 「2·13 합의」가 유효함을 보여주었다는 데 가장 커다란 의의가 있다. 첫 회의에서 NEAPSM의 미래 비전과 원칙을 담은 헌장(Charter)의 제정이 필요하다는 의견이 개진되기도 했으나, 우선은 지도원칙(Guiding Principles)을 작성하는 것이 바람직하다는 데 공감대가 형성되었다. 또한 NEAPSM과 한반도평화체제 포럼이 별개라는 점에 대해 인식을 공유했다.

제2차 회의는 2007년 8월 20~21일 양일간 러시아의 모스크바에서 열렸다. 2차 회의에 앞서 한국 측은 제1차 회의에서 논의된 사항을 바탕으로 'NEAPSM 지도원칙'을 담은 선언문 초안을 관련국들에 돌렸다. 이러한 한국 측 초안을 기초로 2007년 11월에는 의장국 러시아가 제1차 초안을 작성하였다. 러시아 측이 작성한 '지도원칙 1차 초안'은 유엔헌장과 국제법 존중, 갈등의 외교적 해결, 신뢰구축조치, 비군사적 위협 대처, 경제협력과 인적 교류, 논의의 외부개방 등 6개 항의 내용을 담고 있다.[33]

2008년 4월 미국은 자국의 입장을 담은 미국 측 초안을 만들어 6자회담 참가국들에게 회람시켰으며, 2008년 5월 초순 네그로폰테 미 국무부 부장관이 서울, 도쿄, 베이징을 차례로 돌며 동북아 안보포럼의 제도화 방안을 논의하였다. 2008년 7월 10~12일에 개최된 6자회담 수석대표회담에서 참가국들은 'NEAPSM 지도원칙'에 대해 계속 논의하기로 합의했으며 적절한 시기에 베이징에서 6자 외교장관회의가 개최될 것임을 재확인했다.

뒤이어 개최된 12월 8일의 6자회담에서 러시아가 차기 제3차 NEAPSM 실무그룹 회의에서 논의할 '지도원칙 2차 초안'을 참가국들에 회람시켰다.[34] 2차 초안에서는 지도원칙으로 유엔헌장과 국제법 존중, 분쟁의 외교적 해결, 비군사적 위협 협력, 신뢰구축조치 및 정기협의, 경제협력과 문화교류, 기존 동맹의 용인, 논의의 외부개방 등 7개항을 제시하고 있는데, 이는 1차 초안과 대동소이한 것이다.

제3차 회의는 2009년 2월 19~20일 양일간 모스크바에서 개최되었다. 이번 회의에서는 2008년 12월 6자회담 수석대표 회의에서 러시아가 회람시킨 '동북아 평화안보에 관한 기본원칙'의 2차 초안을 가지고 협의와 검토를 진행하였다.[35] NEAPSM을 어떻게 접근할 것인가

---

33) 1st Draft, "Guiding Principles of Peace and Security in Northeast Asia" (November 21, 2007).

34) 2nd Draft, "Guiding Principles of Peace and Security in Northeast Asia" (November, 2008).

35) 6자회담 수석대표회의 의장성명서, 2008년 12월 11일.

부터 시작해 기본원칙의 세부내용까지 각국의 입장이 확인되었으며 토의내용은 의장국 러시아가 취합했다.[36] 이번 회의에서는 '지도원칙'을 둘러싸고 참가국들 간에 커다란 논쟁이 발생했다. 논쟁의 초점은 크게 동맹관계의 협의 배제, 비핵화의 명시, 국제법 규범의 예시 등 세 가지 점이었다.[37]

첫째, 미국과 일본은 '지도원칙'에서 한반도 비핵화를 명확히 규정하자고 주장한 반면, 북한은 이에 반대하였다. 한국은 북한 비핵화로 국한시킬 것을 주장하였다. 둘째, 미국은 동맹관계에 영향을 주지 않도록 한·미동맹과 미·일동맹을 NEAPSM의 협의대상에서 제외시킨다는 항목을 넣자고 주장했다. 이에 반해, 북한은 양자 동맹의 해체를 주장하였다. 셋째, 북한과 중국, 러시아는 국제법 규범의 예로서 '체제선택의 자유'와 같은 내용을 적시할 것을 주장한 반면, 한국과 미국, 일본은 구체적인 내용을 열거하는 것에 반대하였다.

당초 실무회의의 종료 이후 러시아가 '기본원칙' 수정안을 작성하여 5월 중에 6사회남 참가국들에 회람시킬 예정이었으나, 6자회담의 재개가 불투명해짐에 따라 제4차 회의는 아직 개최되지 않고 있다.

2) NEASPM 논의의 특징

동북아 안보레짐을 창설하기 위한 움직임은 아직 첫발을 내딛은 단계에 지나지 않는다. 지난 1~3차 NEAPSM 실무그룹회의에서는 겨우 동북아 안보레짐의 기본방향과 원칙을 논의하는 단계에 머물러 있을 뿐이다. 따라서 현재와 같은 NEAPSM 실무그룹을 북핵 6자회담

---

36) 동북아 평화·안보체제 실무그룹 한국대표 허 철 외교부 평화외교기획단장의 발언. 『연합뉴스』, 2009년 2월 20일.

37) 한국 정부당국자와의 인터뷰, 2009년 2월 25일.

에서 독립시켜 동북아 안보레짐으로 발전시키기 위해서는 넘어야 할 수 많은 과제가 주어져 있다.

유럽과 달리 동북아지역에서는 아직까지 다자 간 안보협의를 통해 국제규범을 만들어낸 경험이 없었다. 그렇기 때문에 「9·19공동성명」은 "6자는 상호관계에 있어 유엔헌장의 목적과 원칙 및 국제관계에서 인정된 규범을 준수"한다고 밝히고 있고, '지도원칙 2차 초안'에서도 유엔헌장과 국제법에 따른다고 되어 있다. 하지만 NEAPSM의 비전과 규칙을 담은 지도원칙의 작성에는 유럽의 헬싱키프로세스 협상과 동남아의 ARF 논의 경험이 밑바탕이 되었다. 6자 대표들이 만나 '지도원칙'을 만들어 내는 것 자체가 동북아 안보레짐의 국제규범을 만들어나가는 작업으로 평가될 수 있다.

NEAPSM 실무그룹에서 논의되는 '지도원칙 2차 초안'은 「헬싱키협정」과 마찬가지로 군사적 신뢰구축조치(CBMs)와 군사적 투명성을 강화하기로 합의한 점이 공통적이다. 협정의 제1바스켓이 유럽에서 지역군비통제의 기제를 만들어내는 계기가 됐듯이, 동북아에서도 다자안보대화가 더욱 진전된다면 향후 지역군비통제의 기제로 발전할 수도 있다.

NEAPSM 실무그룹의 '지도원칙' 논의에서 특징적인 것은 9·11사태 이후에 두드러진 국제안보 현안을 반영하여 테러리즘과 조직범죄, 마약 밀수, 해적행위, 대량살상무기의 확산, 그밖에 인간안보의 의제인 전염병과 환경오염 문제가 포함되었다.

하지만 NEAPSM의 '지도원칙 2차 초안'을 「헬싱키 협정」의 '10대 지도원칙'과 비교할 때 커다란 차이점도 눈에 띈다. NEAPSM 실무그룹 3차 회의에서 논의된 '지도원칙' 초안에는 동북아 국가들 사이에 영토문제나 기존의 국경선 존중에 관한 사항이 명기되지 않았다. '10대 지도원칙'에는 기존 국경선에 대한 유럽 국가들의 존중에 관한 합의가 담겨 있고, 2005년에 채택된 ASEAN 안보공동체 행동계획 제2조 1항에도 "영토보전의 존중"이 들어간 것과 대조적이다.38) 이것은 중국-대만 관계, 남북한 관계, 그밖에 국가 간의 각종 영토문제가 복잡하게 얽혀 있기 때문인 것으로 풀이된다.

또 하나의 차이점은 바로 인권 규정의 포함 여부이다. 유럽의 경우에는 동유럽의 반대에도 불구하고 인권문제를 국제규범으로 만드는 데 성공했다. 또한 협정의 '바스켓 III'에서는 인적 접촉과 각종 교류와 협력이 규정되어 있으며, 의장국 러시아가 작성한 1차 초안과 2008년 4월에 미국이 회람시킨 지도원칙 초안에도 '참가국 간의 대화와 인도주의적·인적 교류'를 명시했다.39) 하지만 '지도원칙' 2차 초안에는 인권조항이 없을 뿐 아니라, '인도주의적 협력과 인적 교류' 조항도 빠져 있다.

그 대신에 경제 발전과 각자의 문화에 대한 이해를 심화시키기 위해 관여를 확대한다는 내용이 들어갔다. 이는 ASEAN 안보공동체 행동계획의 제2조 1항에 "인권의 촉진 및 보호"가 들어간 것과도 대비되는 것이다. 이것은 동북아지역의 경우에는 중국, 북한이 '지도원칙'에 인권조항을 넣는 데 강력히 반대하고 있는 점이 크게 작용한 것으로 보인다.

이처럼 NEAPSM 실무그룹에서 논의되고 있는 국제규범과 규칙들

---

38) ASEAN, "ASEAN Security Community Plan of Action", http://www.aseansec.org/16826.htm (검색일: 2008. 12. 1).

39) USG-Proposed Changes to Draft Principles, "Guiding Principles of Peace and Security in Northeast Asia", April 15, 2008.

은 현 시기의 과제들과 동북아지역의 특성을 상당 부분 반영하고 있는 것이다. 그렇기 때문에 기계적으로 유럽에서 있었던 안보레짐의 경험을 동북아지역에 적용할 수는 없는 것이다. 무엇보다 기본원칙의 문안과 동북아 평화안보체제의 추진속도에 대한 각 측의 입장차이가 현격하여 합의도출까지는 상당한 시일이 걸릴 것으로 보인다.

〈표 10-2〉 헬싱키 협정과 6자회담 공동성명의 비교

헬싱키 협정	9 · 19공동성명
【제1바스켓】 유럽안보 - 참가국 상호관계 규율 10대 지도원칙 선언 ① 주권 평등과 주권에 내재된 고유한 제반 권리의 존중, ② 무력에 의한 위협 혹은 무력 사용의 억제, ③ 국경의 불가침, ④ 영토보존 존중, ⑤ 분쟁의 평화적 해결, ⑥ 내정불간섭, ⑦ 인권, 사상, 양심, 종교, 신조를 포함하는 기본적 자유 보장, ⑧ 제민족 평등권과 자결권 존중, ⑨ 국가들 간의 협력 증진, ⑩ 국제법에 규정된 의무들의 성실한 이행 - 신뢰구축조치 및 안보 · 군축 관련사항 (군사 훈련 · 행동의 사전 통보, 옵서버 교환, 기타 신뢰구축조치/군축관련사항/일반고려사항)	【지도원칙(초안)】 - 동북아 평화 · 안전을 위한 지도원칙 ① 주권 평등, 내정불간섭, ② 분쟁의 외교적 해결, ③ 신안보 협력, ④ 신뢰구축 조치, 군사 투명성, ⑤ 경제협력과 문화 교류, ⑥ 기존동맹 관계 용인, ⑦ 논의의 외부 개방 【1항】 - 북한: 모든 핵무기, 현존 핵프로그램 포기 빠른 시일 내에 NPT, IAEA 복귀 - 미국: 남한 내 핵무기 부재, 핵무기 · 재래식 무기로 대북 공격, 침략의사 부재 - 한국: 한국 내 핵무기 부재, 한반도 비핵화 선언 재확인 【2항】 - 6자: UN헌장 및 국제규범 준수 - 북 · 미: 주권 존중, 평화공존, 관계정상화 - 북 · 일: 관계정상화 【4항】 - 6자: 동북아 평화 · 안정을 위한 공동노력 - 직접 당사자들: 한반도평화체제 협상
【제2바스켓】 경제, 과학기술 및 환경 분야 협력 - 상업적 교환 - 산업협력과 공동이익 추구 - 무역과 산업협력에 관한 규정 - 과학기술 - 환경 - 기타 분야 협력(교통개선, 관광증진, 이민노동력, 인력 개발)	【1항】 - 6자: 북한의 핵에너지 평화적 이용 권리를 존중하고 적당시점에 북한에 경수로 제공문제를 논의 【3항】 - 6자: 에너지 · 교역 · 투자 분야에서 양자 및 다자 간 경제협력을 증진 - 중 · 일 · 한 · 러 · 미: 대북 에너지 제공 - 한국: 대북 200만kW 전력 제공

【제3바스켓】 인도 및 여타분야 협력 - 인적접촉 활성화 - 정보교류 - 문화 분야 협력과 교류 - 교육 분야 협력과 교류	언급 없음

* 출처: 조성렬, 『한반도평화체제: 한반도비핵화와 북한체제의 전망』(서울: 도서출판 푸른나무, 2007), p.109 및 2nd Draft, "Guiding Principles of Peace and Security in Northeast Asia", November, 2008을 참조하여 작성.

V. 동북아 안보레짐의 성공 조건

앞에서 2차 세계대전 이후 냉전기 유럽의 안보상황에서 유럽 다자 안보레짐이 어떻게 구축될 수 있었는지 하는 점들을 세력균형, 이익균형, 공동규범의 세 차원에서 살펴보고, 동일한 기준에서 현 시기 동북아 안보레짐의 조건과 논의과정을 살펴보았다. 이러한 비교를 통해 다음과 같은 결과를 도출할 수 있었다.

첫째, 세력균형과 관련하여 유럽과 동북아지역은 크게 차이가 난다. 유럽에서는 세력균형의 파괴를 막으려는 미·소 양대 강대국의 전략적 타협이 유럽 안보레짐의 초기 조건을 이루어졌다. 이에 비해 동북아지역에서는 여전히 미국의 군사적 우위가 견지되고 있는 가운데, 평화로운 세력전이를 받아들인다는 미국의 전략 변화에 따라 중국과의 전략적 타협을 필요로 하게 된 것이다.

둘째, 유럽에서는 안보레짐의 구축을 통해 자국의 이익을 실현할 수 있다는 참가국들 간의 이익 조정이 이루어졌다. 참가국들이 이익균형을 맞출 수 있었던 것은 서독이 능동적으로 영토문제의 실마리를 풀어준 점이 크게 작용했다. 하지만 동북아지역에는 근대국가 이

행기, 근대 국제체제, 21세기 안보현안 등 복합적이고 중층적인 이익
충돌 때문에 쉽게 이익균형을 취할 수 없었다. 그런 가운데 북핵문제
가 공동위협으로 떠오르면서 북핵문제의 외교적 해결이 이익균형점
으로 부상하게 된 것이다.

셋째, 유럽에서는 오랜 역사를 통해 대화와 타협의 습관을 축적해
왔고 기독교문명을 토대로 지역정체성도 어느 정도 형성되어 있었기
때문에 유럽 안보레짐의 새로운 국제규범을 만들어낼 수 있었다. 이
에 반해 동북아지역에서는 문명적으로나 경제발전의 정도가 국가마
다 커다란 차이가 있고 대화의 습관이 충분히 축적되지 않았다. 그럼
에도 불구하고 유럽 및 동남아의 안보대화로부터 얻은 간접경험을
통해 동북아 안보레짐을 규율할 지도원칙을 마련하기 위한 협의가
진전되고 있다.

이처럼 냉전기 유럽 안보레짐과 현 시기 동북아 지역의 안보레짐
은 시기적으로나 안보환경 면에서 구축조건에 어느 정도 차이가 있
음은 부정할 수 없다. 그럼에도 불구하고 먼저 '지도원칙'을 만들고
이를 토대로 동북아 다자안보대화를 이끌어가는 아이디어는 유럽의
경험에서 나온 것이다. 또한 약소국들을 중심으로 지역 안보레짐을
만들려는 ARF의 시도와 달리 강대국의 합의를 중시하는 NEAPSM의
노력도 유럽의 경험이 가져다 준 교훈이다.

그렇다면 과연 현재 진행 중인 동북아 안보레짐이 과연 성공할 수
있을 것인가. 현재 협의가 진행 중인 NEAPSM 실무그룹이 동북아 안
보레짐의 모체가 될지, 아니면 대화와 협력의 습관을 쌓는 또 하나의
실험이 될지 현재로서는 단정 짓는 것은 아직 이르다. NEAPSM의 성
공조건과 관련된 몇 가지 사항을 제언함으로써 결론에 갈음하고자

한다.

먼저, 동북아 안보레짐의 구축을 위한 대화체를 6자회담과 별도로 운영해야 한다. NEAPSM 실무그룹 회의가 6자회담 산하의 실무그룹으로 되어 있기 때문에, 북핵문제의 진전이 원만하게 이루어지지 않을 경우에 NEAPSM의 논의도 크게 영향을 받을 수밖에 없다. 그런 점에서 한반도 비핵화의 과제를 '지도원칙'에서 특정하지 말고 '지도원칙'의 전문(前文)에 담음으로써 NEAPSM 실무그룹이 6자회담과 독립된 형태로 운영될 수 있도록 해야 한다.

다음, 미국과 중국뿐 아니라 모든 참가국들이 동북아 안보레짐의 구축에 적극인 자세를 보이도록 공통의 이해를 도출하는 데 역점을 두어야 한다. 일본정부는 NEAPSM를 조기에 제도화할 경우 북핵문제의 해결이라는 당초 6자회담의 취지가 훼손되지 않을까 우려하고 북한은 내정간섭을 우려하여 소극적인 태도를 보이고 있다. 그렇지 않을 경우 '지도원칙'의 작성은 물론 그 뒤로도 일부 참가국들의 소극적인 태도로 인해 동북아 안보레짐의 동력이 크게 약화될 가능성이 있다. 따라서 '지도원칙'의 작성에 참가국들의 공통이해를 최대한 반영하도록 해야 할 것이다.

끝으로, 각종 미니안보대화를 활성화하여 다양한 역내 현안들에 대한 안보 대화와 협력을 강화해야 한다. NEAPSM이 창설이 되더라도 CSCE와 달리 매우 낮은 합의수준으로 인해 동북아 다자안보레짐이 제대로 기능하지 못할 가능성도 존재한다. 따라서 북핵문제의 조기해결이 이루어지지 못하더라도 6자회담 참가국들이 쌍무적·다자적인 동북아지역의 안보현안을 논의할 수 있도록 다양한 대화와 협력의 기제를 구축해야 한다.

제11장

CSCE의 제도화 경로와 동북아 적용 가능성

서보혁

Ⅰ. 연구목적

　한국의 안보연구에서 동북아시아와 유럽은 안보관, 안보 환경, 안보정책 등 여러 면에서 매력적인 비교연구의 대상이다. 동북아시아에서 국가안보, 군사안보의 안보관이 지배적이라면, 유럽은 거기서 나아가 공동안보, 협력안보의 개념을 만들어냈다. 또 안보환경의 측면에서도 유럽은 경제통합 및 정치통합 노력을 바탕으로 우호적인 데 비해, 동북아시아는 경제적 상호의존 속에서도 국가 간 각축으로 경쟁적인 환경에 놓여 있다. 안보정책에서도 유럽은 복수의 제도화된 기구들을 통하여 역내 다자동맹과 안보협력체가 발전해 온 반면, 동북아시아는 쌍무적 동맹관계가 주를 이루고 있다. 이런 단순 비교를 하다 보면 유럽의 안보 질서가 선진적이고 동북아는 유럽의 경험을 벤치마킹해서 지역 안보협력체제를 구축해야 한다는 목적론적 논의로 이어질 수 있다. 그러나 객관적 사실과 주관적 희망은 구별되어야 하고, 미래를 설계함에 있어서 과거의 경험으로부터 교훈을 얻는 작업은 현재의 조건을 고려하여 신중하게 이루어져야 할 것이다. 유럽 안보협력체제의 발전 경험을 동북아 안보협력 논의에 연결 지으려면 먼저 유럽의 경험을 객관적으로 살펴보고, 그것이 가능했던 요인을 도출하여, 그것을 동북아의 관련 조건과 비교하여 유럽의 경험을 얼마나, 어떻게 가져올 수 있는지를 판단하는 일련의 작업이 요청된다.

실제 탈냉전기에 들어서면서 한국의 안보연구계에서는 유럽의 안보협력체제, 대표적으로 유럽안보협력회의(CSCE, 1995년 유럽안보협력기구 OSCE로 전환)와 같은 틀이 동북아시아에 왜 존재하지 않은지, 혹은 앞으로 어떻게 적용할 것인지에 대한 관심이 일어나고 있다. 미국에서도 조지 W. 부시 행정부 들어 CSCE의 경험을 동북아시아에 적용하는 문제를 검토해왔다. 2004년 10월 제정된 북한인권법 제106조에 "북한과의 지역 인권대화의 가능성을 모색"함에 있어서 헬싱키 프로세스(Helsinki Process)를 원용할 것을 제시하고 있다. 이를 계기로 한국사회 일각에서도 이와 유사한 논의가 일어나고 있다.

이처럼 동북아 다자안보협력체제, 대북정책과 관련하여 C/OSCE에 대한 관심이 일어나고 있다. 그동안 일부 전문가들에 의해 C/OSCE에 대한 소개가 계속되어 왔고, 그중 동북아 안보협력에 주는 함의를 검토하는 논의도 있어 왔다.[1] 그러나 C/OSCE의 경험을 동북아에 적용

---

[1] 홍기준, "헬싱키 프로세스와 독일문제: 동북아 다자안보협력에 주는 함의", 한국국제정치학회 학술회의 발표문 (서강대, 2007. 12. 7); 이인배, "제도와 행위자 간의 상호작용에 관한 연구: '다자간 협력안보' 사례로서 CSCE를 중심으로", 『국제정치논총』 제41집 제1호 (한국국제정치학회, 2001), pp. 95-113; 이승근, "유럽안보협력회의(CSCE) 발전과정에서의 양대정책: 헬싱키회담에서 파리협정까지 미국과 프랑스의 유럽전략을 중심으로", 『세계지역연구논총』 제12집 (세계지역연구학회, 1998), pp. 159-182; 홍기준, "안보레짐의 형성: CSCE/OSCE의 사례연구", 『국제정치논총』 제38집 제1호 (한국국제정치학회, 1998), pp. 65-90; 이영기, "통일문제연구 프로젝트: 동아시아에 있어서 CSCE 모델의 유용성", 『평화연구』 제3호 (고려대 평화연구소, 1994), pp. 67-85; 이장희, "Helsinki '인권규정'이 분단국가에 주는 의미", 『통일문제연구』 제1권 제3호 (민족통일연구원, 1989), pp. 33-70.

할 수 있는지, 할 수 있다면 어느 정도 그리고 어떻게 적용할 것인지를 본격 논의하는 단계로 나아가지는 못하고 있다. 유럽의 안보협력 경험을 동북아에 적용하는 논의가 일부 있으나 대부분의 경우 안보문제에, 일부는 인권 문제에 국한하여 논의하고 있어 C/OSCE의 포괄성을 온전하게 다루고 있지 못하는 문제를 안고 있다.[2]

이 글은 그런 문제의식을 갖고 C/OSCE 경험의 동북아 적용에 관한 본격적인 논의를 촉진하자는 취지를 갖고 쓰였다. 이 글이 관련 기존연구와 갖는 차별성은 첫째, C/OSCE의 논의 범위를 포괄하여 동북아 적용 방안을 다루고 있다는 점이고, 둘째는 이 연구주제를 다자안보협력의 제도화의 관점에서 경로의존성, 제도화 등 관련 이론을 적용하여 설명하는 데 있다는 점이다. 셋째는 본 연구주제에 대한 오늘날 유럽 전문가들의 견해를 참조하기 위해 현지조사방법을 활용하였다는 점이다. 그래서 본 논의는 동북아 안보협력체제 구축을 전제로 C/OSCE의 경험을 적용할 수 있다는 판단을 유보하고, 과거 유럽의 경험이 현재와 미래 동북아에서 적용할 수 있는지, 있다면 어느 수준과 어떤 방법으로 가능한지를 검토하는 방식을 취할 것이다. 이런 분석을 통해 본 연구는 동북아 안보협력체의 제도화가 중단기적으로는 어렵다는 판단을 내리되, 장래 동북아식 안보협력체를 구상함에 있어서 취할 수 있는 방안을 제시해 보고자 한다. 아래 논의를 위해서 선행연구 자료 외에도 C/OSCE의 공간(公刊) 문헌과 유럽 현지

---

2) 주1의 논문 외에도 고유환, "동북아 안보협력과 한반도 평화체제 구축", 『북한연구학회보』 제7권 제2호 (2003), pp. 359-388; 이철기, "동북아 다자간안보협력의 필요성과 가능성: 동북아안보와 한반도문제 간의 관련성을 중심으로", 『한국정치학회보』 28집 2호 (1994), pp. 811-837; Seung-Keun Lee, "The Experience of the CSCE/OSCE: Its Implications for the Establishment of a Multilateral Security Regime in Notheast Asia", 『유럽연구』 제19권 (2004), pp. 269-293; 허만호, "'나선형 5단계론'으로 본 북한의 인권정책: 헬싱키 프로세스의 적용", 『국방연구』 제51권 제1호 (2008), pp. 29-63.

의 관련 전문가들과의 인터뷰 내용을 활용하였음을 밝혀둔다.

Ⅱ. 유럽안보협력의 제도화 과정

1. CSCE에서 OSCE로: 경로의존적 제도화

본 논의에서는 범유럽 안보협력체의 제도화를 설명하기 위해 '경로의존성'과 제도화 개념을 도입하고 있다. 이는 유럽의 안전보장을 추구하는 다양한 방안들 중에서 CSCE가 선택된 사실을 설명하는 데 유용하다. 경로의존성이란 가능한 여러 대안들 중 특정 방향으로 경로가 선택되면 계속해서 그 방향으로 나아가는 자기강화 속성을 일컫는다. 경로의존성은 ① 특정 방향으로 경로가 선택되는 '결정적 국면' 혹은 '제도화의 문턱'을 통과하고, ② 그때 경로 선택은 필연적이기보다는 여러 요인들의 조합으로 우연하게 이루어지고, ③ 선택된 경로는 관성을 갖고 지속하면서 특정한 제도적 유형을 강화한다.[3]

결정적 국면을 통과한 특정 유형의 발전 경로가 심화 및 확대 과정을 통해 제도화되는 데에는 합의사항의 비가역성, 참여행위자의 이탈방지를 전제로 다음과 같은 몇 가지 조건을 만족시켜야 한다. 즉, 제도화를 실현하려면 ① 적절한 행동에 대한 기대와 그 행동에 대한 이해의 공유가 있어야 하고(공통성), ② 공유하는 기대가 일정한 규칙으

---

3) Paul Pierson, "Increasing returns, path dependence, and the study of politics", *American Political Science Review* 94 (2000), p. 252; James Mahoney, "Path dependence in historical sociology", *Theory and Society* 29 (2000), p. 512; 홍기준, "유럽통합의 경로의존성과 창발성", 『국제정치논총』 제48집 4호 (2008), pp. 219-220에서 재인용.

로 구체화되어야 하고(구체성), ③ 제도가 외부에 의존하지 않고 스스로 규칙을 강화할 내적 힘을 갖고 있어야 한다(자율성).[4]

2차 세계대전 후 유럽의 안보환경은 냉전 체제의 확립으로 요약할 수 있다. 동서 양 진영 간 이념적 대립과 그것을 지지(支持)하는 북대서양조약기구(NATO)와 바르샤바조약기구(WTO)의 대립, 마셜플랜과 경제원조상호회의(COMECON)의 대립이 그것이다. 이때 두 진영 간 군사적 대립이 냉전체제 확립에 기여한 것이 사실이지만 두 차례 세계대전의 참화를 겪은 유럽인들의 입장에서 냉전은 새로운 불안정으로 다가간 점도 부인할 수 없다. 그래서 유럽인들은 냉전체제하에서 NATO와 WTO의 대립에 의한 상호억지 효과를 부정할 수 없었지만, 진영 간 군사적 긴장을 완화하거나 그것을 초월하는 대안적 안보책으로서 범유럽 안보협력체의 필요성을 갖게 되었다. 여기에 프랑스의 NATO 통합군에서의 탈퇴와 베트남전 장기화로 인한 미국 불신이 일어난 것도 유럽인들이 진영 간 군사적 대결구조에만 완전히 의탁하지 못하게 하였다.

이 틈을 타고 소련이 전후 중동부지역으로 확장한 영향권을 서방측으로부터 인정받고 서방의 기습공격 능력의 약화를 목표로 한 다자안보협력기구를 제안하였다. 1954년 2월 10일 베를린 4개국 외상회담에서 몰로토프 소련 외상의 범유럽안보회의 제안을 시작으로 1960년대 후반까지 소련은 기회가 있을 때마다 이 제안을 반복하였다. 이들 제안의 요지는 전후 국경선 인정, 무력사용 및 사용 위협 금지, 경

---

4) Robert O. Keohane, *International Institutions and State Power: Essays in International Theory* (Boulder: Westview Press, 1989), pp. 4-5. 제도화는 제도의 안정적 운영 상태로 정의할 수 있는데, 여기서 제도는 명시적 규칙, 묵시적 관행, 가시적 기구를 포함하는 광의로 규정하고 있다.

제 · 과학 · 기술 협력, 미국의 배제 등이었다. 서방 측은 소비에트 식 다자안보 구상에 단호하게 반대하였다. 대신 유럽의 분단 불인정, 독소 불가침 협상 및 베를린 협상의 진전, 사람 · 정보 및 사고의 자유로운 이동, 미국과 캐나다의 참여를 주장하였다. NATO 측은 소련의 구상을 공산진영의 이해만 반영된 편향된 것으로 인식하여 거부했다. 양 진영의 이해가 고루 반영된 균형적인 다자안보협력 구상이 요청된 것이다.

이렇게 진영 간 군사동맹에 전적으로 의존하는 방안과 일방적 성격의 범유럽안보 구상은 역내 군사적 불안정과 진영 간 이익 불균형을 초래할 것으로 판단돼 범유럽안보협력 구상으로 채택되지 못하였다. 그 대안으로 균형적인 범유럽안보협력체 구상이 부상하였다. NATO 측이 1969년 12월 외무장관회담에서 공산진영과 유럽안보문제를 논의하기로 입장을 전환하였다. 그러자 WTO 측은 이듬해 유럽 국가 간 관계를 규정하는 '원칙'을 의제에 포함하기로 한 NATO 측의 입장을 수용하였다. 그런 긍정적인 논의 진전과 함께 1971년 9월 베를린 4개국 협정 체결, 1972년 모스크바 미소 정상회담에서 중동부유럽의 재래식무기감축(MBFR) 회담 개최 결정 후 양 진영은 CSCE 개최에 합의하기에 이른다. 이런 과정을 거쳐 전후 범유럽안보 구상들 중 CSCE가 채택된 것이다.

그러나 CSCE가 범유럽안보협력체로 자리 잡기에는 확고한 기틀, 곧 '결정적 국면'을 통과하여야 했는데 그것이 1972년 9월 비공식 회담부터 1975년 8월 헬싱키 협정 채택까지 진행된 일련의 CSCE 협상이었다. 헬싱키 협정 채택은 CSCE가 범유럽안보협력의 제도화 단계로 진입한 결정적 국면에서 발생한 '결정적 사건'이라 할 수 있다. 거기에는 참여국 간 관계를 담은 10대 원칙과 군사, 경제, 인적 문제 등 양 진영의 전반적인 이해관계가 3개의 바스켓에 모두 포함되어 있다.

헬싱키 프로세스는 CSCE가 심화 및 확대를 거치면서 제도화로 나아간 자기강화 과정을 보여주고 있다. 그 시간은 헬싱키 협정 채택을 기점으로 할 때 1990년 상설기구화를 결정한 파리정상회담까지 15년이 걸렸다. 말하자면 CSCE를 통한 유럽안보협력의 제도화에는 많은 참여국들과 의제, 그리고 유럽 안팎의 급격한 정세 변화 등을 배경으로 하고 있다. 헬싱키 협정 채택 이후 후속회담이 곧바로 열리지 못한 것도 협정 채택을 둘러싸고 양 진영 내에서 비판적인 반응과 상대방에 대한 의혹이 컸기 때문이다. 그런 제약 속에서 유럽안보협력이 제도화되어 간 과정을 앞서 언급한 제도화의 세 요소를 적용하여 살펴보자.

베오그라드 후속회의(1977.10~1978.3)부터 비엔나 후속회의(1986.11.4 ~1989.1.19)까지는 헬싱키 협정에 근거한 CSCE 참여국들의 적절한 행동에 대한 이해의 폭(공통성)을 넓히는 시간이었다. 베오그라드 회의에서는 사회주의 진영의 인권 문제에 대한 논쟁을 벌였고, 마드리드 후속회의(1980.11~1983.9)에서는 분쟁의 평화적 해결, 과학포럼 준비, 지중해 국가들의 협력 등 3가지 전문가회의 개최를 결정하였다.[5] 참여국들은 회의를 통해 헬싱키 협정의 10대 원칙, 특히 내정불간섭과 인권 개선 원칙 사이의 모순을 발견하면서도 두 원칙을 병행 존중하면서 CSCE의 틀을 유지하였다. 논란이 되는 의제는 전문가 회의를 통해 논의해 나가기로 한 유용한 자세를 견지하였다.

---

5) Arie Bloed, ed., *The Conference on Security and Co-operation in Europe: Analysis and Basic Documents, 1972-1993* (London: Kluwer Academic Publishers, 1993), pp. 219-224, 257-288.

둘째, 공유하는 기대를 일정한 규칙으로 만들어내는 노력도 꾸준히 전개되었는데(구체성), 대표적인 예가 마드리드 후속회의의 결정이다. 폴란드의 계엄령 선포와 소련의 아프가니스탄 침공으로 동서 간 대립이 격화된 가운데 진행된 마드리드 회의에서는 인권 분야 전문가회의를 1985년 오타와에서, 그리고 유럽신뢰·안보구축 및 군축회의(CDE)를 1984년 스톡홀름에서 개최하기로 결정하였다. 특히 CDE는 오해 또는 오판에 의한 전쟁발발 가능성을 방지하는 신뢰구축조치(CBMs)를 기습공격 가능성 방지를 포함시켜 신뢰·안보구축조치(CSBMs)로 확대하는 데 합의함으로써 안보 분야에서 구체성을 강화해나갔다.[6] 이처럼 CSCE는 전체적으로 이슈연계가 적용되었지만, 구체적인 문제영역에서 이슈연계가 제약을 초래한다고 판단될 경우 그에 대한 해결방안 마련을 위해 별도 회의를 통해 모색하는 유연성을 보여주었다.[7]

이후 열린 비엔나 후속회의는 CSCE 참여국들의 안보협력 전반에 대한 이해의 공통성과 관련 행동 규칙에 대한 구체성을 동시에 높였다. 비엔나 회의에서는 헬싱키 협정에서 명기된 3개의 바스켓 모두 가시적인 진전이 있었기 때문이다. 분야별로 대표적인 예를 들면 ① 안보문제에서는 CSBMs 협상(1989.3.9~1990.11.17) 협상 타결 및 재래식무기감축(CFE) 협상 개시, ② 경제 분야에서는 합작회사, 외국인상사들의 노동조건, ③ 인권 분야에서는 관련 정보 교환뿐 아니라 그 이행을 위한 구체적인 조치 마련 등을 협의하고 합의하였다.[8] 비엔

---

6) 이승근 (1998), p. 171.

7) OSCE 대변인 네서키(Martin Nesirky)와의 인터뷰 내용(비엔나, 2008. 5. 26).

8) Bloed (1993), pp. 327-411.

나 회의는 공산권 국가들의 개혁개방정책하에서 진행되었고 그 결과
는 다시 이들 국가의 인권 개선9) 및 양 진영 간 군비통제 논의를 촉
진하였다. 말하자면 제도와 행위자 간 상호작용이 발생한 것이다. 비
엔나 회의가 CSCE의 발전에 기폭제가 되었다는 평가는 이후 경제협
력, 환경보호, 인도주의, CSBMs를 포함한 12개 분야별 회의 개최가
결정되었다는 것에서도 찾을 수 있다. 이것은 유럽안보협력이 자율성
을 높여가기 시작했음을 보여주고 있다.

셋째, 이상과 같은 유럽안보협력체의 논의는 CSCE 참여국들의 이
탈 없이 참여국들 스스로 CSCE 내에서 쟁점 조정, 합의사항 확대 및
이행 촉진을 동반하며 나아갔다(자율성). CSCE의 자율성 제고가
CSCE 내에서 쟁점이 없었다는 의미가 아니다. 사실은 그 반대였다.
광범위한 의제의 합의 및 이행방안 논의 속에서 다양한 형태의 이해
관계가 CSCE의 제도화 과정을 제약하였다. 그럴 때마다 비동맹중립
국들의 중재 역할이 빛났고 군비통제와 같은 특정 분야에서는 전문
가들의 보이지 않는 자문도 유용하게 작용하였다.

이러한 CSCE의 심화 과정은 공산진영의 붕괴와 맞물려 회원국 및
관할 지역의 확대 현상과 함께 유럽안보협력의 자기강화적 제도화를
촉진하였다. 그런 기초 위에서 CSCE는 상설기구를 두는 명실상부한
제도화 확립의 단계에 도달한다. 1990년 열린 CSCE 파리 정상회의는
회원국이 53개국으로 확대된 상태에서 개최되었는데 '새로운 유럽을

---

9) Daniel C. Thomas, *The Helsinki Effect: International Norms, Human Rights, and the Demise of Communism*
   (Princeton, NJ.: Princeton University Press, 2001), ch. 5. 그러나 공산권 국가의 반체제운동 및 공산체제
   붕괴에 헬싱키 프로세스가 미친 영향이 제한적이거나 직접적이지 않다는 주장도 있다. 헬싱키대학 미클로
   시(Katalin Miklossy) 교수(헬싱키, 2008. 5. 28), 오슬로 대학 콜스토(Pal Kolsto) 교수와의 인터뷰(오슬로,
   2008. 5. 29).

위한 파리헌장(Charter of Paris for a New Europe)'이 채택되었다. 이 헌장은 민주주의·평화·화합의 새로운 시대를 천명하면서 유럽에서의 냉전 종식을 선언하였다. 파리 회의에서 특기할 내용은 CSCE의 제도화를 위한 구체적인 근거를 마련하였다는 점이다. 회의에서는 정상회의 및 후속회의의 정례화, 이사회·고위간부회의·사무국·분쟁방지센터의 신설, CSCE 의회 창설에 합의를 보았다.[10] 이런 사실로 볼 때 유럽안보협력체제의 제도화는 공식적으로 OSCE가 발족한 1995년이라 할 수 있지만, 그 실질적 기점을 1990년 파리 정상회의로 보아도 틀리지 않을 것이다.

이로써 유럽안보협력체는 헬싱키 협정 채택으로 제도화의 문턱을 넘고, 헬싱키 프로세스를 통해 제도화를 확대·심화시키고, 상설기구화 추진으로 제도화를 확립해나갔다. C/OSCE를 하나의 안보협력 '체제'라고 말할 수 있는 것은 헬싱키 협정 10대 원칙에서 나타난 안보협력에 관한 공동 인식과 행동규범 도출, 논의의 지속성, 상설기구 설립, 합의사항의 이행을 보여주었기 때문이다.[11]

2. C/OSCE의 특징과 한계

C/OSCE의 발달과정에서 나타난 특징은 유럽안보협력체의 형성 및 제도화에 긍정적으로 작용한 요인으로 볼 수 있지만 동시에 한계도 발견할 수 있다.

---

10) John Fry, *The Helsinki Process: Negotiating Security and Cooperation in Europe* (Honolulu: University Press of the Pacific, 2003), pp. 156-163; Bloed (1993), pp. 537-566.

11) Martin Griffiths et al., *International Relations: The Key Concepts* (New York: Routledge, 2008), p. 276 참조.

C/OSCE가 오랜 역사를 갖고 전개되어 오면서 보여준 특징으로 먼저 꼽을 수 있는 점은 처음부터 의제 범위가 포괄적이었다는 사실이다. CSCE 형성과 관련하여 1966년 제안을 먼저 한 WTO는 회의명칭을 '구주안보 및 협력문제에 관한 회의(A Conference on Question of European Security and Co-operation)'로 하였다. 이는 냉전체제하에서 대립하는 두 진영에 속한 국가들이 참여하는 군사안보 및 공동협력 분야를 포괄하는 협의기구로서 서유럽 국가들에게 놀라움을 주었다. 이에 대한 NATO의 입장 역시 논의 범위에서는 포괄적이었다. 1971년 12월 브뤼셀에서 열린 NATO 각료회의에서는 범유럽안보회의의 의제로 안보문제와 함께 인적 이동 및 정보교류, 경제·과학·기술 분야의 협력, 인도적 환경개선 등을 제시하였다. 이와 같이 CSCE 형성 초기부터 나타난 의제의 포괄성은 냉전 상태에서도 유럽 모든 국가들이 참여하지 않을 수 없도록 하였고, 이후 특정한 분야에서 갈등이 발생할 경우에도 쉽게 이탈하지 못하게 한 요인으로 작용하였다.[12] 물론 CSCE의 포괄적 의제는 처음 양 진영의 상호관심사를 담은 것이었기 때문에 헬싱키 프로세스에서 이슈연계 현상을 초래하였다.

둘째, C/OSCE는 국제질서 변화를 거치며 지속적이고 점진적인 발전을 해왔다는 점이다. C/OSCE가 중단되지 않고 지속되어온 것은 진영 간 세력균형, 모든 참가국들의 이익균형 및 CSCE 유지에 대한 공감대 등이 결합된 결과라 할 수 있다. 그 배경에는 유럽이 더 이상 전쟁을 겪어서 안 된다는 의식에서 그 원인이 될 수 있는 세력불균형을 방지하고 경제적 불균등을 완화할 필요가 있다는 공감대가 자리하고

---

12) OSCE 대변인 네서키와의 인터뷰 내용(비엔나, 2008. 5. 26); 비엔나대학 프랑크(Rudiger Frank) 교수와의 인터뷰 내용(비엔나, 2008. 5. 26).

있었다. 또 C/OSCE가 점진적으로 발전해갔다는 것은 논의 수준 및 제도화 정도 양 측면에서 발견할 수 있다. 여기서는 지면 제약상 인권 분야를 간략히 예를 들어보고자 한다.13)

헬싱키 프로세스 초기, 구체적으로 베오그라드 후속회의와 마드리드 후속회의에서 소련 및 동구국가들의 반발로 인권문제에 관한 합의는 난항을 겪는다. 그러나 마드리드 후속회의에서는 인도주의적 접촉, 종교의 자유 존중, 독립노조의 결성권 확인, 인권분야 전문가 회의 개최 등을 결정하였다. 나아가 비엔나 후속회의에서는 CSCE 회의에서 처음으로 "Human Dimension"이라는 용어가 사용되면서 인권문제에 대한 보다 구체적인 합의가 이루어졌다. 거기에는 인권상황에 대한 정보교환의 확대, 인권침해 발생 시 당사국에 주의 환기, 향후 3년간 3차례의 인권회의 개최 등이 결정되었다. 한편 CSCE의 제도화의 거보를 내딛은 파리헌장에는 민주주의와 인권에 대한 보다 구체적이고 포괄적인 내용이 명시되었다. 그 가운데 인권 및 기본적 자유에 입각한 민주주의, 경제적 자유 및 사회정의를 통한 번영도 포함되었다. 또 헬싱키 정상 선언(1992.7.10)에서는 소수민족 담당 고등판무관(HCNM)의 설치와 민주제도 및 인권사무소(ODIHR)의 역할 강화, 인권 이행평가회의 및 세미나 개최 등과 같이 구체적인 인권분야 공약 준수 여부를 검증하는 틀을 마련하였다.14)

이와 같이 인권문제에 대하여 CSCE가 특히 1990년대에 들어와 꾸준한 관심과 조치를 이룩할 수 있었던 것은 냉전 해체로 새로운 국제

---

13) 이하의 논의는 C/OSCE의 발전이 이슈위계 현상을 견제하며 안보와 인권 분야 등을 망라하며 균형적으로 전개되어 갔음을 논증하는 의미를 갖는다.

14) OSCE ODIHR, *OSCE Human Dimension Commitments 2* (Warsaw: OSCE ODIHR, 2005), pp. 67-83, 107-123.

환경이 조성되었기 때문이다. 동시에 CSCE의 모든 회원국들이 인권 문제의 보편적 성격을 수용하고, 정치적 민감성에 신중히 대처하며 적용범위 및 수준을 점진적으로 발전시켜 온 운영의 지혜도 평가할 대목이다. 그리하여 부다페스트 정상회의(1994.12.5~6)에서는 인권, 기본적 자유, 민주주의, 법치가 OSCE 회원국 간 안보협력의 기본 요소임을 확인하였고, 인도적 분야에서 OSCE가 전개하고 있는 모든 활동을 강화하기로 하였다. 이 가운데는 인권 분야의 공약 불이행 국가에 대하여 OSCE 상설이사회가 대응하기로 하고, ODIHR은 고위이사회와 각료이사회에 출석하여 보고하는 동시에 UN 난민고등판무관실과 협조하여 활동의 효력을 높이도록 한 사항도 포함되어 있다.[15] 이와 같이 C/OSCE는 포괄적인 이슈를 다루면서도 각 분야의 문제해결을 위해 지속적인 노력을 전개하며 점진적인 발전을 추구함으로써 유럽안보협력체제의 정착에 기여해왔다고 말할 수 있다.

그러나 C/OSCE의 경험은 한계점도 동시에 보여주고 있다. OSCE가 직면한 도전에는 냉전 체제 붕괴, 체제전환 과정에서 나타나는 중동부 유럽의 불안정, OSCE와 유럽 내 다른 안보협력 기구들과의 관할 사항 중복, 그리고 그에 대한 OSCE의 전망 및 대응능력의 한계라는 큰 문제들이 배경으로 하고 있다. 그 결과 OSCE는 이중의 불균형에 직면하고 있다. OSCE가 군사·정치·경제 문제보다 인도주의 및 인권 문제에 많은 초점을 두고 있다는 기능적 불균형이 그 하나이고, 소련 해체 후 동부유럽, 중앙아시아의 신생 독립국들에 관심이 집중되어 있다는 지리적 불균형이 그것이다. OSCE는 그런 불균형을 해소

---

15) OSCE ODIHR (2005), pp. 167-175.

하고 변화된 환경에 적응하며 본연의 임무를 효율적으로 수행하기 위해 개혁프로그램이 필요하다는 지적이 제기된 바 있다.16)

C/OSCE의 한계는 구체적으로 적응력, 신뢰성, 적실성의 문제를 지적할 수 있다. 먼저, OSCE의 적응력(adaptability)에 관한 문제로서 구체적으로 결정사항을 OSCE가 집행할 수 있는 재정 능력과 그것을 참여국에게 이행을 강제할 수 있는 법적 구속력의 한계를 말한다. 특히 분쟁예방 및 위기관리를 위한 자체 군사력을 보유하지 못한 현실과 만장일치를 통한 의사결정 방법이 개선 사항으로 대두되고 있다. 뿐만 아니라 OSCE는 여전히 정치적 협의체로서의 기본 성격에는 변함이 없다. 따라서 OSCE 내에서 이뤄지는 모든 결정은 국제법적 구속력이 없는 정치적 결정에 불과하다. 참여국 간 합의나 결정사항의 이행을 위해 국내법에 우선하는 법적 구속력이나 불이행시의 제제권이 마련돼 있지 않는 것이다. 이러한 한계는 냉전 해체 이후 중동부유럽에서의 분쟁이나 특정 참여국 내의 분규에 대해 OSCE가 아무런 대응을 하지 못하는 무력함에서 명백히 드러났다.

둘째, 신뢰성(credibility)에 대한 도전을 극복하는 것도 과제로 남아 있다. 즉, OSCE는 구 유고 내전을 해결하는 중요한 역할을 한 반면, 구소련 지역에서의 많은 분쟁은 여전히 미결 상태로 남아 있다. 다문화 사회를 이루는 참여국 내부에서는 차별과 혐오의 위협이 점증하고 있으며, 마약, 무기밀매, 인신매매 등 조직범죄의 위험도 도사리고 있다. 이러한 새로운 안보위협에 대해 OSCE가 어떻게 대처하느냐에 따라 그 신뢰성이 좌우될 것이다.

---

16) V. Chizhov et al., "Helsinki 30 Years Later", *International Affairs: A Russian Journal of World Politics, Diplomacy & International Relations*, Vol. 51, No. 5 (2005), pp. 187-189.

셋째, OSCE의 적실성(relevance)에 대한 회의를 불식시키는 일이다. 다시 말해 유럽연합(EU)과 NATO의 팽창이 OSCE에 주는 함의가 무엇이며, 유럽이사회(Council of Europe)가 유럽 전역에 걸쳐 규범을 설정하고 모니터링 역할을 하는 가운데 OSCE로부터 새로운 부가가치가 창출될 수 있겠는가라는 회의이다. 따라서 OSCE는 독자적인 가치와 활동공간을 확보해야 하는 숙제를 안고 있다.

OSCE의 한계는 동북아 안보협력체를 구상하는 데 중요한 시사점을 줄 수 있다고 하겠는데, 첫째 안보협력을 추구함에 있어서 다자주의를 현실에 맞게 유연한 방식으로 시도할 필요와 둘째, 특정 안보협력체가 역내 다른 다자안보기구와 조화를 이루는 가운데 차별성 있는 역할을 갖는 문제를 던져주고 있다.

Ⅲ. 유럽안보협력체제의 발전 요인

아래에서는 C/OSCE 사례를 통해 유럽안보협력체의 발전 요인을 도출하여 동북아의 안보협력체 논의에 줄 수 있는 함의를 생각해 보고자 한다. C/OSCE의 전개과정이 길고 동북아 다자안보협력 실태가 초보적이라는 두 측면을 고려하여 다음에서는 형성 단계와 제도화 단계로 나누어 살펴볼 것이다.

1. 안보협력체제의 형성 요인

저비스(Robert Jervis)는 안보체제 형성 및 유지에 가장 알맞은 조건으로 강대국의 호응, 공동안보 및 협력에 대한 관련 국가들의 공유, 안보딜레마 극복, 그리고 전쟁이나 개별국가 차원의 정책이 갖는 높은 비용에 대한 인식 등 네 가지를 꼽는다.[17] 저비스의 이론은 CSCE의 형성에도 적용해 볼 수 있다. 구체적으로 다자 간 안보협력체로서 CSCE가 형성된 요인에는 긍정적인 국제환경, 미소 강대국의 전략적 선택, 유럽 대부분의 국가들의 지지와 참여, 세계대전의 경험, 그리고 여기에 전후 유럽 안보질서의 안정화 기대를 추가하여 다섯 가지를 들 수 있다. 안보협력체 형성 요인들이 많을 때는 그 형성 및 제도화가 힘들고 오랜 시간을 요한다는 어려움이 있지만, 위와 같은 요소들을 바탕으로 일단 형성되고 난 후에는 쉽사리 약화·소멸되기 어려운 경로의존성을 띤다는 점에 주목할 필요가 있다.

우선, CSCE가 형성된 시기의 국제적 환경은 냉전체제 속의 데탕트로 요약할 수 있다. CSCE는 안정화된 냉전체제하에서 가능하였다. 동시에 CSCE는 유럽의 세력균형 질서 유지에 기여하였을 뿐만 아니라 그 속에서 섬진적인 질서 변화의 발판이 되었다.[18] 결국 헬싱키 프로세스는 현상유지의 안정화를 통해 부드러운 현상타파를 가져온 역설적 효과를 실증해준 것이다. 그리고 양 진영은 군사적 대결하에서도 안보딜레마 극복을 위해 군축 협상, 불가침조약 체결, 그리고 진영 간 신뢰구축 등 쌍무적, 다자적 접근을 추진해나갔다.

둘째, 미소 간의 전략적 선택 및 타협도 CSCE의 등장에 중요한 역할을 하였다. 물론 미소 양국이 CSCE를 통해 추구한 목표는 상이하였다는 사실은 앞에서 살펴보았다. 그러나 세계의 두 초강대국으로서

---

17) Robert Jervis, "Security Regimes", *International Organization*, Vol. 36, No. 2 (1982), pp. 360-362.
18) 이영기 (1994), pp. 79-80.

당시 미국과 소련은 냉전체제의 안정화를 위해서 세계적 차원의 세력 균형, 특히 전후 유럽질서의 현상유지를 필요로 하였다. 미국이 CSCE 개최에 관한 초기 소극적 입장을 바꿔 CSCE에 참여하기로 한 데에는 첫째, 서유럽 동맹국들과 소련의 관계개선으로 초래될 영향력 약화를 견제할 필요성, 둘째 소련과의 관계개선 및 군사력 감축 협상 촉진을 위해 소련의 외교적 요구를 전술적으로 수용할 필요성이 작용하였다. 말하자면 CSCE는 미국과 소련의 각기 다른 전략적 목표가 만나는 지점이었고 그것이 다시 유럽 국가들의 안정희구와 섞이는 델타 지역이었던 셈이다.[19]

셋째, CSCE 형성과정에서 두 지역 간 대립이 빚어낼 최악의 사태를 막는 데 비동맹중립국들의 중재 역할이 있었다. 실제 NATO와 WTO 양측이 유럽안보협력회의에 관한 의견 대립을 보였을 때 핀란드가 중재에 나서 CSCE 준비회담을 맡았다. 또 북유럽의 비동맹국가들과 스위스, 오스트리아 등 중립국들은 소련 및 동구 사회주의국가들과의 외교관계 및 상호교류를 활용하여 CSCE 형성은 물론 헬싱키 프로세스에서도 촉진자 역할을 수행하였다.[20] 그밖에도 스위스와 유럽공동체(EC) 회원국들은 인권을 CSCE 논의에 포함시키고 구체적인 합의를 도출하는 데 큰 역할을 수행하였다.[21]

넷째, 유럽대륙이 가진 공동의 역사적 경험, 즉 더 이상 유럽에서 전쟁은 있을 수 없다는 반전평화 규범이 냉전시대에 냉전의 장벽을

---

19) CSCE 개최와 미소관계의 상관성에 대해서는 Raymond L. Garthoff, *Detente and Confrontation: American -Soviet Relations from Nixon to Reagan* (Washington, D.C.: The Brookings Institution, 1994), pp. 325-403, 527-532 참조.

20) 오슬로대학 셈(Anne J. Semb) 교수와의 인터뷰 내용(오슬로, 2008. 5. 29).

21) Maresca (1987), p. 19; Vojtech Mastny, *Helsinki, Human Rights, and European Security: Analysis and Documentation* (Durham: Duke University Press, 1986), p. 6.

넘는 CSCE를 형성할 수 있게 하였다. 이 점은 진영 간 대립이 극심하던 냉전시대에 양진영이 유럽 전역을 포괄하는 안보협력 틀에 합의한 역사문화적 요인이라 할 수 있다. 전후 유럽의 질서에 대한 현상유지, 곧 평화와 안정은 미국과 소련뿐 아니라 유럽 대부분의 국가들도 선호했던 것이다. 전후 유럽 국가들 중 어느 나라도 평화와 안정을 위협하는 현상타파를 추구하지 않았다.

마지막으로 전후 양 진영 간 불안정 요인으로 남아 있던 중부유럽에서의 영토문제 해결을 통한 현상유지의 확립이다. 서독은 1960년대 후반부터 '동방정책(Ostpolitik)'을 표방하고 소련을 비롯한 공산권 국가들과 관계개선을 추구해나갔다. 특히 브란트(Willy Brandt) 수상이 취임하면서 1970년 8월 소련, 12월 폴란드와 불가침협정 체결, 1973년 12월 프라하 조약 체결 등으로 영토문제를 해결하는 한편 1971년 9월 베를린 협정 체결, 1972년 12월 동서독 기본조약 체결을 통해 동서독관계도 안정화되어 갔다.[22] 그런 관계개선 및 영토문제 해결은 전후 유럽질서의 안정화를 가져왔고 그것이 냉전시대에 진영을 초월하는 안보협력을 논의할 수 있는 장을 제공하였다.

2. 안보협력체제의 제도화 요인

CSCE 형성이 위와 같은 요인으로 가능하였지만 CSCE가 OSCE로 변모하면서 안보협력체가 제도화된 데에는 위의 형성 요인들과 함께 다른 요인들이 결합하였기 때문이다. 여기서는 권력, 이익, 규범을 제

---

22) 홍기준 (2007), p. 3.

도화 요인으로 설정하고 그 영향을 살펴보고자 한다.23)

첫째, 권력정치 요인이란 냉전시기 유럽에서 세력균형을 안정적으로 유지하기 위한 조치의 일환으로 C/OSCE 틀이 호명된 점을 들 수 있다. 이는 다시 진영 사이와 진영 내 두 측면에서 살펴볼 수 있다. 진영 간 권력정치는 범유럽안보 구상이 두 진영의 다자동맹체제를 전제로 한 것이었음을 뜻한다. 소련의 범유럽안보 구상 제안이 진영 간 동맹체제를 대체하려는 것이 아니었다는 점이나, NATO 측이 소련의 제안에 반대하면서도 얼마 후 서방의 입장을 반영해 역제안 한 것도 진영 간 세력균형을 바탕으로 하고 있다. 이는 동서 양 진영이 다자안보협력 구상을 세력균형 질서의 대체재로서가 아니라 보완재로 접근하였음을 말해준다. 오히려 권력정치 측면에서 유럽안보구상은 동맹 내, 특히 NATO 내의 균열을 봉합하고 진영 간 현상유지를 재확인하는 차원에서 다뤄졌다. 미국은 소련의 범유럽안보협력 구상을 무시하다가 프랑스 드골 정부의 NATO 탈퇴 및 소련의 유럽안보 구상 지지 현상을 보고 그 전략적 의미를 재검토하였다. 미국이 한편으로 소련과 MBFR 및 전략무기감축협상에 임하고, 다른 한편 CSCE 논의에 전향적인 자세를 보인 것은 소련의 팽창과 미국의 소외를 견제하고 전후 유럽의 세력균형을 유지하려는 전략적 목표에 따른 것이었다.24)

이와 같은 진영 간, 진영 내 권력정치는 소련을 비롯한 공산진영의 체제전환이 일어난 1980년대 후반까지 나타났고, 냉전 해체 이후에도

---

23) 이와 유사하게 유럽통합을 공리적, 기능적, 권력중심적, 정당성 중심적 설명으로 분석한 예로 홍기준
(2008), pp. 217-235 참조.

24) 이 책의 1장 참조.

NATO의 동진(東進)정책과 러시아의 견제하에서 지속되었다. 요컨대 권력정치는 현상유지 속에서 유럽안보협력을 안정적으로 제도화해 나가는 토대가 되었던 것이다.

둘째, C/OSCE를 통한 유럽안보협력의 제도화는 이익정치 요인도 크게 작용하였다. 권력정치가 제로섬 게임인 반면 이익정치는 협력게임의 양상을 띤다는 점에서 권력정치의 협력 제약을 완화시키는 역할을 하였다. 헬싱키 프로세스가 정체를 벗어나지 않는 상황에서 열린 마드리드 후속회의에서 별도의 CDE 개최가 합의되었다. 실제 스톡홀름, 비엔나 회의를 거쳐 구체적인 CSBMs에 합의하고 그 이행이 추진되었다. 스톡홀름 군축회의(1984.1.17~1986.9.19)에는 CSCE의 35개 전체 회원국의 대표와 역외 지중해 8개국이 참여하여 커다란 관심을 모았다. 이 회의에서는 스톡홀름 'CSBMs 및 군축회의' 문서를 채택하여 이듬해 1월부터 효력을 발휘시키기로 하였다. 이 문서는 CSBMs 개념을 도입하고 군사활동의 사전통고 및 참관, 참가 병력 및 무기 규모 등에 관한 보다 구체적인 규정을 하였으며 연중 군사일정의 사전교환도 합의하였다. 이후 비엔나 후속회의(1986.11.4~1989.1.19)에서는 CSBMs 협상과 CFE 협상을 1989년 3월부터 시작하기로 하였다. 이에 따라 열린 비엔나 CSBMs 협상(1989.3.9~1990.11.17)은 파리 정상회의 개최를 목전에 두고 '비엔나문서 1990'을 서명·발표하였는데, 이 문서는 CSBMs 이행을 위한 세부 합의사항을 망라하고 있다. 이런 일련의 전개과정은 유럽 전역의 안보 달성 방법이 군비증강이 아닌 다른 협력적인 방법으로 가능함을 보여주었다.

그 결과 CSCE는 안보 영역을 확대하고 그 실현 방법을 개선하여 공동안보, 협력안보로 나아갈 역사적 전범을 창출하였다. 이런 일련의 과정에서 양 진영은 적대와 불신이 엄존하는 냉전체제하에서 '포괄적 상호주의(diffuse reciprocity)'를 시현함으로써 유럽안보협력이 제도화의 3대 요건을 갖추어나갈 수 있도록 만들었다. 체제 형성에 있어 특별한 가치와 성취가능성이 힘들다고 평가되는 안보 분야[25]에서 보여준 협력게임은 합의 과정의 투명성과 결정 사항의 비가역성으로 의제 선정의 예측가능성과 이행 사항의 누적성을 보장하였다.

셋째, 규범의 공유 및 확산도 유럽안보협력의 제도화에 기여하였다. 정치 및 군사 분야에서 C/OSCE 참여국들의 공동 규범은 헬싱키 협정에 포함된 10대 원칙에 대부분 포함되어 있었고 그 구체적인 추진 과정은 위에서 살펴본 바와 같다. 그러나 인권은 제7원칙에서 명시되어 있었지만 그에 대한 인식 및 이해관계가 진영 간 혹은 국가 간에 크게 달라 헬싱키 프로세스에서 가장 큰 쟁점이 되었다. 브레즈네프(L. Brezhnev) 소련공산당 서기장은 헬싱키 협정 채택 이듬해 인권 원칙을 수용한 것을 후회하기도 하였다. 그러나 인권 원칙을 부인하는 것은 유럽 전체의 합의를 무시하고, 나아가 소련의 막대한 이익을 반영하고 있는 헬싱키 프로세스 자체를 중단시킬 위험이 있었다. 그와 대조적으로 서방 측은 헬싱키 협정 채택 직후에는 소련의 영향권을 인정하는 대신 인권문제는 형식적으로 수용되었다는 비판 여론이 높았다. 그러나 그 이후 인권단체의 적극적인 공산권의 인권 문제 제기와 그에 대한 미국 행정부의 적극적인 태도, 그리고 무엇보다 공산진영 내에서 헬싱키 협정의 인권 원칙에 힘입은 자유화운동이 일어났다.[26] 그에 대해 공산진영 정부는 서방진영과 갈등을 벌이는 한

---

25) Jervis (1982), p. 358.

26) Thomas (2001).

편, 대내적으로는 인권 탄압과 일시적 양보를 거듭하면서도 헬싱키 프로세스를 이탈하지 못하였다. 베오그라드 후속회의에서의 인권 논쟁과 마드리드 후속회의에서의 노조활동의 자유를 수용한 사실도 그런 맥락에서 파악할 수 있다.27) 특히 마드리드 회의는 인권문제에 관한 동서 양 진영의 입장 차이를 줄이는 노력의 하나로 인권과 인적 접촉을 구분하여 먼저 인적 접촉을 추진하기로 하여 인도적 문제 해결에 성과를 가져오기 시작하였고,28) 그것은 이후 인권문제에 관한 진영 간 입장 차이를 줄이는 발판이 되었다.

결국 인권문제가 체제 간 갈등 요소가 아니라 범유럽안보협력을 제도화해 가는 공동 규범으로 발전하게 된 것은 소련의 개혁개방정책에 힘입었다. 그러나 그것이 가능했던 것은 헬싱키 프로세스가 공산진영에 미친 영향을 빼놓고는 말하기 어렵다는 점에서, 여기서도 제도와 행위자 간 상호작용을 발견할 수 있다. 물론 공산진영이 서방 측의 인권 문제제기에 처음에는 억압 및 부인(반발)하다가 점차 전술적 양보(적응)와 전면적 수용(순응)으로 그 입장을 변경시킨 배경에는 권력정치 및 이익정치의 영향도 작용하였다. 그러나 공산진영이 인권을 체제를 초월한 유럽 전체의 규범으로 수용한 이후 인권 규범은 반전평화의식과 함께 범유럽안보협력의 제도화에 능동적인 역할을 하였다고 볼 수 있다. 고르바초프 집권 이후 소련은 인권을 보편규범으로 수용하였고 CSCE 인권회의를 주최하겠다고 나설 정도였다.

이상 세 가지 거시적 요인들이 유럽안보협력의 제도화에 각각 기여하였다고 볼 수 있는데, 여기서 그 상대적인 크기와 상호관계에 대

---

27) 이장희 (1989), p. 52.

28) 김병로, 『북한인권문제와 국제협력』 (서울: 민족통일연구원, 1997), pp. 40-42.

한 분석까지 나아가지는 못하고 있다. 다만, 각 요인은 유럽안보협력의 제도화 과정의 각 단계에서 상대적으로 큰 영향을 미쳤다고 말할 수 있다. 권력정치 요인은 안보협력의 형성과 제도화의 기본 토대로서, 이익정치 요인은 장기적 이익 및 안정적 이익 달성에 대한 기대를 바탕으로 CSCE가 OSCE로 나아가는 연결고리로서, 규범 요인은 안보협력의 제도화를 안착시키는 데 각각 기여하였다. 그 결과 C/OSCE 참여국들은 불안정하고 긴 제도화 과정을 이탈하지 않고 공동의 규칙을 형성 및 확대하고 그 이행에 동참하였다. 이것은 유럽안보협력체제의 발전 과정이 국제질서 변화에 수동적으로 반응하지 않고 그 발전의 동력을 자체 확보하며 능동적으로 대응하였음을 보여주고 있다. 이상과 같은 요인들의 복합적인 상호작용하에 헬싱키 프로세스는 역동적이고 자기교정 하는 면모를 보이며[29] 자신을 강화하는 제도화의 길을 걸어갔다.

Ⅳ. 유럽 안보협력 경험과 동북아 적용

이상 유럽안보협력체제의 발전과정에서 찾아본 특징 및 한계, 그리고 발전 요인을 염두에 두고, Ⅳ에서는 동북아 안보협력 현황을 평가한 후 이 둘을 고려하여 동북아에 알맞은 안보협력의 방향과 과제를 생각해보고자 한다.

---

29) John Fry, *The Helsinki Process: Negotiating Security and Cooperation in Europe* (honolulu: University Press of the Pacific, 1993), p. 170.

1. 동북아 안보협력의 현황

동북아 안보협력체제 형성과 관련한 논의는 크게 두 가지 측면으로 나누어 생각해볼 수 있을 것이다. 그 하나는 현 동북아 안보환경이 지역안보협력체제 형성에 미치는 영향이고, 다른 하나는 지금까지 역내 다자안보협력 시도에 대한 평가 작업이다.

동북아의 안보환경은 역내 안보협력체제 구축에 기회와 제약을 동시에 던져주고 있다고 할 수 있겠으나,[30] 양 측면 사이의 상대적 우위를 생각해볼 필요가 있다. 기회요인으로 거론할 수 있는 것은 탈냉전 세계화 시대의 안보환경이 주는 특징과 관련이 있다. 즉, 안보개념이 경제·환경·인권·보건 등 그 범위가 확장되고 있고, 초국가적이고 비전통적인 새로운 안보 위협요인들은 초국적 차원의 협력의 필요성을 제고시킨다. 동북아시아도 이러한 안보협력의 과제를 안고 있다. 동시에 동북아시아는 세계 최고의 경제성장률을 자랑하며 경제적 상호의존이 높아지는 가운데 적어도 경제 분야에서는 APEC, ASEAN+3 등으로 지역 협력이 제도화 단계로 접어들고 있다.

그러나 이상과 같은 기회요인은 세계화 시대 국제질서의 특징 중 긍정적 혹은 희망적 측면만을 강조한다는 비판에 직면할 수 있다. 탈냉전시대의 국제환경은 그런 긍정적 요소들과 함께 이념적 대결을 대체하는 새로운 갈등요인의 대두와 그로 인한 국제질서의 불확실성 등 부정적 요소들이 공존하고 있다는 것이다. 기회 요인을 강조하는 논의에 대한 또 하나의 비판은 기회요인으로 제시되는 탈냉전의 국

---

30) 지효근, "동북아 다자안보협의체 구성 방안에 관한 연구: 유럽안보협력회의와 아세안 지역포럼 사례를 중심으로", 『군사논단』 제51호 (2007), pp. 127-132.

제환경이 모든 지역에 동일한 수준과 방식으로 나타나지는 않는다는 점이다. 가령 동북아는 유럽과 비교할 때 고위정치(high politics) 현상이 우세하기 때문에 경제적 상호의존이 지역의 안보협력을 견인할 것인지 단정하기 어렵다. 여기에 유럽보다 훨씬 복잡한 동북아의 지정학, 영토 및 역사적 갈등 요인, 그리고 미흡한 공통의 행위 규범 속에서 경제적 상호의존이 파급효과를 일으켜 다자안보협력을 형성해낼지는 낙관하기 어렵다.[31]

유럽과 동북아시아의 안보환경 차이의 저변에는 ① 국제정치구조, 즉 냉전질서 해체가 두 지역에 미친 영향의 차이, ② 유럽이 탈근대로 이행하는 단계라 한다면, 동북아는 근대로의 이행, 근대화, 탈근대화의 삼중 과제를 안고 있고, ③ 평화, 인권 같은 초국가적 규범의 공유 및 문화적 동질성의 정도에서 차이 등 거시 역사적인 맥락의 차이가 자리하고 있다.

다음으로 동북아 안보협력 논의 및 추진 상황을 살펴보자. 이들 사례는 제안과 실행으로 구분하여 논의하는 것이 유용할 것이다. 제안에 머무른 예는 한국정부가 제안한 동북아안보대화(NEASeD)이다. 1994년 5월 한국정부 대표가 방콕에서 열린 아세안지역포럼(ARF) 고위관리회의(SOM)에서 이 대화를 공식 제의하여 북한의 대량살상무기 개발, 영토 분쟁 등 역내 긴장요인의 해소를 목적으로 제안되었으나, 북한을 제외하고 있었기 때문에 북한의 반대로 출범하지 못하였다. 이외에도 동북아와 관련한 안보협력 구상은 1990년 호주의 에반스 외무장관과 캐나다 정부의 아시아안보협력회의(CSCA) 및 북태평

---

31) 김유남 · 노병렬, "동북아 안보레짐의 형성 및 가능성: 다자간 안보협의체와의 상호보완성 연구", 『국제정치논총』 제39집 1호 (1999), pp. 159-160, 167 참조.

양안보협력대화(NPCSD) 제안도 있었다.

한편, 현재 실행되고 있는 안보협력협의체는 여러 가지가 있다. 그 중 정부 간 협의체로 상하이협력기구(SCO), 6자회담, 그리고 아세안 지역포럼(ARF)을 꼽을 수 있고, 반관반민의 1.5 트랙 기구와 비정부 기구도 존재한다.32)

정부 간 기구의 하나인 상하이협력기구(SCO)는 1996년 상해에서 중국, 러시아, 카자흐스탄, 키르키스스탄, 타지키스탄 등 5개국 정상들이 참여국간 국경 문제 해결을 위해 모인 것을 계기로 하여 2001년 6월 다자협력 기구로 발족되었다. 현재 우즈베키스탄을 포함한 6개국이 회원국이고 인도 등 4개국이 참관국이다. SCO는 참여국 간 상호 신뢰 및 선린관계 강화, 포괄적 범위에서 상호협력 증진, 역내 평화와 안정 도모 등 3대 목표를 갖고 있고 정상회의, 각료회의 그리고 조정회의를 개최하여 효율적인 운영을 기하고 있다.33) 그러나 SCO는 설립 시점과 배경을 고려할 때 중국의 대미 견제전략의 성격이 짙고 대륙권 국가 간의 협력기구여서 역내 전체 안보협력체로 발전하기에는 한계를 안고 있다.

한반도 비핵화를 기본 목표로 하고 있는 6자회담은 2003년부터 열린 동북아 차원의 정부 간 안보협력협의체이다. 남북한, 미국, 중국, 일본, 러시아 대표들이 비정기적으로 회동하면서 본회담, 수석대표회담, 그리고 실무그룹회의를 운영하고 있다. 특히 6자회담은 2007년 '9·19공동성명 이행을 위한 초기조치(소위 2·13 합의)'를 통해 '동북

---

32) 백종천, 『한반도 평화안보론』(성남: 세종연구소, 2006), pp. 450-475; 조성렬, 『한반도 평화체제: 한반도 비핵화와 북한체제의 전망』(파주: 푸른나무, 2007), pp. 79-86, 96-104.

33) 상하이협력기구 홈페이지 http://www.sectsco.org/EN/ (검색일: 2009. 5. 30).

아 평화·안보체제' 실무그룹을 구성하기로 하고 2009년 5월 말 현재까지 3차례 회의를 갖고 '동북아 평화·안보에 관한 기본원칙'이라는 제하의 선언문 채택을 준비해왔다. 6자회담은 강력한 제안국, 호스트 국가, 다자 참여, 의제 확대 가능성 등을 고려할 때 지역안보협력체제로 발전할 가능성이 열려 있다고 할 수 있다.[34] 그러나 6자회담은 처음부터 북한 핵문제 해결에 초점을 둔 협의체이고 북한과 미국의 관계에 크게 의존하고 있어 아직까지 다자안보협력체로서의 전망은 불투명한 상태이다.

마지막으로 ARF는 1994년 발족 이래 사무국을 갖고 정기회의를 개최하면서 지금까지 계속 열리고 있는 아태지역 차원의 정부 간 안보협력체이다. 2009년 5월 말 현재 27개국이 가입하고 있는데 6자회담 참가국과 유럽연합, 호주도 참가하고 있다. ARF는 공동의 안보관심사에 대한 건설적인 대화 증진, 역내 신뢰구축 및 예방외교 노력을 목표로 하고 있다. ARF는 비록 느슨한 협의체이지만 다음과 같은 점들을 감안할 때 낮은 수준의 제도화 단계에 들어선 기구라 할 수 있다: ① 연례 외무장관회담 개최, 사무국 운영, ② 신뢰구축, 평화유지 활동, 반테러, 비확산, 재난구호, 해양안보 등 12개 주제별 회의 운영, ③ 회원국들의 기존 합의 준수 의무 등[35] ARF가 6자회담보다 지역안보협력체제로 발전할 가능성이 더 높다는 주장은 ARF가 광범위한 참가국과 참가국 간 균등성, 의제의 포괄성, 지속성, 점진주의적 접근 등을 근거로 꼽을 수 있다.[36]

---

34) 홍기준 (2007), p. 14; OSCE 대변인 네서키와의 인터뷰 내용(비엔나, 2008. 5. 26).

35) ARF 현황은 이 기구 홈페이지 참조.
   http://www.aseanregionalforum.org/AboutUs/tabid/57/Default.aspx (검색일: 2009. 5. 30).

36) 비엔나대학 프랑크 교수와의 인터뷰 내용(비엔나, 2008. 5. 26).

동북아협력대화(NEACD)는 남북한, 미국, 일본, 중국, 러시아의 외무·국방부 간부와 민간 학자들이 개인 자격으로 참가하여 지역안보를 중심으로 정치, 경제문제를 논의하기 위해 지난 1993년 출범한 반관반민 성격의 비정부간 안보협의체이다. NEACD는 동북아 차원의 안보협력 방안을 교류하고 각국의 정책에 전달할 수 있으나 다른 안보협력 협의체와 같이 협의 결과에 대한 실천력은 미흡하다. 아태안보협력이사회(CSCAP)도 정부 관리와 전문가들이 참여하는 1.5트랙의 협의기구로서 아태지역 전체의 광범위한 안보사안에 대한 현황 및 해결방안을 교류한다. 그런데 CSCAP는 비록 실행기구는 아니지만 신뢰안보구축조치, 해양안보, 초국가적 범죄 등에 관한 연구 결과를 ARF에 자문하면서 아태지역의 안보문제 논의에 자문 역할을 담당하는 식으로 역내 정부 간 안보협력체와 관계를 맺고 있다.

이상의 현황을 통해 동북아 국가들이 관여하는 안보협력 노력은 제도화의 측면에서 볼 때 걸음마 단계를 벗어나지 못하고 있음을 알 수 있다. 전반적으로 현재까지 동북아는 안보협력의 제도화로 진입할 '결정적 국면'을 맞이하지 못하고 있다. 위에서 살펴본 안보협력체들은 대부분 구속력이 낮고 합의 수준도 제한적이다. 또 제안 수준에서 그치거나 4자회담과 같이 단명한 경우도 있다. 이런 점들은 동북아시아는 아직 유럽안보협력체의 경험에 비추어볼 때 제도화 단계 이전의 형성 단계에 있음을 알 수 있다.

그럼에도 위 사례 중 6자회담과 ARF는 주목할 만하다. ARF가 낮은 수준의 제도화 단계를 보이고 있고 6자회담이 그런 잠재성을 갖고 있다. 6자회담은 동북아 차원의 안보협력협의체이고 북핵을 넘어 역내 안보협력의 길을 열어놓고 있다는 점에서, ARF는 광범위한 참여 및 의제를 바탕으로 점진적인 발전을 추구하고 있다는 점에서 유럽 안보협력체제의 초기 경험을 상기시켜 주고 있다. 여기서 관건은 의제의 포괄성, 운용의 유연성, 그리고 합의사항의 이행을 보장할 행동준칙(Code of Conduct)의 수립 여부이다. 2000년대 들어 동북아 각국은 다자안보협력에 원칙적으로 반대하지 않으나 실제 적극적인 자세를 취하는 나라는 많지 않다. 이런 점들을 종합적으로 고려할 때 동북아에서 안보협력체가 등장할 필요는 있다 하겠지만 그 실현가능성은 중단기(5년 이내)적으로는 희박해 보인다. 그렇다면 동북아식 안보협력체는 어떻게 수립할 수 있을까? 거기에 유럽의 경험은 어떤 교훈을 줄 수 있을까?

2. 동북아 안보협력의 방향과 과제

1) 방향: 유럽 사례의 선별 적용

동북아 안보협력체를 구상할 때 참가국은 남한과 북한, 일본, 중국, 러시아, 미국, 그리고 몽골 등 7개국이 적절할 것이다. 물론 동북아안보협력을 ARF를 통해 아태지역 안보협력의 일부로 접근할 수도 있겠지만, 6자회담이 동북아 안보협력을 모색하고 있기 때문에 역내 구상이 필요하고 또 가능하다고 판단된다. 사실 동북아에 4대 강대국이 포함되어 있고 역내 안보문제들이 적지 않다는 점에서 동북아 차원의 안보협력체 구상은 그 의미가 크다 하겠다.

그렇다면 동북아 안보협력을 추구함에 있어서, 그리고 동북아와 유럽의 안보환경의 차이 속에서 유럽의 경험 중 무엇을, 어떻게 반영할 수 있을까? 그 답의 힌트가 이 질문 속에서 담겨 있는지도 모른다.

유럽의 경험은 동북아의 안보환경을 고려하여 제한적으로 수용하고, 거기에 동북아의 맥락을 반영한 합리적 방법을 추구하는 것이 타당할 것이다.

C/OSCE의 사례를 다른 지역에 적용할 수 있는 교훈은 정치적·군사적 신뢰구축과 군비통제, 그리고 포괄적 협력을 선순환 관계하에 추진하여 안보 레짐을 형성할 수 있다는 것이다.[37) 이를 전제로 하면서도 C/OSCE 경험을 동북아에 적용할 때 제한적으로 수용한다는 것은 CSCE 형성기와 현 동북아의 맥락이 유사점과 차이점을 모두 갖고 있기 때문이다. 구체적으로 C/OSCE 특징 중 점진주의는 동북아 안보협력 구상에도 적용할 수 있는 원칙이라 하겠다. CSCE가 준비기간을 거쳐 발족하고 제도화의 기틀을 닦아간 것이 냉전시기여서 의제 선정에서 많은 시간과 논란이 있었고, 또 논의사항에 대한 합의 수준과 이행의 구속력이 낮았던 것이 사실이다. 오늘날 동북아에는 역사인식, 안보관, 영토문제, 동맹관계 등 다양한 이유로 신뢰가 낮은 수준이고, 역내 공동 행동의 경험도 낮은 편이다. 그러므로 유럽의 경험과 마찬가지로 지역안보협력 시도는 실현가능한 범위에서 출발하여 점진적으로 나아가는 접근이 필요하다. 그 과정에서 쟁점이 되는 문제는 합의를 무리하게 추진하기보다는 별도의 관련 회담을 열어 심도 있는 토론을 거치거나, 전문가들 간 협의를 먼저 갖는 운영의 유연성도 교훈으로 삼을 수 있다.

반면, 유럽안보협력체제의 경험 중 이슈의 포괄성과 연계 접근은 쉽게 도입하기 어려운 측면이라 할 수 있다. 가령, 6자회담에서 참가

---

37) 홍기준 (1998), pp. 65-90.

국 어느 나라도 민주주의나 인권 문제를 회담 의제로 요구하지 않고 있다.38) 6자회담은 한반도 비핵화를 일차적 목표로 삼고 있다. 물론 일부 인사와 비정부기구들(NGOs)이 CSCE의 사례를 근거로 북한인 권문제를 6자회담 나아가 유엔 안전보장이사회 의제에 포함시킬 것을 주장하고 있다.39) 그러나 동북아의 높은 정치적·군사적 불신과 체제 간 이질성을 고려하여 주권 인정, 신뢰구축, 공동안보와 경제·과학기술 등 CSCE상의 바스켓 Ⅰ, Ⅱ 분야를 다자안보협력기구에서 먼저 다루되, 바스켓 Ⅲ 분야는 쌍무적 관계나 세계적 차원의 다자틀(가령 유엔), 혹은 역내 별도의 협의기구를 만들어 풀어가는 것이 적합할 것이다.40) ARF가 느슨하고 낮은 수준의 기구인 점을 반영하여 신뢰구축과 공동안보에 높은 관심을 두고 있는 것도 이런 맥락에서 이해할 수 있다. 또 만약 참여국들의 원칙적인 동의하에 추가적인 사안이 다뤄진다면 그것은 기존의 사안들과 연계하지 아니하고 병행 접근함이 관련국 간의 협력과 해당 사안의 해결에 유용할 것이다. 이것은 6자회담에서 북한의 핵 포기와 북한의 관심사(관계정상화, 대외 경제협력 등)의 해결, "5개 실무그룹"41)의 운용에 관해 상호 연계가 아니라 "상호 조율된 조치"를 취해나가기로 합의한 것에서도 알 수 있다.

다음으로 동북아의 맥락을 반영한 합리적 방법이란 복수의 다자주

---

38) 1차 6자회담 미국측 수석대표 켈리(James Kelly)는 기조연설에서 북한인권문제를 거론한 적이 있다.

39) Robertta Cohen, "Talking Human Rights with North Korea", *Washington Post*, August 30, 2004; http://hrw.org/english/docs/2006/09/16/nkorea14198.htm (검색일: 2009. 2. 25).

40) 조성렬 (2007), pp. 111-112. 이에 대해 인권문제가 "동북아 안보협력에서 피할 수 없는 핵심의제로 등장할 가능성이 매우 높다"는 전망도 있다. 홍기준 (2007), pp. 14-15.

41) 6자회담 내 5개 실무그룹은 각각 한반도 비핵화, 북·미 관계정상화, 북·일 관계정상화, 경제 및 에너지 협력, 동북아 평화·안보체제를 다룬다.

의를 혼용하는 것을 말한다. 지역안보협력체제가 지역 차원의 다자주의의 한 유형이라고 한다면 동북아 안보협력체제는 지역적 다자주의를 기본으로 세계적 다자주의와 양자적 다자주의를 적절히 배합하여 추진함이 효과적이라고 볼 수 있다. 여기서 세계적 다자주의와 양자적 다자주의는 지역적 다자주의를 보완하는 역할을 수행할 수 있다. 동북아 안보협력체제 구상에서 세계적 다자주의는 국제기구 혹은 역외 국가가 '정직한 중재자' 혹은 촉진자 역할을 수행할 수 있고, 양자적 다자주의란 지역안보협력체제 내에서 양국관계의 미래나 영토 등 주요 상호 관심사를 쌍무회담으로 해결할 수 있다는 것이다. 그런 점에서 동북아 안보협력체제는 개방적·중층적 다자주의를 채택하는 것이다. 실제 ARF에 유럽연합이 회원으로 참가하고 있고, ARF는 물론 6자회담에서도 양자회담이 열리는 것은 동북아식 안보협력체제의 일단을 예시(豫示)해 주고 있는지도 모른다.

2) 당면과제: 동북아식 안보협력체제의 조건 조성

앞에서 살펴본 유럽안보협력의 형성 요인을 적용하여 동북아의 안보협력의 단계와 과제를 생각해 보자. 먼저, 국제적 환경과 관련하여 동북아에서 가장 고립되어 있는 북한이 2000년대 들어 국제사회와의 접촉을 확대하고 있다. 대북 인도적 지원과 북핵문제를 둘러싼 북한과 국제사회의 접촉을 비롯해 북한의 전방위 외교, 탈북자를 포함한 북한인들의 해외 접촉 증가, 북미·북일관계 정상화 논의가 그 요소들이다. 그러나 북한과 국제사회의 접촉은 매우 불안정하고 제한적인 수준을 넘지 못하고 있다. 둘째, 그렇기 때문에 1970년대 초 유럽에서 나타났던 양자적·다자적 방식을 통한 진영 간 안보딜레마 극복 노력은 동북아에서 발견할 수 없다.

셋째, 경쟁·대립관계에 있는 강대국간 전략적 선택 및 타협이 동북아에서도 나타나는지를 살펴보아야 할 것이다. 이 점도 낙관하기 어렵다. 물론 과거 유럽과 오늘날 동북아는 세력균형을 다 같이 유지하고 있지만 동북아는 균형의 제도화가 부재하고 각국의 이해관계를 지역차원에서 균형적으로 보장하거나 조정하는 기제가 존재하지 않는다.

넷째, CSCE 형성의 또 다른 조건으로 언급한 동질적인 지역문화 혹은 반전평화 규범도 동북아에서 높다고 보기 어렵다. 이런 조건들이 동북아의 안보협력체 구축의 제약요인으로 작용하고 있는바, 이를 고려할 때 이 지역에서의 안보협력체의 설립 자체를 당면과제로 볼 수는 없다. 사실 CSCE가 출범을 하는 데에도 오랜 시간에 걸쳐 동서양 진영 간의 관계개선 및 미소 간 긴장완화 노력이 밑거름이 되었다. 따라서 현 단계에서 동북아 안보협력체 구축을 시도하는 것은 비현실적이고 오히려 그 조건을 조성하는 일이 현실적이다. 다음에서는 동북아식 안보협력체제 구축과 관련한 사항을 선행과제와 구축 방식 등 두 측면에서 살펴보고자 한다.

동북아 안보협력체제 구축을 위한 선행 필요조건으로서 역내 국가들이 공동으로 관심을 가질 문제에 대해 살펴보자. 이와 관련해서는 먼저, 군사훈련 사전통보 및 참관, 군사력에 대한 투명성의 확대 등을 통해 역내 신뢰구축 노력이 가능할 것이다. 유럽에서도 CSCE 다자준비회담이 열린 1972년에 곧바로 신뢰구축 조치가 실행되지는 않았다. 물론 헬싱키 협정 채택 이후 몇 차례 신뢰구축조치가 이행되었으나 별도의 CDE 개최를 통해 전반적인 군비통제로 나아가는 데는 많은 시간이 필요하였다. 동북아에서도 가령 6자회담 동북아 평화·안보 체제 실무그룹 회의가 자율적으로 운영돼 신뢰구축 방안에 합의하고 가능한 수준에서 이행을 시도하는 방안을 검토해볼 만하다.

또 역내 일부 국가들 사이의 영토문제 해결 및 적대관계 청산 문제 이다. CSCE의 형성 시기에 서독은 소련, 폴란드, 체코슬로바키아와 불가침 및 국경선 문제 해결에 합의하고 프랑스와 함께 공산국가들 과 관계개선에 나섰다. 유럽 내 동서 양 진영 간 관계개선은 미소 관 계개선에도 영향을 미쳤다. 현재 동북아에는 전쟁을 치루고 적대관계 로 남아있는 국가들이 있고, 외교관계가 있어도 영토문제와 군비경쟁 으로 우호관계가 정착되지 않은 경우도 있다. 특히 6자회담이 역내 안보협력체제로 발전할 가능성은 북핵문제와 북한의 안보상 요구의 동시 해결에서 찾을 수 있을 것이다. 실제 CSCE의 성립과정을 비추 어 볼 때 한반도 정전체제의 청산과 적성국간 관계정상화가 지역안 보협력체제를 조성해나가는 데 필수적인 선결과제라고 말할 수 있다. 그리고 한국과 일본, 중국과 일본, 러시아와 일본, 중국과 베트남 등 영토문제가 양국관계는 물론 역내 안보협력체 추진에 앞서 해결해야 할 주요 과제들이다.

마지막으로 역내 공동번영에 기여할 관심사 발굴과 그에 대한 공 동 협력의 기회를 확대시키는 일이다. 이와 관련해서는 논의될 내용 이 상당히 광범위하다. C/OSCE나 ARF의 경험에서 보는 바와 같이, 체제전환국의 민주 정착지원 사업과 역내 저발전국가의 경제협력, 혹 은 해상안보 등 인간안보 문제에서의 협력을 추진할 수 있다.

요컨대 동북아 안보협력체제는 동북아의 환경을 고려할 때 단기적 으로 가능하지 않기 때문에 이를 무리하게 추진하는 것은 바람직하

지 않다. 그렇다고 지역안보협력체제 무용론을 주장하는 것도 역편향
이다. 동북아 안보환경의 특수성을 고려하여 동북아식 안보협력체제
를 구상하고 거기에 기여할 유럽의 경험을 취사선택하는 자세가 필
요하다.

V. 교훈과 시사점

유럽안보협력체제, 구체적으로 C/OSCE의 경험에서 두 가지 일반
적 교훈을 얻을 수 있었다. 그중 하나는 역내 공동번영과 평화는 주
어진 지역 국제질서의 현상유지 속에서 추구할 수 있다는 사실이다.
동북아지역에서 군사안보분야를 비롯한 쌍무적 관계는 이 지역의 안
보협력체제를 모색해가는 과정에서도 쉽사리 사라지지 않을 것이다.
냉전기 유럽에서도 동서 진영 간 대립과 진영 내 동맹관계는 냉전 해
체까지, 나아가 NATO는 그 이후에도 유지되고 있다. C/OSCE는 주권
존중 및 평등을 전제로 전후 질서를 유지하는 가운데 공동이익 증진
을 추진해왔다. 따라서 지역 안보협력체제를 추진한다는 명분으로 기
존의 동맹관계를 약화하거나 타 다자안보기구를 훼손하는 일은 경계
할 바이다. 따라서 동북아 안보협력체 구상 역시 역내 타 안보기구와
의 조화를 이루면서 적절한 역할분담 하에 고유 임무를 설정하는 것
이 효과적일 것이다.

다른 하나의 교훈은 지역안보협력체제의 일차적 참여자는 정부기
구가 타당할 것이라는 점이다. 동북아의 공동번영과 평화정착을 위해
서는 무엇보다 정치군사적 적대관계의 해소가 전제되어야 한다. 그렇

다면 동북아 안보협력체제는 기본적으로 각국 정부 대표로 구성하는 것이 효과적이다. 물론 그렇다고 비정부기구(트랙 Ⅱ)나 1.5트랙의 감시자 혹은 중재자의 역할을 무시할 수 없다. 헬싱키 협정 체결 이후 CSBMs 합의 및 이행과 공산진영의 인권 개선 과정에서 전문가와 비정부기구의 역할, 그리고 동북아에서 CSCAP의 ARF 정책자문 기능이 그 예이다. 더욱이 다양한 초국가적 및 비전통적 안보 위협에 공동 대처하려면 국가 단위를 넘어 정부와 비정부기구의 협력이 필요불가결하다.

본론에서 유럽 안보협력체제의 발전과정이 동북아시아에 그대로 적용하기는 힘들다고 말하였다. 국제질서, 역내 국가 간 관계, 안보관, 안보정책 등 여러 차원에서 과거 유럽의 안보환경과 현 동북아 안보환경 사이에는 많은 차이가 가로 놓여 있다. 냉전체제 후에도 동북아에서는 냉전의 유산이 엄존한 상태에서 동맹중심의 양자관계가 지배적이고, 세계 최대의 군비경쟁과 일부 국가 간 적대관계와 영토 분쟁이 지속되고 있다. 물론 이런 차이가 동북아에서 안보협력체제가 불가능하다는 것으로 받아들일 필요는 없다. CSCE가 냉전 대결 구도하에서 진행되었다는 점에서 볼 때 대립과 경쟁 구도 하의 동북아에서도 지역안보협력체제 모색은 불가능하지 않다. 따라서 적절한 논의방향은 동북아에 알맞은 안보협력체제의 성격과 과제는 무엇인가 하는 질문이다. 이에 대한 시론적 논의를 Ⅳ장에서 해 보았다. 본론의 분석 결과에 따르면 C/OSCE 사례에서 얻을 수 구체적인 교훈은 운영원칙으로서 점진주의, 주요 과제로서 역내 신뢰조성과 양자 간 적대관계 청산임을 알 수 있었다. 요컨대 동북아식 안보협력체는 민감하고 복잡한 역내 안보 현실을 고려할 때 유럽의 경험과 달리 초기 논의 범위는 제한적일 수 있고, 현 단계는 안보협력체 형성의 조건을 조성하는 것이 과제라 할 수 있다.

이상과 같은 분석 결과가 한국에 줄 수 있는 시사점을 두 가지만 생각해보고 결론을 대신하고자 한다. 하나는 남북 상생과 한반도 평화정착을 목표로 하는 대북정책이고, 다른 하나는 동북아 안보협력체제를 도모하는 선린외교이다. 첫째 과제는 서독의 '동방정책'에서 얻은 시사점으로 주로 남북관계를 통해 추진할 수 있다. 여기서 남북관계 개선이 역내안보협력체 추진과정에서 한국의 입지를 제고하는 데도 유용할 것이다. 둘째 과제는 C/OSCE 사례에서 비동맹중립국가군의 중재외교에서 얻은 시사점으로서, 한미동맹관계 유지를 전제로 주변 4강과의 선린외교를 통해 추진할 수 있다. 여기에 6자회담과 ARF는 이 두 과제 모두를 위해 활용할 수 있는 외교채널이고, 특히 6자회담은 동북아 안보협력의 모체가 될 수도 있다는 점에서 한국의 장기비전이 필요하다. 이 두 과제는 선후, 경중의 문제가 아니라 상호 조율하여 병행 추진할 때 시너지 효과를 가질 수 있다. 그런 점에서 남북관계 개선, 북한과 미국, 일본의 관계정상화, 한반도 평화체제 구축은 동북아 안보협력체제의 필수조건이라 할 수 있다. 이것은 CSCE가 등장하기까지 적대 국가 간 관계개선과 역내 긴장완화 조치가 추진된 역사적 경험과 일치한다.

제12장

한반도 평화정착과 평화통일의 길

박경서

한반도의 오늘을 보면서 필자는 우리 앞에 전개되는 상황이 안타까워 다음 몇 가지를 묵상해 본다. 이러한 묵상으로 오늘 강의를 시작하고자 한다.

I. 첫 번째 이야기

2000년 제55차 유엔(UN) 총회는 당시 남과 북이 합의한 5개 조항의 화해 협력을 위한 문서(6·15공동선언)를 192개 회원 국가들의 만장일치로 찬성하였고, 7년 후 필자가 참석했던 2007년 제62차 유엔 총회에서는 다시 한 번 남과 북이 합의한 8개 조항의 남과 북의 평화 번영과 협력을 다룬 문서(남북정상선언)를 다시 한 번 192개 유엔 회원국들이 만장일치로 통과시켰다.

이러한 국제적인 응답에 2000년부터 시작되어 11년이 지난 오늘의 남과 북의 관계는 다시 살얼음 위를 아슬아슬하게 걸어 다니는 것처럼 불안하고 위험한 대치국면으로 치닫고 있다. 왜 우리는 이것밖에 되지 못할까 하는 자조감을 금할 수가 없다. 이유야 여러 가지가 있겠지만, 그중 두드러진 이유는 남과 북의 문제가 정권 차원에서 좌지우지되면서 일관성이 결여된 채 변화부침(變化浮沈) 해왔으며 여와 야가 협력을 하지 않기 때문이다. 그래서 국제적으로 혼란을 초래하면서 세계를 어리둥절하게 하고 있는 것이다. 이러한 대치국면을 치닫고 있는 바람직하지 못한 상황을 풀기 위해 몇 가지 시사점을 주는 나라는 역시 독일의 경험이다.

우리가 잘 아는 대로 독일은 우리와 함께 2차 세계대전이 끝나는 해에 전범국가가 되어 동서독으로 분단되었다. 그러나 1970년 당시 서독 수상이며 1973년 노벨평화상 수상자인 빌리 브란트(Billy Brandt) 박사는 반대입장의 영국과 프랑스를 "우리 동서독의 화해와 협력은 공산진영 동유럽과 민주진영인 서유럽의 협력과 화해를 이끌어 내기 위함"이라고 설득하며 동방정책(Ost Politik)을 전개하여 동독과의 화해와 협력을 이끌어냈다. 마침내 그는 1970년 동독의 에르푸르트(Erfurt)에서 동독 수상인 빌리 스토프(Willi Stopf)와 최초의 동서독 정상회담을 성공리에 마친 후 동년 8월에 서독의 카젤(Kassel)에서 2차 동서독 정상회담에서 기본조약(Grund Vertrag)을 양독 합의로 서명하고, 1975년 헬싱키에서 헬싱키 프로세스의 일환으로 동서독 불가침 조약을 35개국의 합의하에 서명하고, 1990년 10월 3일 분단 45년 만에 통일을 이루었다.

독일 통일과정에서 배울 수 있는 두드러진 교훈은, 서독의 경우 정권을 초월해서 통일정책을 지속성 있게 다루어졌고 이를 여당과 야당이 공유했다는 사실이다. 우리의 경우 정권이 바뀌면 과거의 모든 것은 무효이며 다시 시작해야 한다고 하거나, 어제의 여는 나몰라라 하고 어제의 야는 이제 우리가 다시 시작한다고 법석이니 국력의 소모는 차치하더라도 국제적인 신의를 스스로 저버리는 결과를 낳고 있다.

Ⅱ. 두 번째 이야기

인도주의 원칙에 입각한 식량원조이다. 국제적십자운동의 창시자 앙리 뒤낭(Henry Dunnant)은 제네바 조약(Geneva Convention)의 창시자이다. 그는 실업가로서 1855년 당시 이탈리아 북부 솔페르노 지역에서 이탈리아의 피아몬테(Piemonte) 공화국과 오스트리아의 합스부르크가의 전투에서 부상병 치료가 돈을 더 버는 문제보다 훨씬 더 중요하다고 느껴 프랑스와 오스트리아 부상병들의 치료에 힘썼다. 그후 그는 1862년에 쓴 일기책 "솔페리노의 회상"을 강대국의 대통령에게 보내 전쟁은 어느 경우도 피해야 하지만 불가항력으로 일어난 경우 부상병을 치유하는 의사와 간호사의 권리는 보장되어야 한다는 적십자정신을 창시하였다. 그 후 제네바조약은 더욱 발전해 육상, 해상, 그리고 포로들의 인권까지 포함하게 된다. 이 정신은 유엔의 기저이념이 되었고 진정한 평화를 말하거나 몇몇 국가들이 분쟁 상황에서 평화정착을 추진할 때의 가이드라인 역할을 하고 있다. 이 적십자운동의 원칙들은 인도주의, 불편부당성, 중립성, 독립성, 자발적 봉사, 하나의 운동, 만인 공유성으로 그 고유한 가치를 인정받고 있다. 한 나라의 적십자운동은 정치적인 역학관계에서 자유로워야 한다. 적십자사가 독립성과 중립성을 유지하느냐, 그렇지 않느냐가 그 나라의 선진 척도를 가늠하기 때문이다. 북미와 서구 국가들의 적십자운동이 정치권이 하지 못하는 화해의 사도로써 칭송받는 반면 개발도상국들의 적십자사가 정치권의 하수인으로 전락해 많은 원망을 듣는 이유도 여기에 있다.

아무리 미운 정권이지만 굶어 죽어 가는 북녘에는 식량이 지원되어야 한다. 이것이 인도주의 법이다. 선진국 도약에 진입하려고 애쓰고 있는 우리나라의 체통이 말이 아니다. 한국 적십자사는 무엇을 하는지 묻고 싶다. 정권 차원에서는 북이 이해가 안 되는 일을 하고 있어서 대치상황이 계속되고 있다하더라도, 그곳에서 태어난 죄밖에 없는 동포, 우리와 같은 피를 나누었고, 같은 얼굴을 가진 동포가 굶어 죽고 있는데 한국 적십자사는 인도주의 원칙에 입각한 식량 원조에 앞장서야 하지 않을까! 앙리 뒤낭의 그 숭고한 인간애는 남과 북 어느 적십자사에도 찾기가 힘들다. 북한의 적십자사에서는 도저히 기대할 수 없다손치더라도 남한은 달라야 하지 않을까?

Ⅲ. 세 번째 이야기

필자는 요즈음 통일부가 국방부나 외교통상부의 일을 하고 있지 않나 느끼고 있다. 통일을 못하게 하는 부서, 즉 반통일부가 아닌가 한다. 독일 통일 과정에서 우리의 통일부에 해당하는 독일의 양독성 (Ministerium fuer Innere Beziehung)은 전체 과정에서 여당 속의 야당이었지만 국민은 그것을 잘 이해했다. 왜냐면 장기적 안목에서 통일로 가는 길에는 그들의 임무가 그래야 한다는 인식과 공감대가 있었기 때문이다. 요즘의 외교는 어느 국가를 막론하고 트랙 투(Track Two) 또는 트랙 스리(Track Three) 등 다양한 추진 궤도를 확보하면서 달리고 있다. 우리는 한반도 평화정착 이후 자연스럽게 통일을 해야 한다. 북에서 자유를 갈구하는 우리 동포들의 요구에 부응하기 위해서이다. 그리고 지금의 남한은 육로에 관한한 고립된 섬(孤島)이라 말할 수 있다. 이를 극복해 대륙으로 뻗어 국력을 배가하기 위해서도 통일을 잊어서는 안 된다.

국가의 안보를 튼튼히 하는 것은 어느 나라도 예외는 아니다. 우리도 안보를 더욱 다져야 한다. 그러나 정부 내에서 통일부만은 장기적 시각으로 제2의, 제3의 창구 역할을 해야 한다. 인도주의의 실천, 화해를 위한 구체적인 프로그램의 창조 및 집행, 인도주의 식량 지원, 남북 동포들의 신뢰 조성 노력, 열악한 북한의 보건 환경 개선 등등에 관한 프로그램을 만들어 통일부의 고유한 업무로 추진해나가야 한다. 민 훗날 통일된 후에 북녘 동포들이 동일부의 업적에 감사할 수 있는 제2, 제3의 관계를 만들어야 하고 시민 차원의 교류 협력을 유도해야 할 것이다. 독일의 양독성이 지금도 동서독 시민에게서 존경받는 이유를 우리는 타산지석으로 삼아야 한다.

다시 독일의 경험으로 가 보자. 2010년 통일 20주년을 맞는 독일이 현재 통일 후 자신들의 상황을 분석, 얘기하는 논문들을 자주 접하게 되는데, 많은 곳에서 민간 차원의 신뢰구축 프로그램이 부족했다고 고백하는 것을 보게 된다. 그들은 통일 20년 후도 한 국가, 두 민족이라고 고백하고 있다.

필자가 1967년 독일에 유학을 가 있을 때 이미 동서독은 65세 이상의 시민의 직계가족이 상대 지역에 거주할 경우 비자 없이 60일 이상을 체류할 수 있도록 하고 있었고, 서신 교환, 텔레비전 프로그램 시청이 가능했고, 크리스마스에는 동서독 장벽보다 높은 빌딩에서 동서 베를린 시민들이 얘기하고 환호하며 선물을 교환하는 것을 목격하였다. 나는 당시에 우리의 남북 대치를 생각하면서 이런 세상도 있는가 하였던 기억이 난다. 그런 동서독인데 통일 후 20년이 지난 오늘날에 와서도 신뢰 구축 프로그램이 부족했다고 말하고 있는 것이다.

독일 통일을 다룬 많은 평가 논문에서 두드러진 공통점이 있다. 이런 점들은 우리가 배워야 하기에 몇 가지를 나열해 보고자 한다. 먼저 "통일 직후 서독 마르크와 동독 마르크를 1대1로 환전했던 정책이 잘못되었다"고 후회하고, "동독 임금 노동자의 임금을 통일 다음 달부터 서독임금의 80% 수준으로 지불한 게 물가를 400% 오르게 했다"고 지적하기도 하며, "동독의 산업기반시설의 70%를 사용가능하다고 계산해 통일 비용에 반영했는데 17%밖에 사용 못하고 나머지는 쓰레기였다"고 고백한다. 그래서 서독은 통일 비용이 막대하게 지출되었다고 말한다. 그러면서 "동독을 길거리를 가다가 넘어진 어린애로 비유한다면 그들이 넘어져 엉엉 울 때 그들에게 시간이 오래 걸리더라도 스스로 일어나 걸음마를 걷는 방법을 가르쳤어야 했는데 급한 나머지 자만(自慢)하면서 서독의 등에 업고 동독이라는 우는 어린애를 20년간 뛰어 왔음이 잘못이다"라고 스스로 평가하고 있다.

우리가 여기서 배워야 하는 교훈은 지금이라도 우리는 북을 스스로 걷게 만들어야 한다는 것이다. 그렇기 때문에 인도주의에 맞는 식량지원을 멈추지 말고 지속적으로 공급해야 한다. 남한에는 남아도는 쌀이 창고에 쌓여 있어 많은 돈을 창고세로 내야 하는 지경이니 말이

다. 언젠가는 통일 후에 우리와 같이 살아야 하는 북녘 동포의 키와
몸무게가 우리보다 못해서 부양하는 데 더욱 많은 것들이 소모되어
서는 곤란하지 않겠는가? 길게 보면 통일 후에는 다 같이 손잡고 선
진한국의 도약을 실천해야 되는 우리의 동포들이기 때문이다. 그런
이유로 우리는 긴 안목의 정책을 세울 줄 알아야 한다. 상대방의 체
면을 깎아 내리는 일은 화해와 대화를 하겠다는 우리의 입장에서는
맞지 않는다. 불필요한 군사훈련을 고집한다든지 또는 풍선을 보내서
상대방의 신경을 곤두세우게 하는 일은 한반도 평화정착과 그 후에
올 자연스러운 통일을 위해서는 바람직하지 못하다. 서독은 어느 경
우도 동독의 체통을 훼손시키지 않고 꾸준한 정책을 전개하였음을
기억해야 할 것이다.

IV. 네 번째 이야기

2011년은 분단 66년이요, 경술국치가 101년이 되는 해이다. 그 전
의 우리나라는 천 년 이상을 통일된 하나의 나라로 평화스럽게 살지
않았던가. 우리가 알아야 될 역사의 기록 중 많은 교훈들이 지금의
우리에게 많은 점을 시사한다. 경술국치로 우리가 일본의 속국이 되
기 5년 전, 그러니까 1905년에 가쓰라-태프트(Kasura-Taft) 밀약1)이 미
국과 일본 사이에 맺어졌다. 당시에 쉬쉬하던 이 비밀협정은 1924년

---

1) 1905년 7월 29일 일본 총리 가쓰라 다로(桂太郎)와 미국 루스벨트 대통령의 특사인 육군장관 W. H. 태프
트 사이에 맺어진 비밀협약이다. 일본은 이 비밀협약에 의해서 미국의 한국문제 개입의 가능성을 배제시키
고, 같은 해 8월에 제2차 영일동맹, 9월에 포츠담 조약을 체결함으로써 한국에 대한 국제적 지배권을 획득
하였다. 이를 바탕으로 일본은 조선에 대해 을사조약을 강요했으며, 미국은 이를 적극 지지했다. 박경서, 『세
계시민 한국인의 자화상』 (서울: 생각의 나무, 2009), p. 16.

에 세상에 알려졌다. 내용은 미국이 필리핀을 식민화하는 것을 일본이 묵인하고 일본이 한반도를 장악하는 것을 미국이 승인하는 내용이다. 이로 인해 을사늑약이 맺어졌고 일본이 한국을 식민지화하게 되었다. 어찌 보면 미국과 일본은 한반도 분단에 직간접적인 책임이 있다고 하겠다. 물론 우리의 못난 점도 가세했겠지만 말이다.

그렇게 보면 6자회담에 참여하는 한반도 주변 4개 강대국 모두가 한반도 분단에 책임이 있다. 이들이 한반도 평화정착과 통일을 우리보다 더 절실히 바란다는 허상에서 깨어나자는 얘기다. 지정학적 특성으로 인해 한반도는 강대국들의 각축장이 되었고 지금도 그렇다. 그래서 우리는 이러한 강대국들 사이에서 고도의 숙련되고 냉철한 외교력을 발휘해 4강의 협력하에 평화정착과 평화통일을 달성해야 하는 과제를 안고 있다. 그래서 필자는 독일처럼 여당, 야당이 늦었지만 함께 협력하는 시스템 구축이 절대로 필요하다고 생각한다. 다른 프로그램은 서로 의견을 달리하면서 대립할 수 있지만 한반도 평화정착과 통일만은 우리 모두가 머리를 맞대고 풀어 나가야 한다. 독일의 경우는 1945년 분단 이후, 그리고 통일 20년이 지난 오늘까지 정권을 초월하여 동서독의 문제를 게르만 민족의 문제로 승화시켜 다루어 왔다. 사회민주당과 기독교민주당 그리고 자민당, 3당이 꾸준하게 공동으로 토의 추진하였고 동독에 관한 정보와 추진 예정 프로그램들은 사전에 공유했다는 사실을 우리는 기억해야 한다. 현재 한반도 상황은 남과 북이 대화가 단절된 채 대치국면으로 치닫고 있지만 이러한 국면을 빨리 수습하고 정상회담을 개최해야 하는 것이다. 이를 위해 북은 천안함과 연평도의 비극에 대해 용서를 구하고 남은 큰 형님처럼 동생의 체면을 살리면서 이를 수용하여 1953년의 정전협정을 평화협정으로 만들어 가야 한다.

1975년 헬싱키에서 미국, 소련, 캐나다, 그리고 유럽 32개국들이 지지하는 가운데 동서독이 서명한 불가침 평화조약처럼 우리도 남북 불가침 평화협정을 하루속히 6자회담의 틀 속에서 체결해야 한다. 금년(2011년) 2월에 배달된 평양발 편지에 의하면 북은 금년에 약 90만 톤의 쌀이 부족하며 작년의 화폐개혁 실패 이후 민심은 극도로 불안해 있는 것으로 알려져 있다.

남과 북의 문제는 이제 동전의 양면처럼 불가분의 관계까지 와 있다. 몇 년 전 북한의 썩은 웅덩이에서 발생한 말라리아모기가 비무장지대를 통과해 남쪽의 장병들에게 병을 옮기면서 남쪽 장병들의 채혈에 차질을 빚어 병원에서 수술환자의 피가 모자란 적이 있었다. 이렇게 북의 일은 남의 일이 되었다. 또한 한반도의 긴장은 주식시장의 주가를 곤두박질시킨다. 이 밖에도 북한 보건의 취약성은 남에 직접 영향을 주게 되어 있다. 그렇기 때문에 남과 북은 같이 가야 한다.

북도 핵 개빌을 포기해야 하고, 어떤 경우에도 한반노는 비핵화되어야 하며 제2의 한국전쟁은 어떻게 해서든 반드시 막아야 한다. 양쪽이 국방비를 줄이는 대신 복지예산으로 전용해야 한다. 그래서 전쟁을 부추기는 어느 세력에게도 우리는 단호하게 NO라고 손사래를 쳐야 한다.

V. 다섯 번째 이야기

다음은 세계시민으로 도약하기 위한 우리의 못난 자화상을 한번 살펴보자.

원래 자기가 믿는 종교가 독단적 신념(dogma)으로 변질되면 종교는 그의 존재 가치(Raison D"etre)를 잃는다고 사회학에서는 말하고 있다. 자기가 믿는 종교만이 구원이 있고 다른 종교는 구원이 없다거나 이단이라든지 우상 숭배라든지 하는 주장은 선진화하려고 하는 우리 모두에게 심한 걸림돌이 된다. 기독교 국가였던 서구의 어느 나라에서도 나는 조찬 기도회라는 모임을 본적이 없다. 미국은 예외이지만 국가를 위한 기도는 필요하다. 그렇지만 그 기도회에 왜 꼭 대통령이 참석해야 하는가? 기도회는 조용히 하는 게 더 은혜스럽지 않는가? 그리고 자신은 무릎 꿇지 않으면서 왜 참석자 모두에게, 그리고 국가원수인 대통령까지 무릎 꿇게 하여 타 종교의 신자들을 불편하게 하면서 국가망신을 자초할까. 혹 동기가 순수했더라도 여파가 일파만파이면 이를 만들어낸 사람들이 잘못을 구해야 되는 게 아닌가? 또 국가 최대의 비극에 접한 일본인들을 폄하하는 우리 종교 지도자의 발언은 우리를 정말 우울하게 한다. 이런 식의 조찬 기도회는 없어져야 한다. 세계시민으로 도약하려는 우리 모든 국민들에게 이러한 사건은 걸림돌로 보이니 기독교는 뼈를 깎는 회개가 있어야 하겠다.[2]

또 다른 일은 우리는 아직도 우리가 낳은 버려진 생명들을 해외에 입양시키고 있다는 부끄러운 사실이다. 먹을 게 없었던 60년, 70년대에 우리는 살고 있지 않다. 경제개발협력기구(OECD) 회원국들 중 유일하게 자동차에 선팅이라는 먹칠을 해서 자동차 속을 들여다볼 수 없게 하면서 이를 자랑으로 몰고 다닌다. 경부고속도로에서 버스 전

---

2) 참고로 필자는 기독교회 장로이다.

용 차선을 승용차로 질주하는 선팅 범법자들이 바로 우리의 이웃이
다. 유수한 대학에 입학한 몇 사람을 선전하느라 현수막으로 이름을
써서 교문 앞에 펄럭이면서 남은 많은 학생들에게 소외감을 선사(?)
하고 있다. 그리고도 이것이 참 교육인 양 착각하는 천박성을 버리지
못하고 있다. 그러면서도 부끄럼을 모르고 사는 우리이다.

선의의 경쟁을 유도하여 다 같이 우수해질 수 있다는 교육 문화가
실제로는 한 사람의 일등, 나머지 학생은 희망이 없는 현실로 대치(代
置)되고 있다. 그러나 돈보다 더 귀하고 돈으로는 살 수 없는 가치, 즉
나의 인권을 먼저 내세우기 전에 공동체의 인권을 우선하는 성숙된
자세, 평화, 정의, 환경, 지속가능한 발전 등이 선진국 도약에 첩경이
라는 사실을 우리 스스로가 깨달아야 한다.

미국의 모델을 향해 우리의 모든 질문을 던지면서 미국의 답만이
옳다고, 미국의 모든 것을 따르는 게 모범인 양 착각하고 사는 우리
가 얼마나 어리석은가도 깨달아야 하겠다. 세계의 어느 나라가 한 나
라에게서 모든 답을 얻으려고 하는가? 우리는 이러한 풍토를 하루속
히 시정하여 전 세계 200여 나라들을 골고루 알아야 한다. 어떤 국가
들은 비록 우리보다는 가난하지만 그들의 인격, 영성(spirituality)은 우
리보다 훨씬 앞선다는 사실을 알고 겸손도 배워야 한다. 모든 연속극
에서 호화찬란한 생활을 하고 있는 부잣집만을 투영하여 서민들에게
소외감을 주는 천박한 방송 문화도 지양하고 이를 개선하는 노력도
기울여여야 한다.

뉴스에서는 세계 최초라는 발명이 그리도 많은데 왜 우리는 아직
도 노벨상 수상자가 없는가도 숙고해 보아야 한다. 거품과 허세도 버
리고 겸손을 배워야 한다. 공부하지 않는 국회의원들도 한심스럽다.

자신들의 이익에는 혈안이 되어 국가의 이익보다 지역구 챙기는 국회의원들이 있는 것이다. 그들을 여의도에 더 이상 발붙이지 못하게 하려면 유권자들의 의식도 변해야 한다.

찬반의 의견을 나란히 싣고 뚜렷한 대안을 대중에게 제시하도록 하는 언론사들의 각성도 있어야 한다. 이런 일들을 먼저 시정해야만 세계무대에 우리를 소개하게 될 때에 우리나라는 선진국으로 진입하게 될 것이다.

VI. 여섯 번째 이야기

소통의 문제를 살펴보자. 한 국가 그리고 한 사회의 건전한 발전은 합리적인 보수와 이성적인 진보가 매끄럽게 화합했을 때 가능하다. 이것이 민주주의가 잘 작동되는 선진국들의 본보기이다. 우리의 경우는 다수의 합리적 보수 세력과 다수의 이성적 진보세력이 안타깝게도 소수의 완고한 보수(속칭 꼴통보수)와 소수의 파괴적 진보세력에 가려져서 침묵으로 일관되는 비정상적인 상황이 이어지고 있다. 새와 비행기가 두 날개로 날듯이 이 두 진영, 합리적 보수와 이성적 진보세력은 같이 가야 한다. 그래서 우리 모두는 과감하게 이 두 세력의 합리적 대화를 위해 다리의 역할을 자처해야 한다. 그리고 양측의 대화를 이끌어 가야 한다. 이 길은 어렵다. 가운데서 샌드위치가 되기 십상이며 종종 회색분자니 수정주의자라고 오해를 받을 수 있지만, 장래에는 큰 역할을 할 것이다. 그리고 종국에는 이 길만이 우리가 선진화할 수 있는 길일 것이다.

이 다리의 역할이 작동하면 그곳에 머무르지 말고 이 두 세력을 추슬러서 제3의 길로 도약해야 한다. 헤겔이 말한 "정-반-합(These, 正-Antithese, 反-Synthese, 合)"처럼 말이다. 이러한 제3의 길이 진정한 선진국으로 도약하는 길이다. 그래서 나는 이것을 'B & B'라 칭한다. Between and Beyond이다. 70년대 강원용 목사님을 모시고 크리스찬 아카데미가 진행했던 중간집단에 대한 교육 이념이 그것이었다. 사회과학에서나 유엔에서는 이 제3의 길을 정의, 평화, 환경 보존, 그리고 인권을 주요 구성요소로 삼는 "지속 가능한 발전(sustainable development)"이라고 일컫고 있다. 돌아가신 함석헌 선생님 그리고 김재준 목사님이 실천하신 길이다.

한 걸음 더 나아가 우리 모두는 이 제3의 길을 걷는 것과 함께 1/2운동을 해야 한다. 나의 절반을 깎아 상대방의 깎인 절반을 들어오게 하는 것이다. 산수에서 1+1=2, 1/2+1/2=1이듯이 하나가 되려면 나를 절반으로 줄여야 한다. 결혼한 부부의 관계뿐만 아니라 남북의 평화, 그리고 통일로 가는 길도 그래야 한다. 1/2로 줄여진 남쪽에 1/2로 줄여진 북쪽이 들어올 때만이 참된 평화와 통일이 가능하다. 이것이 "화해의 1/2운동"이다. 상징적이지만 우리 모두는 1/2운동의 실천자가 되어야 한다. 그렇게 함으로써 우리 7,500만의 염원인 한반도의 평화와 통일이 이루어질 것이다. 그리고 이를 바탕으로 남과 북이 손을 잡고 동북아 평화공동체 탄생에 공헌할 수 있을 것이다.

VII. 일곱 번째 이야기

기우이기를 바라지만 요즈음의 일본의 참극을 보면서, 특히 원자로의 대재앙의 위험성을 보면서 필자는 한반도의 미래를 말하지 않을 수가 없다. 다행히 지구 자전의 편서풍으로 한반도에 위험은 결코 없다고 말들 하지만, 우리와 가장 인접한 북한이 개발하고 있는 핵무기의 그 위험성과, 그것이 일으킬 수 있는 문제가 우리나라는 물론 동북아 전체에 또 다른 재앙을 가져다줄 가능성을 너무 간과하고 있는 듯하다. 북한의 국제원자력기구(IAEA) 탈퇴 후3) 아직도 독자적으로 누구의 간섭도 받지 않고 마음대로 핵 실험과 가동을 감행하고 있다. 현재 북한의 핵 개발은 완전 통제 불능의 단계이니 큰일이다. 더군다나 그 개발의 위험성을 우리가 가늠조차 할 수 없으니 더 큰일이 아닐 수 없다.

지금 북의 상황은 국제적인 시각을 차치하더라도 상식으로 납득이 가지 않는 일들이 수두룩하다. 3대 세습, 27세의 젊은 나이에 2,300만 인구의 통치, 2,300만을 볼모로 잡고 벼랑 끝 외교를 일삼는 어처구니없는 일은 집권층을 둘러싼 약 1,000명의 머리에서 나오는 것이다. 우리는 여기서 1,000명의 공산당원과 2,300만의 무고한 북한 주민을 구별하는 정책을 펴야 한다. 1,000명이 미워서 2,300만의 무고한 동족을 져버리는 우는 범하지 않아야 한다. 핵을 가지고 작란을 못하도록 하루 속히 대화 채널을 열어야 한다. 무엇보다 언젠가는 새 날이 올 수 있다고 고대하고 있는 2,300만의 북의 사람들을 배고픔과 질병에서,

---

3) 북한은 1974년 9월 IAEA에 가입하였지만 1차 북핵위기를 거치며 1994년 6월 13일 탈퇴 선언을 한 바 있고, 2차 북핵위기를 거치며 2002년 12월 16일 북에 체류해 온 IAEA 사찰단 추방을 통보해 같은 달 31일 3명의 사찰단이 철수해 오늘에 이르고 있다.

그리고 절대 권력에서 구하기 위해 인도주의 원칙에 의한 식량 지원을 해야 하며 설득을 위한 대화의 물꼬를 터야 한다. 어떤 경우에도 한반도에서는 극한의 대치를 조장하는 행위는 도움이 되지 않을 것이다. 대화의 창을 가동할 것을 다시 권고한다.

이상 7가지의 묵상이 마치 지도자 개개인이 사회에 대한 책임이 있듯이 우리가 살고 있는 대한민국이 선진국으로 도약하기 위한 국가로서 가져야 할 노블레스 오블리주(Noblesse Oblige)의 내용들이다. 그럼 다음에서 평화를 살펴보자.

Ⅷ. 평화로 가는 길

인류의 문자 기록 역사는 3,520여 년으로 추정되며 인간은 이 역사 동안 약 280여 년만을 전쟁 없는 평화스러운 해로 살았다. 우리 인간들은 92% 이상의 인류 역사를 전쟁을 치르느라 허송세월했다. 어찌 보면 우리의 역사는 전쟁과 폭력으로 평화를 가져올 수 있다는 일부의 사람들과, 전쟁과 폭력은 결코 진정한 참 평화를 보장해 주지 않을 뿐더러, 혹 평화인 것처럼 보이지만 이는 거짓이고 오래가지 않는다는 다른 일부의 사람들 사이의 대립, 경쟁의 역사였다고 할 수 있다.

융성과 번영의 극치였던 로마제국(Roman Empire)은 로마인들의 평화와 인권을 위해 이웃 나라의 평화와 인권을 유린하였기에 오래가지 못했다. 즉, 이웃 가난한 나라들의 정의를 짓밟았기 때문이었다. 평화는 정의와 같이 가야 한다는 진리를 이런 사실을 통해 깨닫게 된다. 평화는 정의를 동반할 때만이 진정한 참 평화이며, 오랫동안 지속 가능하다는 말이다. 나의 평화는 이웃의 평화와 함께 가야 하는 것이며 남한의 평화는 북한의 평화가 있어야 가능하다는 뜻이다.

유엔은 1984년 11월 10일 창설 40주년을 기념하면서 모든 인류는 전쟁과 핵의 위협에서 자유로워야 한다는 요지를 담은 '평화권 선언(Declaration on Rights of People to Peace)'을 발표하였다. 지난 45년간 (1945~1990년) 미소 냉전의 와중에서 기대한 만큼의 진척을 보이지는 못한 채 반테러 명목으로 전개된 미국의 이라크, 아프가니스탄 전쟁 등이 해결되지 못하고 있는 현재 상황에서 평화권의 중요성이 그 어느때보다 절실하게 호소력을 지니고 있다.

2001년 9·11테러는 알 카에다의 오사마 빈 라덴의 잔혹하고 비인간적인 만행으로 도저히 용서할 수 없는 사건이었다. 3,000여 명의 무고한 생명을 잃은 세계인의 분노는 특히 미국인들의 감정은 이해하고도 남는다.

그러나 유엔의 결의 없이 일어난 2003년 3월 미국의 이라크 공격은 정의로운 전쟁, 반테러전쟁(War of Justice, War on Terrorism)이라는 기치와 이라크에서 대량살상무기의 발견과 민주주의의 정착이라는 구호를 내세워 당시 75%의 미국인들의 지지를 받았다. 그렇지만 대량살상무기는 발견되지 않았고 이라크에서의 민주주의의 신장은 온데간데 없어졌으며, 전쟁은 수니파와 시아파 사이의 종족분쟁으로 번져 수십만의 무고한 생명만 앗아갔다. 200만 명 이상의 이라크인들의 생명 그리고 4,000명 이상의 꽃다운 미국 및 영국의 젊은 군인들의 목숨을 잃었다.

미국의 이라크 공격 2년이 된 2005년 3월 16일의 뉴스위크(News

Week)지의 여론조사에서는 71.9%의 미국인들이 이라크 전쟁은 실패한 전쟁이라고 응답했다. 그리고 그 후 7년이 지난 시점에서는 80%의 미국인들이 이라크 전쟁은 없었어야 했고 전쟁 대신 평화적인 방법으로 문제를 해결했어야 한다고 느끼고 있다. 2008년 미국 대통령 선거의 핵심 쟁점 중 하나가 이라크 전쟁 종식문제임을 우리는 잘 알고 있다.

최근의 유엔 인권이사회는 21세기의 새로운 인권 분야로 떠오른 평화권에 대해 각국 정부와 여러 분야 전문가들의 의견을 수렴해 평화권 정립에 노력하고 있다. 이는 진정한 평화, 즉 정의를 동반한 평화가 세계화의 거센 물결 속에서 얼마나 중요한가를 잘 보여주고 있다.

필자가 3년 3개월간 창설 멤버로 참여했던 국가인권위원회는 2003년 3월 26일 국가기관으로서는 드물게 이라크 전쟁을 반대하는 평화인권선언을 했다. 필자를 비롯한 10명의 인권위원들은 한결같이 한반도에서 다시는 끔직한 제2의 한국전쟁을 피해야 되겠다는 인식을 같이했다. 이 선언은 75%의 한국인들이 당시 유엔 설의 없는 이라크 전쟁을 반대한다는 여론을 반영한 것이자, 430만 명의 무고한 생명을 앗아간 한국전쟁은 한반도에서 절대로 되풀이될 수 없다는 대다수 국민의 뜻을 받들어 이루어진 것이다.

60여 년의 긴 분단의 비극을 치르고 있는 우리나라는 세계의 모든 나라 중 유일무이하게 같은 민족끼리 대치하고 있는 상황이다. 한반도의 평화는 동북아시아의 평화며, 세계 평화와 직결되어 있다. 평화를 사랑하는 우리는 대치를 조장하는 미국의 네오콘(Neocons)의 입장을 단호히 거부해 왔다. 그와 똑같이 핵으로써 힘을 과시하거나 대치를 조장하는 북의 정치세력에도 우리는 찬성할 수 없다는 사실을 분명히 했다.

진정한 평화, 즉 참 평화는 비폭력적이고 평화적인 수단에 의해서 추진되고 성취되어야 한다. 그리고 화해의 정신에 입각한 대화와 양보를 통해서 참 평화는 얻어진다는 진실을 인류 역사는 우리에게 가르쳐주고 있다. 그래서 우리 모두는 화해와 참 평화를 위해 어떠한 폭력이나 대치를 조장하는 일에 "아니오"라고 거부할 수 있어야겠다.

IX. 한반도 평화정착의 과제

작금의 한반도의 남북 대치국면은 우리를 슬프게 하고 있다. 분명 이런 바람직하지 못한 상황이 실용적 접근을 표방한 현 정부의 정책이 아니기를 바라는 마음이 간절하다. 남북관계는 동전의 양면이 되어 버렸다. 북의 문제는 그 이상 다른 사람들의 문제가 아니다. 북한의 말라리아 모기로 인해 남한 장병들의 혈액기증에 큰 차질이 생겼던 것처럼, 그 이상 이제는 북에서 일어나는 문제가 타인의 일이 아니다. 또 탈북여성들이 이곳까지 오는 길에 많은 고생 끝에 얻은 병들도 잘못하면 우리 청소년들에게 전염될 수 있는 경우도 있어 북의 문제는 이제 우리 모두의 문제가 되었다.

북과의 경제 협력이 답보 상태에 빠지면 그 자리, 즉 남쪽이 차지했던 자리에 러시아, 중국, 대만이나 싱가포르 등 제3국이 밀고 들어올지도 모른다. 아차 하고 후회할 때는 이미 그 만회를 위해서 더 많은 노력을 해야 한다는 사실을 알아야겠다.

필자가 80년대에 북한을 출장 다닐 때 싱가포르가 50년 조차한 공장을 함경북도 어디에서 견학하면서 놀랐던 기억이 난다. 우리가 서로 대치하는 사이에 제3국이 긴 세월 동안 북녘 땅을 임차해서 봉제공장을 하고 있었다. 비슷한 예를 필자는 90년대에 호주에서 목격했다. 호주정부의 원주민정책을 시찰하러 가는 길이었다. 호주 원주민의 땅을 백인들이 초창기 50년 임차를 하고 기간이 다되면 다시 50년을 연장하는 사실을 1990년 호주의 앨리스 스프링(Allis Spring)이라는 지역 원주민들의 보고에서 들었던 경험이 북녘에서 되살아났던 것이다. 참 실용주의는 남과 북 공히 이익이 오도록 하는 것이어야 한다. 예를 들면 이산가족의 상봉이 계속적으로 이루어져 언젠가 컴퓨터 선발에서 자기 이름이 당선되기만을 기다리고 있는 수백만의 남쪽 이산가족들의 원을 풀어 준다든지, 남과 북을 잇는 철도가 북을 관통하여 교역이 원활해 진다든지 하는, 눈에 보이는 남북관계의 진전이 있어야만 실용주의의 성공을 국민 앞에 내세울 수 있을 것이다. 행여 실용주의가 잘못되어 남과 북이 다시 대치국면으로 간다면 그런 실용주의는 국민들에게서 환영받지 못할 것이다.

실용적 대북정책이란 과거와 현재의 연속성 위에서 구체적인 효과나 진전을 이루어야 실용적이란 말이 설득력을 가질 것이다. 실용적이라는 말이 더 설득력을 가지려면 눈에 보이는 성과가 있을 때이다. 지금의 남북관계는 많은 이들에게 많은 우려를 낳게 하고 있는 안타까운 상황이라 할 수 있다. 분단 6여 년 동안의 허와 실을 논하기에는 많은 분량의 원고가 소모되므로 이는 생략하고 우선 지난 10여 년간의 공과를 보면 실보다 득이 많았다고 본다. 물론 여야가 서로 협력하지 않았던 것은 절대로 되풀이되어서는 안 되겠다. 생각하기에 따라서는 북에 주도권을 많은 경우 빼앗겼던 것도 사실이었다. 이런 것도 형평성을 찾아 균등하게 원칙을 지키면서 서로 번갈아 가면서 주거니 받거니 해야 할 것이다.

한편으로는 그 외에 이루어낸 일도 많다. 지난 10여 년간 우여곡절은 있었지만 거의 정기적인 이산가족의 상봉이 이루어졌고 180만 명이 훨씬 넘은 관광객들이 북을 방문했고, 3,000명 이상의 이산가족들이 헤어졌던 가족을 상봉했으며, 그 이외에도 개성공단의 성공 그리고 꾸준히 증가한 남북 교역량 등 실로 많은 성과를 이루어내었다.

북은 분명히 남에게는 새로운 도전이다. 예를 들면 개성공단은 40여 개의 남쪽 기업이 약 4년 전에 손익 분기점을 넘어섰다고 알고 있고, 북의 근로자들에게는 많은 이익을 준다는 사실도 잘 알려져 있다. 외국 자본들도 남과 북이 대화하면서 화기애애하게 서로 협력할 때 많은 투자가 이루어지지 않겠는가? 반대로 이유야 어떻든 간에 남과 북이 서로 대립한다면 외국자본은 썰물처럼 빠져나갈 것이 눈에 선하다. 그러면 주식은 또 곤두박질칠 것이다. 이런 사태가 오지 않도록 하는 게 실용주의의 성공일 것이다.

우리 모두는 평화의 사도, 화해의 실천자가 되어서 한반도 평화정착을 위해 1975년 동서독이 33개국의 축복을 받으며 헬싱키에서 서명한 동서독 불가침 평화조약을 전 세계에 선포하였듯이, 1953년 7월 27일의 한반도 정전 협정을 6자회담의 틀 속에서 하루속히 평화조약으로 탈바꿈시켜야 하는 사명을 갖고 있음을 다시 한 번 다짐하자. 그리고 그것이 발전되어 남과 북이 신뢰를 구축한 후 자연스럽고 진정한 우리의 통일이 이루어진다는 사실도 함께 깨닫자.

C/OSCE 연보

1966년 7월 바르샤바조약기구, 부쿠레슈티회의에서 안보협력문제를 논의하기 위한 범유럽회의 개최 제의.

1969년 10월 바르샤바조약기구 프라하 외무장관회의에서 범유럽회의를 1970년 헬싱키에서 개최할 것을 제의.

1972년 9월 소련, 재래식 무기 감축 협의를 1973년부터 시작하자는 미국의 제의 수락.

1972년 11월 22일 헬싱키 외곽 디폴리에서 유럽안보협력회의(CSCE) 다자준비회담 개최.

1973년 7월 3~7일 CSCE 1단계회담 개최(헬싱키).

1973년 9월 18일~1975년 7월 21일 CSCE 2단계회담 개최(제네바).

1975년 7월 30일~8월 1일 CSCE 3단계 회담(헬싱키) 개최 후 제1차 CSCE 정상회담에서 35개국 정상 'CSCE 협정'(일명 헬싱키 협정) 서명.

1977년 10월 4일~1978년 3월 9일 베오그라드 후속회의 개최. 가시적 성과 없이 마드리드 후속회담 개최에만 합의.

1978년 10월 31일~12월 11일 평화적 분쟁 해결을 위한 몽트뢰 전문가회의 개최.

1980년 11월 10일~1983년 9월 9일 마드리드 후속회의 개최. 국제정세 악화를
　　　경고하는 문서를 채택하고 차기 후속회의를 비엔나에서 개최하고 안
　　　보, 인권, 문화, 인적 교류 등 분야별 회의를 별도 개최하기로 합의.

1984년 1월 17일~1986년 9월 19일 신뢰안보구축조치(CSBMs) 관련 스톡홀름
　　　회의 개최. 군사정보 교환, 기동훈련 통고, 현장검증 등에 합의.

1985년 5월 7일~6월 17일 오타와 인권 전문가회의 개최.

1985년 7월 30일~8월 1일 헬싱키 협정 10주년 기념 외무장관회의 개최(헬싱키).

1986년 4월 15일~5월 26일 베른 인적교류회의 개최.

1986년 11월 4일~1989년 1월 19일 비엔나 후속회의 개최. 인권과 재래식군축
　　　협정 체결을 촉구하는 문서 채택.

1989년 3월 9일~1992년 7월 10일 재래식 군축 협상 개시(비엔나).

1989년 5월 30일~6월 23일 인적 차원의 문제에 관한 1차 회의 개최(파리).

1989년 10월 16일~11월 3일 환경보호회의 개최(소피아).

1990년 3월 19일~4월 11일 경제협력회의 개최(본).

1990년 6월 5~29일 인적 차원의 문제에 관한 2차 회의 개최(코펜하겐).

1990년 7월 5~6일 북대서양조약기구(NATO) 런던 정상회담 개최. 나토 및 바
　　　르샤바조약기구 회원국 상호 간 불가침 선언 및 CSCE 절차의 제도화
　　　를 위한 일련의 조치 제의.

1990년 10월 1~2일 외무장관회담 개최(뉴욕).

1990년 11월 17일   CSBM 관련 1차 비엔나 문서 채택.

1990년 11월 19일   재래식 무기 감축(CFE) 협정 서명(파리).

1990년 11월 19~21일   파리 정상회담 개최. '신유럽을 위한 파리헌장' 채택.

1991년 4월 2~3일   CSCE 의회, 헌법 총회 개최(마드리드).

1991년 6월 19~20일   1차 장관회담 개최(베를린).

1991년 7월 1~19일   소수민족 관련 전문가회의 개최(제네바).

1991년 9월 10일~10월 4일   인적 차원의 문제에 관한 3차 회의 개최(모스크바).

1992년 1월 30~31일   2차 장관회담 개최(프라하).

1992년   민주제도 및 인권 사무소(ODIHR) 개소. 체제 이행 국가들의 민주화
        지원.

1992년 3월 4일   CSBM 관련 2차 비엔나 문서 채택.

1992년 3월 24일   영공개방협정 서명(헬싱키).

1992년 3월 24일~7월 8일   헬싱키 후속회의 개최.

1992년 7월 9~10일   헬싱키 정상회담 개최. 분쟁 예방 및 위기관리기구로 사실
        확인 및 보고관 제도 도입 결정. 동년 가을 코소보 일대, 연말 조지아
        에 각각 조사 및 중재단 파견.

1992년 12월 14~15일   3차 장관회담 개최(스톡홀름). 사무총장직 신설 결정.

1993년 7월 6~9일   2차 의원 총회 개최(헬싱키).

1994년 12월 5~6일   부다페스트 정상회담 개최. '부다페스트 정상 선언'을 발

표하고 1995년 1월 1일부터 CSCE를 OSCE로 고쳐 부르기로 결정.

1996~98년 크로아티아, 알바니아, 벨라루스에 전후 정치적 안정을 위한 임무 수행.

1996년 12월 2일 리스본 정상회담 개최. '21세기 유럽의 공동안보 및 포괄안보에 관한 리스본 선언' 채택.

1998년 10월 유엔 안보리 결의 1160호와 1199호에 의해 OSCE 2000여 명의 코소보 현장검증단 현지 파견. NATO의 공습 직전인 1999년 3월 20일 철수. 분쟁 종식 후 유엔 코소보임시행정처(UNMIK) 감독 아래 OSCE 사업단(OMIK)을 구성해 전후 안정 지원.

1999년 11월 19일 이스탄불 정상회담 개최. '유럽안보헌장' 채택.

2002년 장관회담에서 테러 방지 및 퇴치 관련 헌장 채택(포르토).

2003년 마스트리히트 장관회담 개최. '21세기 안보·안정 위협에 대처하는 OSCE 전략', '경제 안보 문제에 관한 OSCE 전략' 채택.

2005년 류블랴나 장관회담 개최. '공동목적: 보다 효과적인 OSCE를 향하여' 보고서 발간.

2006년 브뤼셀 장관회담 개최. 'OSCE 절차 규칙' 채택.

출처

1장 서보혁. 2009. "헬싱키 틀의 성립 과정 연구: 미국, 소련, 서유럽의 전략적 삼각관계를 중심으로". 『한국과 국제정치』, 제25권 2호, pp. 61-88.

2장 우평균. 2008. "CSCE 참여국의 전략적 이익과 협상 경과: 소련의 입장을 중심으로". 『국제관계연구』, 제13권 2호, pp. 73-99.

3장 김수암. 2009. "헬싱키 협정의 의의와 특징: 인권의제를 중심으로". 『평화연구』, 제17권 1호, pp. 32-58.

4장 신인아. 2008. "냉전기 동서독관계와 현재 남북관계의 비교: 서독의 신동방정책을 중심으로". 『유럽연구』, 제26호 2호, pp. 53-85.

5장 서보혁. 2010. "헬싱키 협정의 이행(바스켓 I): 군비통제의 기원과 동북아에 주는 함의". 『한국정치외교사논총』, 제32집 1호, pp. 101-131.

6장 김수암. 2011. "헬싱키 협정 이행과정 연구: 인권과 바스켓 3을 중심으로". 『한국과 국제정치』, 제27권 2호, pp. 217-247.

7장 고가영. 2010. "헬싱키 협정의 이행(바스켓 III)". 『슬라브학보』, 제25권 1호, pp. 33-58.

8장 우평균. 2010. "헬싱키 프로세스와 유럽 안보협력의 증진-안보 · 국제협력과 동서독관계 변화". 『민족연구』, 제44권, pp. 162-182.

9장 박인휘. 2010. "안보와 지역: 안보개념의 정립과 동북아안보공동체의 가능성". 『국가전략』, 제16권 4호, pp. 33-61.

10장 조성렬. 2009. "동북아, 안보레짐의 구축 전망 :냉전기 유럽과 현시기 동북아의 안보레짐의 조건 비교". 『동서연구』, 제21권 1호, pp. 39-76.

11장 서보혁. 2009. "다자안보협력의 제도화 경로: C/OSCE 경험의 동북아 적용 가능성". 『국제정치논총』, 제49집 2호, pp. 7-31.

12장 박경서. 2011. "한반도 평화정착과 평화통일의 길". 2011년 전국여자교수협의회 총회 기조강연문. 이화여대: 5월 27일.

저자 약력 (목차순)

박경서

독일 괴팅엔대학교 사회학 박사, 이화여자대학교 이화학술원 석좌교수

『지구촌시대의 평화와 인권』(2009), *Promoting Peace and Human Rights on the Korean Peninsula* (2007) 등

서보혁

한국외국어대학교 정치학 박사, 서울대학교 통일평화연구원 HK연구교수

『코리아 인권』(2011), 『천안함 외교의 침몰』(2011, 공저) 등

우평균

고려대학교 정치학 박사, 한양대학교 아태지역연구센터 HK연구교수

『한국과 러시아: 상호인식과 미래지향적 관계의 모색』(2011), 『한반도는 통일 독일이 될 수 있을까? 베를린 장벽 붕괴 20년이 한반도 통일에 주는 교훈』(2010, 공저) 등

김수암

서울대학교 정치학 박사, 통일연구원 북한인권연구센터 소장

『북한인권개선 어떻게 할 것인가』(2010, 공저), 『국제사회의 인권개선 전략』(2008, 공저) 등

신인아

독일 괴팅엔대학교 사회학 박사, 워크인조직혁신연구소 이사

『CEO를 위한 노자』(2010, 번역), 『한국인과 문화간 소통』(2001, 공저) 등

고가영

모스크바 국립대학교 역사학 박사, 이화여자대학교 지구사연구소 연구교수

『이주, 이동, 교류의 문화연구와 지역연구』(2010, 공저), 『엇갈린 국경, 길잃은 민족들』(2009, 공저) 등

박인휘

미국 노스웨스턴대학교 정치학 박사, 이화여자대학교 국제학부 부교수

『세계화시대 한국의 국가안보』(2010, 편저), 『한반도 안보: 안보부재의 정치학』(2011) 등

조성렬

성균관대학교 정치학 박사, 국가안보전략연구소 연구위원

『한반도 평화체제』(2007), 『동북아 질서재편과 한민족의 선택』(2005, 공저) 등

찾아보기

(ㄱ)

가쓰라-태프트 393
가야우스카스 246
갈란스코프 221, 222
강원용 399
개인 안보 287, 292
경제개발협력기구(OECD) 396
경제적 · 사회적 · 문화적 권리 184,
　201
고르바초프 155, 160, 163, 177, 194,
　371
고위관리회의(SOM) 374
골드버그 183
공공 외교 198
9 · 11테러 337, 402
9 · 19공동성명 334, 375
국가보안법 133
국가인권위원회 403
국경불가침 30, 82
국제규범 90, 321
국제연맹 329
국제원자력기구 400
국제인권규약 94, 184
국제적십자운동 389
군사적 신뢰구축조치(CBMs) 344
그로미코 23, 36
그루지야 헬싱키 그룹 245
그리고렌코 240
그리네프스키 163
글라스노스트 194
기독민주당(CDU) 119, 394
기독사회당(CSU) 119
기민당 120, 127
기본조약 388
기사당 127

긴즈부르그 240, 246
김일성 132, 133, 135
김재준 399

(ㄴ)

나움 메이만 241
남북기본합의서 180
남북정상선언 387
내정 간섭 31
내정불간섭 80, 185
네오콘(Neocons) 403
네키펠로프 241
노동자권익옹호위원회 103
노블레스 오블리주(Noblesse Oblige) 401
닉슨 27, 28, 31~33, 39, 40, 80
닉슨-브레즈네프 78, 148

(ㄷ)

다니엘 221, 224
다자간안보협력기구 45, 354
다자간유럽안보회의 121, 123, 129, 141
다자준비회담 74, 79, 80
대륙간탄도미사일(ICBM) 325
대만 337
대연정 120, 121
대탄도미사일조약(ABMT) 325
데스탱 152
데탕트 52, 53, 87, 89, 109, 117~119,
　121, 127, 128, 134, 135, 137,
　138, 141, 143, 148, 187, 277
데탕트 분위기 118
도이체 벨레 188
독 · 소 불가침 조약 328
독일 통일 112, 114~116, 121
독일 · 폴란드 불가침조약 328

동 · 서독 기본조약　328, 367, 388
동남아국가연합(ASEAN)　339
동방정책(Ost Politik)　24, 29, 39,
　　119~121, 172, 327, 367, 388
동북아 안보레짐　317
동북아 평화 · 안보체제(NEAPSM)　316
동북아 협력대화(NEACD)　170, 339,
　　377
동북아안보대화(NEASeD)　374

(ㄹ)

라리사 보고라스　224
라리사 보로니나　241
레브릭　246
레오나르드 체르노프스키　241
레이건　155
로마뉴크　246
로마체우스키　247
로크　287
로타 데메지어　112
루소　287
루츠　126
루키야넨코　246
류드밀라 알렉세예바　236
리디아 추콥스카야　221
리투아니아 헬싱키 그룹　245, 246

(ㅁ)

마드리드　185
마드리드 회담　162, 239, 243
마드리드 후속회담　153
마르첸코　242
마셜플랜　114, 354
말바 란다　236, 241, 242
메이만　242
멘스필드 결의안　326
모르도바 강제 수용소 헬싱키 그룹　245
모스크바 정상회담　32, 355
모스크바 조약　124, 125
모스크바 헬싱키 (감시)그룹　103

무스타파 제밀레프　237
뮌헨 협정　328
미소 간 전략무기제한조약(SALT)　162
미하일 베른쉬탐　236
미하일 숄로호프　221
민족자결권　89
민주제도 및 인권사무소(ODIHR)　361

(ㅂ)

바르샤바조약　120, 124
바르샤바조약기구(WTO)　24, 26, 75,
　　116, 323, 354
바스켓 I　74, 89, 232, 234, 249
바스켓 II　89, 207, 233
바스켓 III　74, 86, 89, 93, 181, 182,
　　207, 217, 218, 230, 233, 234,
　　250
바스켓위원회　83
바첵　247
발레리야 쿠바킨　241
발렌친 투르친　235
범유럽안보기구　23, 25
범유럽안보회의　17, 18, 24, 38, 39
베라 라쉬코바　222
베를린 4개국 협정 체결　355
베를린 4자 회담　124, 125
베를린 봉쇄　113
베를린 장벽　115, 118
베를린 협정　24, 367
베오그라드　101, 183, 239
베오그라드 회담　242
베오그라드 후속회담　152, 356
벨리카노바　240
보네르　240, 242
부다페스트 정상회의　168, 362
북대서양조약기구(NATO)　23, 24, 77,
　　116, 152, 154, 155, 157~161,
　　163, 175, 178
북태평양안보협력대화(NPCSD)　374
북핵문제　337

불가침 부속합의서 180
불가침원칙 90
브란트(Willy Brandt) 24, 115, 116,
    119~121, 124, 125, 127, 130,
    142, 143, 367
브레즈네프(Leonid I. Brezhnev) 28, 29,
    33, 34, 36, 76, 80, 216, 218,
    232, 239, 370
블라디보스토크 정상회담 34
블라지미르 슬레팍 241
비동맹중립국 26, 36, 43, 86, 153,
    154, 157, 158, 160, 161, 164,
    166
비동맹중립국가군(NNA) 152
비엔나 CSBMs 협상 369
비엔나 (최종)문서 157, 160, 166
비엔나 회의 159
비엔나 후속회의 356, 369
비탈리 루빈 236
빅토르 네키펠로프 241
빅토르 크라신 227
빌리 스토프(Willi Stopf) 388

(ㅅ)

사미즈다트 218, 219, 221
사하로프 229, 231, 235, 236
사회민주당(SPD) 119, 394
3차 미소 정상회담 28, 33
상하이협력기구(SCO) 335, 375
상호균형감축 77, 149, 230, 326
샤란스키 240
서방통합 115, 116, 118, 127, 141
석유 금수조치 28
세계인권선언 94, 201
세레브로프 242
세력균형 321
세르게이 코발료프 234
소련 인권보호 주도그룹 225
소수민족 담당 고등판무관(HCNM) 361
소피야 칼리스트라토바 241

솔제니친 229, 231
솔로호프 221
쉴 131
스탈린 111, 215, 216
스톡홀름 (군축)회의 155, 162, 369
스톡홀름 최종문서 156, 157, 159
스트라우스 120
스프라비 미엥지나로도베 247
시냡스키 221, 224
시민적 · 정치적 권리 201
시사연보 228, 231
신동방정책 110, 116, 121~127, 137,
    138, 141~143
신뢰 · 안보구축조치(CSBMs) 357
신뢰구축과정 169, 175
신뢰구축조치(CBMs) 357
10개 (지도)원칙 329

(ㅇ)

아나톨리 마르첸코 236
아나톨리 샤란스키 235, 236
아나톨리 야콥슨 224
아데나워 110, 113, 114, 116,
    118~120, 125, 139
아르메니아 헬싱키 그룹 245
아세안지역포럼(ARF) 174, 339, 374,
    375
아시아 · 태평양협력이사회(CSCAP)
    174, 339
안드레이 아말릭 235
안보레짐 73, 169
알렉산드르 긴즈부르그 222, 235
알렉산드르 코르착 236
알렉세예바 240
알렉세이 도브로볼스키 222
앙리 뒤낭(Henry Dunnant) 389
얄타회담 112, 322
양자협상 88
에곤 바 116, 119, 121
에반스 374

엘레나 본네르 235
오를로프 235, 240
요시포바 241
요하임 미트당크 112
우크라이나 헬싱키 그룹 244, 246
울브리히트 115, 118
울퍼스(Wolfers) 289, 305
워터게이트 사건 32
유럽경제공동체(EC) 36
유럽공동체(EC) 78~80, 86, 157, 366
유럽신뢰·안보구축 및 군축회의(CDE)
    152, 357
유럽안보협력기구(OSCE) 168, 317, 351
유럽안보협력회의(CSCE) 18, 45, 73,
    106, 149, 181, 317, 351
유럽연합(EU) 364
유럽이사회 364
유럽재래식감축협정(CFE) 165
유럽협조체제(Concert of Europe) 320
유리 갈란스코프 221
유리 다니엘 215, 219
유리 오를로프 235, 236
유사동맹(Quasi Alliance) 331
유엔 399, 402
유엔 헌장 94, 155
유엔 총회 387
6자회담 171, 174, 175, 316, 334,
    375, 394
6·15공동선언 387
이든 111
2·13합의 316
이익균형 321
이즈베스치야 232, 249
2차 미소 정상회담 28
인권 30, 31, 81, 87, 89, 182
인권위원회 226, 229
인권자문위원회 197
인권전문가 200
인도주의 30, 214
인적 부문회의 196, 205

인적 접촉 81, 87, 190, 203
일리야 가바이 228
1민족 2국가 124, 125
1차 미소 정상회담 19

(ㅈ)

자결권 30, 31, 80, 81
자민당 394
자유노조 250
자유방송 188
자유유럽방송 188
잠수함 발사탄도미사일(SLBM) 325
재래식무기감축(CFE) 협상 149
잭슨–바닉 수정법안 34
전략무기감축조약 149
전략무기제한조약 23, 148, 325
전략적 삼각관계 21
정전협정 330
제7원칙 74, 86, 92
제네바 정상회담 155
제네바 조약(Geneva Convention) 389
조지 W. 부시 351
존슨 23
주권 평등 31
주권원칙 76
주도그룹 226~228, 231, 235
중동전쟁 32
즈비아드 감사후르디야 245
지속 가능한 발전 399
지중해 그룹 79
집단안보 329

(ㅊ)

찰리제 226, 229
철의 장막 276
청원운동 220, 222
체르노프스키 241
최종문서 98, 185
치히 246
77 헌장 247

(ㅋ)

카터 183
카터-브레즈네프 정상회담 148
칼리스트로바 242
케네디 23, 117
케네디(John F. Kennedy) 대통령 24
코펜하겐 205
코펜하겐학파(Copenhagen School)
    291, 306
쿠바사태 109, 117, 141
쿠즈네초프 246
크라신과 야키르 228
키신저 23, 28, 33~35, 40, 88

(ㅌ)

타치야나 오시포바 241
타치야나 호도로비치 235
탄도탄요격미사일(ABM) 조약 148
투르친 240
트뵤르도흘레보프 229

(ㅍ)

파리정상회담 151, 356
파리헌장 157, 199
파벨 리트비노프 224
패키지 딜 213
페레스트로이카 194
펠릭스 세레브로프 241
펠립 곤살레스 192
포괄적 안보 71
포드(Gerald Ford) 33, 35, 40
표트르 그리고렌코 236
표트르 야키르 227

(A)

APEC 373
ARF 170, 174, 176
ASEAN+3 373

(ㅎ)

하벨 247
한국전쟁 133, 142
한반도 평화체제 337
할스타인 원칙 114, 120, 124, 136
함석헌 399
핵확산금지조약(NPT) 120, 324
햇볕정책 136
헬싱키 CSCE 정상회담 35
헬싱키 권고 82
헬싱키 그룹 183, 237
헬싱키 정상회담 36
헬싱키 틀 18~20, 43, 44
헬싱키 프로세스 73, 106~110, 112,
    114, 116, 123, 124, 126~128,
    131, 132, 141~143, 150, 152,
    169, 172, 178, 276, 351, 388
헬싱키 협정(Helsinki Final Acts) 19,
    35, 37, 38, 42, 43, 150, 151,
    153, 155, 170, 171, 178, 201,
    217, 218, 235, 237, 240, 242,
    245~247, 249, 250, 317
헬싱키 회담 106, 129
헬싱키위원회 183
현상유지 89, 118, 119, 130
협력안보레짐 46
호도로비치 240
흐루쇼프 23, 216, 218

(B)

BMFR 150

(C)

CDE 153, 169, 175, 178, 369

CSBM　155, 159, 162~164, 170, 174
CSCAP　170
CSCE　19, 20, 22, 25~29, 31, 32,
　　34~39, 41~44, 107, 150~154,
　　156, 157, 159, 164, 165, 168~171,
　　174, 175, 177, 178, 216, 230
CSCE 1단계 회담　30
CSCE 2단계 회담　32
CSCE 3단계 회담　33, 37
CSCE 군비통제 회담　179
CSCE 다자준비회담　19, 26, 30, 31
CSCE 파리 정상회의　358
CSCE 협정　37, 232

(E)

EC 외무장관회담　153

(M)

MBFR　25, 27, 29, 31, 36, 37, 39,
　　151, 165, 178, 179

(N)

NATO 정상회담　35
NATO 통합군　24
NATO 회의　32
NNA　157, 158

(O)

OME 47~49　202
OSCE　176

(S)

SALT　34, 36, 39, 150, 151, 179
SALT Ⅰ　25, 27, 40, 148, 151
SALT Ⅱ　33, 34, 40, 148

(W)

WTO　152~155, 157~161, 163, 175,
　　178, 355, 366

헬싱키 프로세스와
동북아 안보협력

초판인쇄 | 2012년 2월 10일
초판발행 | 2012년 2월 10일

지 은 이 | 박경서 · 서보혁 · 우평균 · 김수암 · 신인아 · 고가영 · 박인휘 · 조성렬
펴 낸 이 | 채종준
펴 낸 곳 | 한국학술정보㈜
주   소 | 경기도 파주시 문발동 파주출판문화정보산업단지 513-5
전   화 | 031) 908-3181(대표)
팩   스 | 031) 908-3189
홈페이지 | http://ebook.kstudy.com
E-mail | 출판사업부 publish@kstudy.com
등   록 | 제일산-115호(2000. 6. 19)

ISBN   978-89-268-3072-7 93340 (Paper Book)
         978-89-268-3073-3 98340 (e-Book)